I0033859

INVENTAIRE

F 12 50

TRAITÉ JURIDIQUE

DE LA CONSTRUCTION, DE L'EXPLOITATION

ET DE LA POLICE

DES CHEMINS DE FER

CONTENANT

LE COMMENTAIRE DES LOIS ET RÈGLES DE L'EXPROPRIATION POUR CAUSE D'UTILITÉ PUBLIQUE,
DES EXTRACTIONS DE MATÉRIAUX, DES TARIFS,
DES TRANSPORTS DE MARCHANDISES, DES COMPÉTENCES, DES PÉNALITÉS

Par M. Eugène PAIGNON,

Avocat au Conseil d'État et à la Cour de cassation, auteur de plusieurs
ouvrages de droit et de jurisprudence.

NC

PARIS

IMPRIMERIE ET LIBRAIRIE CENTRALES DES CHEMINS DE FER

DE NAPOLÉON CHAIX ET Cie

Propriétaires-Éditeurs, rue Bergère, 20, près du boulevard Montmartre.

1853

TRAITÉ JURIDIQUE

DE LA

CONSTRUCTION, DE L'EXPLOITATION

ET DE LA POLICE DES

CHEMINS DE FER.

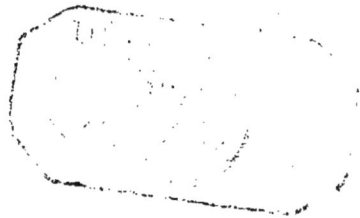

41240

TRAITÉ JURIDIQUE

DE LA

CONSTRUCTION, DE L'EXPLOITATION

ET DE LA POLICE

DES CHEMINS DE FER

CONTENANT :

LE COMMENTAIRE DES LOIS ET RÈGLES DE L'EXPROPRIATION POUR CAUSE D'UTILITÉ PUBLIQUE ,
DES EXTRACTIONS DE MATÉRIAUX , DES TARIFS ,
DES TRANSPORTS DE MARCHANDISES , DES COMPÉTENCES , DES PÉNALITÉS ,

Par M. Eugène PAIGNON,

Avocat au Conseil d'État et à la Cour de cassation, auteur de plusieurs
ouvrages de droit et de jurisprudence.

BIBLIOTHÈQUE IMPÉRIALE IMPR.

PARIS

IMPRIMERIE ET LIBRAIRIE CENTRALES DES CHEMINS DE FER

De NAPOLÉON CHAIX et Cie

20, RUE BERGÈRE, PRÈS DU BOULEVARD MONTMARTRE.

1853

TABLE DES MATIÈRES

Pages

PRÉFACE. XI

Traité juridique des chemins de fer. — Notions prélimi-
naires 1

PREMIÈRE PARTIE.

CONSTRUCTION DES CHEMINS DE FER.

SECTION PREMIÈRE. — EXPROPRIATION.

Art. 1er — Principes généraux 7

Art. 2. — Autorisation des travaux. 9

Art. 3. — Désignation des territoires et propriétés. . . 10

Art. 4. — Formes, enquête et concession.. 17

Art. 5. — Évaluation des terrains.. 24

Art. 6. — Cessions amiables. 29

Art. 7. — Prise de possession d'urgence.. 34

Pages

Art. 8. — Procédure d'expropriation.. 36
Art. 9. — Recours contre le jugement d'expropriation.. 43
Art. 10. — Règlement des indemnités 47
Art. 11. — Procédure devant le jury d'expropriation. . . 50
Art. 12. — Règles communes aux diverses indemnités. . 58
Art. 13. — Paiement des indemnités 60

SECTION DEUXIÈME. — EXTRACTION DE MATÉRIAUX
ET OCCUPATIONS TEMPORAIRES DE TERRAINS.

Art. 1er — Fouilles et extractions 63
Art. 2. — Désignation des lieux 71
Art. 3. — Indemnités.. 73
Art. 4. — Compétence. 76

SECTION TROISIÈME. — Réception des travaux. 83

SECTION QUATRIÈME. — Mise en régie et réadjudication à
folle-enchère. 85

DEUXIÈME PARTIE.

EXPLOITATION DES CHEMINS DE FER.

SECTION PREMIÈRE. — Des tarifs. 91

SECTION DEUXIÈME. — Des transports. 117

Art. 1er — Nature et formation du contrat de concession . 118
Art. 2. — Devoirs et droits des Compagnies comme commissionnaires de transport. 121
Art. 3. — Responsabilité des Compagnies.. 126
§ 1er — Défaut de transport dans le délai
fixé, retard, fausse direction . . 127
§ 2. — Cas de force majeure ou fortuit. . . 131
§ 3. — Avaries ou pertes des objets 137
Art. 4. — Faits des agents intermédiaires.. 146
Art. 5. — Action en responsabilité. 150
Art. 6. — Actions réciproques des commissionnaires entre
eux 160
Art. 7. — Sécurité des personnes et responsabilité des
accidents.. 164
Art. 8. — Du privilége des commissionnaires sur les
choses transportées. 167

TROISIEME PARTIE.

DE LA POLICE DES CHEMINS DE FER.

Pages

Section première. — Article unique. — Considérations
générales sur l'administration et la police des
voies de fer 171

Section deuxième — Des mesures relatives à la conservation de la voie.. 202
Art. 1er — Conservation de la voie. — Servitudes d'utilité
publique. 177
Art. 2. — Constatation des contraventions et répression . 192

Section troisième. (1) — Des mesures relatives à la sûreté
de la circulation sur les chemins de fer . . . 202
Art. 1er — Règles générales. 202
Art. 2. — Règles de police ap.licables aux concessionnaires de l'exploitation des chemins de fer. . 207
Art. 3. — Des mesures concernant les voyageurs et les
personnes étrangères au service du chemin de
fer 220

APPENDICE.

Code annoté de la construction, de l'exploitation et de la
police des chemins de fer 223
I. — Loi sur l'expropriation pour cause d'utilité publique
(3 mai 1841). 225
II. — Tarif des frais et dépens pour tous les actes faits en
vertu de la loi sur l'expropriation pour cause d'utilité publique. 262
III. — Lois et règlements sur les fouilles et extractions de
matériaux et occupations temporaires. 271

(1) **Page 202**, lisez *Section troisième* au lieu de *Section deuxième*.

Pages.

IV. — Chemin de fer. — Loi du 2 juillet 1838. — Du 15
juillet 1845. — Ordonnance du 15 novembre 1846.
— Loi du 24 février 1850. 292

V. — Code civil, livre III, titre VIII, section II. — Des voituriers par terre et par eau. 362

Code de commerce, livre Iᵉʳ, titre VI. — Des commissionnaires en général. 363

Modification de l'art. 3 de la loi du 3 mai 1841, extrait du
rapport de M. Troplong sur la constitution du 22 janvier 1853. 367

Table alphabétique, analytique et complémentaire. . . . 373

PRÉFACE.

PRÉFACE.

———

I. Les chemins de fer sont des enfants du génie de l'Angleterre. Il semble que ce peuple, que la Providence a confiné dans un petit coin de la terre, veuille gagner en activité ce qui lui manque en étendue. Pressé de tous côtés, il s'élance comme ces arbres qui, renfermés dans un étroit espace, montent pour se nourrir d'un air plus généreux et plus libre. C'est à lui que semblent réservés les prémices de l'industrie. Il en conçoit le germe, le dépose parmi les nations, puis leur laisse le soin de le féconder, de le développer. La France est presque toujours appelée à faire sortir l'art et le perfectionnement de ces ébauches grossières, et souvent elle y conquiert une gloire qui efface l'éclat de la première gloire.

En effet, si les chemins de fer sont des enfants du génie de l'Angleterre, les chemins à vapeur sont des enfants du génie de la France. L'Angleterre a inventé les rails qui atténuent les résistances que le roulement des voitures a à vaincre sur les routes ordinaires, mais c'est la France qui a inventé la locomotive, la machine à vapeur, qui fut une véritable révolution.

« Que dire, écrivait le savant Arago (1), que dire de la machine à vapeur, partie capitale des locomotives? La force aérienne irrésistible qu'elle élabore se répand et circule dans les organes du système, tantôt à petites portions, tantôt à flots pressés, au gré de l'ingénieur. De là ces mouvements si lents et si rapides ; de là ces variations de vitesse, ou graduelles, ou presque instantanées, qui feraient croire, en vérité, que l'on assiste aux évolutions capricieuses d'un être doué de vie et de volonté. Tout cela est à merveille, mais perçons l'enveloppe et nous trouverons un appareil qui se dérange sans cesse, qui sans cesse est en réparation, qui est pour les Compagnies une cause de ruine. Voyons ce que le combustible consommé renfermait de force motrice ; mesurons d'autre part la force que la locomotive a mise en action, et de nouvelles imperfections frapperont nos yeux comme elles ont frappé ceux de nos ingénieurs. Le mal est-il irréparable? Gardons-nous de le croire. Quand on se rappelle la révolution capitale que notre compatriote, M. SEGUIN L'AÎNÉ, produisit dans l'art de la locomotive le jour où, s'emparant des chaudières tubulaires de ses devanciers, il imagina de placer l'eau dans la capacité où se jouait la flamme, et de lancer cette flamme, au contraire, dans les tubes destinés d'abord à renfermer l'eau ; quand on songe à tout ce qu'on a gagné, sous le rapport du tirage, à faire dégager par la cheminée de la locomotive la vapeur qui, après avoir agi dans le corps de pompe, semblait ne

(1) Rapport à la Chambre des députés, 24 avril 1838.

pas pouvoir rendre de nouveaux services et se répandait jadis librement dans l'air, on a toute raison d'espérer de nouvelles découvertes et de compter sur leur simplicité... Aussi est-ce improprement que les chemins de fer sont appelés ainsi ; pour être exact, on devrait les appeler *chemins à vapeur.* »

Pascal, en admiration devant les fleuves, disait : « *Ce sont des routes qui marchent.* » Qu'aurait-il dit devant le chemin de fer? Comment aurait-il défini cette locomotive impatiente qui piaffe comme un coursier généreux qui a l'intelligence de sa mission et de sa force, et qui n'est pourtant qu'une création de la science?

II. Source inépuisable de richesses et de prospérité pour un pays, les chemins de fer ont déjà changé la face de la France. Aussi y a-t-elle placé ses plus grands, ses plus chers intérêts ; elle sent qu'ils deviennent de plus en plus sa vie même. C'est par eux que Paris épanche sur tous les points sa vie intellectuelle, administrative, commerciale, industrielle. Ils partent de là ; on dit encore où ils vont, mais bientôt on ne le dira plus, car ils iront partout, en France, en Europe, dans le monde.

Les chemins de fer réunissent à un degré vraiment inespéré la force et les moyens de vitesse. Les résultats, sous ce double rapport, ont été si étonnants que l'on a pu, devant la première société savante de la capitale, sans trop encourir le reproche d'exagération, parler de l'époque « où les riches oisifs dont Paris fourmille partiront le matin, de bonne heure, pour aller voir appareiller notre escadre à Toulon, déjeuneront à Marseille, visiteront les établissements thermaux des Pyrénées, dîneront à Bordeaux, et, avant que les vingt-quatre heures soient écoulées, reviendront à Paris pour ne pas manquer le bal de l'Opéra. »

« Quand on voit les étonnantes vitesses que les locomotives ont réalisées, disait encore l'illustre Secrétaire perpétuel de l'Académie des Sciences, on est vraiment excusable de croire qu'il ne faut plus compter sur des améliorations importantes et que l'on est arrivé à la perfection. Cette opinion, quelque naturelle qu'elle paraisse, n'en est pas moins une erreur. L'art des chemins de fer est encore dans l'enfance. »

Aussi la pensée des hommes d'État et des ingénieurs se porte-t-elle sur cet objet avec la plus louable sollicitude. Économie et célérité, tel est le double problème que l'esprit humain cherche à résoudre. C'est la conquête des espaces, des distances, des temps ; c'est la multiplication à l'infini des forces humaines ; c'est la prédominance de l'esprit sur la matière.

Depuis un demi-siècle la France s'est mise à la tête des nations pour réaliser de grandes choses ; elle semble vouloir se venger aujourd'hui d'avoir été devancée dans la création des chemins de fer par les autres puissances de l'Europe. Une émulation vraiment extraordinaire s'est emparée d'elle. Sans doute cette carrière est semée de périls et d'écueils ; mais, confiante dans son avenir, elle s'élance, avec l'instinct de sa puissance, pleine d'énergie, de résolution et d'audace, et elle poursuit un but dont le résultat sera de lui donner une supériorité sur ses plus fières rivales, en fortifiant encore, par des communications universelles avec son centre, sa puissante et magnifique unité.

C'est qu'aussi la France est le pays qui est destiné à gagner le plus par les chemins de fer. Elle se trouve dans une situation géographique admirable pour servir de communication à la plupart des peuples de l'Europe. C'est à travers la France que sont, en quelque sorte, prédestinées à passer les lignes que l'on appelle internationales. Par les chemins de fer, la France deviendra le marché du monde; ils sont le vrai symbole de son avenir industriel, commercial et militaire. Dans les temps où la vie politique est morte, ils sont sa vie même et sa consolation, et donnent satisfaction à ce besoin immense d'expansion qui s'agite en elle; ils sont un puissant dérivatif à son activité, et ils n'ont pas peu contribué à tuer parmi nous la sensibilité politique. Sous ce rapport, est-ce un bien? est-ce un mal? Vaut-il mieux jeter les idées à la mer et sauver les intérêts? C'est un problème que l'avenir se chargera de résoudre.

III. En historien fidèle plutôt qu'en philosophe, nous constatons les effets sans rechercher les causes, et nous disons hardiment : Il n'est pas de découverte qui contribue davantage à l'accroissement de la richesse publique que les chemins de fer. Ils centuplent les forces d'une nation; ils établissent entre les diverses collections d'individus qui la composent des liens plus étroits, une cohésion plus intime; ils aident merveilleusement à la diffusion des lumières et de la civilisation ; ils la font pénétrer partout, jusque dans les provinces les plus reculées. Ils facilitent au plus haut degré les échanges des produits de l'industrie et du sol de chaque contrée. Ils tendent à réaliser ce problème qui a fait le désespoir de tous les gouvernements : La vie à bon marché. Dans un temps donné, on doit par eux arriver presque à la gratuité des voies de communication en France qui existe déjà pour les routes nationales. La réforme postale a fait faire un grand pas à la gratuité, au point de vue intellectuel : par le retour des chemins de fer dans les mains de l'État, on s'approchera de la gratuité matérielle de transport au profit des générations futures. Il n'est pas plus possible de deviner l'avenir ouvert au monde] par l'invention des chemins à vapeur, qu'il n'était possible de deviner l'avenir ouvert au monde par l'invention de l'imprimerie. Heureux ceux qui vivront ; ils verront de grandes choses !

Comparez, par exemple, les résultats qu'ils doivent produire avec ceux qu'ont produits les canaux ! Et cependant, quels immenses capitaux n'ont pas enfoui les canaux ! Nous n'hésitons pas à dire que, toute proportion gardée, ceux-ci ont coûté à la France plus que les chemins de fer. Quelle différence pourtant dans les résultats obtenus! Comme cette eau qui dort ressemble peu à la vapeur qu'elle produit! Ici, c'est la vie ; là, c'est, pour ainsi dire, la mort.

Jetez une voie ferrée dans un pays désert, et soudain, comme s'il avait été touché par la baguette d'une fée, il en sortira des villages, des populations entières.

Voilà deux villes qui s'ignoraient, qui ne se communiquaient pas, qui ne sentaient pas les liens cachés qui les unissaient, qui ne tiraient pas parti de leurs produits, qui n'avaient pas conscience des richesses qu'elles recélaient. Mais tout à coup se sont réveillées en elles des forces qui sommeillaient improductives ; des relations se sont créées, des industries nouvelles ont vu le jour, le sol a été fouillé, et on a trouvé dans ses profondeurs d'immenses, d'inépuisables richesses. L'aisance a remplacé la pauvreté ; l'enceinte de la cité, qui était trop vaste pour les pères, devient trop étroite pour les enfants ; elle s'agrandit ; tous les dix ans, on ajoute une rue à une rue ; la civilisation élargit son cercle, la laine remplace la bure, et le rêve de Henri IV : LA POULE AU POT, devient pour chacun une réalité. Qui a opéré ce prodige ? C'est tout simplement qu'un jour, dans ces pays-là, est venu se placer à côté du percepteur, qui ? L'ingénieur !

IV. Ç'a été un véritable progrès que de confier la confection des chemins de fer à l'industrie privée. C'est par là qu'a commencé à se former cet esprit d'association qui a déjà reçu des développements gigantesques ; qui fait affluer tous les capitaux, grands ou petits, vers les entreprises industrielles ; qui tend progressivement à remplacer l'intérêt du capital, si décrié, si maudit, par la commandite appliquée à toutes les industries, sans en exclure l'industrie de l'agriculture. Cet esprit mérite d'être encouragé ; il a appelé les capitaux étrangers sur notre sol et a joint leur puissance financière à la nôtre. Il a moralisé l'association en se substituant à ces myriades de Compagnies, qui n'étaient pas autre chose que de mauvais petits gouvernements mal administrés, où les actionnaires jouaient le rôle piteux de contribuables. Il les a remplacées par une règle d'association morale, sérieuse, honnête, féconde, qui est le plus énergique ressort dont les nations modernes puissent faire usage pour accroître le bien-être de tous, sans nuire au bien-être de personne.

Voyez quels progrès fait l'association sous nos yeux! On a été dans la nécessité d'enrichir la langue industrielle de mots nouveaux pour caractériser des besoins nouveaux. Ce n'est plus seulement de *l'association*, c'est davantage encore, c'est de la FUSION. Les dénominations de chemins, si diverses à l'origine, s'effacent. Ils sont bientôt réduits à quelques-uns. L'opinion publique leur a déjà donné leurs noms de baptême : chemins de Paris, de l'Est, du Nord, de l'Ouest et du Midi.

Que l'on songe à ce qu'ont pu faire, sous le nom modeste de *Compagnie des Indes*, nos voisins d'outre-Manche! Ne sont-ils pas parvenus à gouverner, civiliser et contenir 113 millions d'hommes! N'ont-ils pas créé, au profit de leur pays, des richesses incalculables? Quelle institution a plus contribué que celle-là à la grandeur britannique? Quelques hommes suffisent pour donner l'impulsion au commerce le plus vaste du monde.

Il ne suffit pas de créer en France quelques grandes lignes de chemins de fer. Il faut encore arriver à ceci : De même que l'ouverture d'une route royale, nationale, ou impériale, crée à droite ou à gauche une foule de routes départementales qui, à leur tour, deviennent l'origine d'un grand nombre de chemins vicinaux, de même la création d'une ligne principale de chemin de fer doit avoir pour résultat de créer une foule de lignes secondaires.

Mais la fusion de toutes les petites Compagnies en quelques grandes Compagnies peut seule avoir la puissance de produire ce grand résultat.

V. On ne fait de grandes choses en industrie qu'avec de grands capitaux ; et les grands capitaux, l'industrie privée seule peut les trouver. Qu'un gouvernement, quelque puissant qu'il soit, ouvre une souscription, qu'il dise : Voici une œuvre magnifique, féconde, fructueuse à accomplir ; je demande des actionnaires. Ce gouvernement serait-il personnifié dans Henri IV, c'est-à-dire la bonté ; dans Napoléon, c'est-à-dire le génie ; dans Louis-Philippe, c'est-à-dire la prudence, n'obtiendrait rien. On décrète bien un chemin de fer, mais on ne décrète pas la confiance.

Le gouvernement imposerait d'abord à l'entreprise, aux actionnaires, son personnel d'ingénieurs des ponts et chaussées, son École polytechnique tout entière. Or, à tort ou à raison, le public commanditaire n'a pas confiance dans l'École polytechnique. Dans un chemin de fer comme dans toute autre entreprise, il ne s'agit pas uniquement de nivellements, de tracés, de travaux d'art; les transactions commerciales y jouent un rôle très-important. Les *affaires* supposent une nature d'esprit toute particulière; il faut, pour y réussir, un tact, une pénétration, une finesse, qui ne s'acquièrent pas dans les amphithéâtres de l'école. Rien, en ce genre, ne pourra suppléer à une longue, à une constante pratique des hommes et des choses.

M. Molé disait à la Chambre des pairs : « Ce que demande l'industrie privée, c'est qu'on la laisse maîtresse, indépendante, libre dans son essor. Le gouvernement lui a toujours imposé ses plans, ses ingénieurs, ses conditions; il l'environne d'entraves dont on s'effraie d'autant plus que les erreurs de devis rédigés pour le compte de l'administration semblent presque inséparables de tout ce qu'elle entreprend. »

M. Arago ajoutait : « Aucun nom d'ingénieur de l'État n'est attaché aux découvertes qui honorent l'art et l'industrie des chemins de fer. Il y a au contraire beaucoup d'ingénieurs civils. La machine locomotive, c'est la chaudière; elle n'existe pas dans ce petit appareil qu'admirent les personnes peu instruites : elle est un moyen prompt, efficace, d'engendrer toute la vapeur dont la machine a besoin pour marcher. Eh bien ! c'est l'œuvre d'un ingénieur civil, de M. SEGUIN.

» Qui a inventé le moyen de se servir d'une vapeur perdue pour augmenter le tirage, pour remplacer l'immense cheminée dont on était réduit à se servir, et supprimer l'oscillation qu'elle donnait à tout écm

nisme de la machine? C'est un ingénieur civil, M. PEL-
LETAN. »

Ainsi, entre l'ingénieur de l'État et l'ingénieur civil,
la capacité étant au moins égale, le public, à tort ou à
raison encore, aime mieux aller à l'ingénieur civil.

Mais il y a pour lui une autre raison, raison pérem-
ptoire, décisive : c'est que l'ingénieur civil fait les travaux avec plus d'économie. « L'industrie privée seule,
disait encore M. Molé, dont nul ne récusera l'autorité,
car il a été directeur-général des ponts et chaussées,
l'industrie privée seule a le secret du juste rapport des
avantages et des dépenses ; elle seule sait approprier
les travaux à leur fin ; elle seule sait éviter les folles
dépenses où entraîne précisément le grandiose dans
des travaux qui ne le réclament pas. »

Par toutes ces causes, le public, dont on a dit qu'il
avait plus d'esprit que Rousseau et Voltaire ensemble,
ce public ne veut pas confier son argent aux ingénieurs de l'État, et il court avec un empressement
sans exemple, inouï, le porter aux ingénieurs civils.
Corrigez-le si vous pouvez, mais enfin les faits sont
là : le public n'a confiance que dans l'industrie privée.
Donc, elle seule peut trouver les capitaux nécessaires
aux grandes entreprises ; donc, elle seule peut faire et
ces lignes principales et ces lignes secondaires qui
doivent vivifier le pays tout entier. Ce que le gouvernement ne pourrait exécuter qu'à force d'impôts qui le
rendraient impopulaire et, par suite, impossible, les
Compagnies le pourront avec ce talisman qu'on appelle LA CONFIANCE.

Ce n'est pas tout, il y a un autre problème à résoudre : c'est de bien administrer les chemins de fer et d'apporter à cette chose de tous ce que l'on a quelquefois beaucoup de peine à apporter à la sienne propre. Or, le public a la bizarrerie de croire que le gouvernement ne sait pas administrer les chemins de fer. C'est chose grave et difficile de gérer des intérêts collectifs en bon père de famille, d'avoir toujours les yeux ouverts sur cette immense artère qui verse sans cesse un sang précieux, de ne pas en laisser perdre une goutte, de le recueillir précieusement pour l'infuser dans la veine appauvrie de cette foule de petits capitalistes qui vous ont porté leurs épargnes dont le revenu sert à nourrir leurs familles ! A cet égard, il est vrai de dire : Tant vaut l'administrateur, tant vaut le chemin de fer. Eh bien ! le public n'a pas assez de foi dans l'État pour lui confier l'administration de ses capitaux. C'est un sentiment instinctif de sa part. Lutter serait impossible ; le pouvoir absolu avec ses décrets n'y ferait rien.

A condition d'être bien administrés, les chemins de fer seront toujours un placement très-fructueux pour les capitaux, et qui produira toujours un intérêt supérieur à tous les autres. Le jour où cette industrie n'aura plus la confiance publique, nulle autre ne la pourra avoir ; car elle est tellement identifiée à la civilisation, elle répond à un besoin tellement senti, tellement universel, que son tombeau serait celui de la confiance elle-même.

L'État doit donc en prendre son parti : reconnaître

son impuissance à faire lui-même les chemins de fer, et les abandonner à l'industrie privée, sauf à en réglementer l'exploitation. L'industrie en fera donc, et beaucoup et partout. Et fiez-vous à elle pour trouver des voyageurs afin de les alimenter. La facilité des voyages fait naître le désir de voyager. Autrefois que de familles aisées de la province s'éteignaient sans qu'aucun de leurs membres, même après plusieurs générations, ne se fût exposé aux périlleux hasards d'un voyage à Paris ! Il en était de même de ville à ville. On regrettait le temps qu'on enlevait à ses affaires ; on redoutait les longues séparations. Les chemins de fer suppriment le temps et l'espace. Ils font plus, ils vous tentent comme une partie de plaisir. Qu'on compare, en effet, leur confortable, leurs coussins doux et moelleux, leurs larges et commodes fauteuils, avec ces affreuses diligences qui ont, sous tant de noms et de prospectus menteurs, meurtri notre jeunesse ! Que l'on se rappelle comment on y était empilé des journées et des nuits entières, puis jeté tout meurtri au lieu de sa destination, après avoir fait huit à dix kilomètres à l'heure ; encore regardait-on cela comme un prodige de célérité ! Certes, il n'est aucun de nous qui n'ait dit avec joie sur leur tombe : *Que la terre te soit légère !* et quand nous en parlerons un jour à nos enfants, on voudra à peine nous croire, car l'on aura oublié leurs noms comme on a oublié les Turgotines, de lambine mémoire.

Et puis, c'est une justice à rendre aux Compagnies, qu'elles ont mis une très-grande modération dans la fixation des prix de transport, personnes et choses.

Encore les chemins de fer n'ont-ils pas dit leur dernier mot, et ils les baisseront encore....... Non, nous nous trompons, ils ne les baisseront pas ; ils feront bien mieux que cela, ils centupleront la richesse privée et publique ; ils iront, comme la déesse Fortune, verser leur corne d'abondance partout, dans les plus petites campagnes comme ils la versent dans les plus grandes cités, et l'argent, cette conquête aujourd'hui si difficile, coulera à pleins bords comme nos grands fleuves dans notre heureuse patrie. Alors non-seulement les prix actuels ne paraîtront pas trop élevés, mais ils seront bas en comparaison de la valeur des services rendus. Gardons - nous donc de murmurer; nous semons pour nos enfants ; ils recueilleront le fruit de nos sacrifices. Un magnifique réseau de communications sera fondé pour eux, et, on le sait, c'est là le principal élément de la richesse et de la prospérité d'un grand peuple.

TRAITÉ JURIDIQUE

DES

CHEMINS DE FER

NOTIONS PRÉLIMINAIRES

---

1. L'autorisation d'établir un chemin de fer est donnée, soit par une loi, soit par une ordonnance ou un décret du pouvoir exécutif, à une Compagnie ou à un particulier, et se nomme *concession*.

2. La concession est *directe* ou *indirecte* :

Elle est *directe*, lorsqu'une loi ou un décret disposent, de gré à gré, moyennant conditions débattues, en faveur d'un particulier ou d'une Compagnie déterminée, présentant des garanties suffisantes; ou bien encore lorsque la loi autorise le ministre compétent à traiter à des conditions fixées d'avance, en laissant à l'administration le choix du concessionnaire.

Elle est *indirecte,* quand elle a lieu par la voie de l'adjudication au rabais qui porte tout à la fois et sur la subvention, si l'État en accorde une, et sur le maximum de la durée de la jouissance.

3. Quel que soit du reste le mode adopté pour l'exécution du chemin de fer, que les travaux soient exécutés par l'État ou par une Compagnie, c'est maintenant un fait certain que le sol sur lequel le chemin est établi reste la propriété de l'État qui ne consent plus d'aliénations perpétuelles, et ne concède qu'un droit de jouissance, plus ou moins prolongé sans doute, mais toujours avec stipulation de retour à une époque déterminée.

4. Les chemins de fer font partie de la voie publique, quand même ils seraient construits par les concessionnaires, et quand même le péage que ceux-ci sont autorisés à percevoir comme prix à forfait de la construction leur serait abandonné à perpétuité, — Conseil d'État, 11 janvier 1837, — 5 juin 1838 ; — et c'est ce qu'exprime formellement l'art. 1er de la loi du 15 juillet 1845, ainsi conçu : « *Les chemins de fer construits ou concédés par l'État font partie de la grande voirie.* » Ce principe est fécond en conséquences.

5. La concession, soit qu'elle ait lieu par voie d'adjudication, soit par voie de convention de gré à gré, autorisée d'avance par la loi ou émanée d'un acte spontané du chef de l'État, ne devient définitive qu'autant qu'elle a été homologuée par un décret ou ordonnance. Ce principe est consacré d'une manière générale par l'art. 9 de la loi du 15 juillet 1845.

6. Dans une concession de chemin de fer, il faut bien prendre garde à ceci : que la mesure des droits et des obligations des parties n'est pas seulement écrite dans la loi qui autorise l'exécution, elle est encore dans le cahier des charges.

Ainsi, le cahier des charges qui a été déclaré annexé à une loi ordonnant des travaux publics est devenu dès lors partie intégrante de cette même loi. — Cassation, 9 janvier 1839. — Conseil d'État, 20 février 1835.

7. La concession faite est définitive ; c'est la loi, tous doivent s'incliner devant elle :

« L'ordonnance ou décret qui a déclaré d'utilité publique l'établissement de ponts d'arcs sur un chemin de fer, qui en a déterminé l'emplacement et a fixé l'origine des distances, sur lesquelles devra être calculée, conformément au cahier des charges, la perception du tarif dû à la Compagnie concessionnaire, constitue une mesure de pure administration prise par l'autorité supérieure dans la limite de ses pouvoirs , qui ne peut être attaquée devant le Conseil d'État ; mais cette ordonnance ne fait nul obstacle à ce que la Compagnie du chemin de fer porte devant le Conseil de préfecture toutes les réclamations fondées sur des droits qu'elle prétendrait résulter pour elle de l'acte de concession du chemin. » —Conseil d'État, 31 mai 1848.

8. Il ne saurait appartenir aux tribunaux de réformer la déclaration de l'autorité administrative par laquelle un concessionnaire est reconnu avoir rempli les conditions auxquelles est subordonnée la concession. Spécialement , lorsque le concessionnaire qui s'est soumis à justifier de la constitution d'un fonds social avant d'entreprendre aucuns travaux , de poursuivre aucunes expropriations, a été déclaré, par le directeur des ponts et chaussées , avoir rempli cette condition, l'autorité judiciaire est incompétente pour réformer cette déclaration. — Cassation, 6 janvier 1836.

9. La concession d'un chemin de fer, quel qu'en soit le mode, est un fait qui, par lui-même, a des conséquences trop graves pour que l'autorité ne demande pas aux soumissionnaires des garanties réelles de l'exécution de leurs obligations.

A cet effet, et comme préliminaire indispensable, il a toujours été exigé de toute personne ou Compagnie se présentant à la concession, l'accomplissement de conditions de nature à rassurer l'État et à le garantir contre des témérités dont l'intérêt public aurait en définitive été victime. Ceci a été l'objet du titre VII de la loi du 15 juillet 1845.

10. Nous donnerons une large place à l'examen des difficultés que soulève l'application de la loi du 3 mai 1841, relative à l'expropriation pour cause d'utilité publique ; car, soit que l'État exproprie pour remettre le terrain libre à la Compagnie concessionnaire, soit qu'il lui laisse cette rude tâche — *hoc opus, hic labor,* — c'est là une source de complications graves.

11. Nous allons donc supposer la Compagnie concessionnaire aux prises avec la masse énorme de propriétaires qu'il faut déposséder pour remplir la mission qu'elle s'est donnée et qu'elle a reçue de la confiance de l'autorité publique, c'est-à-dire : *la construction du chemin de fer,* d'où procède la nécessité de *l'expropriation.* C'est aujourd'hui le mode qui paraît généralement adopté par l'État. Moyennant des conditions favorables qu'il fait à la Compagnie, celle-ci se charge de l'achat des terrains propres à servir d'assiette au chemin de fer.

12. Il résulte de ce mode une situation tout à fait grave pour la Compagnie concessionnaire et qui donne lieu à des conditions spéciales que les cahiers des charges, d'ordinaire, formulent ainsi :

« Tous les terrains destinés à servir d'emplacement au chemin de fer et à toutes ses dépendances, tels que gares de croisement et de stationnement, lieu de chargement et de déchargement, ainsi qu'au rétablissement des communications déplacées ou interrompues, et de nouveaux lits de cours d'eau, seront achetés et payés par la Compagnie.

» La Compagnie est substituée aux droits comme elle est soumise à toutes les obligations qui dérivent, pour l'administration, de la loi du 3 mai 1841. » — Art. 22 du Cahier des charges des chemins de fer du Midi.

13. Cette subrogation aux droits de l'État est fertile en obligations actives et passives, en charges et en bénéfices.

Il en résulte déjà, en principe général, que la Compagnie peut se procurer, par les mêmes voies que l'administration publique elle-même, les matériaux de remblai et d'empierrement nécessaires à la construction et à l'entretien du chemin de fer ; qu'elle jouit, tant pour l'extraction que pour le transport et le dépôt des terres et matériaux, des priviléges accordés par les lois et règlements aux entrepreneurs de travaux publics, à la charge par elle d'indemniser à l'amiable les propriétaires des terrains endommagés, ou, en cas de non-accord, d'après les règlements arrêtés par le Conseil de préfecture , sauf recours au Conseil d'État, sans que, dans aucun cas, elle puisse exercer de recours à cet égard contre l'administration.

Il en résulte encore qu'elle doit supporter et payer les indemnités dues pour occupation temporaire ou détérioration de terrains, pour chômage, modification ou destruction d'usines et pour tout dommage quelconque résultant des travaux.

14. On comprend que, pour être complet, nous devions traiter toutes les questions qui peuvent naître de cette situation faite à l'entreprise par la substitution aux droits de l'État et par l'exercice des immenses droits qu'elle comporte, ce qui embrasse, dans son ensemble, la vaste matière des travaux publics, sans toutefois sortir de notre sujet qui est restreint aux *chemins de fer,* c'est-à-dire aux questions que soulèvent *leur construction, leur exploitation et leur police.*

Après avoir présenté le tableau de la doctrine et de la jurisprudence civile et administrative sur cette matière, nous réunissons dans un *Appendice* le texte des lois et ordonnances qui la concernent, et, sous chaque article, nous plaçons les solutions qui n'ont pas pu entrer dans notre travail d'ensemble, de telle sorte qu'à côté du *traité* se trouve le *commentaire,* et que notre livre forme un répertoire complet de l'état actuel de la science juridique des chemins de fer. Il prend le chemin de fer depuis son germe dans la loi de concession jusque dans son développement dans la loi d'exploitation : il trace en quelque sorte son état civil, sa vie administrative, industrielle et commerciale.

PREMIÈRE PARTIE

CONSTRUCTION DES CHEMINS DE FER

SECTION PREMIÈRE

EXPROPRIATION.

ART. 1er. — PRINCIPES GÉNÉRAUX.

15. La concession d'un chemin de fer emporte de soi la déclaration d'utilité publique, qui ouvre le droit d'exproprier, soit au profit de l'État, soit au profit de la Compagnie concessionnaire subrogée aux droits de l'État.

16. L'État a le droit de s'emparer des propriétés privées dans un but d'utilité publique ; mais sous la condition préalable d'une juste indemnité. Ce principe a été reconnu de tout temps par tous les publicistes.

17. La loi du 3 mai 1841 règle l'application de ce principe. Elle indique l'autorité qui doit déclarer l'utilité, l'autorité qui doit prononcer l'expropriation, l'autorité qui doit fixer l'indemnité, l'autorité qui doit juger dans cette lutte inégale entre le droit d'un seul et celui de tous.

18. Ne confondons pas le mot *utilité* avec celui de *nécessité*. Le premier est plus large que l'autre. *Nécessité pu-*

blique voulait dire que, pour de simples embellissements, il n'était pas permis de froisser les affections du citoyen, de faire disparaître le sol qui fut le tombeau d'un père ou son berceau, la maison que l'on avait bâtie, le champ que l'on avait défriché.

Cette interprétation ne pourrait pas être donnée au mot *utilité publique*.

19. Toutefois, notons-le bien, l'intérêt des particuliers ne peut jamais être une cause d'expropriation, *à moins qu'ils ne soient concessionnaires d'entreprises d'utilité publique*. C'est ce titre que possèdent les Compagnies de chemins de fer.

D'où il suit qu'elles sont, *in specie,* subrogées aux droits de l'État, et que tout ce que celui-ci a le droit et le pouvoir de faire, elles ont droit et pouvoir de le faire aussi, par la force du principe de subrogation.

20. Ce droit commence pour l'État, du jour où la loi, ou le décret, ou l'ordonnance déclarent l'utilité publique, et pour les Compagnies, du jour de la cession que l'État leur fait, par voie de concession directe ou indirecte, de ses droits.

De ce jour, la Compagnie a le droit de revendiquer les terrains, édifices, cours d'eau nécessaires à la confection du travail d'utilité publique dont elle est chargée, et elle y parvient par des traités de gré à gré ou par l'expropriation.

21. Les concessionnaires sont substitués aux préfets dans tous les cas où ceux-ci agissent, non comme fonctionnaires, mais comme agents ou représentants des administrations qui font exécuter les travaux. Mais les préfets conservent, même dans le cas où les travaux ont été l'objet d'une concession, les attributions qui leur appartiennent, en matière d'expropriation, comme magistrats de l'ordre administratif, comme représentants de l'autorité publique. Ainsi, ce sont les concessionnaires qui doivent, par exemple, requérir du tribunal le jugement d'expropriation, faire les offres, en déterminer le chiffre. Mais c'est le préfet qui seul peut, après l'accomplissement des formalités prescrites, et sur les observations de la commission, désigner les propriétés dont la cession est nécessaire.

22. La loi atteint tous les immeubles, tous les meubles, tous les droits réels, en un mot, mobiliers ou immobiliers, appartenant à des Français ou à des étrangers.

Elle atteint également les biens des mineurs, des communes, des établissements publics, des femmes dotales, les substitutions et les majorats, quoiqu'ils soient frappés d'inaliénabilité civile.

Le domaine de l'État lui-même peut être exproprié pour cause d'utilité publique.

ART. 2. — AUTORISATION DES TRAVAUX.

23. Plus le pouvoir d'exproprier est exorbitant, plus il est nécessaire de le soumettre à des garanties. La propriété ne pouvait être livrée sans défense à des autorités subalternes. D'un autre côté, les grandes entreprises d'utilité publique, l'établissement d'un chemin de fer exigent des vues d'ensemble, des appréciations financières pour lesquelles le pouvoir central doit intervenir. Aussi la déclaration d'utilité publique avait-elle été placée dans le domaine de la loi ou de l'ordonnance, suivant l'importance des travaux. — Art. 2 et 3 de la loi du 3 mai 1841.)

24. Mais cette loi a reçu une altération profonde par la Constitution du 14 janvier 1852. L'art. 4 est ainsi conçu :

« Tous les travaux d'utilité publique, notamment ceux désignés par l'art. 10 de la loi du 21 avril 1832, et l'art. 3

1.

de la loi du 3 mai 1841, sont ordonnés ou autorisés par décret de l'Empereur.

» Ces décrets sont rendus dans les formes prescrites par les règlements d'administration publique.

» Néanmoins, si ces travaux et entreprises ont pour condition des engagements ou des subsides du Trésor, le crédit devra être accordé par une loi avant la mise à exécution.

» Lorsqu'il s'agit de travaux exécutés pour le compte de l'État, et qui ne sont pas de nature à devenir l'objet de concessions, les crédits peuvent être ouverts, en cas d'urgence, suivant les formes prescrites pour les crédits extraordinaires : ces crédits seront soumis au Corps législatif dans sa plus prochaine session. »

ART. 3. — DÉSIGNATION DES TERRITOIRES ET PROPRIÉTÉS.

25. Après l'autorisation d'exécuter, les travaux vient un arrêté du préfet qui désigne les territoires sur lesquels les travaux doivent avoir lieu. Il s'agit ici du tracé général des travaux ; cet arrêté n'est que le complément de la loi ou du décret d'autorisation ; il se confond avec elle et n'est susceptible d'aucun recours ni devant le ministre, ni devant le Conseil d'État. Il ne faut pas confondre cet arrêté avec celui qui intervient ultérieurement pour la désignation des propriétés particulières ; ce sont deux actes tout à fait distincts.

Ainsi, il a été jugé que lorsque les localités ou territoires ne sont pas désignés par le pouvoir exécutif, cette désignation générale doit être faite par un arrêté du préfet. L'arrêté ultérieur qui détermine les propriétés particulières sujettes à l'expropriation ne suffit pas. — Cassation, 6 janvier 1836.

26. La détermination des propriétés à céder est un

acte très-grave qui entre au cœur même de la propriété privée. Jusque-là, le tracé général n'était qu'une mesure qui va se réaliser contre chaque individu. C'est le premier acte direct d'expropriation. Aussi la loi l'entoure-t-elle de formalités protectrices et permet-elle à la propriété attaquée de se défendre. Et il en serait ainsi alors même que le pouvoir exécutif, usant d'un droit que nous lui reconnaissons, aurait lui-même désigné les propriétés particulières qui doivent être atteintes, et rendu par là inutile l'arrêté préfectoral. L'application de l'expropriation ne peut être faite à qui que ce soit, et par qui que ce soit, avant que les parties intéressées aient été mises en état de fournir leurs contredits.

27. Tous les travaux publics qui peuvent s'exécuter avec la seule autorisation des administrations civiles, sont en outre soumis, lorsqu'ils doivent être exécutés dans la zone des frontières, à l'approbation du ministre de la guerre. Les difficultés qui s'élèvent entre les deux administrations sont déférées à la commission mixte des travaux publics.

28. Le décret déclaratif d'utilité publique n'a d'autre effet que d'autoriser les travaux et de déclarer que, pour leur exécution, on pourra recourir à l'expropriation ; mais il ne prononce pas cette expropriation, laquelle ne s'opère que par l'autorisation de la justice, et, par conséquent, il ne saurait empêcher les propriétaires de disposer à leur gré de leurs propriétés.

29. Il suit de là que la Compagnie concessionnaire du chemin de fer qui serait déjà propriétaire ou qui aurait acquis amiablement les terrains sur lesquels doit reposer la voie, pourrait commencer ses travaux sans enquête préalable : il suffirait que les terrains à traverser fussent compris dans le tracé général. En agissant ainsi, elle ne ferait qu'appliquer le principe posé dans l'art. 544 du Code civil, portant que la propriété est le droit d'user et d'abuser de sa chose de la manière la plus absolue.

30. La nécessité même d'une enquête préalable à la création des travaux publics semble aussi avoir fait naufrage avec le gouvernement constitutionnel, et il résulte de la Constitution récente que le pouvoir exécutif, en vertu de l'omnipotence qu'il s'est réservée, est le seul juge de l'utilité des travaux à exécuter. C'est là une question d'économie politique qu'il appartient à l'initiative du chef seul de l'État de trancher. Tout est abandonné à l'exercice de son pouvoir discrétionnaire.

31. Il est évident que le décret qui ordonne les travaux ne peut être attaqué par la voie contentieuse. — Conseil d'État, 30 novembre 1830.

32. Mais s'il s'agissait de travaux qui ne fussent pas de nature à entraîner des expropriations, ils pourraient avoir lieu, suivant leur importance, sur la simple autorisation du ministre ou des préfets. — Loi du 18 juillet 1837, art. 45.

33. Mais évidemment l'expropriation doit être limitée aux terrains nécessaires à la construction des travaux compris expressément dans la déclaration d'utilité publique, et on ne peut l'étendre aux terrains non compris dans cette déclaration, alors même qu'ils seraient nécessaires pour la confection de travaux qui paraîtraient indispensables pour l'achèvement de ceux ordonnés. — Cassation, 21 novembre 1836.

34. On conçoit, en effet, que l'expropriation étant un droit rigoureux, un sacrifice à l'intérêt général, il y ait lieu de la restreindre dans ses limites les plus étroites.

Ainsi, il a été jugé, par application du même principe :

Qu'une Compagnie adjudicataire de l'exploitation d'une

ligne principale de chemin de fer qui lui est livrée toute construite par l'État avec gare et accessoires, et de la construction d'embranchements qui viennent s'y rattacher, ne peut appliquer à l'augmentation de la gare de la ligne principale le droit d'exproprier qui lui a été concédé seulement pour la construction des embranchements, alors même que les Sociétés originairement distinctes de la ligne principale et des embranchements auraient été réunies en une seule. — Cassation, 27 février 1849.

35. Alors commence la mission de l'administration locale. C'est elle que la loi charge de déterminer les territoires sur lesquels le chemin de fer viendra prendre son assiette. Pour y parvenir, il faut d'abord faire dresser un plan détaillé des propriétés qui seront jugées nécessaires à l'exécution des travaux.

36. Lorsque les travaux ont été concédés à une Compagnie, ce sont les gens de l'art employés par cette Compagnie qui lèvent les plans parcellaires ; mais comme on pourrait douter de leur impartialité, leur travail doit être soumis à l'appréciation de l'ingénieur chargé de la surveillance des travaux.

37. Lorsqu'une Compagnie a été mise en possession du droit d'exécuter le chemin de fer, les propriétaires sont tenus, *ipso facto*, de souffrir les travaux préparatoires nécessaires pour la confection du projet.—Cassation, 4 mars 1825. — Conseil d'État, 19 octobre 1825.

38. Mais les ingénieurs doivent procéder avec les ménagements convenables. Ils ne doivent abattre des arbres dans les forêts qu'avec le consentement des propriétaires ou l'autorisation spéciale du ministre. — Circulaire du ministre des travaux publics, 8 juin 1830.

39. La Compagnie est tenue de réparer les dommages causés par les travaux préparatoires. Et c'est à l'autorité administrative qu'appartient l'appréciation de l'indem-

nité due pour les dégâts occasionnés par les travaux pré-
liminaires relatifs au tracé d'un chemin de fer en dehors
de la portion du terrain qui est devenue plus tard sujette
à l'expropriation définitive. — Lyon, 31 mai 1833.

40. Deux hypothèses peuvent se présenter : ou la loi
désignera nominativement les localités ou territoires sur
lesquels les travaux doivent avoir lieu, ou elle se bornera
à indiquer quelques points posés comme des jalons sur
la ligne. Il est rare même que la première hypothèse se
réalise, en matière de chemins de fer, à cause de la vaste
étendue du parcours.

Alors, aux termes de l'art. 2, § 2, de la loi du 3 mai
1841, c'est l'autorité préfectorale qui vient remplir les
lacunes : le préfet prend un arrêté qui détermine les
propriétés particulières auxquelles l'expropriation est
applicable.

41. Au surplus, rien dans la désignation dont il s'agit
n'est laissé à l'arbitraire du préfet. Ce n'est pas de lui-même
qu'il la fait, en choisissant l'emplacement qui lui paraît
le plus convenable pour l'exécution des travaux : il
doit se borner purement et simplement à reproduire les
indications des lieux portés sur les plans approuvés par
l'administration supérieure.

42. Le mot *territoire* signifie la circonscription de la
commune ; le mot *localités*, les hameaux, sections, quartiers d'une ville.

43. Cet arrêté pris, l'expropriation est valablement
poursuivie, bien que la propriété ne soit pas spécialement
désignée dans l'arrêté du préfet qui détermine les propriétés sur lesquelles devra porter l'expropriation, si elle
est comprise et indiquée sur le plan annexé à la déclaration d'utilité publique et à l'arrêté du préfet lui-
même. — Cassation, 5 février 1840.

44. Mais on conçoit qu'il faut qu'il n'y ait pas d'équi-

voque possible, et qu'il soit bien clair que le propriétaire
menacé d'expropriation a dû reconnnaître qu'il s'agissait
de sa propriété.

45. Lorsque, d'après la loi de concession d'un chemin
de fer, l'administration doit, de concert avec la Compagnie, déterminer l'emplacement et la surface des gares, elle a le droit d'affecter à l'établissement de ces
gares tels terrains que bon lui semble, pourvu qu'ils soient
compris dans le domaine du chemin, et cela quand bien
même les terrains qui, d'après la loi de concession, ne
devraient être parcourus qu'en *souterrain*, devront l'être
à *tranchées ouvertes*, par suite de leur affectation aux gares.
— Cassation, 9 janvier 1839.

46. Ainsi encore, il ne résulterait aucune nullité de
ce que le plan n'énoncerait pas les noms des propriétaires tels qu'ils sont inscrits sur la matrice du rôle, si
d'ailleurs les indications de ce plan ne laissent aucun
doute sur l'identité des propriétés soumises à l'expropriation et sur celle des possesseurs. — Cassation, 14
décembre 1842.

47. Si, après la levée du plan qui désigne le propriétaire inscrit sur la matrice des rôles, le véritable propriétaire se fait connaître et que le propriétaire inscrit ne
conteste pas sa qualité, c'est contre celui-là que doit être
dirigée désormais l'expropriation. — Cass., 14 avril 1846.

48. Mais, pour qu'il en soit ainsi, il faut que le propriétaire réel se fasse connaître en temps utile. Tout ce
qui, avant qu'il ait déclaré sa qualité, a été fait vis-à-vis
du propriétaire apparent, est valable à son égard. Ainsi,
il a été jugé que la circonstance qu'un immeuble avait
été exproprié sur un autre que le propriétaire, à défaut
par celui-ci de s'être fait connaître et d'avoir fait valoir
ses droits, n'empêche pas l'expropriation d'être irrévo-

cable et la fixation de l'indemnité d'être définitive. —
Cassation, 14 avril 1846.

49. Quand une Compagnie concessionnaire de chemins
de fer est chargée de l'achat des terrains, elle doit bien
prendre garde que, pour les expropriations, l'administration n'est que son auxiliaire ; que bien que la subrogation aux droits de l'État soit complète, néanmoins la
régularité légale des procédures à faire incombe à la
Compagnie, ainsi que la responsabilité qui en découle.
L'administration ne fait qu'une chose, c'est de mettre
dans les mains de la Compagnie les armes dont elle dispose, sauf à elle à en faire un usage régulier. Substituée
aux droits de l'État, elle est aussi substituée à ses obligations, et l'État est soumis à la loi et aux formes qu'elle trace.

50. Toutefois, nous devons faire ici une observation
générale. De ce que les chemins de fer sont faits désormais tout entiers, y compris l'achat des terrains, par les
Compagnies et non plus par l'État, il ne faut pas en conclure que le rôle des préfets, sous-préfets et administrateurs soit changé : ils doivent aux Compagnies, image
de l'État, comme le subrogé est l'image du subrogeant,
le concours dévoué, absolu, sans réserve, qu'ils accorde-
raient à l'État lui-même. C'est là du droit autant que de
la convenance et de la loyauté. Il ne faut donc pas que
les agents administratifs s'imaginent qu'ils peuvent voir
dans les Compagnies des adversaires que l'intérêt public
commande de sacrifier aux susceptibilités toujours ex-
cessives de l'intérêt privé, et qu'ils ont une règle de conduite différente de celle qu'ils devraient avoir si l'État
faisait les travaux lui-même. Ce serait là une profonde
erreur : les rôles sont changés, voilà tout; mais le droit,
les obligations restent les mêmes. Les préfets doivent
donc bien se pénétrer de cette vérité qui, d'ailleurs, leur
serait rappelée au besoin par leur supérieur hiérarchique,
le ministre. Nous avons cru devoir consigner ici cette

observation, d'abord parce que nous avons déjà eu occasion de remarquer plus d'une fois une certaine hostilité aux Compagnies, hostilité que l'on est, en général, assez disposé à flatter dans les masses pour se donner de la popularité; ensuite parce que la bureaucratie a pris dans ces derniers temps une influence désastreuse pour les gouvernements comme pour les individus, et qu'elle tranche souvent contre les Compagnies les questions les plus délicates avec une imperturbabilité sans égale.

ART. 4. — FORMES, ENQUÊTE ET COMMISSION.

51. Cela dit, reprenons. Les formalités prescrites par les art. 4 et suivants de la loi du 3 mai doivent être ponctuellement suivies par les Compagnies. Leurs ingénieurs sont tenus de lever le plan parcellaire, indicatif des propriétés particulières dont la cession serait nécessaire. (Art. 4.)

52. Ce plan doit rester déposé pendant huit jours à la mairie de la commune où les propriétés sont situées. (Art. 5.)

53. Un avertissement d'en prendre connaissance doit être donné aux parties intéressées, à son de trompe ou de caisse, avec la publicité des journaux.

54. Le délai de huit jours ne commence à courir que le lendemain du dépôt de cet avertissement.

55. Dans le cas où il n'existe pas de mairie dans la commune, ce dépôt peut être fait au domicile du secrétaire, après avoir été annoncé à son de caisse. — Cassation, 22 août 1838.

56. Le défaut d'affiche, à la porte de l'église, de l'avertissement prescrit par l'art. 6; — le défaut d'insertion de cet avertissement dans un journal; — le défaut de dépôt pendant huit jours du plan des propriétés menacées d'expropriation : toutes ces irrégularités rendent non recevable la demande en expropriation. — Tribunal de Lure, 15 mai 1839.

57. Les formes tracées par les art. 5, 6 et 7, pour porter l'expropriation et les propriétés qu'elle concerne à la connaissance des intéressés, suffisent aussi bien lorsque l'expropriation n'atteint qu'un seul propriétaire que lorsqu'elle en atteint plusieurs. On ne peut prétendre que quand il n'y a qu'un seul propriétaire, il doit lui être adressé un avertissement individuel. — Cassation, 14 avril 1840.

Un avertissement individuel donné au propriétaire ne dispenserait pas de la publication, laquelle est ordonnée dans un intérêt général.

58. L'art. 8 de la loi prescrit la formation d'une commission et il en détermine la mission. C'est une sorte d'intermédiaire entre les propriétaires et la Compagnie. Sa tâche consiste uniquement à recueillir les réclamations, à préparer les renseignements sur lesquels le préfet ou l'administration supérieure doivent prononcer. Elle n'a pas pour mission de prendre un avis en forme de décision ou de jugement pour statuer sur l'affaire, mais simplement de faire connaître son opinion et de transmettre des documents à qui de droit.

59. Quand des travaux d'utilité publique doivent s'étendre sur plusieurs communes, on doit former autant de commissions administratives, chargées de recevoir les observations des propriétaires, qu'il y a de communes, c'est-à-dire une par chaque commune, en y appelant son maire. Il n'est pas permis de ne former qu'une seule commission dans laquelle figureraient les maires des diverses communes intéressées.—Cassation, 6 janvier 1836.

60. Ces commissions aident beaucoup à la prompte

exécution des travaux. Souvent, devant elles et grâce à leur intervention, le maire et l'ingénieur, entendus contradictoirement, abaissent leurs prétentions réciproques, transigent, et par suite de ces concessions mutuelles, les résistances s'apaisent au dehors. Les membres des Conseils généraux de département ou d'arrondissement, appelés par le préfet à ces importantes fonctions, remplissent en quelque sorte l'office de juges de paix. Pour la propriété, c'est une garantie ; pour les Compagnies, ce doit être un moyen d'action. Il faut seulement que l'administration s'identifie avec les intérêts des Compagnies, qui représentent l'État, de manière à user de sa légitime influence sur les commissions, afin qu'elles se pénètrent bien de la nature de leur mandat et du rôle qui leur est dévolu ; de manière que, sans perdre de vue l'intérêt privé, elles n'oublient pas la protection due à l'intérêt public, et sachent, entre des exigences contraires, se tenir dans une juste mesure.

61. Dans toutes ces situations, il est incontestable que la position des Compagnies serait très-difficile, si elles étaient livrées seules et sans l'appui effectif et moral de l'administration aux âpretés de l'intérêt privé. Les propriétaires, s'imaginant qu'ils sont en face d'individualités constituées en Compagnies, élèveront des prétentions exorbitantes, se répandront en plaintes de tout genre, pour, quand viendra le quart d'heure des indemnités, en demander d'impossibles. C'est aux commissions à remplir comme elles le rempliraient envers l'État leur rôle d'appréciation impartiale.

62. L'esprit et les vues qui ont dirigé le législateur dans la désignation des membres de cette commission ont été expliqués en ces termes dans les motifs d'un arrêt de cassation, du 3 juillet 1839 :

« Attendu, y est-il dit, que la commission instituée par cet article a été organisée et le nombre de ses membres a été calculé de telle sorte que les divers intérêts qu'il s'agit de concilier dans toute affaire d'expropriation pour cause d'utilité publique y fussent représentés ; qu'ainsi, le préfet et l'ingénieur stipulent, dans l'intérêt de l'expropriation requise ; le maire de la commune, dans l'intérêt de la localité, soit opposé, soit conforme à l'expropriation, et les quatre membres du Conseil général du département ou du Conseil d'arrondissement, dans l'intérêt sainement apprécié, soit de la propriété privée, soit de l'utilité générale. »

Le préfet s'y trouve donc comme le représentant de la Compagnie, qui elle-même représente l'État.

63. L'ingénieur appelé à faire partie de la commission spéciale qui devra statuer sur les réclamations des intéressés, doit être l'un des ingénieurs du Gouvernement, à la désignation du préfet, et non pas l'ingénieur choisi par le concessionnaire. En effet, ce dernier qui, à raison de ses connaissances techniques, doit nécessairement exercer une grande influence sur les décisions de la commission, n'apporterait point au sein de la commission la qualité la plus essentielle, c'est-à-dire l'impartialité. Il ne lui serait guère possible de faire abstraction de sa qualité d'agent du concessionnaire, et de soustraire entièrement son jugement à l'influence de sa situation personnelle. L'art. 8 de la loi du 3 mai 1841, qui détermine la composition de cette commission, se sert, à la vérité, de cette désignation : *l'un des ingénieurs chargés de l'exécution des travaux ;* mais cet article dispose pour le cas où les travaux sont exécutés par l'administration, et, dans ce cas, l'ingénieur ne peut avoir en vue que l'intérêt général ; mais l'ingénieur du concessionnaire doit être appelé devant la commission pour soutenir son avis et répondre aux réclamations élevées contre le plan qu'il a dressé. — Dans le même sens, MM. Delalleau, n° 966, et Dalloz, n° 718,

64. La commission, avons-nous dit, ne décide rien ; elle donne simplement un avis. Après qu'elle a accompli son œuvre, c'est à l'administration qu'il appartient de prononcer sur les réclamations des particuliers, et de déterminer en conséquence les propriétés dont la cession est nécessaire pour l'exécution des travaux. A cet égard, il peut arriver deux choses : ou bien la commission a émis l'avis que le projet fût adopté sans modification, et que les réclamations des particuliers fussent rejetées ; ou bien, au contraire, elle a pensé qu'il y avait lieu de modifier le tracé. L'art. 11 pose des règles différentes pour les deux cas. — Sur le vu du procès-verbal et des documents y annexés, porte cet article, le préfet détermine, par un arrêté motivé, les propriétés qui doivent être cédées, et indique l'époque à laquelle il sera nécessaire d'en prendre possession. — Toutefois, dans le cas où il résulterait de l'avis de la commission qu'il y aurait lieu de modifier le tracé des travaux ordonnés, le préfet surseoira, jusqu'à ce qu'il ait été prononcé par l'administration supérieure.

65. Par ces mots : *l'administration supérieure*, il faut évidemment entendre : *le ministre*.

66. L'article ne prévoit pas le cas où, la commission étant d'avis de rejeter les réclamations, le préfet, au contraire, croit qu'il y a lieu de modifier le tracé ; on comprend, en effet, que ce cas doit être fort rare ; mais, s'il se présentait, il n'est pas douteux que le préfet devrait, comme si les modifications étaient proposées par la commission, en référer à l'administration supérieure. Il y a id entité de motifs.

67. Aussi, il résulte de la disposition de l'art. 11 que, si la commission consultative et le préfet sont d'avis conforme sur le maintien du tracé proposé par les ingénieurs, l'arrêté du préfet n'exige point l'approbation de l'autorité supérieure, quand même, d'ailleurs, il y aurai lieu de faire quelques rectifications matérielles (par exemple, de noms ou de contenances), n'entraînant aucun changement dans le tracé des travaux. Mais il en serait autrement si des modifications au tracé étaient proposées par la commission ou par le préfet.

Le préfet est toujours le maître d'ordonner l'exécution des travaux à l'égard desquels aucune contestation ne s'élève.

68. Ces règles sont faciles à justifier. Lorsque l'accomplissement des formalités prescrites n'amène aucune modification au plan, l'arrêté du préfet peut être définitif; l'approbation de l'administration a été donnée à l'avance. Mais si de l'enquête locale, de l'intervention de la commission et de son avis, il devait résulter des changements graves, il était impossible, dans ce cas, d'attribuer au préfet le pouvoir de prononcer en dernier ressort sans déplacer la responsabilité et sans transporter à un ordonnateur secondaire des droits que les principes de notre droit public ne confèrent qu'au ministre. Le ministre est le gardien des fonds du Trésor ou des Compagnies qu'il s'est substituées : comment donc attribuer au préfet le pouvoir d'approuver seul, d'ordonner seul des changements qui, dans certains cas, pourraient doubler la dépense ? D'ailleurs, l'intervention de l'autorité centrale présente encore un autre avantage. Lorsqu'il y a dissidence sur la ligne des travaux, c'est ordinairement par suite d'influences et de rivalités locales. Les questions qui sont alors soulevées ne peuvent que gagner à être résolues hors de la sphère de ces influences et de ces rivalités. Une autorité éloignée, supérieure aux petites passions qui animent des intérêts rivaux sera nécessairement plus impartiale. Au lieu de laisser la discussion sur le terrain même où elle est née, il vaut mieux la transporter dans une sorte de pays neutre, et la livrer au jugement de l'administration supérieure.

69. Après avoir dit que, dans le cas où la commission propose une modification de tracé, le préfet doit surseoir jusqu'à ce que l'administration supérieure ait prononcé, l'art. 11 ajoute : « L'administration supérieure pourra, suivant les circonstances, ou statuer définitivement, ou ordonner qu'il soit procédé de nouveau à tout ou partie des formalités prescrites par les articles précédents. »

70. Il arrivera bien rarement que l'administration supérieure use du droit que lui confère cette disposition. En effet, si elle adopte le tracé des ingénieurs, l'accomplissement réitéré des formalités prescrites par les art. 6 et suivants serait tout à fait sans objet. Il en serait de même si elle adoptait le tracé nouveau proposé par la commission, puisque, aux termes de l'art. 10, le sous-préfet a dû, dans ce cas, provoquer les observations et réclamations des intéressés, dans la forme indiquée par l'art. 6. L'accomplissement de ces formalités n'aurait d'utilité qu'autant que l'administration supérieure adopterait un tracé qui ne serait ni celui des ingénieurs, ni celui de la commission, et dans lequel se trouveraient comprises des propriétés autres que celles qui entraient dans les deux premiers.

71. Le droit accordé à une Compagnie de chemins de fer de proposer, en cours d'exécution des travaux, des modifications au projet primitif, sous l'approbation de l'administration supérieure, cesse à l'expiration du temps fixé par le cahier des charges pour la confection de ces travaux, sans qu'il soit nécessaire d'en attendre la réception définitive ; en conséquence, les tribunaux ne peuvent prononcer d'expropriation, à partir de cette époque, qu'autant que l'utilité en a été déclarée dans les formes de la loi de 1841, — Cassation, 10 mai 1847, — sauf les modifications apportées par la Constitution politique qui nous régit.

ART. 5. — ÉVALUATION DES TERRAINS.

72. La loi veut qu'avant de recourir à ce moyen extrême de l'expropriation, on tente d'arriver au but par des voies amiables, par la cession volontaire des terrains. Or, il est nécessaire que la Compagnie soit éclairée sur la valeur des terrains, sur l'importance des indemnités qui peuvent être réclamées par les divers intéressés, afin qu'elle sache sur quelles bases et à quelles conditions elle peut traiter avec eux. D'un autre côté, dans le cas où, à défaut de traité amiable, l'expropriation est prononcée, la Compagnie doit faire des offres aux indemnitaires, et c'est seulement en cas d'inacceptation de ces offres que l'indemnité doit être réglée par le jury ; or, pour fixer le chiffre de ces offres, il est nécessaire encore que l'administration connaisse quelle indemnité chacun des intéressés est fondé à réclamer.

73. La loi (art. 21) ne désigne que *l'administration.* Mais il a été expliqué dans la discussion, par M. Renouard, auteur de l'article et conseiller à la Cour de cassation, que ce mot signifie ici la partie expropriante : par conséquent, la Compagnie concessionnaire, lorsqu'elle se trouve subrogée aux droits de l'État.

74. La Compagnie peut se faire aider par un appréciateur chargé de l'évaluation provisoire des terrains. Elle devra prendre garde de ne porter son choix que sur un homme dont la probité et la capacité seraient connues, et qui ne soit, à aucun titre, dans la dépendance des propriétaires avec lesquels sa mission le mettra en rapport. Elle devra lui recommander d'apporter dans son travail le soin le plus scrupuleux ; afin de convaincre les propriétaires qu'elle n'entend opérer que sur les bases les plus certaines, et de prouver aux jurys d'expropriation que la défense des droits de la Compagnie n'a pas fait perdre de vue le principe de la juste indemnité à laquelle ont droit les particuliers dépossédés.

75. « L'appréciateur commence par constater les propriétés à acquérir. Il indique, dans un procès-verbal, l'étendue des diverses parcelles, la nature et l'état des constructions et plantations qui peuvent s'y trouver, et toutes les circonstances qui peuvent influer sur la fixation des indemnités. Ce procès-verbal doit contenir beaucoup plus de détails que le plan parcellaire. Il doit indiquer quelle est l'étendue des constructions, si elles sont en grès, en briques, en moellons ou en terre, si elles sont neuves ou dégradées, quels sont les travaux à faire pour rétablir les communications ou les clôtures ; enfin, tous les points de fait qui pourraient nécessiter, de la part du jury, une descente sur les lieux.

76. » Il doit aussi prévoir toutes les hypothèses qui peuvent influer sur la fixation des indemnités et donner toutes les indications qui se rapportent à chacune de ces hypothèses. Ainsi, dans le cas où le tracé, définitivement adopté, comprendrait une portion de bâtiment, comme le propriétaire peut exiger que le bâtiment entier soit acheté, le procès-verbal doit contenir, indépendamment de l'évaluation de la partie nécessaire, tous les documents relatifs à l'estimation de l'ensemble. De même, s'il s'agit d'une parcelle non bâtie, comme ce propriétaire peut exiger l'acquisition de la totalité du terrain, lorsque, par suite du morcellement, la portion restante se trouve réduite, d'une part, au quart de la contenance totale, et, d'autre part, au-dessous de dix ares, à moins cependant qu'il ne possède un terrain immédiatement contigu ; l'appréciateur doit, en tel cas, vérifier quelle est la contenance effective de chaque parcelle, s'assurer si le propriétaire ne possède aucun terrain contigu, et enfin indiquer les bases de l'évaluation de la parcelle atteinte par les travaux et de la totalité de la propriété, si l'administration , — la Compagnie , — peut être dans le cas de l'acquérir en entier.

77. » Lorsque la propriété est louée, il peut y avoir lieu, suivant le cas, soit à la résiliation du bail, soit à son maintien, au moyen de certains travaux nécessaires pour approprier les lieux à leur nouvelle destination. L'appréciateur doit prévoir ces deux hypothèses et donner toutes les indications qui peuvent servir, soit à la fixation de l'indemnité en cas de résiliation, soit à la réduction du loyer dans le cas contraire, et enfin indiquer quels travaux il y aura à faire dans cette dernière hypothèse, pour remettre les lieux en bon état et par qui ces travaux seront faits. » — Delalleau, nos 150 et 151.

78. » Le procès-verbal doit être communiqué aux parties intéressées. A cet effet, l'appréciateur se rend dans chaque commune, où il s'est fait annoncer d'avance aux habitants. Par les soins du maire, il appelle les propriétaires, ou en leur absence leurs fermiers ou régisseurs, et leur communique le bulletin relatif à la partie de son travail qui les concerne. Si quelque erreur est signalée, elle est rectifiée après vérification. Chaque bulletin est signé par le propriétaire ou son représentant, ou par le maire s'il ne sait signer. Il en est remis à chacun de ceux qui le demandent une copie rappelant toutes les énonciations du procès-verbal qui le concerne. Les propriétaires qui le demandent reçoivent ultérieurement des copies de ce bulletin.

79. » Si le propriétaire ne se rend pas à la convocation, le bulletin lui est notifié par le garde champêtre. Il indique s'il reconnaît l'exactitude des énonciations ; il signale les erreurs qu'il croit exister, puis remet le bulletin approuvé ou rectifié au maire, qui constate cette remise au bas dudit bulletin. Si le propriétaire ne renvoie pas le bulletin, le maire constatera ce défaut de renvoi. On comprend que, dans ce cas, les réclamations ultérieures du propriétaire doivent être difficilement admissibles.

80. » Lorsque l'état des lieux et tous les éléments qui peuvent servir de base à la fixation de l'indemnité ont été constatés de la manière qui vient d'être indiquée, l'appréciateur doit procéder à la fixation de l'indemnité qu'il croit devoir être allouée à chacun. Aucune règle n'est tracée à la Compagnie pour cette évaluation ; mais comme dans le cas où ses offres ne seraient point acceptées, ce serait au jury à prononcer sur le montant de l'indemnité, il importe que dans ce cas elle puisse lui justifier le chiffre des indemnités auxquelles elle se sera arrêtée. L'appréciateur doit en conséquence s'entourer de tous les documents qui peuvent jeter des lumières sur cette partie de ses opérations. Il doit notamment, conformément à l'art. 16 de la loi du 8 mars 1810, *avoir égard aux baux actuels, aux contrats de vente passés antérieurement, et néanmoins aux époques les plus récentes, soit des mêmes fonds, soit des fonds voisins et de même qualité, aux matrices des rôles et à tous autres documents qu'il pourrait réunir.* Si cette disposition n'a pas été reproduite par les lois subséquentes, c'est uniquement parce que, des tribunaux, ces dernières ont transféré à un jury spécial la mission de fixer les indemnités, et que la latitude d'appréciation de ce jury ne devait être limitée par aucune règle écrite.

81. » Dans le cas où les propriétaires refuseraient de communiquer à l'appréciateur les actes qui viendraient contredire l'élévation de leurs prétentions, il devrait demander aux receveurs de l'enregistrement tous les renseignements dont il aurait besoin à cet égard, suivant ce qui se fait pour établir la répartition de la contribution foncière entre les arrondissements et les communes. L'art. 58 de la loi du 22 frimaire an VII, suivant lequel les receveurs de l'enregistrement ne peuvent donner connaissance ou extrait de leurs registres qu'aux parties contractantes et à leurs ayants cause, ou seulement en vertu d'une ordonnance du juge, ne s'applique pas aux agents du Gouvernement, agissant dans l'intérêt d'un service public,— non plus qu'aux Compagnies qui représentent l'État. En conséquence, le ministre des finances a autorisé les receveurs à donner communication de leurs registres, tables, sommiers et autres documents, aux appréciateurs, pour y puiser tous les renseignements nécessaires aux évaluations dont ils sont chargés.

82. » Si l'appréciateur découvre ou seulement soupçonne qu'en prévision de l'expropriation qui devait avoir afin lieu, les intéressés ont employé des moyens artificieux d'obtenir une indemnité plus forte que celle à laquelle ils auraient droit ; que, par exemple, il a été fait des actes de vente ou des baux simulés, dont le but était d'exagérer la valeur ou le produit périodique du terrain, ou bien qu'il a été commencé des constructions destinées en apparence à la formation d'établissements devant procurer des bénéfices considérables, mais dont le but réel était d'obtenir une indemnité pour la privation de ce prétendu bénéfice, il doit signaler ces fraudes, ou du moins mentionner les raisons, les indices qui lui font croire à leur existence, afin que, à défaut de traité amiable, le jury puisse trouver dans ces documents des éléments de conviction. » — Delalleau, nᵒˢ 517 et 518.

83. Lorsque l'exécution des travaux doit procurer une augmentation de valeur immédiate et spéciale au restant de la propriété, cette augmentation doit, aux termes de l'art. 51 de la loi, être prise en considération dans l'évaluation du montant de l'indemnité. L'appréciateur doit, en conséquence, signaler cette plus-value et y avoir égard dans son estimation.

84. Un immeuble grevé d'usufruit doit être estimé comme s'il était franc de cette charge. Dans ce cas, en

effet, une seule indemnité est allouée pour le fonds au
nu-propriétaire et à l'usufruitier. Mais l'appréciateur doit
indiquer séparément les sommes auxquelles il estime que
doivent monter les indemnités accessoires dues à l'usufruitier.

85. Les indemnités dues aux locataires, fermiers et
autres ayants droit sont évaluées de la même manière
et, autant que possible, par le même rapport.

ART. 6. — CESSIONS AMIABLES.

86. Une fois éclairée sur la valeur des terrains qui lui
sont nécessaires, la Compagnie doit s'occuper d'en obtenir la cession volontaire. Les dispositions de la loi du
3 mai 1841, qui concernent les traités amiables, sont
spécialement écrites dans les art. 13, 19 et 56. Ces articles contiennent des dérogations aux règles du droit
commun, toutes dictées par le désir d'accélérer l'exécution des travaux.

87. L'art. 13 règle les formes suivant lesquelles il est
permis de traiter à l'amiable des biens des mineurs et
autres incapables. Il n'y a, en effet, aucun inconvénient
à décider que les biens de cette nature pourront être
acquis amiablement. Le jugement qui permet de traiter
donne une garantie suffisante. Mais le tribunal, avant de
donner cette autorisation, doit s'assurer que les biens sont
véritablement compris dans le sol nécessaire aux travaux.

88. Le tuteur n'est obligé d'en référer au tribunal que
lorsqu'il s'agit de traiter à l'amiable. Il n'a pas besoin
d'autorisation pour rejeter les propositions de la Compagnie.

Le ministère de l'avoué est-il nécessaire pour la pré-
sentation de la requête ? Une circulaire du ministre des
travaux publics, du 22 juillet 1843, a résolu la question

négativement. Mais nous pensons avec M. Delalleau, nº 742, que cette opinion ne doit pas être admise. En règle générale, le ministère de l'avoué est obligatoire, pour les particuliers, toutes les fois qu'ils ont une demande à former devant les tribunaux. Or, l'art. 13 de la loi du 3 mai ne déroge point à cette règle. Cette circulaire repose donc sur une violation de la loi et des priviléges qu'elle accorde à titre onéreux. Il ne faut pas que le désir de faire échec aux prérogatives des officiers ministériels fasse dire des absurdités.

89. Quel est le tribunal auquel l'autorisation doit être demandée? Nous croyons que c'est au tribunal de la situation des biens que le tuteur doit s'adresser. En effet, ce tribunal seul est bien placé pour apprécier, d'une part, si l'aliénation est nécessaire, et, d'autre part, si l'indemnité est suffisante.

90. Le traité intervenu entre le propriétaire et la Compagnie n'est qu'un contrat de vente soumis aux règles ordinaires. Le propriétaire ne peut transmettre plus de droits qu'il n'en a lui-même. — Code civil, article 2112. — Par conséquent, s'il y a un usufruitier, des locataires, des fermiers, l'État est obligé de faire exproprier.

91. Il en est autrement lorsque la dépossession du propriétaire est le résultat d'un jugement d'expropriation. Ce jugement atteint tous les attributs de la propriété et les résout en une indemnité.

92. L'art. 13, toujours préoccupé d'aplanir les obstacles qui s'opposent aux cessions amiables de terrains, statue sur tous les cas d'incapacité qui peuvent se produire, en ce qui touche les mineurs, les femmes dotales, les biens des départements et des communes, les majorats. Il faut aussi y comprendre les aliénés, les prodigues, les absents, les héritiers bénéficiaires, les curateurs de succession vacante, les syndics de faillite, les biens des hospices, des fabriques, ceux frappés de substitution.

93. Dans quelle forme doivent être passés les actes de cession amiable de terrains ?

A cet égard, l'art. 56 de la loi du 3 mai 1841 dispose « que les contrats de vente, quittances et autres actes relatifs à l'acquisition des terrains peuvent être passés dans la forme des actes administratifs. » On remarquera que cette disposition est purement facultative : par conséquent, les cessions amiables peuvent être passées devant notaires lorsque l'administration juge utile d'employer le ministère de ces officiers. Leur intervention offre des avantages que l'on ne peut méconnaître. En permettant de recourir à la forme des actes administratifs, le législateur a voulu donner le moyen d'éviter les frais d'un acte notarié.

94. Mais lorsque, au lieu d'être faits par l'administration, les travaux sont faits par les concessionnaires, la subrogation aux droits de l'État ne va pas jusqu'à obliger les préfets à prêter leur concours à la Compagnie. C'est ce qui a été formellement déclaré lors de la discussion de la loi. « Il ne serait pas convenable, a-t-on dit, de constituer les préfets, magistrats d'un ordre supérieur, agents nécessaires des Compagnies. Si les préfets veulent bien prêter leur intervention aux Compagnies, ils en auront la faculté, mais du moins ils n'en recevront pas l'obligation. Il faut même que la passation des actes de vente dans la forme des actes administratifs ne soit pas obligatoire, même pour les travaux que l'administration entreprend elle-même. Dans plusieurs cas, et lorsque le siége des travaux est éloigné du chef-lieu de préfecture, on emploiera avec succès l'office des notaires, qui, en relation journalière avec les parties, les ont souvent amenées à des compositions favorables au Trésor. Aucune loi ne fixant les honoraires qui doivent être payés aux notaires, on entre en composition avec eux. A cause de la multiplicité des actes, ils se contentent, pour chacun d'eux, de la plus modique rétribution, et l'économie que leur intervention procure au Trésor sur le prix des terrains compense et au delà le montant des honoraires que l'on est dans le cas de leur allouer. »

95. Les Compagnies peuvent faire leur profit des observations qui précèdent : solliciter l'intervention gracieuse des préfets et sous-préfets, ce qui leur économiserait des frais quelquefois considérables ; subsidiairement, amener les notaires à composition sur les honoraires qui leur sont alloués par l'usage.

96. Il nous semble qu'il y aurait justice, de la part des préfets et sous-préfets, à aider les Compagnies en leur épargnant des frais inutiles ; quelques signatures de plus ou de moins pour un préfet qui en donne tant, ce n'est pas là une grosse affaire. Quant à la dignité, elle n'aurait pas à souffrir, ce nous semble, du concours prêté à un subrogé de l'État, surtout en matière de construction de chemins de fer, qui se font sous le patronage des plus grands noms du pays.

97. Les contrats administratifs dont il est ici ques· tion, étant reçus dans certaines formes par des fonctionnaires que la loi délègue à cet effet, sont des actes authentiques ; par conséquent, ils font foi jusqu'à inscription de faux.

Ainsi, lorsque, dans un tel acte, le préfet a mentionné la déclaration faite par le vendeur de ne savoir signer, cette mention fait foi jusqu'à inscription de faux.

Toutefois, pour prévenir les contestations qui pourraient s'élever à ce sujet, il a été recommandé que, dans ce cas, le préfet se fît assister, pour la réception des contrats de vente, par un Conseil de préfecture, et les maires par un de leurs adjoints ; que les sous-préfets exigeassent la présence de deux témoins. — Circulaire du ministre des travaux publics, 26 septembre 1840.

98. Lorsque les agents de la Compagnie ont traité à l'amiable pour la cession d'un immeuble, soit avec le propriétaire désigné par la matrice des rôles, soit avec celui à qui il a transmis ses droits, elle est à l'abri de toute action réelle qui pourrait être exercée par un tiers ; tous les droits réels sont transportés sur le prix. Aussi, l'établissement de la propriété n'est-il pas nécessaire dans les traités qui interviennent entre elle et les propriétaires des terrains désignés par l'arrêté du préfet ?

99. Lorsqu'il n'y a pas identité entre le propriétaire désigné sur la matrice des rôles et le vendeur avec qui la Compagnie traite, il doit être indiqué comment la propriété est passée de l'un à l'autre. C'est du moins ce que prescrivent les instructions émanées du ministère des travaux publics.

Les contrats de vente volontaire, en quelque forme qu'ils aient été passés d'ailleurs, devant notaires ou dans la forme administrative, doivent être visés pour timbre et enregistrement, lorsqu'il y a lieu à cette formalité. — Art. 58 de la loi du 3 mai 1841.

100. Un des plus grands avantages de la subrogation est la dispense, au profit de la Compagnie, des droits de mutation : mais, par cela même que c'est une exception, elle doit être restreinte à ses plus étroites limites. C'est ce qu'a décidé la Cour de cassation dans une espèce où il s'agissait d'acquisition amiable d'immeubles faite par la Compagnie, et non comprise dans l'arrêté du préfet qui déterminait les terrains à exproprier. Et elle a même ajouté qu'il n'y avait pas lieu de surseoir à la perception du droit exigible sur ces acqui-

sitions, jusqu'à ce que l'opération du bornage des chemins eût fait connaître si les immeubles ainsi acquis
étaient ou non nécessaires à l'exécution des travaux.

« Attendu, a-t-elle dit, que l'acquisition amiable d'un
immeuble, dont aucun document ne justifie l'application
nécessaire à des travaux déclarés d'utilité publique; ne
peut être considérée comme faite en vertu de la loi sur
l'expropriation pour cause d'utilité publique;»—Attendu
que, d'après les art. 23 et 59 de la loi du 22 frimaire an VII,
tout ce qui tend à suspendre le recouvrement des droits
de timbre et d'enregistrement est formellement interdit
aux tribunaux dans tous les cas ; que le bornage à intervenir entre l'autorité administrative supérieure et la
Compagnie est une opération tout à fait étrangère à l'administration de l'enregistrement et ne peut lui être opposé, ni différer l'exécution de la loi générale, qui oblige
l'acquéreur au profit duquel les mutations ont eu lieu.—
Cassation, 18 juillet 1849.

ART. 7. — PRISE DE POSSESSION D'URGENCE.

101. Outre la cession amiable, la Compagnie peut quelquefois être autorisée à prendre possession des terrains
avant d'avoir préalablement payé l'indemnité, avant
même que cette indemnité soit fixée d'une manière définitive. A cet effet, trois moyens peuvent être employés
avec succès.

102. Le premier consiste à déterminer le propriétaire
à consentir à la prise de possession immédiate, à condition
que l'indemnité qui sera ultérieurement fixée produira
intérêt au taux légal à compter du jour du traité autorisant la prise de possession.

Le second, c'est de promettre une prime de tant pour
cent en sus de l'indemnité qui sera fixée par le jury, à
tous ceux qui consentiraient à une occupation immédiate.

Un troisième moyen, mais qui exige l'intervention du pouvoir exécutif, est celui qui est prévu et réglé par les dispositions exceptionnelles des art. 65 et suivants de la loi du 3 mai 1841.

103. L'art. 65 est conçu en ces termes :

« Lorsqu'il y aura urgence de prendre possession des terrains non bâtis qui seront soumis à l'expropriation, l'urgence sera spécialement déclarée par une ordonnance royale ou par décret du pouvoir exécutif.

» Il est bien entendu, a dit M. Dufaure, rapporteur, qu'il s'agit d'une procédure tout à fait exceptionnelle ; que ce moyen de dépossession ne devra s'appliquer que dans certains cas particuliers et d'une urgence évidente. »

La loi n'a pas déterminé ces cas ; ils étaient beaucoup trop variés pour qu'une énumération pût être faite ; leur appréciation a été abandonnée au Gouvernement.

« On ne doit pas entendre par *urgence*, ces circonstances fortuites qui peuvent se présenter à la suite de certains fléaux, comme le débordement des rivières ou les progrès d'un incendie : ce sont là des cas de force majeure où la plus impérieuse des lois, celle de la nécessité, autorise des mesures exceptionnelles. Que les propriétaires y consentent ou s'y refusent, les travaux s'exécuteront. Ce n'est point à ces cas que le législateur a entendu pourvoir par les dispositions dont nous nous occupons. Mais en dehors de ces faits qui ne souffrent aucun retard, qui ne permettent l'observation d'aucune formalité, l'urgence peut naître de circonstances imprévues qui se manifestent en cours d'exécution des travaux, soit de la nature de ces travaux eux-mêmes, soit enfin de l'étendue des intérêts compromis par des résistances coupables, résistances qui ont leur source dans un misérable esprit de cupidité (1). »

(1) M. Daru, — Chambre des Pairs, 25 avril 1841.

104. L'art. 65 ne s'applique, comme on le voit, qu'aux terrains *non bâtis*. Quant aux bâtiments, on conçoit qu'après leur destruction, il eût été difficile au jury d'apprécier leur valeur.

Les propriétés closes de murs ne sont pas des propriétés bâties : par conséquent, la prise de possession peut en être ordonnée moyennant consignation préalable.

Si une même propriété comprend des terrains bâtis et d'autres qui ne le sont pas, la prise de possession peut être ordonnée à l'égard de ces derniers. — M. Delalleau.

105. Les formalités, pour la prise de possession d'urgence, déterminées par les art. 65 et suivants, doivent être rigoureusement et ponctuellement suivies.

ART. 8. — PROCÉDURE D'EXPROPRIATION.

106. Lorsque la Compagnie a échoué dans ses efforts pour obtenir la cession amiable des terrains, il y a nécessité de recourir à l'expropriation. L'intervention des tribunaux vient donner force et vigueur au principe que tout doit céder devant la déclaration d'utilité publique.

107. Il ne peut faire question que le concessionnaire de travaux publics, subrogé aux droits de l'administration, n'ait le droit de poursuivre, en son nom personnel, l'expropriation des terrains nécessaires pour ses travaux. — Cassation, 6 janvier 1836.

108. Il faut faire résoudre les droits non-seulement des propriétaires du sol, mais encore de tous ceux qui ont des droits acquis sur ce sol, tels qu'usufruitiers, usagers, locataires. Ainsi, il a été décidé que, bien que des terrains aient été cédés amiablement par le propriétaire, les formalités d'expropriation n'en doivent pas moins être remplies vis-à-vis de ceux qui ont, sur ces terrains, des droits d'usage, de servitude ou autres droits prévus par les art. 21 et 29 de la loi du 7 mai 1841, et qui n'en consentent pas l'abandon volontaire.—Conseil d'État, 19 janvier 1850.

109. Il a été encore décidé que les formalités d'expropriation sont obligatoires à l'égard des locataires de la maison expropriée qui ne consentent pas à une résiliation amiable de leur bail, quoique, de la part du propriétaire, cette maison ait été l'objet d'une cession volontaire. — Conseil d'État, 18 août 1849.

110. La Compagnie étant substituée aux droits de l'État pour faire les expropriations, doit trouver dans l'autorité administrative et l'autorité judiciaire, le même concours que trouverait l'État lui-même.

Le préfet transmet donc au chef du parquet du tribunal d'arrondissement de la situation des biens toutes les pièces constatant l'accomplissement des formalités prescrites par la loi (art. 13 et 14), et spécialement l'arrêté qui désigne les localités ou territoires sur lesquels les travaux doivent avoir lieu, lorsque cette désignation ne résulte pas de la loi ou du décret, le plan parcellaire, le certificat du maire constatant la publication et l'affiche de l'avertissement relatif au dépôt du plan, un exemplaire du journal constatant cet avertissement, le procès-verbal ouvert par le maire pour recevoir les réclamations des intéressés, l'arrêté du préfet désignant les membres de la commission d'enquête, le procès-verbal de cette commission ou celui du sous-préfet, si la commission n'a pas terminé ses opérations.

111. Dans l'arrêté indicatif des terrains à exproprier, le préfet doit généralement adopter, pour la prise de possession, l'époque désignée par le concessionnaire. Ce dernier est en effet mieux placé, et par conséquent plus compétent que qui que ce soit pour faire cette désignation. Il a, d'ailleurs, tout intérêt à tenir compte des convenances des propriétaires, puisque, dans ce cas, il aura des indemnités moins fortes à payer.

112. L'expropriation des biens désignés dans l'arrêté du préfet doit, lorsqu'elle a lieu dans l'intérêt du conces-

2

sionnaire, être demandée par celui-ci et non par le ministère public, au moyen d'une requête adressée au tribunal et signée d'un avoué. C'est pareillement à la diligence et aux frais du concessionnaire que doivent ensuite être faites les publications et affiches du jugement d'expropriation.

113. Il n'appartient pas au concessionnaire de demander, en son nom personnel, aux tribunaux, la convocation d'un jury spécial. Il doit s'adresser au préfet, pour que celui-ci forme cette demande. Le préfet réunit ainsi toutes les affaires d'indemnités qui doivent être jugées dans un même arrondissement, soit qu'elles intéressent l'État, ou des communes, ou des concessionnaires, et il demande à l'autorité judiciaire compétente la formation d'un seul jury pour prononcer sur toutes ces affaires. S'il était procédé autrement, les jurés seraient exposés trop fréquemment à des désagréments toujours onéreux. — MM. Delalleau, n° 974; Dalloz, n° 725.

114. De la combinaison de l'art. 63 avec les autres dispositions de la loi du 3 mai 1841, il résulte notamment : que c'est au concessionnaire qu'il appartient d'exercer le droit de récusation des membres du jury attribué par la loi à l'administration; — que c'est à lui qu'incombe l'obligation de produire devant le jury le tableau des offres et des demandes, ainsi que les autres pièces nécessaires; — que les concessionnaires peuvent, comme l'administration elle-même, obtenir l'envoi en possession pour cause d'urgence, en se conformant aux mêmes règles; — que si, dans les six mois du jugement d'expropriation, ils ne poursuivent pas la fixation des indemnités, les ayants droit peuvent la poursuivre eux-mêmes, et que, pour cela, ils doivent transmettre au préfet leur demande en convocation du jury spécial; — que si les terrains acquis par les concessionnaires pour les travaux d'utilité publique ne reçoivent pas cette destination, les anciens propriétaires ou ayants droit peuvent en demander la remise. — Il en résulte également que le concessionnaire peut faire faire par les agents de l'administration, lorsque ceux-ci en obtiennent la permission de leurs supérieurs, toutes les significations mentionnées par la loi.

115. Lorsque la commission a proposé un changement au tracé, on doit joindre aux pièces qui viennent d'être indiquées le certificat du maire constatant qu'un avertissement, indiquant la modification proposée, a été publié et affiché dans la commune, un exemplaire du journal dans lequel ce nouvel avertissement a été inséré, le certificat du sous-préfet statuant que les pièces ont été déposées à la sous-préfecture pendant huitaine, et enfin la décision de l'administration supérieure approbative de l'arrêté du préfet qui a définitivement déterminé les propriétés à exproprier.

116. Dans les trois jours, le procureur du roi — lisez *impérial* — présente son réquisitoire écrit, auquel il joint les pièces envoyées par le préfet. Ce réquisitoire conclut à ce que le tribunal prononce l'expropriation des terrains compris dans l'arrêté, ou de ceux de ces terrains pour lesquels la Compagnie n'a pu traiter à l'amiable, et désigne un de ses membres pour remplir les fonctions de magistrat-directeur du jury.

117. Si le procureur impérial remarquait quelques irrégularités dans les pièces à lui transmises, il pourrait communiquer ses observations au préfet; mais il ne devrait pas différer de présenter son réquisitoire au préfet, dont il n'est, dans le cas dont il s'agit, que le mandataire légal, si le préfet insistait pour que l'affaire fût, dans cet état, soumise au tribunal. C'est aux juges seuls à contrôler la procédure et à vérifier si les formalités prescrites par la loi ont été exactement remplies.

118. Il faut bien se fixer sur la nature des attributions conférées au tribunal. Il ne juge pas au fond la question d'utilité publique, ni celle de la ligne des travaux. En se livrant à cet examen, il commettrait un excès de pouvoir, il empiéterait sur le domaine de l'administration. — Cassation, 22 mai 1838.

119. Le devoir du tribunal se borne uniquement à vérifier si les formalités prescrites par la loi ont été remplies; il ne rend, en un mot, qu'un jugement d'homologation. C'est ce qu'a exprimé M. Daru à la Chambre des pairs : « Les formes, a-t-il dit, ont-elles été observées, les garanties imposées par la loi respectées? C'est une question qui est évidemment du ressort des tribunaux, car c'est à la justice qu'il appartient de veiller à l'exécution des lois. Est-ce à dire que l'autorité judiciaire pourra empiéter sur l'autorité administrative, et que les pouvoirs publics seront confondus? Nullement. La vérification imposée aux tribunaux n'est pas une vérification de fond, mais de forme. Le juge ne peut pas changer, modifier les arrêtés du préfet; il peut dire seulement : Telle prescription légale n'a pas été observée. Son rôle est passif; il n'administre pas. Aussi la loi veut-elle que le jugement d'expropriation soit prononcé par le tribunal sans l'intervention des parties. Si les individus expropriés pensent que les formes à leur égard n'ont pas été suivies, ils ont le recours en cassation. »

120. Le rapport, les conclusions du ministère public, et la prononciation du jugement, doivent avoir lieu en audience publique. — Cassation, 6 janvier 1836. — Mais la loi ne disant pas comment aura lieu la publicité des jugements, le jugement peut être prononcé à la chambre du conseil, pourvu qu'il y ait publicité et mention de cette publicité.

121. Le tribunal peut-il vérifier si l'utilité publique a été légalement déclarée, et par suite, peut-il refuser de prononcer l'expropriation si les travaux ont été ordonnés ou décrétés contrairement à la loi ?

Sous un gouvernement monarchique constitutionnel, comme fut celui de Louis XVIII, de Charles X ou de Louis-Philippe Ier, limitant la puissance du chef de l'État, la question a pu se présenter et a été résolue affirmativement. — Cassation, 2 janvier 1844. — On s'est fondé sur ce grand principe, que le pouvoir judiciaire a pour mission de veiller à l'inviolabilité de la propriété; mais en est-il ainsi sous l'Empire réglé par la Constitution du 30 décembre 1852? Évidemment non; il n'y a plus, il ne peut plus y avoir de juges entre le pouvoir politique et les citoyens. Supposons, en effet, que le cas se présente, et qu'un tribunal civil se déclare compétent, l'administration, c'est-à-dire un simple préfet, élèvera un conflit, et tiendra en échec le pouvoir judiciaire. On viendra devant le Conseil d'État, tribunal administratif, et celui-ci, fidèle à ses précédents, décidera, comme il l'a fait le 18 juin 1852 dans un procès historique : « que l'autorité judiciaire est incompétente pour apprécier les effets et pour connaître de l'exécution de décrets ou actes du Gouvernement, sur le motif, notamment, que ces actes porteraient atteinte à des droits de propriété privée. »

Cette décision se concilie-t-elle avec le respect dû à la propriété privée, avec le droit placé par l'art. 26 de la Constitution du 14 janvier 1852, au rang des droits publics?

122. Le tribunal a qualité pour examiner si les travaux pour l'exécution desquels l'expropriation est requise, sont bien les mêmes que ceux auxquels s'applique la déclaration d'utilité publique.

Il examine aussi si le plan parcellaire indique avec une précision et une exactitude suffisantes les terrains dont la cession est nécessaire pour l'exécution des travaux, et si les énonciations de ce plan concordent avec celles de l'arrêté ultérieur du préfet, de telle sorte que l'identité des objets auxquels elles s'appliquent ressorte clairement de leur comparaison.

123. Le jugement qui prononce l'expropriation doit nécessairement porter avec lui la preuve que toutes les formalités prescrites par la loi ont été remplies. Ainsi, il a été décidé que le jugement qui, tout en énonçant que les formalités ont été observées, ne constate en fait aucune production des pièces qui, aux termes de l'art. 14, ont dû être adressées par le préfet au ministère public, et qui ne contient ni aucun visa ni aucune désignation de ces pièces, mais énonce simplement qu'il a été rendu sur l'exposé fait au tribunal par un magistrat, est irrégulier et nul. — Cassation, 1er juillet 1834. — 2 février 1834.

124. Cependant, si la formalité essentielle avait été remplie, si la preuve en existait au dossier, nous pensons que la Cour de cassation ne verrait pas, dans le défaut de constatation, une nullité du jugement.

125. Mais l'existence d'une irrégularité dans les opérations de l'administration n'empêcherait pas le tribunal de prononcer l'expropriation, s'il n'était résulté nul préjudice de cette irrégularité. C'est ici le cas d'appliquer le principe : *Point d'intérêt, point d'action.* — Dalloz, *Nouv. Rép.* v° *Expropriation*, n° 267.

126. La plupart des formalités que nous venons d'indiquer regardent beaucoup plus la justice elle-même que la partie expropriante ; c'est donc plutôt au tribunal à veiller à leur accomplissement qu'aux Compagnies elles-mêmes. Cependant, comme c'est un principe de droit que le fait du juge est considéré comme le fait de la partie, *factum judicis, factum partis,* les Compagnies ont intérêt à faire des procédures régulières et qui ne les exposent pas aux chances de recours contre les jugements d'expropriation. Elles doivent donc placer, à côté du ministère public et du tribunal, un conseil qui serve d'auxiliaire aux magistrats et surveille toutes les phases de la procédure.

ART. 9. — RECOURS CONTRE LE JUGEMENT D'EXPROPRIATION.

127. Le jugement d'expropriation est, aux termes de l'art. 20 de la loi du 3 mai 1841, susceptible d'un recours en cassation. C'est la seule voie ouverte contre lui ; et encore ne peut-il être attaqué que pour incompétence, excès de pouvoir ou vice de forme.

128. Non-seulement la Compagnie, mais encore le propriétaire et tous ceux qui ont sur l'immeuble des droits réels que le jugement leur enlève, peuvent former le pourvoi.

129. Cependant, il a été décidé que le jugement qui prononce une expropriation pour utilité publique, ne peut être attaqué par le pourvoi en cassation que par ceux contre lesquels il a été rendu, et que, dès lors, lorsque des poursuites en expropriation ayant été dirigées et suivies contre un mari, celui-ci y a défendu et a refusé, après discussion, les offres d'indemnité tant en son nom qu'en celui de sa femme, celle-ci n'est pas recevable, après l'expropriation consommée, à se pourvoir en cassation contre le jugement d'expropriation où elle n'a pas été partie, sous prétexte que la propriété n'appartient qu'à elle et ne pouvait être vendue que par elle. — Cassation, 12 août 1844.

130. Le pourvoi de la part de l'administration ne peut être émis que par le préfet. — Cassation, 11 janvier 1836.

131. Mais la Compagnie concessionnaire étant subrogée aux droits de l'administration, son droit de former le pourvoi à sa place est évident, et elle doit jouir à cet égard de tous les droits qui compètent à l'administration.

Le pourvoi se fait par déclaration au greffe du tribunal et non ailleurs, en personne ou par un mandataire, même verbal. — Cassation, 18 janvier 1837, — 26 avril 1843, — ou même par un porte-fort. — Cassation, 14 décembre 1842.

132. En cas d'absence du greffier ou de refus, la déclaration peut être faite chez un notaire, au maire ou par le ministère d'un huissier, l'absence ou le refus préalablement constatés.

133. La consignation de l'amende est obligatoire à peine de non-recevabilité du pourvoi. Cette amende est de 82 francs 50 centimes, décime compris.

134. La rigueur du principe de subrogation voudrait que les Compagnies qui représentent l'État fussent dispensées de la consignation de l'amende, comme l'est l'État lui-même; mais il n'en est pas ainsi. La concession a un caractère individuel de telle nature, que la Compagnie qui plaide défend ses deniers propres bien plus que ceux de l'État.

135. Il n'est pas nécessaire que la consignation soit préalable : il suffit qu'elle ait lieu avant l'époque où l'affaire est en état de recevoir arrêt. — Cassation, 14 décembre 1841.

136. Il n'est pas nécessaire non plus que la déclaration du pourvoi contienne les moyens de cassation. On satisfait à la loi en se réservant de les faire valoir devant la Cour. — Cassation, 1er juillet 1834.

137. La notification du pourvoi doit être faite à la partie contre laquelle il est dirigé dans la huitaine, à partir du pourvoi et non de la notification du jugement, à peine de déchéance. —Cassation, 4 mars 1844. — Elle doit contenir assignation à comparaître devant la Cour de cassation.

138. Les pièces qui doivent être transmises à la Cour de cassation sont celles présentées au tribunal comme preuves de l'accomplissement des formalités prescrites, et en outre une expédition tant du jugement attaqué que de la déclaration de pourvoi, et enfin un inventaire des pièces envoyées.

139. Le pourvoi n'est pas suspensif. — Cassation, 24 août 1838. — D'où il suit que la Compagnie peut, en consignant l'indemnité, se mettre en possession du terrain avant que la Cour de cassation ait statué, sauf l'action en dommages-intérêts de la part du propriétaire.

140. Le pourvoi est porté directement devant la chambre civile de la Cour de cassation, qui doit statuer dans le mois de la réception des pièces.

141. Après que les pièces ont été enregistrées au greffe de la Cour de cassation, les demandeurs ne sont admis à présenter leurs mémoires ou observations à cette Cour que par le ministère d'un avocat.

142. En matière d'expropriation comme en toute autre matière, si la décision attaquée est cassée, la Cour de cassation ne statue point elle-même sur le fond de l'affaire, mais elle renvoie la cause devant un autre tribunal. Dans ce cas, tout ce qui a été fait en vertu d'un jugement annulé, les notifications et offres, la désignation du jury, tout cela tombe évidemment de soi. Il est procédé alors devant le tribunal de renvoi comme devant le tribunal primitivement saisi.

143. Devant le tribunal saisi d'une demande en expropriation par renvoi après cassation, les parties ont le droit de prendre des conclusions nouvelles et d'ajouter à la production des titres, pièces et documents faite devant le tribunal dont le jugement a été cassé, tous actes nouveaux propres à justifier leurs prétentions, ou même à régulariser la procédure, encore bien qu'ils seraient d'une date postérieure à ce jugement et même à l'arrêt de cassation. — Cassation, 11 août 1841.

144. Si le tribunal de renvoi juge que la procédure est régulière, et que toutes les formalités ont été remplies, il doit indiquer l'époque de la prise de possession, puis nommer un magistrat-directeur du jury, qui devra être pris parmi les membres du tribunal dans le ressort duquel les biens sont situés, et cela nonobstant la règle qui veut que le tribunal dont le jugement a été cassé ne puisse plus connaître de l'affaire.

145. Décidé en ce sens que l'indemnité pour cause d'expropriation devant toujours être réglée par un jury choisi dans l'arrondissement de la situation des biens expropriés, encore bien que la fixation de cette indemnité, qui avait été précédemment faite par un jury de ce même arrondissement ait été annulée par suite de la cassation du jugement qui avait prononcé l'expropriation, il s'ensuit que, dans ce cas, le magistrat-directeur du jury a pu être choisi parmi les membres du tribunal qui avait rendu le jugement d'expropriation. — Cassation, 11 mai 1835.

146. Le premier et le principal effet du jugement qui prononce l'expropriation, c'est d'opérer un déplacement dans la propriété des immeubles auxquels il s'applique, d'anéantir au profit de l'État ou de la Compagnie concessionnaire qui est à son lieu et place tous les droits qui pourraient appartenir à des particuliers, sur ces immeubles : droits de propriété, d'usufruit, d'usage, servi-

tudes, etc, et de les convertir en des droits à une indemnité, en créances contre ses agents ou ses ayants cause.
Peu importe d'ailleurs que ceux qui étaient investis de
ces droits soient ou ne soient pas nommés dans le jugement d'expropriation; peu importe, par exemple, que le
propriétaire dont le nom se trouve dans le jugement ne
soit plus le propriétaire actuel; peu importe qu'il ne soit
fait nulle mention de l'usufruit, s'il en existe un; les
effets du jugement n'en sont pas moins pleins et entiers;
ils sont tout à fait indépendants de l'indication des véritables ayants droit, pourvu que les prescriptions de la
loi à cet égard aient été observées, c'est-à-dire pourvu
que le jugement contienne le nom du propriétaire inscrit
sur la matrice des rôles. — Dalloz, n⁰ 325.

147. Mais si le jugement transfère à l'administration
la propriété des immeubles, il ne lui en donne pas la possession immédiate : les anciens propriétaires conservent
cette possession jusqu'au paiement de l'indemnité. C'est
une garantie de ce paiement que la loi a entendu leur
donner, et cette garantie est très-sérieuse et très-effi-
cace, puisque la Compagnie, pour pouvoir commencer
les travaux, est intéressée à payer le plus tôt possible.

148. Tels sont, en peu de mots, non pas les seuls,
mais du moins les principaux effets du jugement d'expropriation.

ART. 10. — RÈGLEMENT DES INDEMNITÉS.

149. Comment se règle l'indemnité? Elle se règle
entre tous les ayants droits, par un jury spécial, lorsque
les offres de la Compagnie n'ont pas été acceptées et suivies d'une cession amiable.

150. Ces offres doivent être divisées; en d'autres ter
mes, la Compagnie, au lieu d'offrir en bloc une somme

unique à tous les intéressés, doit faire à chacun d'eux une offre distincte et spéciale.

Ainsi, par exemple, s'il existe des fermiers ou locataires, il doit être fait au propriétaire et à chacun d'eux une offre séparée, en telle sorte que les uns puissent accepter et les autres refuser, comme bon leur semble, sans que le refus de l'un remette en question la fixation de l'indemnité afférente aux autres.

151. Lorsqu'il y a un usufruitier, il semble qu'il n'y ait pas lieu de faire à cet usufruitier et au nu-propriétaire des offres distinctes, attendu que, dans ce cas, l'un a la jouissance et l'autre la nu-propriété de l'indemnité qui représente la pleine propriété. Toutefois, comme l'usufruitier peut avoir des droits à des indemnités spéciales, soit pour pertes de récoltes, soit pour déménagement précipité, ou pour toute autre cause, il est nécessaire de faire, dans ce cas même, des offres séparées. — Delalleau, nᵒ 511.

152. Lors même qu'il n'y a qu'un seul ayant droit, le propriétaire, il convient d'énoncer les différents chefs d'indemnité et d'indiquer séparément la somme offerte à chacun d'eux. Ainsi, il doit être fait une offre distincte : 1° pour la valeur même des terrains expropriés ; 2° pour la moins-value du surplus de la propriété ; 3° pour privation des fruits et récoltes ou du revenu ; 4° pour rétablissement de communications, clôtures, etc. ; 5° pour frais de déménagement ; 6° pour le remboursement des frais de significations prescrites par la loi.

Cette distinction n'est pas à la vérité dans la loi, mais elle est évidemment dans l'intérêt de la Compagnie. En effet, elle rend plus facile un arrangement amiable avec les propriétaires en précisant les points sur lesquels porte la divergence, s'il en existe ; et, de plus, elle simplifie les opérations ultérieures, notamment la discussion devant le jury spécial. Ajoutons que cette indication détaillée ne présente aucune difficulté pour la Compagnie, puisque toutes ces données lui sont fournies par le travail de l'appréciateur, et qu'il est aussi facile d'indiquer séparément les chiffres partiels que de les réunir pour en former le chiffre total.

153. Lorsque le montant des offres a été déterminé, il faut les faire connaître aux ayants droit; c'est à quoi pourvoit l'art. 23 de la loi. Ces offres sont, en outre, affichées et publiées, conformément à l'art. 6 de la même loi.

154. Les offres ne sont notifiées individuellement qu'à ceux des intéressés qui seront intervenus dans le délai de huitaine, fixé par l'art. 21; il suffira, pour les autres, d'une notification collective dans la forme de l'art. 6.

155. Les offres de la Compagnie doivent, à peine de nullité, être notifiées par exploit dûment signifié, quinze jours au moins avant la réunion du jury. — Cassation, 26 mai 1840.

156. Les intéressés doivent répondre dans le délai de quinzaine aux offres de la Compagnie (art. 24), et, s'ils n'acceptent pas, indiquer le montant de leurs prétentions.

157. Lorsque la Compagnie, après avoir notifié ses offres au fermier, les notifie au propriétaire par un autre exploit, à une date postérieure et sans relation au premier, ce n'est qu'à partir de ce dernier exploit que court contre le propriétaire le délai de quinzaine dans lequel il doit notifier son acceptation ou son refus, sous peine d'être condamné à tous les dépens, quelle que soit la décision du jury d'indemnité. — Cassation, 24 mars 1841.

158. L'indemnitaire doit, à peine de nullité de la décision du jury intervenue, jouir du délai de quinze jours déterminé par l'art. 24 de la loi du 3 mai 1841, entre la notification des offres de la Compagnie et le jour de la comparution devant le jury.—Cassation, 24 décemb. 1845.

159. Par les offres et leur refus, le débat s'engage : citation est alors donnée devant le jury pour le vider. C'est l'objet de l'art. 23 de la loi.

160. Mais en tout état de cause, la Compagnie et les parties restent libres de s'arranger à l'amiable ; elles peuvent renoncer à la voie du jury et soumettre le règlement des indemnités à des arbitres ou à des experts, si ce mode leur paraît convenable. La loi et la procédure qu'elle organise ne deviennent obligatoires que quand la convention amiable ne décide pas la double question de la cession de la propriété et de la quotité du prix.

ART 11. — PROCÉDURE DEVANT LE JURY D'EXPROPRIATION.

161. Voici la Compagnie et les indemnitaires devant le jury d'expropriation. La situation est réglée par les formalités des art. 29 et suivants de la loi du 3 mai 1841. Un magistrat-directeur du jury, préside à toutes les opérations, veille à l'accomplissement de toutes les règles protectrices de la propriété; on comprend donc que nous n'avons pas à nous en occuper ici. Observons seulement que les nullités qui pourraient être commises dans cette procédure au préjudice de la Compagnie peuvent être relevées par elle et former la base de voies de recours contre la décision du jury, si, bien entendu, elle lui faisait grief dans les limites fixées par la loi.

162. La loi ne détermine pas les actes qui doivent servir de base à la décision du jury. Elle lui laisse un pouvoir discrétionnaire et sans limite. Il reste arbitre souverain des éléments qui forment sa conviction.

163. La même latitude est laissée aux jurés pour la

fixation de l'indemnité. Il faut bien définir ce que l'on doit entendre par ce mot.

164. L'indemnité se compose de deux éléments : d'abord le prix de l'immeuble, et ensuite la réparation du préjudice souffert par le citoyen à qui l'on impose le sacrifice de sa propriété.

165. L'indemnité comprend aussi non-seulement la valeur du terrain, mais celle des bâtiments, plantations, récoltes, et même la réparation des différents dommages résultant de l'expropriation. Ainsi, il peut y avoir lieu à indemnité, indépendamment du prix du terrain, pour morcellement, pour dépréciation de ce qui reste, pour interruption de communication, pour déclôture et reclôture, pour les travaux que le propriétaire se trouvera obligé de faire. — Cassation, 14 janvier 1836.

166. Le jury, dans son estimation de l'immeuble frappé d'expropriation, ne doit pas tenir compte de l'augmentation de valeur que la concession du chemin de fer a pu lui donner ; il doit s'attacher uniquement à la valeur qu'il avait avant cette concession. En effet, il serait inique de faire payer par la Compagnie une plus-value qui n'existerait pas sans elle, et qu'elle seule a déterminée par l'entreprise des travaux à ses risques et périls.

167. Il a été même décidé qu'il ne doit pas être tenu compte, dans l'estimation des immeubles expropriés pour utilité publique, de l'augmentation de valeur survenue à la propriété depuis la concession des travaux, encore que cette augmentation soit due à une cause étrangère aux travaux; les dispositions de la loi du 16 septembre 1807, art. 49, sont absolues à cet égard. — Conseil d'État, 30 juin 1841.

168. L'art. 52 de la loi a pour but de déjouer les fraudes qui pourraient être pratiquées au préjudice de la Compagnie. Il ne permet pas de se créer des prétextes d'indemnité, de les improviser en quelque sorte ; c'est là une question d'intention que le jury appréciera et résoudra.

169. A l'indemnité principale peuvent venir s'ajouter d'autres indemnités accessoires et accidentelles. L'application de ce principe a été faite par plusieurs arrêts. Ainsi il a été jugé :

1° Que l'indemnité doit comprendre non-seulement la valeur intrinsèque des terrains expropriés, mais encore celle des avantages attachés à la possession de ces terrains et dont la privation est la suite de l'expropriation. — Cassation, 11 janvier 1836.

2° Que, de même, l'indemnité due au propriétaire doit porter non-seulement sur la valeur du terrain dont il est privé, mais encore sur celle des avantages réels dont il se trouve dépouillé par une suite naturelle et nécessaire de l'expropriation. — Riom, 1er mars 1838.

3° Que l'indemnité préalable à toute dépossession pour cause d'utilité publique doit être déterminée, en raison composée de la valeur des objets et du préjudice que le propriétaire dépossédé peut éprouver, soit par la dépréciation de la portion de propriété qui reste dans ses mains, soit par la dépense qu'il sera obligé de faire pour coordonner cette propriété à la disposition ultérieure des lieux. — Cassation, 31 décembre 1838.

170. Il doit être tenu compte, par la fixation de l'indemnité, des dommages qui sont une suite directe et nécessaire de l'expropriation, et non pas de ceux qui n'en sont qu'un effet accidentel.

171. Le jury n'a pas mission pour évaluer une indemnité basée non sur la certitude d'un dommage éventuel, mais sur l'allégation d'un dommage futur, à naître d'un événement ultérieur et incertain. — Cassation, 7 avril 1845.

172. Si l'expropriation partielle d'un immeuble entraîne souvent la dépréciation de la portion restante, souvent aussi cette même portion doit, par suite de l'exécution des travaux pour lesquels l'expropriation a été requise, acquérir une valeur supérieure à celle qu'elle avait auparavant. La jurisprudence a été appelée à faire l'application de cette règle souverainement équitable. La Cour de cassation a jugé que l'indemnité pour cause d'expropriation publique se compose d'éléments divers, dont les uns sont certains et positifs : tels que la valeur vénale et intrinsèque de l'immeuble ou de la partie de l'immeuble exproprié, et les dépenses, soit de démolition, soit de reconstruction, qui sont nécessaires pour coordonner la partie restante de l'immeuble à la destination des lieux, ou pour la rétablir dans un état convenable et utile d'exploitation ; les autres, qui tombent dans le domaine d'une équitable appréciation : tels que le prix qui résulte de la convenance, de l'affection, de la moins-value. Les premiers doivent entrer dans la fixation de l'indemnité sans aucune considération de la plus-value ; ce n'est qu'à l'égard des seconds que la prise en considération de la plus-value est autorisée. — Cassation, 28 août 1839.

173. Jugé en ce sens : 1o que c'est l'état actuel de la propriété, au moment de l'expropriation, qui doit servir de base, et non les projets d'amélioration formés par le propriétaire ; qu'ainsi le propriétaire d'une usine en ruine, établie sur une rivière, n'a pas droit à une indemnité à raison d'une chute d'eau qu'il n'utilisait plus. — Conseil d'État, 21 août 1840.

2o Que dans l'estimation de la propriété expropriée, il ne doit être tenu compte que de sa valeur actuelle, et non des avantages que le propriétaire aurait pu en retirer en la modifiant de quelque manière que ce soit ; que, par exemple, s'il s'agit d'une propriété située sur un cours d'eau, et qu'il n'y ait été établi aucune usine, le propriétaire n'a droit à aucune indemnité à raison de la chute d'eau non utilisée. — Conseil d'État, 30 juin 1841.

174. Les mines concédées par l'État ne peuvent, comme toute autre propriété, être expropriées pour utilité publique, soit en partie, soit en totalité, sans indemnité ; et spécialement, lorsque, sur la provocation des concessionnaires d'un chemin de fer et dans leur intérêt, un arrêté administratif a interdit aux concessionnaires d'une mine, à qui cette concession avait été faite sans condition et avant celle du chemin de fer, de l'exploiter souterrainement, dans une certaine étendue de son périmètre que doit traverser le chemin de fer, il est dû, pour cette privation des produits de la mine, une indemnité à ces derniers, et l'on ne peut la leur refuser sous prétexte qu'il est loisible à l'administration, à qui un droit de surveillance est accordé sur l'exploitation des mines, de soumettre les exploitants à telle mesure que lui semble exiger l'intérêt public, et cela quelles que soient les conventions intervenues entre les propriétaires de la superficie de la mine et les concessionnaires du chemin de fer. — Cassation, 18 juillet 1837.

175. L'expropriation n'atteint pas seulement des parcelles de sol, elle peut atteindre encore des droits tellement précieux et importants, qu'ils donnent lieu à l'application de la loi d'expropriation. Ainsi, il a été jugé que le concessionnaire d'une mine à qui il est interdit par l'autorité administrative de l'exploiter dans le voisinage d'un chemin de fer nouvellement concédé à travers le périmètre de la mine, a droit à une indemnité pour le préjudice que lui fait éprouver cette interdiction qui est une véritable expropriation pour cause d'utilité publique. — Dijon, 25 mai 1838. — Cassation, 3 mars 1841.

176. Mais il peut se faire que la mine ou la carrière ne soit pas exploitée. Dans ce cas, doit-on y avoir égard pour la fixation de l'indemnité? L'art. 55 de la loi du 16 septembre 1807 fournit un argument pour la négative. Cet article est ainsi conçu : « Les terrains occupés pour prendre les matériaux nécessaires aux routes et constructions publiques pourront être payés aux propriétaires comme s'ils étaient pris pour la route même. Il n'y aura lieu à faire entrer dans l'estimation la valeur des matériaux à extraire que dans le cas où l'on s'emparerait d'une carrière en exploitation. » Ainsi, si la carrière n'est pas en exploitation, il n'y a rien à payer pour la valeur des matériaux. Les décisions que nous avons citées plus haut relatives à l'existence d'une chute d'eau non utilisée viennent à l'appui de cette solution. *Ibi eadem ratio, ibi et idem jus.*

177. L'art. 51 de la loi 'de 1841, qui ordonne de tenir compte, dans l'évaluation de l'indemnité, de la plus-value que les travaux doivent procurer au restant de la propriété, n'autorise pas le jury à n'allouer aucune indemnité; ainsi la décision du jury qui, sous prétexte que cette plus-value équivaut au préjudice résultant de l'expropriation, réduit l'indemnité à néant, est nulle. — Cassation, 28 février 1848.

178. De la substitution faite aux droits de l'État, par l'État lui-même au profit de la Compagnie, faudrait-il conclure que, dans le cas où le chemin de fer viendrait à traverser un domaine de l'État, aucune indemnité ne serait due à celui-ci? On a décidé avec raison que l'État agissant comme propriétaire a les mêmes droits que les particuliers, et que les conventions qui interviennent entre les concessionnaires de travaux publics et le Gouvernement comme administrateur, n'affectent en aucune façon les propriétés de l'État, lesquelles demeurent gouvernées par le droit commun.

En conséquence, le jury qui, ayant à déterminer l'indemnité due à l'État, dépossédé pour la confection d'un chemin de fer, n'évalue cette indemnité que d'après la perte du revenu de l'immeuble, sans égard à la valeur de la propriété, et convertit les sommes à payer en redevances annuelles équivalentes au revenu, payables seulement jusqu'au terme de la concession, fait une fixation illégale. — Cassation, 19 décembre 1838.

179. Le principe de la subrogation aux droits de l'État produit une conséquence bien plus grave encore que celles que nous avons indiquées jusqu'ici. C'est d'autoriser l'application de la loi du 16 septembre 1807. «L'article 48 de la loi du 16 septembre 1807, dit Dalloz (*Nouv. Répert.*, v° *Expropriation pour cause d'utilité publique,* n° 16), qui impose à l'État ou aux concessionnaires des travaux, pour le cas où il y a nécessité constatée, soit de supprimer des moulins et usines, soit de réduire l'élévation de leurs eaux, l'obligation de payer une indemnité au propriétaire, restreint toutefois la généralité de cette obligation par la disposition suivante : « Il sera d'abord examiné si l'établissement des moulins et usines est légal, ou si le titre d'établissement ne soumet pas les propriétaires à voir démolir leurs établissements, sans indemnité, si l'utilité publique le requiert.» Nous n'hésitons pas à adopter cette opinion, qui doit être appliquée toutes les fois qu'il s'agit de suppression, de déplacement, de modification ou de réduction de la force motrice des moulins et usines. La loi du 16 septembre 1807 est encore en vigueur, et la disposition que nous rapportons a reçu de nombreuses applications dans la jurisprudence civile et administrative. »

180. A côté des indemnités dues au propriétaire, il y a encore celles dues aux autres possesseurs de droits réels sur l'immeuble. Ce sont en général l'usufruitier, l'usager, le fermier ou locataire, l'emphytéote. L'art. 39 de la loi de 1841 porte : «Le jury prononce des indemnités distinctes en faveur des parties qui les réclament à des titres différents, comme propriétaires, fermiers, locataires, usagers et autres intéressés. — Dans le cas d'usufruit, une seule indemnité est fixée par le jury, eu égard à la valeur totale de l'immeuble ; le nu-propriétaire et l'usufruitier exercent leurs droits sur le montant de l'indemnité, au lieu de l'exercer sur la chose. »

Il suit de là que l'usufruitier se borne à jouir des intérêts de l'indemnité, à charge de caution.

181. En ce qui concerne l'usager, nous croyons que son droit doit être réglé comme celui de l'usufruitier. Ainsi on devra calculer quelle est l'importance de l'usage par rapport à la jouissance totale de l'immeuble, et attribuer à l'usager une part correspondante des intérêts de l'indemnité.

182. On doit appliquer la même solution au droit d'habitation.

183. L'indemnité due au locataire ou fermier ne peut consister que dans l'obligation de réparer le préjudice causé par l'expropriation, quelles que soient les conventions intervenues à cet égard entre le bailleur et le preneur. Les règles établies par les art. 1745, 1746 et 1747 du Code civil ne doivent être suivies que tout autant qu'il y a accord à cet égard entre les parties; toujours le point de départ est celui-ci : Quel est, en réalité, le dommage occasionné par la rupture du bail?

184. Il a été jugé :

1° Que la clause par laquelle le locataire se désiste, en cas d'expropriation, de tout recours contre son propriétaire, et convient, le cas échéant, que le bail sera considéré comme expirant de plein droit, n'emporte pas renonciation à l'indemnité. — Rouen, 12 février 1847.

2° Qu'aux termes de l'art. 39 de la loi du 3 mai 1841, les indemnités dues aux locataires et aux propriétaires sont distinctes; que les locataires ont une action directe contre la partie qui procède à l'expropriation, et que cette action ne saurait être entravée par les conventions du bail intervenu entre le locataire et le propriétaire ; qu'en conséquence, lorsqu'on exproprie un locataire, on ne peut se prévaloir, pour lui refuser l'indemnité à laquelle il a droit, d'une clause du bail dans laquelle ce locataire a renoncé, pour le cas d'expropriation, à demander, sous aucun prétexte, une indemnité au propriétaire ou à ses ayants cause. — Paris, 2 avril 1852.

185. L'indemnité éventuelle que le jury accorde contre l'État à celui qui se dit locataire ou fermier de l'immeuble exproprié pour cause d'utilité publique, et pour le cas où sa qualité serait établie, ne peut être attribuée à celui qui ne justifie de l'existence et des conditions du bail que par l'allégation de conventions verbales, ou d'un acte privé sans date certaine. L'État est un tiers, par rapport à ce locataire, et non l'ayant cause du propriétaire exproprié. — Cassation, 2 février 1847.

ART. 12. — RÈGLES COMMUNES AUX DIVERSES INDEMNITÉS.

186. La jurisprudence a posé quelques règles relatives à l'évaluation et au mode de fixation des indemnités. Nous allons placer sous les yeux les solutions les plus importantes.

187. L'indemnité fixée par le jury ne doit, à moins de consentement de l'exproprié, consister qu'en une somme d'argent. — Cassation, 2 janvier 1844 — représentant la valeur de l'immeuble exproprié et le préjudice souffert. — Cassation, 19 décembre 1833.

188. L'indemnité doit être fixée d'une manière claire, certaine et complète. Ainsi, ne réunirait pas ce triple caractère la décision qui, ayant à fixer l'indemnité due pour l'expropriation d'une parcelle de terrain nécessaire à un chemin de fer, se bornerait à allouer une indemnité de 50 fr. par are pris pour l'usage du chemin de fer, et de 20 fr., à titre de dépréciation, par are de terrain restant, sans dire quelle est l'étendue de ce terrain restant, et sans que cette étendue soit déterminée par aucune énonciation du procès-verbal de la séance du jury. — Cassation, 3 août 1840.

189. La règle, en cette matière, est celle-ci : Il faut que la décision ne laisse pas la possibilité d'une contestation ultérieure, ne réserve pas des procès que la loi a voulu prévenir.

190. Le jury n'est tenu de fixer des indemnités spéciales pour chacune des parcelles diverses appartenant au même propriétaire, qu'autant que les indemnités sont réclamées à des titres différents, tels que ceux de propriétaire, fermier, locataire, usager ou autres ; il peut ne fixer, pour toutes les parcelles réunies, qu'une somme unique, lorsque ces indemnités sont réclamées en la seule qualité de propriétaire. — Cassation, 3 janvier 1844.

C'est aux parties intéressées, à raison des droits réels qu'elles possèdent sur la propriété expropriée, à intervenir pour faire prévaloir leurs droits.

191. Lorsqu'il s'élève un litige sur le fond du droit, ou toute autre difficulté, le jury règle l'indemnité indépendamment de ces litiges et difficultés, sur lesquels les parties sont renvoyées à se pourvoir devant qui de droit. (Art. 39 de la loi.)

192. Il est du devoir du jury de fixer, même d'office, une indemnité alternative, quand la matière y est disposée. — Cassation, 5 février 1840.

193. Un principe important à noter est celui qui résulte du paragraphe final de l'art. 39 de la loi, ainsi conçu : L'indemnité allouée par le jury ne peut, en aucun cas, être inférieure aux offres de l'administration, ni supérieure à la demande de la partie intéressée.

C'est l'introduction, dans une législation exceptionnelle, du principe de droit : *Non ultra petita*, principe
de droit commun dont le jury, pas plus que toute autre
juridiction, ne peut s'affranchir. Le méconnaître, ce
serait sortir de la ligne tracée aux jurés par la nature des
affaires qui leur sont soumises. C'est une obligation, pour
le juré comme pour le juge, de s'y renfermer.

ART. 13. — DU PAIEMENT DES INDEMNITÉS.

194. Un principe fondamental, c'est que l'indemnité
doit être *préalable* à la prise de possession du terrain exproprié. Et cette obligation ne s'applique pas seulement
au capital de l'indemnité, mais encore aux intérêts et
aux frais.

195. L'indemnité doit être payée à celui-là seul qui a
figuré dans le jugement d'expropriation ou à ses ayants
droit. Par suite, la circonstance qu'un immeuble avait été
exproprié sur tout autre que le propriétaire, à défaut par
celui-ci de se faire connaître et de faire valoir ses droits,
n'empêche pas l'expropriation d'être irrévocable, et en
conséquence, elle ne donne pas le droit de refuser l'indemnité à la personne nominativement expropriée. — Cassation, 5 février 1845.

196. Les intérêts de l'indemnité courent de plein droit
lorsqu'il s'est écoulé six mois depuis la décision du jury.
Le propriétaire, pouvant jusqu'à cette époque percevoir
fruits de l'immeuble, ne peut avoir en même temps droit
aux intérêts de l'indemnité.

197. Si les ayants droit refusent le paiement, comme
il ne serait pas juste que leur résistance mît obstacle à
la prise de possession et au commencement des travaux,
la loi (art. 53) permet de suppléer au paiement par le
moyen d'offres réelles suivies de consignation, et elle autorise le concessionnaire à prendre possession immédiatement après.

198. Les conditions auxquelles le Code civil subordonne la validité des offres réelles sont également applicables aux offres dont il s'agit ici, avec une modification toutefois concernant le lieu où les offres doivent être faites. C'est au domicile élu, ou s'il n'y a pas d'élection de domicile, par double copie au maire et au fermier, locataire, gardien, ou régisseur.

199. Lorsque les parties expropriées ne peuvent pas recevoir l'indemnité, soit parce que l'immeuble était grevé d'inscription, soit parce qu'il existe quelque autre obstacle légal au paiement, comme les offres dans ce cas n'auraient pas d'effet, l'art. 54 de la loi y a pourvu ; il ordonne que les sommes dues soient consignées, pour être ultérieurement distribuées ou remises, selon les règles du droit commun. Ainsi, dans le cas de dotalité, de saisie-arrêt, d'opposition, de litige sur le fond du droit ou la qualité des parties, il y a lieu à consignation.

200. Cette consignation libère l'administration, et rien ne s'oppose plus alors à la prise de possession de l'immeuble.

201. Les art. 16, 17, 18 et 19 de la loi du 3 mai 1841, qui déterminent les effets du jugement d'expropriation et le mode suivant lequel il doit être procédé à la purge des priviléges et hypothèques qui grèvent les biens frappés d'expropriation, s'appliquent au cas où l'expropriation a été prononcée sur les poursuites des concessionnaires, comme à celui où elle l'a été à la requête de l'administration. C'est là une application pure et simple de l'art. 63.

202. Mais qu'arriverait-il si les concessionnaires prenaient possession de l'immeuble avant le paiement de l'indemnité?

Le propriétaire pourrait demander à l'autorité judiciaire la réparation pécuniaire du préjudice causé par cette prise de possession illégale ; mais c'est à l'autorité administrative seule qu'il devrait s'adresser pour obtenir la destruction ou la suppression des travaux.

203. Il a été jugé, conformément à ces principes : 1° Que les tribunaux civils sont incompétents pour connaître des contestations élevées à l'occasion de l'occupation temporaire par une Compagnie de chemin de fer de terrains expropriés depuis pour cause d'utilité publique, bien que cette occupation ait eu lieu depuis par l'autorisation administrative, si cette autorisation a été accordée avant que la juridiction des tribunaux civils ait statué sur les contestations. — Paris, 2 avril 1842.

2° Que le principe de la séparation des pouvoirs administratif et judiciaire s'oppose à ce que les tribunaux fassent ordonner la destruction des travaux exécutés par ordre de l'administration, par un entrepreneur de travaux publics, sur une propriété privée, avant l'accomplissement des formalités prescrites pour l'expropriation et sans déclaration préalable d'utilité publique ; que c'est à l'administration seule de prononcer la révocation des mesures par elle prescrites et la destruction des travaux opérés par ses ordres. — Conseil d'État, 5 septembre 1842.

204. Si, au lieu de suivre les voies légales, le propriétaire avait recours aux voies de fait, encourrait-il par là la peine prononcée par le Code pénal? Ainsi, par exemple, s'il opposait une résistance matérielle à l'envahissement de sa propriété, ou s'il reprenait sur la voie de fer le terrain qu'on lui aurait enlevé sans indemnité préalable, pourrait-on lui appliquer, soit l'art. 438 du Code pénal, qui punit ceux qui se sont opposés par des voies de fait à la confection des travaux autorisés par le Gouvernement, ou l'art. 479, qui prononce des peines de simple police contre ceux qui ont dégradé des chemins publics ? La Cour de cassation s'est formellement prononcée pour l'affirmative. — Cassation, 6 juillet 1844.

SECTION DEUXIÈME.

—

EXTRACTION DE MATÉRIAUX ET OCCUPATIONS TEMPORAIRES DE TERRAINS.

—

ART. 1er. — FOUILLES ET EXTRACTIONS.

205. Voici la Compagnie en possession du sol nécessaire à la construction du chemin de fer. Elle se met à l'œuvre. Ses ingénieurs ont pris possession de la ligne. Ils vont maintenant accomplir de grandes choses : ils vont dire à la montagne d'ouvrir ses flancs, et la montagne obéira ; au fleuve, de rapprocher ses rives, et le fleuve obéira ; à la vallée, de combler ses sillons, et la vallée obéira. Mais ni la montagne, ni la rivière, ni la vallée ne le feront toutes seules : elles voudront être aidées par la main et le génie de l'homme, et pour cela, il faut que l'homme ait à sa disposition les voies et moyens nécessaires. C'était au législateur à lui fournir les ressources matérielles indispensables pour doter le pays de ses magnifiques conceptions. Ce droit, qui appartient originairement à l'État, l'État le délègue à ceux qui le représentent, et il est fondé sur l'arrêt du Conseil du 7 septembre 1755, confirmé par les lois des 23 juillet et 6 octobre 1791, et spécialement par l'art. 3 de la loi du 15 juillet 1845 sur les chemins de fer.

206. Il consiste à soumettre les propriétés privées à une servitude d'utilité publique qui emporte la faculté de faire sur elles, dans un périmètre déterminé, les fouilles et extractions de matériaux nécessitées pour la confection des travaux.

207. Ce droit d'exploitation faisait déjà l'objet, comme nous l'avons dit, d'une législation particulière dans notre ancien droit. L'arrêt du Conseil du 7 septembre 1755 étendait à tous autres ouvrages ordonnés pour les ponts et chaussées et terrains du royaume, les prescriptions des arrêts du Conseil des 3 octobre 1667, 3 décembre 1672, 22 juin 1706, relatifs au pavé de Paris, autorisant les entrepreneurs de travaux publics à prendre la pierre, le grès, le sable et autres matériaux, pour l'exécution des ouvrages dont ils étaient adjudicataires, dans tous les lieux qui leur seraient indiqués par les devis.

208. Cet arrêt du Conseil pouvait laisser quelque incertitude sur le droit de l'administration quant aux carrières non encore ouvertes ; mais aucun doute n'est plus possible en présence du texte formel de la loi des 12-18 juillet 1791, laquelle, après avoir consacré le droit du propriétaire, ajoute : « Art. 2. A défaut d'exploitation de la part des propriétaires, et dans le cas seulement de nécessité pour les grandes routes ou pour des travaux d'utilité publique, tels que ponts, canaux de navigation, monuments publics, ou tous autres établissements et manufactures d'utilité générale, lesdites substances pourront être exploitées d'après la permission du directoire du département (aujourd'hui le préfet), sur l'avis du directoire du district (le sous-préfet), par tous entrepreneurs ou propriétaires desdites manufactures, en indemnisant le propriétaire tant du dommage fait à la surface que de la valeur des matières extraites ; le tout de gré à gré ou à dire d'experts. »

209. Toutefois, le Code rural des 28 septembre, 6 octobre 1791, section VI, art. 1er, ajouta : « que les agents de l'administration ne pouvaient fouiller dans un champ pour y chercher des pierres, de la terre ou du sable, nécessaires à l'entretien des grandes routes ou autres ouvrages publics, qu'au préalable ils n'eussent averti le propriétaire, et qu'il ne fût indemnisé à l'amiable ou à dire d'experts. »

210. Enfin, l'art. 55 de la loi du 3 décembre 1807 contient des dispositions relatives à la fixation de l'indemnité due par l'administration aux propriétaires.

211. L'arrêt du Conseil du 7 septembre 1755, accordant aux entrepreneurs le droit de prendre des matériaux dans *tous les lieux* indiqués par les devis, en exceptant néanmoins tous les lieux fermés de murs ou autres clôtures équivalentes, suivant les usages du pays, on s'est demandé si les dispositions de cet arrêt sont encore en vigueur, ou si, au contraire, le droit de fouille et d'extraction appartenant à l'État ou à ses représentants, pouvait s'exercer indistinctement sur toutes les propriétés closes ou non closes.

212. A cet égard, la jurisprudence du Conseil d'État est bien fixée : elle décide que l'arrêt du Conseil de 1755 est encore en vigueur ; et, qu'en conséquence, lorsqu'un propriétaire a usé d'un droit légitime en faisant clore sa propriété, les entrepreneurs ne peuvent plus en extraire des matériaux.—Conseil d'État, 27 juin, 24 octobre 1834.

213. Le texte de l'arrêt de 1755 parlant d'héritages *clos de murs ou autres clôtures équivalentes , suivant les usages du pays,* il nous paraît que l'on devrait réputer comme closes les propriétés entourées de palissades à pieux et planches, et qu'en conséquence il ne faudrait pas appliquer les prescriptions d'une ordonnance du bureau des finances pour la généralité de Paris , en date du 17 juillet 1781, suivant laquelle les murs pouvaient seuls être réputés clôtures dans cette généralité. Il est, en effet, des localités où l'impossibilité de se procurer des pierres fait qu'on les remplace par des planches, qui font des clôtures moins durables, mais non moins réelles.

214. Mais des haies, fossés ou parapets ne sauraient être regardés comme clôtures suffisantes à l'effet d'arrêter les entrepreneurs de travaux publics.

215. Au reste, la question n'est pas sans difficulté, et les auteurs s'en sont occupés. Nous allons passer en revue la controverse qui s'est élevée à cette occasion.

216. M. Tarbé de Vauxclair (*Dictionnaire des travaux publics*) s'explique en ces termes : « Il semble naturel de penser que le législateur n'a voulu étendre l'exception qu'aux propriétés véritablement closes, comme le seraient des cours, jardins et parcs, ou tous autres héritages qui, par leur nature, auraient nécessité les frais d'une véritable clôture de défense , c'est-à-dire d'une clôture équivalente à des murs, suivant les usages du pays. En est-il de même de simples fossés de limites ou de démarcation de propriétés , lors même qu'ils sont en partie bordés de haies vives ? Si telle eût été l'intention du législateur, il n'eût pas manqué de désigner textuellement les fossés, puisque leur usage , beaucoup plus général que celui des murs, suffit d'ailleurs pour interdire le parcours, à l'égard duquel il établit un genre de clôture spéciale. Mais à l'égard des carrières, cette extension aurait , de fait, annulé la servitude imposée ; car, avec des sommes très-modiques, il n'est pas de propriétaire qui n'ait pu se soustraire à cette servitude en ouvrant de petits fossés ; néanmoins , c'est un moyen invoqué par la plupart des réclamants, lors même que leurs champs ne sont fossoyés que sur deux ou trois côtés. Les fossés ne peuvent, selon nous, être considérés comme clôture équivalente à des murs que lorsque, d'après leurs dimensions en longueur et profondeur, le propriétaire a manifesté l'intention formelle d'enclore et de se défendre. Hors de là, l'extension demandée par certains propriétaires, et plaidée par d'habiles défenseurs, renverserait le système de la loi. »

217. Cette doctrine paraît généralement adoptée par les auteurs. — Husson, p. 408; Dufour, n° 2844.

L'exemption ne devrait donc profiter qu'aux héritages que leur genre de clôture, eu égard aux usages du pays, doit faire considérer comme *réservés,* par opposition aux héritages ceints d'une clôture seulement destinée, soit à en démarquer les limites, soit à en interdire le parcours.

218. C'est conformément à ces principes que le Conseil d'État a décidé que si la propriété sur laquelle une sablière existe n'est pas entièrement close de murs ou de haies vives, suivant l'usage du pays, et qu'il résulte d'une enquête faite à ce sujet qu'il est possible d'arriver à la sablière de plusieurs points sans passer par la barrière qui ferme la propriété, le propriétaire n'est pas fondé à réclamer l'exception relative aux propriétés totalement entourées de murs ou autres clôtures suivant les usages du pays. — Conseil d'État, 4 juin 1823.

219. Un simple fosssé ne peut être considéré comme une clôture équivalente à un mur. — Conseil d'État, 27 juin 1834.

220. Bien plus, et depuis les décisions que nous venons de citer, les recherches faites par un savant ingénieur des ponts et chaussées, M. Tostain, ont fait connaître à l'administration un document législatif de la plus haute importance : c'est un arrêt du Conseil, du 20 mars 1780, aux termes duquel la prohibition de prendre des matériaux dans des biens fermés de murs et de clôtures équivalentes, ne doit s'entendre que des cours, jardins, vergers et autres possessions de ce genre, et qu'elle ne s'étend point aux terres labourables, herbages, prés, bois, vignes et autres terres de même nature, *quoique closes.*

221. « Il est vrai que cet arrêt ne vise que des faits relatifs à la généralité de Rouen; mais bien que rendu à
propos de faits particuliers, rappelés dans le préambule,
les anciens arrêts du Conseil statuaient souvent d'une
manière générale; et à l'égard de celui qui nous occupe,
ces termes : *Interprétant en tant que de besoin les dispositions
de l'arrêt du 7 septembre* 1755, indiquent assez la pensée
d'une application générale. » — Dufour, n° 2844.

222. Au surplus , une ordonnance inédite du Conseil
d'État, en date du 1ᵉʳ juillet 1840, statue en ce sens.

223. « Cependant, de l'exemple que nous venons de
rappeler, il ne faudrait point conclure que, malgré l'existence d'une clôture, on soit autorisé à faire des extractions dans tous les héritages, tels que terres labourables
et vignes. Une ordonnance récente (du 5 juin 1846) décide
que si l'exception stipulée en faveur des lieux fermés ne
peut, aux termes de l'arrêt du 20 mars 1780, être étendue aux terres labourables et autres terres de même nature, quoique closes, elle est néanmoins applicable à
tous les terrains attenants à une maison d'habitation et
qui sont compris dans la même clôture. »

224. Ajoutons qu'il nous semble convenable que l'autorité n'use du bénéfice de l'arrêt de 1780 qu'avec une
certaine réserve, et seulement lorsque les champs ou les
bois non clos ne peuvent fournir les matériaux indispensables au service public ; car, ce droit d'extraction est,
pour les propriétaires, une charge onéreuse, que l'on
doit s'efforcer d'alléger autant que possible, aux termes
mêmes de l'arrêt de 1755. — Husson, p. 310.

225. Une dernière difficulté s'est encore présentée en
ce qui concerne le bénéfice accordé aux terrains clos.
Pour que ce bénéfice puisse être invoqué par le propriétaire, est-il nécessaire que la clôture ait été établie avant
la désignation faite par l'administration? Est-il encore

temps , au contraire, pour le propriétaire, de se clore après cette désignation ?

226. Le Conseil d'État a décidé en faveur des proprié-- taires par le motif que, s'il leur est défendu d'apporter aucun empêchement à l'enlèvement des matériaux, au- cune disposition ne leur interdit la faculté d'enclore les terrains contenant les carrières en exploitation pour un service public ; qu'aux termes de l'art. 4, sect. IV de la loi du 6 octobre 1791, le droit de clore et déclore ses héri- tages résulte essentiellement de celui de propriété , et que toutes les lois et coutumes qui peuvent contrarier ce droit ont été abrogées. — Conseil d'État, 5 novembre 1828.

227. Mais on s'est élevé avec raison contre cette solu- tion : « Quand, a-t-on dit, l'arrêt du Conseil de 1755 a excepté de la servitude d'extraction les lieux fermés de murs ou autres clôtures, il a voulu parler des clôtures qui existeraient à l'époque des travaux et qui auraient été faites de bonne foi. La législation prend toujours en con - sidération les constructions ou clôtures établies avant les mesures qu'elle ordonne. Mais il ne peut pas dépendre d'un propriétaire de libérer son héritage d'une servitude déjà établie. La désignation régulièrement faite, par l'administration, d'un terrain pour y prendre des maté- riaux, imprime à ce terrain une servitude tout aussi res- pectable que celle qui résulterait d'une convention, et il ne dépend pas de lui de détruire l'une plutôt que l'autre. » — M. Serrigny.

228. Nous ajouterons cependant, avec M. Husson, qu'il faut faire une distinction, aujourd'hui plus facile, d'a- près les règles posées par l'arrêt du 20 mars 1780. On a vu que, d'après cet arrêt, une clôture ne suffit pas pour affranchir une propriété de la servitude d'extraction ; qu'il faut encore , pour que cet affranchissement ne puisse être contesté, qu'il s'agisse de cours , de jardins, vergers ou autres possessions de ce genre. Or, si, de bonne foi, un propriétaire veut transformer son champ où des extractions s'exécutent, en propriété de cette dernière espèce, il est certain qu'il ne fait qu'user d'un droit légal, et qu'en conséquence il acquiert le bénéfice qui résulte de la clôture et des dispositions qu'il a faites de bonne foi. Mais si ce propriétaire se borne à former une clôture dans l'unique intention de s'exonérer de la servitude, la solution nous paraît devoir être différente; car l'établissement de la clôture n'est plus qu'un expédient qui ne saurait prévaloir d'ailleurs contre les termes de l'arrêt du 20 mars 1780.

229. Cette servitude légale d'extraction frappe tous les propriétaires et l'État lui-même, et, en ce qui concerne les forêts, il résulte de l'art. 145 du Code forestier qu'il n'est pas dérogé au droit conféré à l'administration des ponts et chaussées, d'indiquer les lieux où doivent être faites les extractions des matériaux pour les travaux publics. — Conseil d'État, 1er juillet 1829.

Seulement, ces fouilles et ces extractions sont soumises à des formalités particulières déterminées par l'ordonnance du 1er août 1827 (art. 169, 170, 171, 172, 173, 174, 175). (1)

230. Il importe de remarquer que, du principe de la subrogation aux droits de l'État au profit de la Compagnie, il résulte incontestablement que les concessionnaires d'un chemin de fer ont le droit d'extraction comme l'État l'aurait lui-même. Du reste, la Compagnie ne manque jamais de se faire octroyer ce droit, soit par les lois de concession, soit par le cahier des charges qui en fait partie intégrante.

231. Le mot *matériaux* est un terme générique qui a une grande étendue et comprend tout ce qui est néces-

(1) Voir à l'Appendice, *Code des chemins de fer.*

saire à la construction du travail public entrepris. Ainsi, il comprend la *terre* qui est indispensable aux remblais des chemins de fer effectués pour combler les vallées.

ART. 2. — DÉSIGNATION DES LIEUX.

232. Ce droit d'extraction est soumis dans son exercice à des obligations, à des formalités de nature à en effacer le caractère vexatoire, et il importe que les Compagnies les observent scrupuleusement. C'est là une des recommandations les plus essentielles qu'elles doivent faire à leurs agents. Il ne faut pas oublier que ce pouvoir est exorbitant. Le propriétaire est livré à la merci de la loi ; c'est bien le moins du monde qu'il puisse trouver sa protection dans l'observation rigoureuse des formalités prescrites par cette même loi.

233. Souvent il arrive que des entrepreneurs, croyant qu'ils ne s'exposent qu'à des dommages-intérêts envers le propriétaire, traitent sa propriété comme une terre conquise ; mais il faut qu'ils sachent que, dans certains cas, ils peuvent être considérés comme commettant un délit et être exposés à des peines correctionnelles.

234. Ainsi, il a été jugé que le fait, par un voiturier employé par la Compagnie concessionnaire d'un chemin de fer, d'avoir traversé une forêt soumise au régime de l'administration forestière, sans que le chemin ait été préalablement indiqué et tracé, ou encore d'avoir fait des fouilles en dehors des endroits indiqués par l'autorité, constitue un délit qui est du ressort exclusif des tribunaux correctionnels ; mais ceux-ci, saisis de la poursuite, doivent surseoir et renvoyer devant l'autorité administrative pour l'interprétation du cahier des charges ; c'est là le dernier état de la jurisprudence établie par un jugement du tribunal des conflits en date du 8 mars 1850.

235. Du reste, les formalités exigées pour l'exercice du droit d'extraction des matériaux sont fort simples. Les entrepreneurs font désigner les lieux d'extraction par l'autorité préfectorale, qui ne la permet que dans certains lieux indiqués. Il est seulement indispensable que les propositions des ingénieurs à cet égard soient accompagnées de tous les documents et renseignements propres à éclairer les préfets, et que ceux-ci soumettent à une instruction critique et à un examen approfondi les demandes de désignation spéciale qui sont formées par les Compagnies concessionnaires, qui doivent éviter de faire des extractions dans les lieux où n'existent pas de carrières ouvertes, alors qu'il en est dans ces lieux mêmes qui sont déjà en exploitation.

236. Il est à remarquer, à ce propos, que les préfets peuvent exercer leurs droits, dans la désignation des propriétés, en dehors du département administré par chacun d'eux. Il est utile que chaque partie du territoire puisse participer aux ressources abondantes renfermées dans une localité. Donc, des carrières ou propriétés situées dans un autre département peuvent être indiquées dans un devis, ou dans un arrêté spécial, pour les travaux à faire dans un département; cependant, il est nécessaire de distinguer la désignation du lieu de celle de la propriété.

237. Voici la marche à suivre : « Le préfet, sous l'autorité duquel doivent s'exécuter les travaux, indique le lieu d'extraction ; mais si ce lieu appartient à un autre département, il faut encore que, se fondant sur l'acte de son collègue, le préfet de ce dernier département prenne un arrêté pour désigner la propriété ; car lui seul a le pouvoir de rendre exécutoires les actes non émanés des ministres et qui s'appliquent au territoire soumis à son administration. Mais, lorsqu'une carrière a été indiquée dans un devis, le préfet d'un département étranger au lieu désigné ne peut autoriser un entrepreneur à prendre des matériaux dans une propriété dépendant de son département, si le préfet qui fait exécuter les ouvrages qui ont motivé la première désignation n'a point, par un nouvel acte, indiqué la localité. » Husson, p. 313. — Conseil d'État, 16 août 1843.

238. Quelquefois, les réclamations des propriétaires se manifestent par une opposition violente ; ils refusent l'entrée de leurs propriétés aux agents de l'administration et aux ouvriers de l'entrepreneur, ou même ils les repoussent par la force. « Dans ce cas, dit M. Husson (tome 1er, page 317), on doit agir avec la plus grande prudence : l'entrepreneur et les agents se rendent auprès du maire ou du commissaire de police, justifient des autorisations dont ils sont porteurs, et les requièrent de leur donner assistance, et au besoin de leur prêter main-forte pour s'introduire dans la propriété désignée. »

239. L'opposition par voie de fait à la construction de travaux autorisés par le préfet d'un département, constitue, aussi bien que s'il s'agissait de travaux autorisés par le Gouvernement, le délit prévu et réprimé par l'article 438 du Code pénal, et, par conséquent, entraînerait des poursuites correctionnelles contre le délinquant. Et la circonstance que dans l'exécution des travaux on aurait dépassé la limite tracée par l'arrêté du préfet, ne peut légitimer les voies de fait des opposants.

ART. 3. — INDEMNITÉS.

240. L'arrêt du Conseil du 7 septembre 1755, art. 53, veut que les propriétaires des terrains sur lesquels des matériaux ont été pris, soient entièrement et pleinement dédommagés de tout le préjudice qu'il ont pu en souffrir, tant pour la fouille et l'extraction que pour les dégâts auxquels elles pourraient donner lieu. — Conseil d'État, 24 août 1827.

5

241. Si la détérioration devenait même très-grande, il pourrait arriver que le propriétaire demandât à vendre son terrain ; il pourrait même se faire que l'administration proposât elle-même cette acquisition.

242. C'est à ce cas que s'applique la loi du 16 septembre 1807, lorsqu'elle veut que les terrains occupés pour prendre les matériaux nécessaires aux routes et aux constructions publiques pourront être payés comme s'ils eussent été pris pour la route elle-même.

243. Dans ce cas, il s'agit d'une véritable expropriation, et, par conséquent, si les parties ne sont pas d'accord sur le chiffre de l'indemnité, il y a lieu évidemment de recourir aux formalités de l'expropriation.

244. Dans ces hypothèses, les indemnités sont à la charge des Compagnies concessionnaires des chemins de fer.

245. Jusqu'à quel point une Compagnie, concessionnaire d'un chemin de fer, est-elle tenue de la réparation des dommages qu'elle cause par la confection de la voie nouvelle ?

D'abord, nous écartons d'une manière absolue toute indemnité en ce qui touche les dommages indirects. Elle agit, nous ne saurions trop le répéter, non pas en son nom privé, mais au nom de l'État. Or, aucune loi n'impose à l'État l'obligation de réparer les dommages indirectement causés par des travaux qu'il effectue pour le service public. — Conseil d'État, 3 mai 1844.

246. Ainsi, l'ouverture d'une nouvelle communication publique est un acte d'administration, motivé dans des considérations d'ordre public et d'utilité générale, qui ne peut donner lieu qu'à une demande en indemnité de la part des tiers qui se croient lésés. — Conseil d'État, 20 janvier 1843.

247. Toutefois , il a été jugé qu'une Compagnie concessionnaire d'un chemin de fer, subrogée pour l'exécution de ses travaux aux droits de l'État, ne peut être condamnée à une indemnité envers des tiers, à raison des entraves que des travaux pour la construction d'un pont auraient apportées à la navigation.— Conseil d'État, 11 avril 1848.

248. Le résultat de la construction d'un chemin de fer est souvent de mettre momentanément une propriété à l'état d'enclave : nous ne pensons pas que ce fait puisse fonder une demande d'indemnité. Ce n'est là qu'un inconvénient qui n'a pas porté atteinte au droit de propriété, et dont le propriétaire sera suffisamment indemnisé par l'avantage incontestable de la proximité d'un chemin de fer. Il y aura pour lui plus que compensation.

Car, enfin, les propriétaires ne doivent pas oublier que la loi du 16 septembre 1807 est encore en pleine vigueur, et qu'elle autorise, d'une part (art. 54), la compensation jusqu'à due concurrence de l'indemnité qui pourrait être due avec le dommage causé par l'exécution des travaux, et que, d'autre part (art. 30), les propriétés privées qui ont été améliorées par des travaux publics, peuvent être astreintes à payer une part proportionnelle des travaux, pour la plus-value qu'elles obtiennent.

249. Quant aux dommages directs provenant d'inondations, ne résultant pas d'une force majeure, de passages, occupations temporaires, chômages et suppressions d'usines autorisées par le Gouvernement, les Compagnies sont tenues de les réparer. C'est un hommage qu'elles doivent aux droits sacrés de la propriété.

250. Dès que le plan du chemin de fer a été dressé et approuvé, il faut pourvoir à son exécution. Le transport des matériaux, la nécessité de les approvisionner et de

les préparer exigent quelquefois l'établissement de passages provisoires, de dépôts ou d'ateliers dans les fonds
voisins. Ces opérations doivent être, en thèse générale,
autorisées par l'autorité administrative.

251. Mais, comme en matière de.construction de chemins de fer, on ne procède à l'exécution des travaux
qu'après la promulgation d'une loi et du cahier des
charges, et que la loi autorise implicitement l'occupation
temporaire qui est ordinairement expressément stipulée
par le cahier des charges, il ne nous paraît pas nécessaire
de recourir, dans ce cas, à l'autorisation préfectorale. Car,
demander une autorisation, ce serait mettre en question
un droit déjà acquis. La prise de possession par l'occupation n'est donc pas arbitraire.

ART. 4. — COMPÉTENCE.

252. Un des plus grands avantages de la subrogation
aux droits de l'État est, sans contredit, le bénéfice de la
compétence administrative.

253. En matière de travaux publics, les difficultés
qui peuvent s'élever entre l'État, les entrepreneurs et
les particuliers, ont été déférées par la loi du 23 pluviôse
an VIII, à la juridiction administrative de préférence à
celle des tribunaux, en vue de hâter la solution de ces
difficultés, et de rendre par là plus prompte et plus économique la confection des travaux publics.

Il y a, à cet égard, une jurisprudence formidable : la
lutte n'est plus possible entre les deux compétences.

254. Aussi, a-t-il été jugé :

« 1o Que l'établissement d'un chemin de fer constitue
des travaux d'utilité publique pour lesquels la Compagnie qui les entreprend est subrogée aux droits de l'État.
Dès-lors, le particulier, qui se prétend lésé par l'effet de
pareils travaux, doit porter sa demande en indemnité,

non pas devant les tribunaux ordinaires, mais devant le Conseil de préfecture, aux termes de l'art. 4 de la loi du 28 pluviôse an VIII. — Nîmes, 10 juillet 1840.

2º » Que la demande formée contre une Compagnie de chemin de fer, afin de faire cesser l'interruption pratiquée entre des rues ou voies publiques à travers lesquelles le chemin de fer a été admis en tranchée, ne peut être soumise aux tribunaux ordinaires. — Paris, 25 novembre 1840.

3º » Qu'il n'y a plus lieu de distinguer si le dommage causé est momentané ou permanent, et que, dans l'un comme dans l'autre cas, c'est à l'autorité administrative à en connaître.—Tribunal des conflits, 27, 29 mars, 3 avril 1850. »

255. Si un propriétaire contestait l'utilité ou l'opportunité de l'occupation, le débat tomberait dans la compétence du Conseil de préfecture. Et l'administration seule pourrait ordonner la destruction des travaux faits sur les terrains occupés.—Argument de l'ordonnance du Conseil d'État du 5 sept. 1842.—Art. 2 de la loi du 8 mars 1810.

256. Par application de ce principe, si des concessionnaires d'un chemin de fer étaient appelés en garantie devant un tribunal civil, saisi d'une demande en dommages temporaires occasionnés par leurs travaux, ils pourraient demander leur renvoi devant l'autorité administrative, pour cause d'incompétence absolue et d'ordre public.—Cassation, 15 décembre 1841. Arg.

257. C'est au Conseil de préfecture qu'il appartient de statuer sur la question de savoir si une Compagnie concessionnaire d'un chemin de fer, est tenue, d'après le cahier des charges, d'exécuter certains travaux qui ont été prescrits et mis à sa charge par un arrêté du préfet.—Conseil d'État, 13 juillet 1850.

258. Seule, l'autorité administrative est compétente pour statuer sur l'indemnité réclamée par un particulier se plaignant du dommage causé à sa propriété par la construction d'un chemin de fer qui fait séjourner les eaux pluviales sur son terrain. — Conseil d'État, 2 juin 1843.

259. On a étendu encore plus loin les principes de la compétence, en décidant que les réclamations des particuliers, pour tous dommages provenant du fait personnel des entrepreneurs de travaux publics, *ou de leurs employés,* agissant comme préposés de ceux-ci, sont de la compétence des Conseils de préfecture, et non de l'autorité judiciaire. — Conseil d'État, 14 février 1842.

260. Alors même que le concessionnaire d'un chemin de fer aurait occasionné un dommage dérivant de la non-exécution ou de l'exécution imparfaite des travaux à lui imposés par le cahier des charges, comme condition de sa concession, les décisions des 28 pluviose an VIII et 16 sept. 1807 doivent être appliquées en ce qui touche la compétence absolue de l'autorité administrative. Les décisions du tribunal des conflits des 29 mars et 3 avril 1850, ont levé toute incertitude à cet égard.

261. C'est donc aujourd'hui un point bien décidé, hors de toute controverse raisonnable. « On aurait peine à comprendre, dit M. Husson, en effet, que les Conseils de préfecture cessassent d'être compétents, pour régler les indemnités, suivant que l'administration se servirait ou ne se servirait pas d'intermédiaires pour l'exécution de ses travaux. Il est indifférent que l'administration publique procède par le moyen d'ouvriers choisis directement par elle, ou en déléguant ses droits et ses pouvoirs à des entrepreneurs qu'elle connaît. Ni l'une ni l'autre de ces circonstances ne changent rien au caractère et à la nature des travaux, et les réclamations auxquelles ils peuvent donner lieu rentrent essentiellement dans le contentieux administratif qui appartient en principe aux Conseils de préfecture. »

262. Toutefois , il faut qu'il soit bien constant que la cause de l'indemnité réclamée prend sa source dans la confection des travaux publics autorisés par l'administration : car, si le procès naissait de toute autre cause, il faudrait s'en référer aux juges du droit commun. Ainsi, il a été décidé, avec raison, selon nous, que l'action formée contre une Compagnie de chemin de fer aux droits de l'État, par le locataire d'un terrain appartenant à cette Compagnie, non en paiement d'une indemnité pour occupation temporaire de cet immeuble, nécessitée par l'exécution des travaux, mais en résiliation de bail avec dommages-intérêts, est de la compétence exclusive de l'autorité judiciaire.

263. Par suite du même principe, c'est à l'autorité judiciaire qu'il appartient de connaître de la demande formée contre l'État par un propriétaire exproprié, en paiement d'une somme qui lui a été attribuée par le jury d'expropriation pour le cas où l'administration négligerait de faire certains travaux accessoires, nécessités par l'établissement d'un chemin de fer. — Conseil d'État, 9 décembre 1845.

264. C'est encore à l'autorité judiciaire qu'il appartient d'interpréter et d'appliquer le cahier des charges annexé à une loi de concession de chemin de fer, dans les dispositions qui constituent, à l'égard des tiers, des droits particuliers et des obligations déterminées.

Par suite, c'est à cette même autorité qu'il appartient de statuer sur les dommages-intérêts résultant de la violation ou de l'exécution desdites dispositions.

Mais la compétence de l'autorité judiciaire, dans ce cas, ne peut faire obstacle au droit d'homologation des tarifs de chemins de fer, réservés par la loi à l'administration. — Tribunal des conflits, 3 janvier 1851.

265. Les difficultés que peut faire naître la construction d'un chemin de fer peuvent, ainsi qu'on l'a vu, être portées devant deux ordres de juridictions : la juridiction administrative, d'abord, qui semble être la règle ; la juridiction ordinaire, ensuite, qui semble être l'exception. Mais, à côté de ces autorités considérables, il en est une autre plus considérable encore, qui les résume et les domine toutes : c'est celle de l'État, que l'on désigne par ce nom générique : *l'Administration.*

Ce simple mot veut dire : la souveraineté, sous les Gouvernements despotiques ; la constitution, sous les Gouvernements modérés. Dans son acception la plus large, c'est l'ensemble des pouvoirs qui, dans l'État, veillent au maintien de l'ordre, pourvoient à l'exécution des lois et aux besoins de la société. Elle régit la fortune de l'État, dispose des propriétés communales, aliène, acquiert, échange, concède ; elle garde, conserve, exerce les actions, défend en justice, perçoit les revenus, acquitte les dépenses, liquide les créances et les dettes ; elle exécute ou fait exécuter les travaux publics, elle construit, répare, entretient ; son action incessante, concentrée, unique, à son sommet, se divise en descendant, et s'exerce sous la direction d'un certain nombre d'agents qui, bien qu'obéissant à une impulsion commune, agissent cependant d'après des lois qui leur sont propres.

Or, nulle part, dans aucune des branches de l'activité industrielle et commerciale, l'action de l'administration ne se fait plus directement sentir que dans les chemins de fer. Elle les enveloppe de toutes parts, pèse sur eux, et les rend ses tributaires dans leur exécution comme dans leur exploitation.

266. Une fois que l'administration a concédé un chemin de fer, aucune autorité ne peut paralyser l'exécution de ses commandements. C'est là un acte d'administration dont nul ne peut demander la réforme ou la modification par la voie contentieuse. — Conseil d'État, 22 novembre 1826.

267. L'administration concède les chemins de fer, et se réserve tout ce qui est relatif à leur exécution. Ainsi, c'est à elle, et non au Conseil de préfecture, qu'il appartient de prescrire l'exécution, la dimension et l'emplacement d'ouvrages à exécuter pour empêcher le préjudice causé par un chemin de fer à une commune, si ces ouvrages doivent être exécutés dans le lit d'un fleuve navigable. Ce droit n'est point compris dans la compétence qu'a le Conseil de préfecture pour statuer sur les réclamations des communes, concernant les dommages occasionnés par le chemin. — Conseil d'État, 23 juin 1837.

268. L'agrément de l'administration serait encore nécessaire, si la Compagnie concessionnaire, ou même propriétaire, du chemin à perpétuité voulait céder à l'amiable son droit à une Compagnie nouvelle.

269. Et la vente d'un chemin de fer ne peut avoir lieu par portions séparées ; elle ne serait régulière qu'autant qu'elle l'embrasserait dans toute son étendue, et offrirait ainsi au gouvernement et au public la garantie d'une exploitation intégrale. — Lyon, 20 février 1840.

270. Pendant la construction du chemin de fer que la Compagnie exécute par des agents de son choix, l'administration exerce son droit de contrôle et de surveillance. Ce contrôle et cette surveillance ont pour objet d'empêcher la Compagnie de s'écarter des dispositions qui lui sont prescrites par le cahier des charges.

271. Ces obligations sont de deux natures ; elles regardent l'État et les tiers.

En ce qui touche l'État, le chemin de fer doit respecter

autant que possible les propriétés nationales, départementales ou communales. Et, à cet égard, les cahiers
des charges prescrivent des mesures de conservation,
qui se résument par cette règle générale : « que le
chemin de fer devra toujours, à la rencontre des routes,
passer soit au-dessus, soit au-dessous de ces routes, à
moins d'obstacles locaux dont l'appréciation est abandonnée à l'administration. »

272. Des mesures sont également prescrites dans
l'intérêt du maintien de la navigation ou du flottage sur
les fleuves, rivières ou canaux.

273. En ce qui touche les tiers, outre la juste indemnité qui est stipulée à leur profit comme prix du sol qui
leur est pris, ou est temporairement occupé, il est stipulé
que si le chemin de fer vient à traverser une mine, « a
Compagnie concessionnaire doit exécuter tous les travaux nécessaires pour que la traversée ne nuise pas à
l'exploitation de la mine, et supporter tous les travaux
de consolidation à faire dans l'intérieur de la mine, et
tous dommages-intérêts résultant de cette traversée pour
les concessionnaires de la mine. »

Au reste, les cahiers des charges dressés par l'administration stipulent avec une grande impartialité les intérêts
de tous, et c'est à tort et en vain que l'on y chercherait
des faveurs pour les Compagnies concessionnaires à l'é-
gard desquelles les conditions sont souvent très-dures, et
dont l'exécution est confiée à la main rigoureuse des
ingénieurs placés près des Compagnies comme des senti-
nelles vigilantes.

SECTION TROISIÈME.

—

RÉCEPTION DES TRAVAUX.

—

274. Nous allons maintenant supposer le chemin exécuté, prêt à recevoir le wagon et la locomotive. Il s'agit d'opérer la réception des travaux.

275. La Compagnie doit alors faire faire, à ses frais, un bornage contradictoire et un plan cadastral du chemin de fer et de ses dépendances : elle doit faire dresser, également à ses frais, et contradictoirement avec l'administration, un état descriptif des ponts, aqueducs et autres ouvrages d'art qui auront été établis conformément aux conditions du cahier des charges.

276. Une expédition dûment certifiée des procès-verbaux de bornage, du plan cadastral et de l'état descriptif, est déposée, aux frais de la Compagnie, dans les archives de l'administration des ponts et chaussées.

277. Des difficultés peuvent s'élever lors de la réception des travaux.

Pour la solution de ces difficultés et en dehors des cas spécialement réservés à la juridiction gracieuse du ministre ou du préfet, il est évident qu'il suit de l'art. 4 de la loi du 28 pluviôse an VIII, que c'est au Conseil de de préfecture qu'il convient de déférer toutes les contestations qui peuvent surgir de cette opération.

C'est donc devant lui que doivent être portées les contestations sur la visite et la réception des ouvrages. — Conseil d'État, 19 mars 1823.

278. Il en est de même des difficultés qui s'élèvent entre la Compagnie et l'administration sur la liquidation faite par le ministre des suppléments de prix et indemnités réclamés par l'entrepreneur, sauf à ce conseil, s'il y a lieu à interprétation du cahier des charges, à surseoir à statuer jusqu'à ce qu'il ait été procédé, par le chef de l'État, en son Conseil, à ladite interprétation. — Conseil d'État, 5 mars 1840.

279. La réception des travaux peut n'être pas définitive dans toutes ses parties, et il arrive souvent que celle qui se fait avec appareil et solennité pour les grandes entreprises n'est que provisoire, et alors elle ne vaut que comme approbation pure et simple des travaux.

Dans ce cas, l'administration, usant de sa souveraine puissance, peut indiquer les changements et rectifications à faire, en jugeant les travaux recevables ; en ce sens, par exemple, que le chemin de fer, tel qu'il est, offre toutes les garanties de sécurité, et peut être livré au public, et cependant sous la condition expresse que la Compagnie réparera certaines parties défectueuses, dans un délai indiqué ; après quoi seulement aura lieu la réception définitive.

280. Après cette réception, les conditions du cahier des charges se trouvant pleinement exécutées, le retrait du cautionnement peut avoir lieu. Et il s'opère sur une décision rendue par le ministre des finances.

281. En terminant sur ce point, constatons qu'il n'est pas nécessaire que l'exécution de la ligne soit complétement achevée pour que l'exploitation en soit permise ; elle peut commencer, pour chaque portion distincte, du moment où cette portion a été reçue par les commissaires délégués et que le procès-verbal dressé par eux a été homologué par l'autorité supérieure.

282. Ainsi, à partir de l'homologation, la Compagnie,

peut mettre en service les différentes parties dont la réception a eu lieu, et y percevoir les droits de péage et les prix de transport déterminés par le cahier des charges. Mais ces réceptions partielles ne deviennent définitives qu'après la réception aussi définitive de la voie tout entière.

SECTION QUATRIÈME.

MISE EN RÉGIE ET RÉADJUDICATION A FOLLE ENCHÈRE.

383. Jusqu'ici nous avons supposé la Compagnie concessionnaire exécutant ses obligations ; nous allons maintenant examiner le cas où elle manquerait aux conditions qui lui sont imposées par le cahier des charges, et les conséquences qu'entraînerait pour elle cette inexécution.

Ces conséquences sont d'ordinaire : la déchéance et la réadjudication à folle enchère.

384. Les cahiers des charges de concession de chemins de fer prévoient toujours ce cas. Le seul fait de la part de la Compagnie de ne s'être pas mise en mesure de commencer ses travaux et de ne les avoir pas effectivement commencés dans le délai fixé, à dater de l'homologation de la concession, entraîne contre elle déchéance, de plein droit, de la concession, sans qu'il y ait lieu à aucune mise en demeure ni notification quelconque.

8..

285. Dans le cas de déchéance, la somme déposée à titre de cautionnement devient la propriété de l'État et reste acquise au Trésor public.

286. Outre que cette déchéance n'est que l'application d'une règle de droit commun, il convient de remarquer qu'elle est la conséquence du principe que la convention régulièrement approuvée est la loi des parties.

287. Mais si le retard apporté dans l'exécution des travaux avait été le résultat d'une force majeure, la Compagnie concessionnaire ne serait pas responsable des conséquences de ce retard. — Conseil d'État, 29 janvier 1841. Arg.

Mais, hors ce cas, la déchéance a lieu de plein droit. — Conseil d'État, 11 janvier 1838.

288. La déchéance ne résultera pas seulement du défaut d'ouverture des travaux, elle peut résulter encore de leur inexécution partielle ou totale dans le délai fixé, et même du simple inaccomplissement des diverses obligations imposées par le cahier des charges.

Cette déchéance est prononcée par le préfet, sous l'approbation du ministre de l'intérieur et non par le Conseil de préfecture. — Conseil d'État, 23 février 1844.

289. La réadjudication à folle enchère est la conséquence de la déchéance. Elle s'ouvre sur les clauses du cahier des charges qui régit la Compagnie et sur une mise à prix des ouvrages déjà construits, des matériaux, des terrains achetés et des portions de chemin déjà mises en exploitation.

290. La Compagnie évincée reçoit de la nouvelle Compagnie la valeur que la nouvelle adjudication aura déterminée.

Si l'adjudication ouverte n'amène aucun résultat, une seconde adjudication est tentée sur les mêmes bases, après un délai de six mois ; et si cette seconde tentative

reste également sans résultats, la Compagnie est défini
tivement déchue de tous droits à la concession et les
parties de chemin déjà exécutées, ou qui seraient mises
en exploitation, deviennent immédiatement la propriété
de l'État.

291. Mais, pendant toutes ces tentatives, que deviennent les travaux commencés? On comprend qu'il serait
contraire à l'intérêt de l'État, et même à l'ordre public,
qu'il y eût une brusque cessation de travaux. Les approvisionnements pourraient se perdre, les retards pourraient être préjudiciables, et les amas d'ouvriers accu-
mulés sur les chantiers pourraient crier la faim.

292. Aussi les principes généraux en matière de travaux publics autorisent-ils l'administration à organiser
immédiatement la régie. Qu'est-ce que la régie? C'est
l'imposition d'un gérant qui poursuit les achats et les
opérations pour le compte de la Compagnie, ce qui, en
général, est fort désastreux pour elle.

293. La mise en régie est prononcée par un arrêté du
préfet, sous l'approbation du ministre de l'intérieur.

Mais elle n'est qu'une mesure provisoire, jusqu'à la réadjudication à folle enchère.

294. Elle n'est pas même entièrement abandonnée à
l'appréciation de l'administration. Et elle a été soumise
à certaines règles pour empêcher tout abus d'autorité.
Ainsi, il faut :

295. 1º Qu'il soit constaté par un procès-verbal ou un
rapport bien motivé, que les conditions de l'adjudication
n'ont pas été remplies ;

296. 2º Qu'une décision du ministre autorise la régie ;

297. 3º Qu'un arrêté en détermine les conditions,
nomme un régisseur soumis à cautionnement et à qui
doit être prescrit un mode de comptabilité tel qu'il ne

puisse passer aucun marché, faire aucune dépense sans l'ordre ou l'approbation formelle de l'ingénieur, et qu'enfin les dépenses soient bien justifiées et puissent être vérifiées chaque fois que cela sera nécessaire ;

298. 4° Qu'au moment de l'établissement de la régie, il soit dressé un inventaire des équipages, outils et ustensiles de la Compagnie, et aussi un état de situation des travaux, approvisionnements et dépenses exécutés par l'entrepreneur conformément au devis, lesquels inventaire et état de situation, en cas de refus par l'entrepreneur de les reconnaître et de les signer, doivent être revêtus de toutes les formes nécessaires pour établir leur authenticité.

299. 5° Que les marchés passés par la Compagnie soient maintenus, lorsque les parties avec lesquelles elle a contracté offrent des garanties suffisantes pour l'exactitude de l'exécution ; qu'elle ait connaissance de toutes les opérations de la régie et la faculté de présenter ses fournisseurs, sous-traitants et ouvriers auxquels on devra donner la préférence lorsque l'ingénieur les aura reconnus admissibles, et que la régie n'aura pas pris avec d'autres des engagements définitifs ;

300. 6° Enfin, que la régie ne puisse subsister que le temps nécessaire pour passer une adjudication à la folle enchère, à moins que la situation des travaux ne permette d'en rendre la gestion à la Compagnie ; la régie n'est en effet de sa nature qu'une mesure provisoire.

301. L'accomplissement de ces formalités préalables est de rigueur, et le Conseil d'État a, dans plusieurs circonstances, condamné à des dommages-intérêts l'administration, à raison de leur inexécution.

302. Ainsi le Conseil d'État a décidé :
1° Qu'aucune disposition des clauses et conditions générales régissant les travaux publics, n'autorise l'admi-

nistration à établir de régie aux frais de l'entrepreneur avant de l'avoir mis en demeure et de lui avoir donné un délai ; — 6 juin 1844.

303. 2° Que, lorsque les travaux ont été mis en régie, sans que l'arrêté du préfet qui ordonne cette mesure ait été régulièrement notifié à l'entrepreneur, celui-ci est fondé à réclamer une indemnité pour le préjudice que la mise en régie a pu lui causer, alors même que l'administration prétendrait avoir pu les effectuer à des prix inférieurs à ceux de l'adjudication ; — 2 juin 1837.

304. 3° Qu'il est dû indemnité à l'entrepreneur lorsque, après la mise en régie, l'administration des ponts et chaussées s'empare des matériaux et approvisionnements par lui laissés, sans observer les formalités ordinaires; — 22 février 1821.

305. 4° Que l'entrepreneur était fondé à faire valoir tous les droits qui pouvaient résulter pour lui de son marché, notamment celui de réclamer le décompte général de l'entreprise, de clerc à maître, de toutes les dépenses et frais de régie que l'administration prétend mettre à sa charge. — 15 septembre 1831. — 14 février 1834.

Cette dernière solution est la conséquence de ce principe que le contrat n'étant pas dissous par la mise en régie, l'entrepreneur a droit dès-lors aux bénéfices, de même qu'il est soumis aux chances de perte.

306. Il est évident que ces décisions, applicables aux entrepreneurs, le seraient parfaitement aussi aux concessionnaires des chemins de fer. *Ibi eadem ratio, ibi idem jus esse debet.*

307. Quant aux difficultés qui peuvent s'élever entre l'administration et les concessionnaires au sujet de la mise en régie, l'art. 4 de la loi du 28 pluviôse an VIII, les défère au Conseil de préfecture sauf recours au Con-

3...

seil d'État. La jurisprudence de cette haute juridiction est unanime sur ce point, et elle s'est manifestée par de nombreux monuments.

308. Chaque fois donc que la juridiction ordinaire se trouve saisie d'une contestation qui présuppose l'interprétation des engagements qu'un entrepreneur a pu contracter envers l'État, c'est un devoir pour elle de surseoir et de renvoyer à l'autorité administrative pour statuer sur la question préjudicielle, sinon, le préfet est en droit d'élever le conflit. Le conflit est une arme puissante mise par l'administration entre les mains du chef de la justice administrative dans chaque département, afin de faire respecter le principe d'ordre public des compétences.

309. Toutefois, il a été jugé qu'en ce qui concerne la mise en régie, l'indemnité demandée par l'entrepreneur et fondée sur des répétitions pour avances, prix d'ouvrages et matériaux, doit être présentée au ministre compétent avant d'être introduite par la voie contentieuse. — Conseil d'État, 14 mai 1817. Mais la décision que rend le ministre n'est considérée que comme un acte administratif et ne peut être déférée au Conseil d'État par la voie contentieuse. — Conseil d'État, 27 octobre 1837. — Sauf à saisir ensuite le Conseil de préfecture.

DEUXIÈME PARTIE.

EXPLOITATION DES CHEMINS DE FER.

SECTION PREMIÈRE.

DES TARIFS.

310. L'exploitation d'un chemin de fer ne peut être évidemment régie par le droit commun et encore moins abandonnée à la liberté commerciale. C'est là une industrie spéciale, *sui generis*, que l'autorité publique a le droit et le devoir de régler, en échange du monopole qu'elle lui accorde.

311. C'est donc dans les cahiers des charges dressés par l'administration au moment de la concession qu'il faut chercher les conditions réciproques civiles et commerciales de l'exploitation des chemins de fer.

312. Nous n'avons pas à reproduire ici ces conditions qui se trouvent insérées aux cahiers des charges et qui lient les Compagnies d'une manière souveraine et irrévocable. Ce seraient des répétitions fastidieuses et inutiles : les questions contentieuses doivent nous préoccuper exclusivement, si nous ne voulons pas sortir du plan de cet ouvrage. Bornons-nous seulement à faire cet observation : Tout voyageur doit être convaincu qu'au moment où il paie à une Compagnie le prix de son transport personnel, il ne le paie que conformément à un tarif sanctionné par l'État lui-même. S'il est mécontent, ses murmures vont à l'État et non à la Compagnie, qui ne fait pas la loi, mais qui l'accepte ou la subit. Ajoutons que l'établissement des chemins de fer a fait baisser considérablement le prix des transports d'hommes et de choses.

313. Partons donc de ce point : les conditions d'exploitation existent. — Les tarifs des transports d'hommes et de choses existent. — Quelles garanties de leur exécution l'État a-t-il stipulées? Quelle sanction a-t-on écrite dans la loi pour obliger à leur observation? Voilà ce que nous allons rechercher.

314. Nous avons dit que la concession et le cahier des charges formaient entre eux un tout complet, une loi qui régissait la Compagnie tout à la fois dans ses rapports avec l'État et dans ses rapports avec le public. C'est donc un devoir pour les magistrats de tenir la main à leur exécution comme à celle de toutes les lois.

315. Voyons donc quelles sont les dispositions des cahiers des charges en ce qui concerne les tarifs.

Ils portent :

1º Que dans le cas où la Compagnie jugerait convenable, soit pour le parcours total, soit pour le parcours partiel de la voie de fer, d'abaisser les taxes au-dessous des limites déterminées par le tarif, les taxes abaissées ne pourraient être relevées qu'après un délai de trois mois au moins pour les voyageurs, et d'un an pour les marchandises ;

2º Que tous changements apportés aux tarifs doivent

être annoncés au moins un mois à l'avance, par des affiches, et qu'ils devront, d'ailleurs, être homologués par des décisions de l'administration supérieure, prises sur la proposition de la Compagnie et rendues exécutoires dans chaque département par des arrêtés ;

3° Que la perception des taxes devra se faire par la Compagnie indistinctement et sans aucune faveur, et que dans le cas où la Compagnie aurait accordé à un ou plusieurs expéditeurs une réduction, sur lieu, des prix portés au tarif, elle doit, avant de le mettre à exécution, en donner connaissance à l'administration, et que celle-ci a le droit de la déclarer, une fois consentie, obligatoire vis-à-vis de tous les expéditeurs, sans que la taxe, ainsi réduite, puisse, non plus que les autres réductions, être relevée avant le délai d'un an ;

4° Que les remises ou réductions accordées à des indigents ne peuvent, en aucun cas, donner lieu à l'application des précédentes dispositions ;

5° Qu'en cas d'abaissement des tarifs, la réduction doit porter proportionnellement sur le péage et sur le transport ;

6° Que tout voyageur dont le bagage n'excèdera pas un poids de trente kilogrammes, n'aura à payer, pour le prix des bagages, aucun supplément au prix de sa place ;

7° Que les denrées, marchandises, effets, animaux et autres objets non désignés dans le tarif, seront rangés, pour les droits à percevoir, dans les classes avec lesquelles ils auraient le plus d'analogie. — C'est l'administration qui règle définitivement ces assimilations.

316. En général, les cahiers des charges exceptent des dispositions ordinaires du tarif certains objets et marchandises d'un volume et d'un poids déterminés, et contiennent des dispositions spéciales relativement à leurs transports.

317. De même, d'autres dispositions déterminent ce qui concerne le transport de l'or, de l'argent, des bijoux, des pierres précieuses et autres valeurs ; dans ce dernier cas, les tarifs ordinaires ne sont pas applicables, et l'administration règle annuellement le prix du transport sur la proposition de la Compagnie.

318. Au moyen de la perception des droits et des prix réglés ainsi qu'il vient d'être dit, la Compagnie contracte l'obligation d'exécuter constamment avec soin, exactitude et célérité, et sans tour de faveur, le transport des voyageurs et des choses qui lui sont confiées.

Telles sont les dispositions dont l'exécution est commandée par la loi à la Compagnie concessionnaire.

319. Et la Cour de cassation, appelée à juger une infraction au cahier des charges, a posé, le 10 mai 1844, cette règle générale :

« La violation des obligations conventionnelles qu'impose le cahier des charges de l'exploitation d'un chemin de fer ne peut donner lieu à une répression pénale, encore bien que le cahier des charges soit annexé à la loi portant concession de l'entreprise, *si cette loi n'a pas disposé expressément à cet égard.* Il en est de même de l'infraction aux arrêtés administratifs tendant à l'exécution du cahier des charges (1).

320. « Un règlement, fait par le ministre des travaux publics pour la police d'un chemin de fer, et l'arrêté préfectoral rendu pour son exécution, ne peuvent tenir lieu ou remplacer les règlements d'administration publique (ordonnances ou décrets délibérés en Conseil d'État) exigés par la loi de concession du chemin de fer. Dès lors, l'infraction au règlement ministériel et à l'arrêté préfectoral ne constitue point la contravention punie

(1) Le fait dont il s'agissait consistait à n'avoir pas joint de wagons de 3ᵉ classe à l'un des convois.

par l'art. 475, n° 15, du Code pénal. De tels actes n'emporteraient avec eux de sanction pénale qu'autant qu'il s'agirait d'une mesure particulière et locale, prise d'urgence, dans l'intérêt de la sûreté publique. »

321. La création de peines ne peut, en effet, dépendre que du pouvoir législatif. Les infractions, dans ce cas, ne sont passibles que de réparations civiles. Aussi la même Cour a-t-elle rendu plusieurs arrêts qui, pour réprimer une infraction de cette nature, se fondent sur l'art. 1382 du Code civil, portant : « Tout fait quelconque de l'homme qui cause à autrui un dommage, oblige celui par la faute duquel il est arrivé, à le réparer. »

322. La tarification est absolue en cette matière.

Les concessionnaires ne peuvent apporter aucun changement, même pour les abaisser, aux tarifs déterminés par l'administration supérieure. --Cassation, 10 juin 1849.

323. Il en est ainsi, alors même que le tarif provisoirement arrêté par l'administration supérieure porte au *maximum* sans détermination de *minimum*. — Cassation, 10 janvier 1849.

324. Dans ce cas, si l'abaissement du tarif porte préjudice aux entreprises de transport rivales du chemin de fer, les concessionnaires du chemin de fer peuvent être condamnés à des dommages-intérêts envers ces entreprises. — Même arrêt.

325. Et ces dommages-intérêts sont dus alors même que l'abaissement illégal du tarif n'a lieu qu'en faveur de l'une des deux entreprises rivales qui correspondent avec le chemin de fer, et aux voyageurs de laquelle le chemin de fer accorde une prime, au préjudice de l'autre.— Même arrêt.

326. Et lorsque cet abaissement de tarif est déterminé de concert entre deux Compagnies de chemins de fer, ces

deux Compagnies peuvent être condamnées solidairement
envers les tiers au paiement des dommages-intérêts
alloués. — Même arrêt.

327. D'un autre côté, lorsque l'administration, agissant dans sa souveraine puissance, a fixé le tarif, sa
décision est irrévocable comme une loi.

Aussi a-t-il été jugé qu'une Compagnie industrielle,
qui se sert habituellement d'un chemin de fer pour le
transport de ses produits, est sans qualité, alors d'ailleurs qu'elle n'excipe d'aucune stipulation particulière,
pour attaquer, devant le Conseil d'État, la décision ministérielle qui, prise en vertu d'une loi, a augmenté le
tarif du transport des chemins de fer. — Conseil d'État,
31 mai 1848.

328. Enfin, un dernier arrêt de la Cour suprême est
venu sanctionner cette jurisprudence. Comme il pose
parfaitement les principes de la matière, nous croyons
devoir donner son texte en entier.

« Vu les art. 1er de la loi du 15 juillet 1840, 35 du cahier
des charges annexé à ladite loi, et 1382 du Code civil :

» Attendu que les Compagnies concessionnaires des
chemins de fer sont tenues de se soumettre à toutes les
obligations et conditions qui leur sont imposées par la
loi de concession et par le cahier des charges qui y est
annexé ; que cette obligation est particulièrement imposée à la Compagnie concessionnaire du chemin de fer de
Paris à Rouen, par la loi du 15 juillet 1840, qui lui concède
ledit chemin ;

» Attendu qu'il résulte de l'art. 35 du cahier des charges
annexé à ladite loi, que dans le cas où la Compagnie
jugerait convenable d'abaisser au-dessous des limites
déterminées par le tarif les taxes qu'elle est autorisée à
percevoir, les changements ou tous autres apportés dans
les tarifs devront être homologués par des arrêtés du
préfet, et annoncés au moins un mois d'avance par des

affiches ; d'où il suit que, tant qu'un tarif n'a pas été régulièrement approuvé et rendu exécutoire, le tarif ancien doit être seul appliqué ;

» Attendu que toute modification ou abaissement dans le tarif, sans l'homologation du préfet, et sans affiche préalable, constitue une infraction d'une disposition légale, qui est motivée sur des considérations d'intérêt général et de légitime protection réclamés par l'intérêt des entreprises rivales ;

» Attendu, que c'est vainement que, pour soustraire la Compagnie aux conséquences de l'omission par elle commise des formalités prescrites par l'art. 35 du cahier des charges, l'arrêt attaqué se fonde sur la surveillance et la prétendue approbation tacite de l'autorité supérieure ; qu'en effet, l'art. 35 exige une approbation expresse et formelle, qui ne peut être suppléée par une autorisation tacite ;

» Attendu que c'est vainement encore que l'arrêt attaqué, sans examiner s'il y a eu ou non préjudice souffert par les demandeurs, se fonde sur ce que l'abaissement illégal du tarif n'a point été opéré dans le but de détruire leur industrie ; qu'en effet, il suffit que le fait de la Compagnie constitue une infraction à la loi, et, par conséquent, une faute, pour que les tiers auxquels cette infraction a pu porter préjudice puissent en réclamer la réparation, aux termes de l'art 1382 du Code civil, indépendamment de toute intention et de tout but malveillant de sa part ;

» Attendu, en fait, que la demande en dommages-intérêts, formée par les demandeurs contre la Compagnie défenderesse, était, entre autres motifs, particulièrement fondée sur le préjudice que lui avait occasionné l'application de son tarif illégalement abaissé avant l'homologation de l'autorité supérieure ; qu'en relaxant la Compagnie défenderesse des demandes formées contre elle à ce sujet, sans déclarer que le fait imputé à la Com-

pagnie n'avait porté aucun préjudice aux demandeurs, l'arrêt attaqué a violé les art. 1er de la loi du 15 juillet 1840, 35 du cahier des charges annexé à ladite loi, ainsi que l'art. 1382 du Code civil. » — Cassation, 19 juillet 1850.

329. Et la réduction, même *partielle,* du tarif tomberait sous l'application de cette jurisprudence, car il a été jugé que l'art. 49 de l'ordonnance de police du 15 novembre 1846, qui oblige les Compagnies d'un chemin de fer à donner avis préalable à l'administration des changements qu'elles veulent appliquer aux prix autorisés, est applicable, même en cas de réduction partielle accordée à une entreprise particulière. — Cassation, 20 juin 1851.

330. Persistance remarquable de la Cour de cassation à consacrer ces principes : Les Compagnies concessionnaires des chemins de fer ne peuvent réduire leurs tarifs qu'en vertu d'arrêtés approbatifs de l'autorité supérieure, publiés, conformément au cahier des charges, à peine de dommages-intérêts envers les entreprises rivales auxquelles la réduction aurait porté préjudice. — Cassation, 7 juillet 1852.

331. Mais qu'arrivera-t-il, si l'hypothèse suivante venait à se réaliser :

Il n'y a pas de tarif fixé, ni par la loi de concession, ni par le cahier des charges, pour une branche spéciale de transports.

La fixation d'un tarif est une formalité indispensable et préalable à toute exploitation de chemin de fer. Aussi a-t-il été jugé que, lorsque ni la loi de concession, ni le cahier des charges, n'ont fixé de tarifs pour le transport des voyageurs, les concessionnaires du chemin de fer ne peuvent exploiter ce dernier transport qu'après l'avoir fait tarifer préalablement par le pouvoir de qui émane la concession, ou par l'autorité déléguée à cet effet.

Il appartient au ministre, qui a le droit d'autoriser, dans un intérêt public, une Compagnie de chemins de fer à effectuer un service nouveau de transport, non exprimé dans la concession, de déterminer provisoirement le tarif applicable à ce service.— Conseil d'État, 10 janvier 1845.

332. Telle est donc la puissance des tarifs, leur force coërcitive, leur sanction légale : imposés à la Compagnie par la loi , elle ne pourrait en être déliée que par une loi.

333. Mais, par un juste retour, il nous semble que toutes les fois que, de la part des particuliers envers les concessionnaires, il y aura fraude à la loi, ce sera un devoir pour les tribunaux de prêter assistance et protection à la Compagnie lésée.

334. Voici un exemple où une fraude commise vis-à-vis d'une Compagnie de chemin de fer avait été réprimée avec juste raison, selon nous, par l'autorité judiciaire. Voici dans quelles circonstances :

Un commissionnaire de roulage était dans l'usage d'expédier par le chemin de fer du Nord des paquets ou colis qui lui étaient remis par sa clientèle. Il se servait pour cette expédition des trains de la grande vitesse. Un différend s'éleva entre lui et la Compagnie à l'occasion de ces expéditions. La Compagnie prétendit que le commissionnaire n'avait pas le droit d'exercer son industrie par les voies de fer, et que s'il entendait l'y exercer, il ne pouvait être considéré comme faisant des expéditions d'une même personne à une même personne; que, de plus, il n'avait pas le droit d'exiger que tous les colis d'un poids inférieur à 50 kilogrammes fussent pesés ensemble, qu'autant qu'il renfermeraient une même substance, une même matière. Le commissionnaire , au contraire, soutenait qu'il était fondé à se prévaloir de l'art. 45 du cahier des charges qui porte : Les prix déterminés au tarif ne sont point applicables....., et, en général, à tous paquets, colis et excédants de bagages pesant isolément moins de 50 kilogrammes, à moins que ces paquets, colis, ou excédants de bagages ne fassent partie d'envois pesant ensemble au-delà de 50 kilogrammes d'objets expédiés par une même personne à une même personne, et d'une même nature, quoique emballés à part, tels que sucre, café, etc. Il soutenait qu'il était protégé contre l'application du tarif exceptionnel établi par cette disposition par l'exception même qu'elle contient ; qu'en effet, il expédiait des paquets ou colis à une même personne, son correspondant de Paris ; que les objets expédiés étaient d'ailleurs d'une même nature dans le sens étendu que ce mot comporte. Il se plaignait encore d'une infraction commise par la Compagnie elle-même à l'art. 47 du cahier des charges, en ce sens que celle-ci faisait remettre tardivement ses colis à Paris, pendant que, par une faveur destructive de l'égalité qu'on avait entendu établir entre les entreprises de transport, elle avait accordé à l'entreprise des Messageries générales le bénéfice d'une remise plus prompte des colis expédiés par elle. Mais, sur ce point, la Compagnie répondit qu'elle était prête à faire jouir le commissionnaire de la même faveur s'il voulait traiter avec elle aux mêmes conditions ; que cet offre faisait disparaître tout grief de sa part et qu'il n'y avait pas eu, dès-lors, nécessité de faire autoriser par l'administration supérieure le traité intervenu entre la Compagnie et l'entreprise des Messageries générales.

Sur ce débat, intervint un arrêt qui tranche une question d'interprétation fort grave, et qu'à cette cause, nous allons placer ici dans son entier :

Sur la question de savoir s'il y a lieu d'appliquer les exceptions . « Considérant que l'État a, par le tarif aggravé, évidemment entendu faire un avantage à la Compagnie relativement aux nombreux paquets ou colis d'un faible poids ; que ces paquets ou colis, donnant lieu à autant d'écritures et de soin que les colis ou paquets d'un poids considérable, on a voulu indemniser la Compagnie de ses soins multipliés sans que la surtaxe pût être bien lourde pour chaque destinataire ; que cet avantage disparaîtrait, si un entrepreneur de transport, se servant de la voie de fer, pouvait venir se substituer à la Compagnie dans le bénéfice résultant des fractions de poids ; que procédant par masses groupées par tonnes, après avoir recueilli par fractions dans sa clientèle, tandis que le commerçant ordinaire procède par parcelles selon ses besoins limités, l'entrepreneur de transport déposséderait la Compagnie ; qu'il n'a pu entrer dans la pensée du législateur de créer ainsi sur le chemin de fer. même, dont il concédait l'exploitation, une concurrence fatale aux concessionnaires ; qu'il a été suffisamment pourvu aux intérêts des entrepreneurs de transport, lorsqu'il a été dit (art. 47) que des arrangements particuliers pourraient intervenir entre eux et la Compagnie ;

» Considérant qu'aux termes du n° 3 de l'art. 45, le tarif exceptionnel cesse d'être applicable, si les paquets et colis de moins de 50 kilogrammes font partie d'envois pesant ensemble au-delà de 50 kilogrammes d'objets expédiés par une même personne à une même personne et d'une même nature, quoique emballés à part, tels que sucre, café, etc. ;

» Considérant qu'appréciant la manière d'opérer de l'intimé, on ne peut reconnaître l'expédition d'une même personne à une même personne par cette circonstance que les objets sont renfermés dans une enveloppe unique, portant une adresse unique, celle de l'agent de Guérin à Paris et à Amiens ; que l'exception n'est admise qu'en faveur des objets expédiés ; que ce qu'il faut considérer, ce n'est pas l'envoi en bloc, mais les objets réels compris dans ce bloc, et, en second lieu, le destinataire vrai auquel les objets sont expédiés et non le destinataire apparent auquel l'envoi est fait ; que si l'envoi pesant en-

semble plus de 50 kilogrammes est adressé par une même
personne à une même personne, il est constant que les
objets distincts expédiés par cet envoi ne présentent pas
la condition voulue, puisque chacun d'eux forme un colis
particulier, portant une adresse distincte et adressée à
une personne différente ; ·

  » Considérant d'autre part que les objets expédiés ne
sont pas de même nature, que les envois de Guérin, recevant de toutes mains, consistent nécessairement en
objets de toute nature, ainsi que le comporte l'infinie variété des besoins des commerçants ou des particuliers
s'adressant à un intermédiaire pour faire des expéditions;
que le sens de ces mots *objets de même nature* se trouve
expliqué par l'exemple, « tels que sucre, café, etc. »,
c'est-à-dire tels qu'objets se rapportant à un même ordre
de besoins de commerce ou de produits ; que si l'on doit
entendre dans la pratique en un sens très-large ces mots
même nature, on ne peut cependant qualifier comme étant
de même nature, surtout eu égard à un intermédiaire,
des choses tout à fait disparates par leur substance. »

Au second chef : — « Considérant que la Compagnie du
chemin de fer du Nord a eu le droit, aux termes de l'article 47 précité, de traiter avec les Messageries générales
et ce, sans autorisation spéciale ; que cette autorisation
spéciale n'est indispensable qu'au cas d'un traité confé-
rant à l'un des avantages qu'elle ne constituerait pas au
profit des autres ; que l'égalité n'est pas blessée, puisque
la Compagnie a offert dans ses conclusions de traiter avec
Guérin sur des bases identiques avec celles accordées
aux Messageries, ne méconnaissant pas que, dans le
traité à intervenir avec lui, elle devrait tenir compte de
la différence dans le poids de chargement à fournir sur
un parcours moindre ; que si la Compagnie a pu, en vertu
de ses arrangements avec les Messageries générales, arrangements dont elle a informé l'administration publique,
délivrer avant tout à ces Messageries les expéditions

par elles faites, Guérin, qui n'a pas fait un semblable traité, ne peut trouver dans cette circonstance le principe d'une demande en dommages-intérêts. » — Amiens, 24 janvier 1852.

Cet arrêt, remarquablement motivé, posait, à notre sens, les véritables principes.

Mais il a été déféré à la Cour suprême, qui vient de le casser, au moment où nous écrivons, par un arrêt rendu contrairement aux conclusions de M. l'avocat-général Nicias Gaillard sur le premier chef, le 20 juillet 1853. Les conséquences de cette jurisprudence sont énormes pour les Compagnies. (Voir cet arrêt à l'*Appendice*.)

335. A côté de cet arrêt, en voici un autre qui fait droit à une réclamation qui nous paraît légitimée par le droit commun :

« Les entrepreneurs de transports par la voie de fer n'ont pas le droit de transporter à domicile les marchandises dont le destinataire réclame la livraison à la gare au premier avis de l'arrivée de ces marchandises, encore que l'expéditeur aurait indiqué le nom et l'adresse de ce destinataire sans ajouter *bureau restant*. La faculté réservée aux expéditeurs et destinataires par les cahiers des charges annexés aux lois de concessions, d'opérer eux-mêmes et à leurs frais le factage et le camionnage de leurs marchandises, fait cesser à la gare le monopole des chemins de fer et emporte dérogation aux droits de transport à domicile admis en matière de transport par le roulage ordinaire. » — Cassation, 27 juillet 1852.

336. C'est ainsi que doit être entendue la disposition du cahier des charges qu'invoquait dans l'espèce le destinataire. Si cette disposition avait simplement voulu laisser aux expéditeurs par la voie de fer le droit d'adresser leurs marchandises *bureau restant*, elle eût été, ce nous semble, tout à fait surabondante, un tel droit n'ayant pas besoin d'être concédé. Aussi le cahier des

charges est-il général. Il accorde une faculté qui déroge
à la loi commune; toutefois, il faut que le destinataire
déclare sa volonté dès l'arrivée des marchandises à la
gare; sinon, il serait réputé avoir renoncé à un bénéfice
qui, à raison de son caractère tout exceptionnel, doit
être formellement réclamé.

337. La loi d'égalité a été imposée aux Compagnies
vis-à-vis des entreprises qui viennent se grouper
autour des chemins de fer pour y verser, soit leurs
voyageurs, soit leurs marchandises, et les tribunaux ont
été obligés déjà plusieurs fois de sanctionner cette règle
d'impartiale justice. La Cour de cassation a en effet décidé, le 28 juin 1851, ce qui suit :

« La disposition d'une loi de concession qui oblige une
Compagnie de chemin de fer à faire des avantages égaux
à toutes les entreprises de transports de voyageurs et de
marchandises desservant une même route, ne permet
pas à cette Compagnie d'accorder des avantages particuliers à l'une des deux entreprises qui desservent la
route de terre conduisant de la même localité à la même
station, encore que cette entreprise, à la différence de
l'autre, se chargerait, sous sa responsabilité personnelle,
du transport des voyageurs et des marchandises inscrits
sur ses feuilles, pendant tout le trajet traversé par la
voie de fer, si, d'ailleurs, elle ne fait pas voyager ses
propres voitures sur les trucks du chemin de fer et si
elle dépose des voyageurs dans les wagons.»—Cassation,
28 juin 1851.

338. Et cette règle serait appliquée alors même que
le traité intervenu entre la Compagnie et l'État n'aurait
pas imposé cette obligation. C'est ce qu'a décidé la Cour
de Nîmes par un arrêt du 12 mai 1843 :

« L'administration d'un chemin de fer ne peut, quel que
soit à cet égard le silence du traité intervenu entre elle

et l'État, refuser l'entrée de sa gare aux voitures d'une entreprise rivale qu'elle y admet. »

339. Et dans ce cas, la Compagnie contrainte, par un acte de la puissance publique, d'admettre toutes les entreprises de transport dans l'enceinte du débarcadère dont elle avait loué l'usage exclusif à l'une de ces entreprises, n'est passible d'aucuns dommages-intérêts envers celle-ci. — Cassation, 3 mars 1847.

340. Une question peut se présenter : une Compagnie concessionnaire d'un chemin de fer pourrait-elle accorder à une entreprise, à un commerce, à une industrie quelconque, le privilége exclusif de vendre et débiter dans la gare des marchandises au préjudice des autres industries?

Pour l'affirmative, on peut dire que la Compagnie, soit qu'on la considère comme usufruitière, quoique pour un temps limité, de la gare, titre fort contestable d'ailleurs, car elle n'est, en réalité, qu'une prêteuse d'argent, soit qu'on la considère comme bailleresse vis-à-vis de l'État, et par suite du public, a le droit de faire de la chose qui lui appartient ou qu'elle détient, l'usage que bon lui semble; que nul, à cet égard, ne peut gêner l'exercice de sa liberté.

Mais la question ne nous paraît pas susceptible d'être envisagée à cet étroit point de vue, et il faut, pour la résoudre, s'élever plus haut. Quelle est la situation légale d'une Compagnie de chemin de fer? C'est d'être subrogée, nous l'avons dit souvent, aux droits de l'État vis-à-vis du public, d'être investie du monopole des transport des voyageurs et des marchandises. L'État lui a délégué un privilége que seul il pouvait garder, exercer. Mais comme il est de la nature des priviléges d'être restreints plutôt qu'étendus, l'État n'a pas donné autre chose que ce qui est écrit dans la loi de concession elle-même.

L'État n'a pas dit à la Compagnie qu'elle pourrait se faire commerçante, marchande, débitante! Si elle n'a pas ce droit, elle ne peut le transmettre. La création d'un tel monopole serait d'ailleurs une contravention à la loi du 2 mars 1791, qui porte : « Il sera libre à toute personne de faire tel négoce, d'exercer telle profession, art ou métier qu'elle trouvera bon, à la charge d'une patente. » Ce serait la résurrection, au profit de quelques-uns, des priviléges exclusifs que la loi a voulu proscrire. Ce serait, sous une autre forme, la résurrection des communautés, des maîtrises et des jurandes, contre lesquelles s'élevait le génie de Turgot, devançant la révolution et dictant à Louis XVI son immortel édit de février 1776, où on lit ces passages remarquables : « Les effets de ces établissements seraient, à l'égard de l'État, une diminution inappréciable de commerce et de travaux industrieux ; à l'égard d'une nombreuse partie de nos sujets, une perte de salaire et de moyens de subsistance ; à l'égard des habitants des villes en général, l'asservissement à des priviléges exclusifs dont l'effet serait absolument analogue à celui d'un monopole effectif..... Ces abus se sont introduits par degrés ; ils sont originairement l'ouvrage de l'intérêt des particuliers qui les ont établis contre le public. C'est après un long intervalle de temps que l'autorité, tantôt surprise, tantôt séduite par une apparence d'utilité, leur a donné sa sanction. »

Qu'on ne s'y trompe pas en effet, quand ces établissements privilégiés seraient parvenus à l'aide de leur monopole et de leur bon marché à écraser toute autre rivalité, toute concurrence, ils relèveraient ensuite leurs prix et feraient des lois dures au public. Ils auraient, sous ce rapport, plus d'avantages que les Compagnies, qui sont obligées de réclamer de l'autorité publique l'approbation de leurs prix de transports.

La Compagnie de chemin de fer qui concède un pareil privilége nous paraît commettre un excès de pouvoir, et nous lui contestons formellement le droit de transformer ainsi la gare en une halle ou marché pour y asseoir un monopole. Elle est une grande entreprise de transports, et il n'est de sa part ni légal ni digne de dégénérer. Si elle sort de sa sphère, on devrait alors la soumettre à la législation qui règle l'établissement et la police des foires et marchés et les conditions de jouissance de la propriété privée des halles. Voilà pourtant où l'on serait nécessairement conduit ! Les Compagnies le veulent-elles ?

La jurisprudence que nous avons citée plus haut en ce qui touche l'obligation imposée aux Compagnies de tenir toutes les entreprises sur un pied d'égalité parfaite, d'ouvrir leurs gares à tous ou à personne, nous paraîtrait très-applicable et fortifierait les raisons que nous venons de donner brièvement contre la légalité d'un pareil monopole, monopole d'autant plus répréhensible, qu'il porterait une atteinte directe au droit de travailler, droit que désormais les Compagnies auraient le pouvoir de vendre et certains industriels le pouvoir d'acheter. Or, disait Turgot dans le célèbre édit que nous avons cité : « Dieu, en donnant à l'homme des besoins, en lui rendant nécessaire la ressource du travail, a fait du droit de travailler la ressource de tout homme, et cette propriété est la première, la plus sacrée et la plus imprescriptible de toutes..... » Nous n'exagérons pas; en dernière analyse, la question est là.

341. Dans le cas où une difficulté de cette nature s'élèverait, si la Compagnie était obligée, par un acte du pouvoir administratif ou judiciaire, de rompre le traité par lequel elle aurait accordé un droit exclusif à un individu au préjudice des autres, nous pensons que, par argument de l'arrêt de la Cour de Cassation du 3 mars 1847, elle ne serait passible d'aucuns dommages-intérêts pour l'inexécution du traité qu'elle aurait consenti par suite d'une fausse appréciation de ses droits.

342. Passons maintenant à l'examen des règles de compétence relatives à l'application des tarifs et à leur interprétation.

Nous pensons qu'il faut distinguer entre :

1° Les rapports de la Compagnie avec l'État ;

2° Les rapports de la Compagnie avec le public ;

3° Les rapports de la Compagnie avec les individus.

Dans les deux premiers cas, ce sont trois êtres collectifs : l'État, la Compagnie, le Public, qui sont en présence, et leurs droits et obligations nous semblent devoir être placés sous la haute tutelle de l'administration.

Dans le troisième cas, le droit commun, c'est-à-dire le pouvoir judiciaire nous paraît, en général, devoir être appelé pour régler les différends qui s'élèvent entre des intérêts qui ont un caractère tout privé.

343. Quelques mots suffiront pour démontrer ces propositions.

C'est l'administration qui concède le chemin de fer, qui lui donne la vie, qui règle le mode et les conditions de son exploitation. D'où il suit qu'à elle seule appartient le droit de faire les tarifs, et ce droit, elle ne l'aliène au profit de personne, elle a toujours le soin de se le réserver : les cahiers des charges en font foi. Donc, c'est à son représentant, c'est à celui en qui se personnifie l'administration, au ministre des travaux publics, qu'appartient l'homologation, la modification des taxes proposées par les Compagnies dans les limites du maximum autorisé par le cahier des charges ; lui seul a le pouvoir de rendre légale la perception d'un tarif quelconque ; il est juge en dernier ressort et juge souverain de la convenance et de la nécessité des remaniements proposés ; il apprécie la situation, et puis il accorde ou il refuse l'autorisation au gré des exigences de l'intérêt public dont il est le représentant le plus élevé et le juge unique. Or, si tel est le droit absolu de l'administration, il est bien évident qu'il ne peut appartenir à l'autorité judiciaire de mettre obstacle aux droits d'homologation des tarifs d'un chemin de fer, droit réservé à l'administration, car il s'agit de l'appréciation d'un acte essentiellement administratif dont elle seule surveille l'exécution et a la responsabilité.

344. Aussi a-t-il été jugé que l'autorité judiciaire n'était pas compétente pour juger une question d'homologation des tarifs. — Tribunal des conflits, 3 janvier 1851.

345. Il en est de même lorsqu'il s'agit de l'interprétation des clauses du cahier des charges, et il a été décidé avec raison que, l'autorité administrative est exclusivement compétente pour interpréter les clauses du cahier des charges annexé à la loi de concession d'un chemin de fer. — Conseil d'État, 10 mars 1848.

346. Et lorsqu'une Compagnie de chemin de fer a réclamé devant le ministre, à raison de l'inexécution des clauses de la concession, la décision ministérielle sur la réclamation ne met pas obstacle à ce que les mêmes griefs soient portés devant le Conseil de préfecture, investi par le cahier des charges de la connaissance des difficultés susceptibles de s'élever entre les Compagnies et l'État, au sujet de la concession. — Conseil d'État, 5 juin 1848.

Le ministre, en effet, n'a pu trancher un litige qui sortait de ses attributions.

347. Il semblerait même résulter d'une ordonnance du Conseil, en date du 16 juillet 1840, que le principe de la compétence administrative doit s'appliquer même au cas où il s'agit d'un débat élevé entre la Compagnie concessionnaire et cet être collectif que l'on appelle *une ville,* qui est alors considéré comme formant un *public* distinct des *tiers* proprement dits.

4

348. La question s'est présentée de savoir si la clause du cahier des charges de la concession d'un chemin de fer portant que, le Conseil de préfecture connaîtra des contestations qui pourront s'élever entre l'administration et la Compagnie sur l'*interprétation et l'exécution des clauses de la concession,* s'applique au cas de contestation sur le point de savoir, si les concessionnaires doivent supporter les frais d'établissement d'un service spécial d'octroi au débarcadère du chemin de fer.

349. On disait, pour établir l'incompétence du Conseil de préfecture : « Le cahier des charges n'attribue compétence à ce Conseil que pour les contestations qui réunissent le double caractère : 1° de porter sur l'interprétation et l'exécution des clauses de la concession ; 2° de s'agiter entre l'administration et les concessionnaires. Or, d'une part, il ne s'agit pas d'interpréter, ni d'exécuter le cahier des charges. Aucune de ces clauses ne se trouve en discussion. Il n'existe d'ailleurs aucune clause relative au service de l'octroi de la gare du chemin. D'autre part, il ne s'agit pas d'une contestation entre la Compagnie et l'administration. Le cahier des charges doit s'entendre de l'administration générale, et l'adversaire actuel de la Compagnie est la ville de Paris. »

Malgré ces raisons qui avaient de la force, le Conseil d'État, visant la loi du 28 pluviôse an VIII, l'art. 46 du cahier des charges de la concession qui ne pouvait, selon nous, avoir une portée aussi étendue, a rejeté l'exception d'incompétence et investi l'autorité administrative du droit de juger le différend. — 16 juillet 1840.

350. Mais lorsqu'il s'agit de contestations qui s'élèvent entre la Compagnie et les tiers, les principes changent. Alors c'est un débat qui prend sa source dans des droits individuels sans mélange avec ceux de l'État et des êtres collectifs, et dans ce cas, ainsi que le démontrent plusieurs des décisions que nous avons citées à l'occasion de diverses difficultés, c'est aux tribunaux ordinaires à en connaître.

351. Aussi a-t-il été jugé que l'interprétation et l'application des dispositions du cahier des charges annexé à une loi de concession de chemin de fer qui constituent au profit des tiers des droits particuliers, sont de la compétence de l'autorité judiciaire à raison du caractère législatif attaché à ses dispositions.

Ainsi, lorsque dans l'intérêt de la Compagnie concessionnaire de l'un des embranchements de ligne de fer, le cahier des charges ne permet l'application des tarifs réduits aux embranchements rivaux compris dans la concession de cette ligne, qu'autant que le bénéfice en sera étendu à toute la portion de la ligne principale, que la Compagnie à qui l'embranchement a été adjugé, est obligée d'emprunter en dehors du parcours de cet embranchement, les tribunaux sont seuls compétents pour statuer sur les demandes en dommages-intérêts résultant, soit pour le passé, soit pour l'avenir, de l'inobservation de cette disposition. — Tribunal des conflits, 3 janvier 1851.

352. De même, un arrêté préfectoral, dans le silence du cahier des charges d'un chemin de fer, a pu, en imposant à la Compagnie l'obligation de laisser charger et décharger certaines marchandises, telles que des houilles, dans les lieux de chargement et de déchargement, mettre cette opération à la charge des propriétaires de houilles. Les tribunaux, en ordonnant l'exécution de cet arrêté qui n'est pas en opposition avec les actes de l'autorité supérieure, n'excèdent pas leurs pouvoirs et n'empiètent pas sur ceux de l'autorité administrative. — Cassation, 1ᵉʳ décembre 1847.

353. La compétence de l'autorité judiciaire n'existe que lorsque le débat surgit nettement entre la Compagnie et les tiers, sans aucun mélange administratif. Ainsi, par exemple, si la réduction ou modification des tarifs avait été approuvée ou homolguée par un acte du ministre, alors la question serait autre, parce que l'on se trouverait en face d'un acte qui ferait obstacle à l'exercice du pouvoir judiciaire, puisqu'une décision qui prononcerait une condamnation au profit des plaignants, obligerait la Compagnie à provoquer un nouvel acte administratif homologuant des tarifs nouveaux. On arriverait donc ainsi, par une voie indirecte, à la modification d'un acte administratif par l'intervention de l'autorité judiciaire.

354. Ces principes ont été consacrés par le Conseil d'État dans un décret du 8 avril 1853, approuvé le 21, en ces termes :

« Considérant que, si l'autorité judiciaire est compétente pour connaître des difficultés qui s'élèvent entre les Compagnies concessionnaires et les redevables sur l'application des tarifs, la quotité des droits exigés ou la restitution des taxes indûment perçues, il ne s'agit pas, dans l'espèce, d'une contestation de cette nature ;

» Qu'au contraire, l'action intentée par les plaignants a pour objet de faire prononcer des dommages-intérêts contre la Compagnie du chemin de fer de Paris à Versailles (rive droite), à raison du préjudice que cette Compagnie aurait causé à leurs entreprises par l'établissement des tarifs réduits pour les stations de Courbevoie, Puteaux, Suresnes et Saint-Cloud.

» Considérant qu'aux termes des art. 14 et suivants de l'ordonnance royale du 15 novembre 1846, rendue en exécution de la loi du 15 juillet 1845, et portant règlement d'administration publique sur la police, la sûreté et l'exploitation des chemins de fer, c'est à l'administration qu'il appartient, sur l'initiative des Compagnies, et après que le public a été informé par des affiches, des changements demandés, d'approuver, en vue de l'intérêt général, dans les limites du maximum autorisé par le cahier des charges, ou de rejeter les modifications proposées au tarif des perceptions, et que, sous le prétexte d'un dommage prétendu causé par ces modifications à des intérêts privés, l'autorité judiciaire ne saurait, sans méconnaître le principe de la séparation des pouvoirs, s'immiscer directement ou indirectement dans l'appréciation d'actes de cette nature et y porter atteinte. »

355. Il résulte donc de cette jurisprudence, que toutes les fois qu'un acte émané du pouvoir administratif se trouve placé entre la Compagnie et les tiers, les tribunaux ordinaires doivent s'abstenir, et que s'ils ne le font pas, le préfet est autorisé à élever le conflit.

356. Que si même il ne l'élevait pas, et que l'affaire fût portée devant la Cour de cassation, soit directement en cas de jugement en dernier ressort, soit sur appel après arrêt rendu, comme il s'agit là d'une incompétence d'ordre public, fondée sur le principe de séparation des pouvoirs, le déclinatoire pourrait être opposé, pour la première fois, même devant la Cour régulatrice.

357. Mais prenons bien garde que, pour que l'acte administratif soit un obstacle devant lequel le pouvoir judiciaire doive s'arrêter, il faut que cet acte ait été pris après l'observation des formalités exigées par la loi pour lui donner une force légale. Par exemple, il faut que la modification ait été annoncée pendant le délai fixé par affiches, etc., car, autrement, l'acte administratif est comme s'il n'existait pas; il reste à l'état occulte et comme une loi non promulguée. Or, le principe de la séparation des pouvoirs n'est atteint qu'autant qu'il y a un arrêté administratif rendu régulièrement et légalement connu, dont l'autorité judiciaire ait refusé de tenir compte. Cette distinction résulte clairement d'un arrêt de la Cour de cassation du 7 juillet 1852, qui décide en ces termes :

« Les Compagnies concessionnaires des chemins de fer ne peuvent réduire leurs tarifs qu'en vertu d'arrêtés approbatifs de l'autorité administrative, *publiés conformément au cahier des charges,* à peine de dommages-intérêts envers les entreprises rivales auxquelles la réduction aurait causé un préjudice.

» Les tribunaux civils sont compétents pour prononcer des dommages-intérêts à raison d'une réduction de tarif faite par une Compagnie de chemins de fer, en vertu d'un arrêté administratif *non publié dans la forme et les délais prescrits* au cahier des charges. »

On voit que la question alors porte sur la légalité même de l'arrêté, qui ne pouvait avoir de force et d'effet que s'il avait été publié par des affiches. Dans l'espèce, la preuve de la publication n'était pas produite.

358. Mais, tout en gardant la connaissance de ces sortes de litiges, les tribunaux ne peuvent statuer que sur chaque cas particulier, et non en général. Ainsi, un arrêt qui fait défense à une Compagnie de chemin de fer d'exploiter à l'avenir les transports de marchandises en dehors de la ligne des stations du chemin de fer, sur les lignes collatérales et incidentes, à peine de dommages-intérêts, en cas d'infraction, prononce par voie de disposition générale ou réglementaire, et doit être cassé pour violation de l'art. 5 du Code civil. — Cassation, 7 juillet 1852.

359. Examinons maintenant quel sera, dans le cas où l'autorité administrative ne doit pas être saisie, le tribunal compétent? Sera-ce le tribunal civil? Sera-ce le tribunal de commerce?

D'abord, il est incontestable qu'une entreprise de chemin de fer, ayant pour objet le transport des marchandises et des voyageurs, constitue une entreprise commerciale. — Cassation , 23 juin 1843.

360. Cela posé, il s'agit de savoir si le litige a un rapport *direct, immédiat* et *nécessaire* à l'objet de l'entreprise de la Compagnie. Tels sont les caractères qui doivent se rencontrer dans la nature même du litige.

Pour mieux faire sentir cette nuance délicate, posons deux exemples tirés de la jurisprudence.

Un individu avait cité devant le tribunal de commerce le gérant d'une Compagnie, en paiement d'une fourniture qu'il leur avait faite pour la construction du chemin de fer. Celui-ci présenta un déclinatoire, fondé sur ce que la contestation n'avait aucun caractère commercial, et il demanda son renvoi devant le tribunal civil.

La compétence commerciale a été maintenue par la Cour de Cassation, qui s'est fondée en fait, 1° sur ce que les fournitures faites avaient eu lieu pour la construction du chemin ; 2° sur ce qu'elles avaient eu un rapport direct, immédiat et nécessaire à l'objet de l'entreprise de la Compagnie. — Cassation, 28 juin 1843.

361. Un entrepreneur de chemin de fer avait traité pour la confection de travaux de terrassement que nécessitait son entreprise. Des difficultés s'élèvent. Le tribunal civil, saisi, considérant la matière comme commerciale, se déclare incompétent.

La Cour de cassation, se fondant sur ce que la contestation, ayant pour objet le règlement de travaux faits sur un chemin de fer, n'est pas commerciale, n'a aucun caractère commercial, décide que la difficulté doit être portée devant le tribunal civil. — Cassation, 26 mars 1833.

362. On le voit, il faut prendre une loupe pour distinguer ces nuances, et, véritablement, c'est trop présumer de la force de l'esprit humain que de l'obliger, à peine de frais et dépens, de choisir sa route dans ce labyrinthe dont la jurisprudence elle-même hésite à lui donner. le fil. La théorie posée par la Cour suprême en 1843, nous semble, quoi qu'en disent les casuistes, renverser radicalement celle de l'arrêt de 1833, qui se borne à dire que le règlement de travaux faits sur un chemin de fer n'est pas commercial, sans énoncer la cause qui l'empêche d'avoir ce caractère, et nous croyons que, s'il y a une chose qui ait un rapport direct, immédiat et nécessaire avec un chemin de fer, ce sont les terrassements.

La présomption, dans ces sortes de litiges, nous paraîtra donc toujours être en faveur de la compétence des juges consulaires.

363. Les concessionnaires de chemins de fer sont assimilés, en effet, par le droit civil, administratif et fiscal même, aux commerçants, et il a été jugé par le Conseil d'État, qu'ils étaient soumis aux mêmes droits de patente que les entrepreneurs de voitures publiques, à raison du transport des marchandises et des voyageurs, c'est-à-dire au droit fixe de 200 fr., et, en outre, à un droit proportionnel établi sur les maisons d'habitation, locaux occupés par l'administration, bureaux de recettes, salles d'attente, magasins, ateliers, et tous autres bâtiments servant à l'exploitation des transports par les chemins de fer. — Conseil d'État, 26 juillet 1844.

SECTION DEUXIÈME.

—

DES TRANSPORTS.

—

364. La création des chemins de fer a principalement pour but de faciliter l'industrie des transports, qui est l'un des auxiliaires les plus actifs et les plus utiles du commerce et de la civilisation. Qu'on suppose des moyens de transporter de la montagne jusque dans la plaine de très-beaux arbres qui se perdent dans certains endroits escarpés des Alpes ou des Pyrénées, la valeur de ces bois se trouvera créée tout entière; car maintenant ils pourrissent au lieu où ils tombent.

365. L'utilité des transports de marchandises a été sentie dans tous les temps et dans tous les pays. On a partout compris qu'une chose inutile et sans valeur sur un point pouvait acquérir un certain prix si elle était portée sur un lieu où l'on eût besoin de cette chose pour un usage quelconque. Aussi, trouve-t-on dans toutes les législations des règles sur les devoirs des voituriers ou bateliers, qui ont toujours été assimilés les uns aux autres. Et l'intérêt du commerce exige que les droits et les devoirs des agents de transports et de leurs intermédiaires soient nettement définis. — SAY, *Économie politique.*

366. L'entreprise d'un chemin de fer tend à se substituer à tous ceux qui louent leurs services pour transporter, soit par terre, soit par eau, les personnes et les marchandises.

367. Sous ce rapport donc, ces entreprises sont essen-

4.

tiellement commerciales et régies dans cette partie par les dispositions du titre VI du Code de commerce, intitulé : DES COMMISSIONNAIRES.

368. Toutefois, il a été décidé que l'État qui, en vertu d'une loi, se charge de l'exploitation d'un chemin de fer et du transport des voyageurs, ne fait point, en cela, un acte de commerce, qui le soumette à la juridiction commerciale pour raisons de contestations relatives à ce transport : il ne fait que remplir une mission gouvernementale a lui confiée par la loi.—Cour de cassation de la Belgique, 14 nov. 1844.

369. Les transports s'appliquent :

1° Aux BAGAGES, et l'on comprend sous cette dénomination, les malles, porte-manteaux, sacs de nuit, et généralement tous les colis qui font route avec les voyageurs auxquels ils appartiennent, pour leur être remis à l'arrivée ;

2° Aux MARCHANDISES, et l'on comprend sous cette dénomination tous les colis partant d'un lieu pour un autre, et devant marcher en l'absence du propriétaire ;

3° Les ANIMAUX, et l'on comprend sous cette dénomination, les bœufs, moutons, porcs, etc., destinés à la consommation, et les chevaux de luxe qui doivent être remis à leur arrivée sur la réclamation du destinataire.

ART. 1er. — NATURE ET FORMATION DU CONTRAT DE COMMISSION.

370 Le contrat entre l'expéditeur et le commissionnaire se constate, soit par un consentement verbal suivi de la tradition des objets, soit par une lettre de voiture, soit au besoin par la preuve testimoniale.

371. Une lettre de voiture n'est pas indispensable pour former un contrat entre le voiturier et l'expéditeur, et la remise par l'expéditeur et l'acceptation par le voiturier suffisent pour obliger ce dernier à faire arriver les marchandises à leur destination, dans le délai ordinaire que met la diligence ou la voiture, ou·le chemin de fer, pour y parvenir. — Nîmes, 11 août 1831.

372. L'opération qui intervient entre l'expéditeur et le commissionnaire étant un acte de commerce à l'égard de ce dernier, il ne peut se retrancher dans les prescriptions du Code civil, qui défendent la preuve par témoins pour tous dépôts excédant 150 fr., et éviter ainsi les autres moyens de preuve que l'on pourrait offrir contre lui. — Cassation, 18 juin 1833.

373. Depuis la publication de l'ordonnance du 15 novembre 1845, portant règlement d'administration publique sur la police des chemins de fer, toutes les entreprises de ce genre sont tenues de délivrer à l'expéditeur une lettre de voiture.

374. Cependant, il faut le reconnaître, elles ne le font pas toujours. Et comme il faut une sanction à cette prohibition, car la loi ne doit pas être violée en vain, la jurisprudence tend chaque jour à donner cette sanction. Ainsi, la Cour de cassation a jugé, le 9 mai 1853, qu'à défaut, par une Compagnie, d'avoir délivré le récépissé du colis expédié, le chef de la station où le colis avait été déposé, avait pu être assigné conjointement avec les administrateurs, et condamné personnellement à des dommages-intérêts.

375. La remise des objets est valablement faite à l'un des préposés de la Compagnie, ayant qualité pour les recevoir.

376. Mais on ne saurait considérer comme tels les domestiques ou employés secondaires, exclusivement affectés aux soins matériels des bureaux et de la gare,

Dans ce cas, la responsabilité ne serait pas encourue. — Arg. Cassation, 5 mars 1811.

377. Il a été aussi décidé qu'il y avait violation de la loi dans la décision, qui mettait à la charge d'un entrepreneur de transports les effets remis à ses agents, si ces agents n'étaient pas préposés à la réception des effets. — Cassation, 29 mars 1814.

378. La responsabilité de la Compagnie commence à l'instant où les marchandises ont été remises à ses préposés dans le local public qui est destiné à recevoir ce dépôt.

379. Peu importerait que le préposé de la Compagnie n'eût pas inscrit les objets remis sur les livres. — Arg. Cassation, 4 décembre 1837.

380. Les conditions sous lesquelles doit être effectué le transport sont ordinairement constatées par une lettre de voiture remise, et qui doit contenir les indications prescrites par l'art. 102 du Code de commerce (1).

381. Il a été jugé que l'on devait considérer comme lettres de voiture les papiers qualifiés factures dont est porteur un voiturier, et qui contiennent, d'ailleurs, toutes les énonciations essentielles à ce genre de contrat.—Cassation, 10 juillet 1849.

382. De même les bulletins ou feuilles d'expédition remis par une Compagnie de chemin de fer aux conducteurs des trains de marchandises sont regardés comme tenant lieu de lettres de voiture, bien que, d'ailleurs, ils ne soient revêtus d'aucune signature. — Cassation, 17 et 24 juin 1846. — 17 avril 1848.

383. Toutefois, comme les Compagnies ont des tarifs

(1) Voir l'Appendice. — Art. 102 du Code de commerce.

publics, on peut s'en référer à eux pour le prix du transport.

384. Au surplus, la réunion des diverses formalités indiquées n'est pas substantielle pour la validité de la lettre de voiture. On peut y suppléer en consultant l'usage, en prenant pour règle le principe posé par l'art. 1162 du Code civil, que : Dans le cas de doute et d'ambiguïté, la convention s'interprète contre le commissionnaire.

385. Seulement, quand la lettre de voiture est représentée, elle fait titre pour ou contre le voiturier, et l'on n'admet pas de preuve pour en combattre les énonciations. — M. Pardessus, n° 569.

ART. 2. — DEVOIRS ET DROITS DES COMPAGNIES COMME COMMISSIONNAIRES DE TRANSPORTS.

386. Le transport doit être fait avec soin, exactitude et célérité. — Art. 50 du règlement général.

387. SOIN, ce qui emporte pour la Compagnie l'obligation d'inscrire sur un livre-journal, afin d'y recourir au besoin, la déclaration de la nature et de la quotité des marchandises, et s'il en est requis, de leur valeur.

388. EXACTITUDE, ce qui emporte l'obligation de faire arriver les objets dans le délai fixé par la convention ou l'usage, et de les remettre au destinataire et d'en retirer un récépissé.

389. CÉLÉRITÉ, ce qui emporte l'obligation d'employer au transport la vitesse convenue, afin de faire arriver la chose dans un délai qui est quelquefois de nature à procurer un gain, ou à éviter un dommage.

390. La Compagnie est, en outre, tenue, de remplir différentes obligations qui résultent en la matière de sa double qualité de dépositaire et de mandataire.

391. Ainsi, comme dépositaire, elle doit :

1° Faire tout ce qui est convenable pour la garde, le chargement et la conservation des marchandises dans ses magasins ou à la gare, ou sur les voitures avant leur départ et durant leur voyage ;

2° Rendre identiquement les objets qui lui sont confiés ;

3° Ne pas se servir des objets commis à sa foi, et ne point chercher à connaître ce que les caisses ou les boîtes qui les renferment contiennent.

392. Comme mandataire salarié, elle doit :

1° Se conformer littéralement aux instructions qu'elle a reçues. — Cassation, 13 février 1844.

2° Faire parvenir les objets à leur destination dans le délai fixé par la convention ou par l'usage ;

3° Remplir ou faire remplir toutes les formalités et conditions imposées soit par les lois, soit par les règlements locaux ; par exemple, acquitter les droits dont les marchandises sont tenues, sauf à se faire rembourser par l'expéditeur ou le destinataire ; d'où il suit qu'elle répondrait de la saisie des marchandises, à défaut de leur avoir assuré un libre passage au front des contributions indirectes et des douanes. Elle ne pourrait prétexter de son ignorance, car ignorer ce que l'on doit savoir est une faute qui, en droit, produit le même effet que si l'on avait su. *Paria in jure sunt scire et nolle scire et scire debere.* —Metz, 9 décembre 1817.

4° Remettre les objets au véritable destinataire ; et elle serait responsable si elle les avait remis à une personne qu'elle aurait faussement présumée être le destinataire, et cela, bien qu'il y eût désignation insuffisante dans l'adresse. — Cassation, 25 avril 1837.

5° Enfin faire vérifier et constater, conformément à l'art. 106 du Code de commerce, l'état des objets transportés en cas de refus ou contestation de la part du destinataire ;

6° Répondre des effets qui lui sont remis et du vol et du dommage qu'ils éprouvent, soit que le vol ait été fait ou que le dommage ait été causé par ses préposés ou par des étrangers allant ou venant dans ses bureaux ; et cette responsabilité étant de l'essence du contrat de dépôt nécessaire, toute stipulation contraire serait considérée comme non écrite. — Cassation, 11 mars 1846.

393. Cette responsabilité commence à l'instant où les objets sont remis à l'un des préposés de la Compagnie ayant qualité pour les recevoir.

394. Quand les formalités exigées par la loi ont été remplies, la Compagnie doit, en outre, pour opérer sa décharge, en prévenir immédiatement le destinataire si elles doivent rester en gare, ou les lui faire remettre à domicile si telle a été la convention.

395. La vérification se fait par le destinataire au lieu indiqué, et la constatation des avaries ou dégradations se fait conformément aux règles tracées par les art. 106 et suivants du Code de commerce, ou par des équivalents.

396. Ainsi, un déficit dans les objets transportés serait valablement justifié par le procès-verbal d'un commissaire de police. — Lyon, 21 août 1838.

397. Ou dans les formes exigées par les lois du pays où la marchandise est reçue. — Aix, 23 juillet 1838.

398. Quand le commissionnaire ne trouve pas au lieu indiqué par la lettre de voiture, le destinataire des objets transportés, son obligation est de les conserver par devers lui, et lorsqu'un colis a été refusé à destination, il doit attendre les ordres de l'expéditeur pour renvoyer le colis au lieu du départ, sous peine d'encourir des dommages-intérêts. — Paris, 30 mai 1853.

399. L'art. 106 n'est pas applicable à l'acheteur qui demande la résolution de la vente pour défectuosité de marchandises, ou sur le motif qu'elles ne sont pas conformes à l'échantillon. Il faut prouver les avaries ou l'état des marchandises par tous les moyens admissibles, sans être assujetti à suivre les formes rigoureuses prescrites par cet article.

400. Lorsqu'il est d'usage sur une place que la réception des marchandises vendues sur échantillons, même sans réserve ni protestation, ne prive pas l'acheteur de faire vérifier si les marchandises sont conformes aux échantillons, on ne peut opposer à l'acheteur la réception par lui faite des marchandises, comme le rendant non-recevable à réclamer plus tard leur vérification. — Cassation, 22 novembre 1832.

401. A moins qu'entre la réception et la réclamation, il se soit écoulé un délai tel, que toute vérification légale soit devenue impossible. — Cassation, 15 avril 1846.

402. L'art. 106 n'impose pas une forme de vérification ou constatation tellement absolue, que cette vérification ou constatation ne puisse avoir lieu, du moins provisoirement, en une autre forme équivalente. Par exemple, en faisant d'abord dresser par le maire du lieu un procès-verbal de l'état des objets transportés, et en y faisant plus tard procéder par des experts, conformément à la loi. — Cassation, 18 avril 1831. — Dans ce cas, on admet les équipollents.

403. Ou encore par un procès-verbal du juge de paix, sauf au tribunal saisi de l'action en responsabilité formée contre le voiturier, à ordonner lui-même une expertise. — Cassation, 2 août 1842.

404. Aucun délai n'est prescrit; il suffit que le procès-verbal ait été dressé avant la demande formée par le destinataire. — Cassation, 18 avril 1831.

405. Mais des certificats délivrés par des tiers ne suffiraient pas. — Bordeaux, 10 janvier 1826.

406. Un seul expert peut être nommé. — Colmar, 24 décembre 1833.

407. Et, en cas d'absence du président du tribunal de commerce, le juge le plus ancien le remplacerait, ou bien le président du tribunal civil, car les tribunaux civils ont la plénitude de juridiction.

408. Le serment des experts nommés pour procéder à la vérification ne peut, à peine de nullité, être prêté devant le greffier du tribunal ; il doit l'être devant le juge commis à cet effet, ou devant le juge de paix où les experts doivent procéder. — Lyon, 29 août 1828.

409. L'art. 106 n'est pas attributif de juridiction. Les contestations doivent être portées devant le tribunal compétent, d'après les règles établies par l'art. 420 du Code de procédure, et non devant le tribunal du lieu où sont les marchandises. — Caen, 28 janvier 1829.

410. Comme le mandat doit être rempli, on présume, de droit, que la Compagnie qui n'exploite pas jusqu'à destination dernière la route ferrée ou ordinaire, a le droit de charger un autre commissionnaire de rendre les marchandises au lieu indiqué. — Cassation, 1er août 1820. — Ce sous-commissionnaire est alors réputé l'agent du commissionnaire principal.

411. Les commissionnaires principaux ou substitués ont tous les mêmes droits et actions tant contre l'expéditeur que contre le destinataire. — Code de commerce, art. 107.

412. Ils peuvent, par conséquent, retenir le prix qui leur est dû pour le transport sur les marchandises transportées, parce que, en droit strict, on ne saurait les forcer à faire une délivrance définitive qu'après les avoir payés.

413. Ils ont également privilége dans le prix des objets transportés pour les prix de voitures et dépenses accessoires ; par exemple pour celles de conservation. — Cassation, 9 avril 1829.

414. Comme il n'est ni dans les usages, ni dans les convenances, hors certains cas extraordinaires, que le commissionnaire où le voiturier exige toujours le prix de la voiture avant de délivrer les effets, la coutume commerciale lui reconnaît le droit de privilége, même après qu'il s'est dessaisi, pourvu qu'il ait agi dans un court délai, dont la durée utile est à l'appréciation du juge.

ART. 3. — RESPONSABILITÉ DES COMPAGNIES.

415. La Compagnie est garante :
1° Du défaut de transport des objets dans le délai fixé ;
2° De leurs avaries ou de leur perte ;
3° Des faits des agents intermédiaires.

416. Les entrepreneurs de messageries sont responsables, vis-à-vis des voyageurs, de tous accidents provenant, soit de la faute de leurs préposés, soit d'un vice inhérent à leurs voitures.

L'autorisation donnée par l'administration publique, conforme à l'ordonnance du 23 juillet 1828, de mettre une voiture en circulation, ne peut point élever une fin de non-recevoir contre l'action des particuliers qui viendraient à être lésés par suite d'un vice de construction de cette voiture. — Paris, 20 juin 1836.

417. L'action en responsabilité peut être intentée par toute personne ayant éprouvé des dommages par suite du fait du commissionnaire. Il a même été jugé avec raison, que lorsque des marchandises dont le transport a été confié à un commissionnaire se trouvent perdues ou

égarées, l'expéditeur a contre ce commissionnaire une
action en dommages-intérêts, sans être tenu de justifier
qu'il est propriétaire de ces marchandises ou responsable
de leur valeur ; que dès-lors le commissionnaire ne peut
opposer à l'expéditeur une exception prise de son défaut
d'intérêt, en ce qu'aux termes du Code de commerce, la
marchandise sortie du magasin de l'expéditeur, voyage
aux risques et périls de qui elle appartient. — Pau, 16 décembre 1814. — Paris, 12 juillet 1845.

418. Elle ne peut exiger de l'expéditeur le prix du
transport qu'en rapportant la preuve qu'elle a remis les
marchandises à leur destination, lors même qu'elle n'aurait été employée que comme agent de la personne pour
laquelle elle a fait le transport.—Cassation, 20 mai 1818.

§ 1er. — *Défaut de transport dans le délai fixé. — Retard. —
Fausse direction.*

419. Lorsqu'un délai a été fixé pour le transport des
objets, la Compagnie demeure obligée à son observation.

420. On a prétendu que le délai d'arriver n'était pas
une obligation pour la Compagnie. Mais la cour de Paris
a jugé que l'art. 97 du Code de commerce, relatif aux
obligations des commissionnaires ou voituriers chargés
du transport des marchandises, s'appliquait aux administrations de chemins de fer, et que, par exemple, ces
administrations étaient responsables, sauf le cas de force
majeure, de la non-arrivée des marchandises dans le délai
fixé par les règlements pour les départs et arrivées, et
cela, sans qu'il soit besoin d'une stipulation expresse à
cet égard, sauf le cas de force majeure. — Paris, 5 décembre 1850.
La cour s'est fondée sur ce que les règlements de l'administration des chemins de fer, les heures des départs
et arrivées, sont des conditions de la concession qu'ils ob-

tiennent, et que l'application de la loi commune aux entreprises de transports est d'autant plus rationnelle, que, par le résultat du monopole, les négociants ne peuvent user d'autres moyens.

421. Lorsque les objets ou marchandises à transporter ne sont pas arrivés dans le délai indiqué, il s'ouvre contre la Compagnie, au profit de l'expéditeur, une action en dommages-intérêts.

422. Quelquefois, la lettre de voiture stipule une indemnité pour ce retard, laquelle consiste presque toujours dans une diminution du prix du transport.

En pareil cas, lorsque le retard est constant, le destinataire a droit à l'indemnité, sans avoir à justifier d'un préjudice éprouvé.

423. Mais cette stipulation n'est censée faite que pour les retards ordinaires, indépendants des fautes du commissionnaire. — Cassation, 6 décembre 1814. — Et si le retard a été extraordinaire, le propriétaire a droit à une indemnité proportionnée au dommage éprouvé. Nous trouvons un exemple de l'application de ce principe dans l'arrêt de la Cour de Paris que nous avons cité, et où l'on voit que la Compagnie du chemin de fer a été condamnée à une indemnité de 718 francs envers des expéditeurs de bœufs destinés à être vendus à Poissy, et qui n'étant arrivés qu'après la clôture du marché, ont éprouvé une dépréciation que l'expertise avait portée à cette somme. D'où il suit, qu'en cas de retard extraordinaire, si les marchandises ont baissé de prix, l'indemnité se calcule d'après la baisse survenue depuis le jour où, suivant la convention verbale ou écrite, tacite ou formelle, elles auraient dû être livrées, jusqu'au jour où elles l'ont été effectivement, et non depuis le jour où l'ordre de faire l'expédition avait été donné.

424. Toutefois, le retard dans le transport ne peut

en thèse générale, et sauf les circonstances particulières, donner lieu qu'à des dommages-intérêts.—Douai, 24 juin 1837.—Et aucune disposition de la loi n'autorise l'expéditeur ou le destinataire à laisser pour le compte des commissionnaires, la chose qu'ils ont été chargés de transporter, faute par eux d'en avoir effectué le transport dans le délai fixé.

425. Cependant, comme la loi garde le silence sur le mode de l'indemnité à laquelle elle soumet les commissionnaires de transport, voituriers et entrepreneurs de messageries, pour le cas où les marchandises sont arrivées tardivement à leur destination, elle laisse par conséquent aux tribunaux à déterminer cette indemnité suivant les circonstances. — Cassation, 3 août 1835.

426. Les juges sont donc libres de choisir, pour régler l'indemnité due en pareil cas, tel mode de réparation que bon leur semble. Dès lors, ils peuvent, au cas de simple retard dans l'arrivée des marchandises confiées à des commissionnaires, condamner ces derniers, à titre de réparation du préjudice causé, à garder les marchandises pour leur compte, en en payant la valeur.

427. On devrait encore décider de même dans le cas où, à raison du retard, le destinataire se trouverait dans l'impossibilité de tirer aucun parti des marchandises. — Pardessus, n° 544.

428. Mais si les marchandises n'ont pas éprouvé d'avaries graves, et qu'elles soient susceptibles d'être livrées au commerce, le destinataire ne peut, sous prétexte de simple retard, les laisser pour le compte du commissionnaire. — Rennes, 21 décembre 1824.

429. De plus, l'offre faite par le destinataire, de prouver par témoins la perte qu'il a subie, si elle est vague, indéterminée et démentie par les pièces du procès, doit être rejetée.

430. Lors même qu'aucun délai n'aurait été fixé pour le transport des marchandises, le commissionnaire ne doit pas moins les faire arriver à leur destination, sans y mettre de retard.

Et si, par suite de négligence, l'expéditeur a subi des condamnations, le commissionnaire doit le garantir. — Cassation, 26 août 1812.

431. L'expéditeur peut-il obliger la Compagnie à fixer sur la lettre de voiture l'indemnité en cas de retard?

Un jugement du tribunal de Rouen a décidé cette question en ces termes :

« Attendu que la Compagnie du chemin de fer de Rouen a toujours offert et offre encore aux demandeurs de se charger de la marchandise présentée, pour être transportée aux prix et dans les délais fixés par les règlements qui lui sont imposés ;

» Attendu qu'aucune loi n'oblige le voiturier à fixer à l'avance la pénalité qu'il doit encourir, dans le cas où la marchandise par lui transportée ne serait pas remise dans un délai déterminé ; — que l'appréciation du préjudice causé peut être laissée aux soins des tribunaux, quand le retard a occasionné un préjudice au destinataire ; — que, par suite, le demandeur n'a pas le droit d'exiger que la Compagnie se soumette, à l'avance, à perdre le tiers du prix du transport, dans le cas où la marchandise qu'il veut lui confier ne serait pas remise dans un délai qu'il prétend lui imposer arbitrairement ;

» Attendu que, quant au délai, le demandeur ne peut réclamer que l'exécution des conditions imposées à la Compagnie par la loi et les règlements de police ; — que la Compagnie a toujours offert de se charger de la marchandise dans les conditions qui lui sont imposées ; — qu'il n'y a aucune nécessité à ce qu'elle soit tenue de prendre un engagement spécial et par écrit, à cet égard, puisque ces conditions sont écrites dans la loi et les ordonnances au profit des tiers, qui, en cas d'inobservation, ont tous droit de demander les dommages-intérêts qui peuvent leur être dus ; — que les reçus délivrés par la Compagnie, dans la forme adoptée par elle, sont suffisants pour établir les droits des expéditeurs, tant pour la réclamation de la marchandise par eux livrée, que pour les actions qu'ils pourraient avoir à exercer plus tard, en cas d'inexécution des conditions imposées aux défendeurs ; — par ces motifs, déclare le demandeur mal fondé et le condamne aux dépens. » — 20 novembre 1845.

§. 2. — *Cas de force majeure ou fortuit.*

432. Arrivons maintenant aux exceptions, à l'obligation de faire arriver dans un délai déterminé.

433. La force majeure est celle à laquelle on ne peut résister, soit de fait, soit de droit.

434. Toutefois, pour prévenir toute confusion entre la force majeure et le cas fortuit proprement dit, il faut remarquer que la force majeure implique le fait de l'homme, tandis que le cas fortuit ne se réfère qu'aux événements provenant d'un pur hasard.

435. Ainsi, sont cas de force majeure les invasions de l'ennemi, des ravages de la guerre, le fait du prince, la violence exercée par un plus puissant, par exemple, lorsque la ville où se trouvent les marchandises à transporter, ayant été mise en état de siége, par suite de sédition ou autrement, on a interdit la sortie de toute espèce d'objets.

436. Sont cas fortuits, en général, une inondation, un orage, un tremblement de terre, un grand vent, une neige épaisse.

437. Mais la force majeure et le cas fortuit sont mis au même rang par la loi : ils se ressemblent en ce qu'ils sont indépendants de la volonté de l'homme, et que la loi les confondant dans la même disposition, décide en général qu'il n'y a point à exercer de recours pour le dommage qui en résulte. Nul besoin donc de distinguer entre les causes.

438. Un événement que sa nature même soustrait au pouvoir de l'homme reste dans la classe des cas fortuits, encore bien que la possibilité de sa réalisation ait pu se présenter à l'esprit au moment du contrat. Ainsi, le fait du prince, obligeant à soumission comme le fait de la nature, constitue un cas fortuit, alors que cette volonté du prince s'est accomplie par sa vertu propre, sans le concours ni l'adhésion de ceux sur lesquels elle s'est étendue. — Cassation, 4 mars 1842.

439. Il serait difficile de tracer une règle générale pour distinguer les cas fortuits dont il peut naître des engagements réciproques de ceux qui ne peuvent produire des engagements que d'un côté. Ces différences dépendent des circonstances qui rendent ces engagements si divers.

440. Le vol ne peut être réputé cas de force majeure qu'autant que la Compagnie a fait tout ce qui dépendait d'elle pour l'empêcher.

441. On ne peut considérer comme le résultat de la force majeure, mais bien comme celui de la négligence, l'incendie occasionné par le contact d'un chargement de matières inflammables, telles que les acides nitreux et des huiles à vernis. — Paris, 29 avril 1820.

442. L'incendie d'un wagon, survenu dans un lieu de station, pendant la nuit, et dont on ne peut assigner la cause, serait présumé provenir de l'imprudence ou de la négligence des employés de la Compagnie. — Arg. Aix, 6 août 1823.

443. La preuve des événements de force majeure est

à la charge de la Compagnie : jusqu'à ce qu'elle soit faite, la présomption est en faveur de la responsabilité.

444. Il ne suffirait pas que la Compagnie fît connaître l'événement dont elle aurait été victime, pour être déchargée de la responsabilité et mettre la preuve à la charge du propriétaire. — Paris, 20 ventôse an XIII.

445. La rupture d'une pièce d'une voiture qui a causé la chute de cette voiture, ne peut être considérée, *à priori*, comme un événement de force majeure, de nature à dispenser les entrepreneurs de la responsabilité ; ils restent sous le coup de cette responsabilité jusqu'à ce qu'ils aient prouvé que la pièce qui manquait était en parfait état. — Lyon, 22 janvier 1847.

446. Dans les hypothèses précédentes, les conséquences résultant de la force majeure retombent sur l'une ou sur l'autre des parties, suivant qu'il y a eu ou non, faute ou négligence de la part de la Compagnie. Mais les mêmes conséquences pourraient retomber sur les deux parties à la fois, s'il y avait eu faute ou négligence de la part des deux.

447. La preuve de la force majeure peut s'établir par toute espèce de moyens, sauf aux juges à en apprécier le mérite. C'est là, en effet, un événement subit, en dehors de toutes prévisions, et que par conséquent, l'on n'est jamais prêt à constater. Mais il faut qu'il soit constant que cet événement n'a pu ni être prévu, ni prévenu, ni évité, ni atténué. Autrement il ne constituerait pas la force majeure.

448. En matière de transports par chemins de fer, on peut cependant citer quelques exemples qui nous paraissent constituer des cas fortuits ou de force majeure formant le droit à une indemnité.

449. Un grand vent qui arrête ou retarde la marche du convoi ;

450. Une grande neige qui encombre la voie ;

451. L'explosion d'une locomotive ;

452. Un éboulement sur la voie ou dans un tunnel;

453. Une inondation ;

454. Un incendie spontané du convoi en marche ;

455. Un déraillement sans faute imputable à la Compagnie ;

456. Un ordre du Gouvernement mettant la Compagnie dans la nécessité de transporter des troupes ;

457. La mort subite des conducteurs de la machine arrivée sur la ligne ;

458. La destruction de rails survenue par une dévastation ou une sédition ;

459. Une grève d'employés de la Compagnie.

460. Mais, dans tous ces cas, il faut que l'événement qui cause le retard n'ait pas pu être conjuré et qu'il ne soit le fait d'aucune faute, d'aucune négligence. *Quando culpa precessit casum, tunc casus fortuitus non excusat.*

461. Aussi, faut-il que le cas fortuit ou la force majeure soient légalement constatés (art. 97 du Code de commerce), et c'est la Compagnie qui serait tenue de faire cette preuve. « *Qui se fundat in casu fortuito*, dit Casaregis, *illum probare debet.* »

La force majeure doit être constatée dans le moment et dans le lieu où elle se manifeste, et non par des certificats obtenus après coup et depuis le procès commencé. — Colmar, 6 janvier 1815.

462. Le commissionnaire peut convenir avec l'expéditeur qu'il ne sera pas responsable du retard. Quoique l'art. 98 du Code de commerce ne parle de cette stipulation qu'en ce qui touche les pertes ou avaries, cette clause étant parfaitement licite, peut entrer dans toute convention relative au transport. Mais comme l'arrivée des marchandises à leur destination est de l'essence du contrat de commission, il faudrait que la stipulation se justifiât par quelque circonstance particulière, car on ne peut, en principe, s'affranchir de la responsabilité de ses faits personnels ou de sa négligence.

463. Ce principe est établi dans toutes les matières du droit civil et commercial, parce qu'affranchir une personne de la responsabilité de ses faits, c'est ouvrir la porte à la fraude.

464. Ainsi, il a été jugé qu'on doit considérer comme nulle et illégale la clause d'une lettre de voiture qui affranchirait le patron et le capitaine de toute responsabilité. — Aix, 6 août 1823.

465. La stipulation de non-garantie des avaries ou pertes de marchandises par terre et par eau de l'obligation de fournir une voiture ou un navire en bon état et propre à faire le transport convenu. — Cassation, 11 janvier 1842.

466. Et encore, qu'un commissionnaire de roulage aurait en vain pris soin d'annoncer dans ses prospectus et de répéter sur toutes ses lettres de voitures qu'il n'entend pas garantir le bris des choses fragiles et le coulage des liquides; les juges peuvent néanmoins le déclarer responsable des avaries de ce genre, si cette responsabilité leur paraît résulter soit d'une surtaxe dans la commission, soit d'une incurie quelconque : les lettres de voiture souscrites par celui-ci seul ne peuvent former un contrat synallagmatique entre lui et le propriétaire des marchandises. — Cassation, 21 janvier 1807.

467. Il y a même des cas où l'on ne serait pas responsable, tel serait celui où l'expéditeur aurait imposé à la Compagnie un commissionnaire intermédiaire. — Paris, 3 mars 1831.

468. Si une partie seulement des marchandises est livrée en temps utile, il n'y a, en général, lieu à indemnité que pour la portion des marchandises remise tardivement, à moins que le destinataire ne justifie qu'il ne peut utiliser la portion remise en temps utile.

469. Le commissionnaire de transports contre lequel le destinataire de la marchandise exerce son recours à raison des objets manquants, ne peut se prévaloir de l'indemnité que le destinataire a reçue de l'assureur par lequel il a fait assurer la marchandise. — Bordeaux, 26 avril 1849.

470. Lorsque aucun délai n'a été fixé pour le transport des effets, la Compagnie n'en est pas moins passible de dommages-intérêts, s'il est résulté de ce retard un préjudice pour le propriétaire. — Paris, 5 mars 1812.

471. Ainsi, il est tenu de garantir son expéditeur des condamnations que ce dernier a subies par sa négligence.

472. Toutefois, il faut qu'il s'agisse d'un retard plus qu'ordinaire. Et en pareil cas, le propriétaire est obligé de justifier du préjudice qu'il a éprouvé.

473. La Compagnie est encore responsable de la fausse direction qu'ont pu prendre les marchandises dont le transport lui a été confié.

474. Lorsque, par la lettre de voiture, le commissionnaire s'est engagé à faire parvenir les marchandises exclusivement par la voie de fer, il est tenu d'indemniser le propriétaire, si le chargement, ayant marché par terre et par eau, a éprouvé des avaries par ce dernier mode de transport. — Arg. Bordeaux, 22 juillet 1835.

475. Le commissionnaire qui a fait assurer des marchandises dont il était chargé d'effectuer le transport, doit être réputé avoir agi non-seulement pour son propre compte et afin de mettre sa responsabilité à couvert, mais encore comme gérant des affaires du commettant; par suite, celui-ci, bien qu'il n'ait donné aucun mandat exprès, peut, en cas de perte des marchandises, exercer une action contre l'assureur. — Colmar, 27 novembre 1848.

§ 3. — *Avaries ou pertes des objets.*

476. La Compagnie répond des avaries ou perte des marchandises et effets qui lui sont confiés.

477. L'étendue de cette garantie varie selon que les objets transportés ont été perdus ou seulement avariés.

478. En cas de perte, nul doute que la Compagnie ne soit tenue de payer la valeur totale.

479. La responsabilité des commissionnaires ou entrepreneurs de transports par terre et par eau, a sa source dans les art. 1782 et suivants du Code civil et elle présente des difficultés graves. Ainsi, la remise des objets destinés à être transportés, soit isolément, soit avec la personne elle-même, est ordinairement constatée soit par une lettre de voiture, soit par un bulletin ou reçu mentionnant l'inscription sur un registre spécial. Mais quelle doit être la responsabilité en cas de non-représentation par le voyageur ou l'expéditeur d'aucun reçu ni preuve de sa réclamation ?

L'art. 1782 pose le principe régulateur de ces questions difficiles. Il assimile les entrepreneurs aux aubergistes, et semble autoriser dès-lors contre eux tous les moyens de preuves. L'art, 1785 ajoute à l'art. 1782, en imposant aux entrepreneurs d'enregistrer les objets destinés au transport.

Un arrêt de la Cour d'Alger interprète les obligations des entrepreneurs avec beaucoup de rigueur.

Voici ses motifs :

« Attendu que la Compagnie des bateaux à vapeur de l'Algérie fait publiquement, à jours fixes, et moyennant des prix déterminés, le transport de France en Algérie et d'Algérie en France, de personnes, de bagages et de marchandises ; que dès-lors, c'est incontestablement une entreprise commerciale de louage de service ou d'industrie dont les obligations et la responsabilité sont réglées par les dispositions générales du Code civil et du Code de commerce, relatives aux voituriers par terre et par eau ;

» Attendu que les voituriers par terre et par eau sont assujettis, pour la garde et la conservation des choses qui leur sont confiées, aux mêmes obligations que les aubergistes ; qu'ils sont dépositaires de ces choses et responsables de leur perte, à moins qu'ils ne prouvent qu'elles ont été perdues par cas fortuit ou force majeure, ce qui n'est pas même allégué dans l'espèce ;

» Attendu que les bagages appartenant aux voyageurs doivent être réputés confiés auxdits voituriers, et nommément aux entrepreneurs de transports par bateaux à vapeur une fois qu'ils sont introduits à bord desdits bateaux, surtout lorsque ces entrepreneurs n'inscrivent pas habituellement les malles et paquets que les voyageurs ont la faculté de transporter avec eux ;

» Attendu qu'il importe peu, en principe, pour l'exercice de l'action en responsabilité, que les objets confiés aux entrepreneurs de voitures publiques par terre ou par eau aient été ou n'aient pas été inscrits sur un registre tenu à cet effet, puisque l'obligation dans laquelle sont lesdits entrepreneurs de tenir registre de l'argent, des effets ou des paquets dont ils se chargent, n'est imposée que pour ajouter aux sûretés des voyageurs ; que l'enregistrement doit être fait même sans réquisition de la part des voyageurs, même malgré leur refus, ainsi que cela résulte du procès-verbal du Conseil d'État, lors de la discussion de l'art. 1782 du Code civil et que le défaut de cette formalité, à plus forte raison, son défaut habituel et volontaire comme dans l'espèce, constitue les entrepreneurs en faute ;

» Attendu qu'il ne peut dépendre de la volonté des entrepreneurs de voitures publiques par terre et par eau, de s'affranchir de la responsabilité légale qui pèse sur eux en imprimant sur les bulletins délivrés aux voyageurs qui retiennent leurs places, que l'administration ne répond pas des bagages ; qu'une pareille clause est contraire à l'essence du contrat de louage de services, et qu'elle n'est consentie ni expressément, ni tacitement par les voyageurs, qui, en recevant leur bulletin, ne sont jamais mis en demeure d'accepter ou de rejeter chaque clause particulière qu'il contient ;

» Attendu que les entrepreneurs de voitures publiques par terre et par eau sont responsables de toute la valeur de l'objet perdu par leur faute ; que l'indemnité de 150 fr. fixée par la loi des 23 et 24 juillet 1793, pour une malle perdue, à défaut d'évaluation lors du chargement, n'avait été introduite qu'en faveur du Gouvernement, alors que les messageries étaient en régie nationale, et que cette restriction dérogatoire au droit commun a cessé depuis la loi du 9 vendémiaire an VI, qui a aboli les régies nationales de messageries. »

Puis, appliquant ces principes à l'espèce, l'arrêt décide que : En cas de perte d'objets non enregistrés et que les voyageurs réclament comme les ayant apportés avec eux, tels qu'une malle, la valeur de cette malle doit être estimée, alors même qu'elle serait déclarée contenir des effets et de l'argent, d'après les présomptions abandonnées à l'appréciation des juges.

Cette doctrine nous paraît, en ce qui touche l'exploitation des chemins de fer, ne devoir être acceptée qu'avec de grandes réserves. La Compagnie ne peut savoir si le voyageur qui se présente a des bagages que lorsque celui-ci en requiert l'enregistrement. Nous n'admettons donc pas que l'on pût la rendre responsable de la perte

de malles ou effets que rien ne prouve avoir été apportés
à la gare. S'il y a une faute imputable ici, c'est tout d'a-
bord au voyageur qui ne s'est pas soumis aux prescriptions des règlements qui lui imposent l'obligation de représenter ses bagages et de payer un droit pour leur
constatation sur un registre. Autrement, il serait trop facile de se soustraire au paiement du droit fixé par le tarif
et de se faire ensuite un moyen de sa propre fraude.

Mais nous admettons parfaitement que les énonciations
insérées sur les bulletins ne forment pas un contrat synallagmatique, et dans la matière spéciale qui nous occupe, un arrêt de la Cour de Douai, du 17 mars 1847, l'a
décidé avec raison. C'est donc un point bien constant aujourd'hui que les entrepreneurs de transport, et notamment une Compagnie de chemin de fer, sont, en cas de
perte des objets transportés, responsables de la valeur entière de ces effets, dûment justifiés, nonobstant la mention, lexprimée sur les bulletins délivrés aux voyageurs
que la Compagnie ne répond de la perte que jusqu'à concurrence d'une somme fixée et déterminée.

Les Compagnies de chemin de fer feraient donc tout à
la fois preuve de bon goût et de respect de la loi, en supprimant, sur les bulletins qu'elles délivrent, cette mention désormais complétement inutile et même ridicule.

180. Mais la jurisprudence a apporté à la responsabilité des Compagnies une juste limite, et nous ne pou-
vons qu'y applaudir.

Voici en quels termes s'exprime l'arrêt de la Cour de
Douai, plus haut cité :

« Attendu que la Compagnie du chemin de fer prétend
subsidiairement que sa responsabilité ne peut s'étendre
à la somme de 1,100 fr., qui, suivant Dupeu, se trouvait
dans sa malle, mais qui n'avait été de la part de ce dernier, l'objet d'aucune déclaration spéciale ;

» Attendu sur ce point, qu'aux termes, de l'art. 45
du cahier des charges, annexé à la loi du 15 juillet 1835,

les prix de transport déterminés au tarif ne sont point applicables à l'or ni à l'argent, soit en lingots, soit monnayés ou travaillés, aux plaques d'or ou d'argent, au mercure, au platine, aux bijoux, pierres précieuses et autres valeurs, que les prix de transport de ces objets sont arrêtés annuellement par le ministre sur la proposition de la Compagnie ;

» Attendu qu'en exécution de cet article, des propositions ont été faites au Gouvernement par la Compagnie pour l'année 1846, et que le 9 juin de ladite année, le ministre des travaux publics a décidé que le transport de l'argent et des autres objets précieux ci-dessus indiqués, s'effectuerait au prix des excédants de bagage, augmenté de 5 cent. par 100 fr. de la valeur déclarée; que le minimum de ce supplément a été fixé a 25 cent.; — que les termes de cette décision sont généraux, comme ceux de l'art. 45 du cahier des charges auquel il se réfère, et qu'ils s'appliquent aussi bien à l'argent expédié isolément, qu'à l'argent confondu avec d'autres objets dans un même colis ; — que cette décision publiée et affichée en vertu d'arrêts préfectoraux, dans toutes les stations, avec les autres tarifs dont elle forme le complément, a averti tous ceux qui avaient à expédier des objets de cette nature qu'ils avaient à en faire la déclaration spéciale et à payer un supplément de prix ; — qu'en ne le faisant pas, ils n'ont pas mis la Compagnie à même de prendre des soins proportionnés à la valeur des objets précieux qu'ils lui confiaient, et l'ont privée de la prime qui devait, en cas de perte, servir à l'indemniser du risque qu'elle courait ; que n'ayant pas satisfait à la double obligation qui leur était imposée, ils ne peuvent, en cas de perte de l'argent, réclamer contre la Compagnie les conséquences d'une responsabilité à laquelle elle n'a pas entendu se soumettre ; — que ces principes peuvent d'autent moins souffrir de difficultés dans la cause, qu'il ne s'agit pas d'une somme modique qui aurait été placée par Dupeu dans sa malle pour subvenir aux frais de sa route et qui pourrait, à ce titre, être considérée comme l'accessoire de son bagage, mais d'une somme de 1,100 fr. qui était, de son propre aveu, le produit de diverses recettes qu'il aurait faites dans une tournée commerciale, et qu'il aurait voulu transporter de Lille à Arras ;

» Attendu que, loin de rendre, dans de telles circonstances, les entrepreneurs ordinaires de transports responsables de l'argent qui se trouve dans un paquet perdu, la doctrine et la jurisprudence, sainement interprétées, les déchargent de cette responsabilité ; qu'il en doit être, à plus forte raison, de même sous l'empire de la législation relative à l'exploitation des chemins de fer ;

» Attendu que l'assimilation qu'on voudrait établir entre les voituriers et les aubergistes n'est vraie qu'en ce sens, qu'ils sont, les uns comme les autres, soumis aux mêmes obligations, quant à la garde et à la conservation des choses qui leur sont confiées, mais que les premiers n'ont jamais été placés sur la même ligne que les seconds, quant à la preuve du dépôt et de sa valeur ; — qu'en fait, il ne faut pas confondre, quant à la responsabilité, le cas où la chose remise à un entrepreneur de transport a été perdue avec celui où elle aurait été volée par ses préposés ; et que, dans l'espèce, on n'articule pas que la malle de Dupeu aurait été soustraite par les agents de la Compagnie du chemin de fer ; — que de tout ce qui précède, il suit que la réclamation de 1,100 francs, accueillie par les premiers juges, doit être écartée. »

Cette interprétation du principe d'assimilation des Compagnies de chemins de fer aux aubergistes nous paraît très-rationnelle, et, sous ce rapport, on peut soutenir que la législation spéciale des chemins de fer a modifié la législation générale des transports, et que dès-lors il faut restreindre la doctrine de la Cour d'Alger aux entreprises de transports dont les règles ne sont pas spécialement déterminées par la loi. En concédant l'exploitation des chemins de fer, le législateur en a réglé jusqu'aux plus simples détails dans l'intérêt du public et contre les Compagnies. C'est au public à s'y soumettre. Qui veut avoir les bénéfices doit accepter les charges.

Ainsi la Compagnie ne serait pas responsable de la perte d'un sac de nuit appartenant à un voyageur qui n'aurait point fait inscrire ce sac de nuit sur les registres, alors même que l'apport de ce sac de nuit serait prouvé. Qui veut la responsabilité doit la payer.

481. De tout ce que nous venons de dire, il résulte que : L'art. 103 du Code de commerce, qui règle l'étendue de la responsabilité du voiturier, en cas d'avarie de la chose voiturée, est applicable au transport par chemin de fer, et c'est en vain que les Compagnies chercheraient à diminuer cette responsabilité ou à s'y soustraire, en excipant de la mention portée sur les bulletins, qu'elles ne sont responsables des avaries souffertes par les colis précieux qu'autant que leur transport aura fait l'objet d'une convention spéciale. — Paris, 14 août 1847.

482. Il n'y a pas lieu d'appliquer la disposition des lois des 24 juillet 1793 et 26 thermidor, an IV, qui fixaient à 150 fr. l'indemnité due par l'administration des Postes et par les Messageries nationales, en cas de perte des objets qui leur avaient été confiés, et dont la valeur et la description n'étaient pas constatées.

483. Les juges déterminent d'après les divers éléments qui leur sont produits, la valeur des objets perdus. Ils peuvent s'en tenir à l'estimation faite de bonne foi par le propriétaire sur la demande de la Compagnie, au moment de la réclamation et avant le procès. — Rouen, 20 février 1816. Arg.

484. Mais, si pour se soustraire aux tarifs, les expéditeurs n'ont pas fait une déclaration sincère, les Compagnies ne sont responsables que des valeurs déclarées.

Un jugement du tribunal de commerce de la Seine, en date du 24 mai 1853, nous paraît avoir fait une saine application de ce principe; en voici les termes :

« Attendu que, le 25 novembre 1852, le demandeur a remis au chemin de fer, à Orléans, un colis contenant 30,000 fr. en billets de banque, vingt actions du chemin de fer de Strasbourg, et des mandats sur divers, le tout formant une somme estimée 96,000 fr. ;

» Attendu que ce colis a été inscrit sous cette simple déclaration : *une boîte de fer ;*

» Attendu qu'il est établi aux débats que cette caisse a été dérobée à son arrivée à Paris dans la gare du chemin de fer, à quatre heures du matin ;

» Que pour ce fait Varnier-Roger demande 30,000 fr. pour la perte de ses billets de banque, plus 20,000 fr. de dommages-intérêts ;

» Attendu qu'on ne saurait admettre qu'une Compagnie de transports puisse être tenue à une responsabilité sans limite et inconnue pour elle, alors que l'expéditeur en connaissait toute l'étendue, sans avoir vis-à-vis d'elle rempli les formalités nécessaires pour engager cette responsabilité d'après les tarifs ;

» Attendu que les espèces et les valeurs analogues engagent, en vertu de ces tarifs, la responsabilité des Compagnies quand la déclaration en est faite ; que les Compagnies de transports n'ont d'autre moyen de se défendre contre la lésinerie des expéditeurs ou contre leur tendance à ne payer que le prix minime, que la déclaration de la valeur du contenu des colis ;

» Que lorsque l'expéditeur ne fait pas cette déclaration et compte sur la bonne arrivée ordinaire des colis, on en doit induire une acceptation de sa part de les faire voyager à ses risques et périls ;

» Que la Compagnie ne saurait donc être responsable que du colis apparent dont la valeur n'est pas accusée

dans la cause, et pour laquelle aucune demande n'es
formée ;

» Attendu, quant aux dommages-intérêts, qu'il résulte
de ce qui précède que le dommage causé au demandeur
procède de son propre fait ;

» Par ces motifs, déclare Varnier-Roger mal fondé en
sa demande, l'en déboute et le condamne aux dépens. »

485. Dans le cas d'avarie, si les marchandises avariées viennent d'être mises dans le commerce, le destinataire ne peut les refuser, sous prétexte qu'elles auraient éprouvé quelque détérioration : il n'a droit qu'à
une indemnité proportionnée au dommage. — Bordeaux,
22 juillet 1835.

486. Pour profiter de la présomption de responsabilité
établie à la charge de la Compagnie, en cas de perte ou
d'avarie, — Code civil, art. 1724. — le destinataire est en
général tenu de faire visiter la chose par des experts
avant de la recevoir.

487. Cependant il peut encore exercer son recours contre la Compagnie, bien qu'il n'ait pas fait procéder à une
expertise dans les formes voulues par l'art. 106, Code de
commerce. — Lyon, 21 août 1838.

488. En l'absence d'une lettre de voiture, les marchandises sont présumées avoir été remises en bon état
à la Compagnie. Toutefois, la nature des choses et l'u-
sage ont nécessité une distinction. S'agit-il d'objets en-
fermés dans les caisses, enveloppes et autres fermetures,
la Compagnie n'est tenue que de rendre les ballots et
caisses dans un bon état. S'il s'agit de choses dont la
qualité ou la quantité peut être altérée ou changée, sans
effraction extérieure, la Compagnie est tenue de livrer
ce qui est indiqué comme contenu dans les barriques ou
autres vaisseaux semblables sans être garante de la qua-

5

lité ou de l'avarie intérieure, par suite du vice de la chose elle-même.

489. On peut dire, en général, que le commission-naire ou voiturier n'est garant ni du dommage prove-nant du vice de la chose, ni de celui qui provient du faire de l'expéditeur ou de ses agents. Il a été jugé dans ce sens que le commissionnaire n'est pas responsable des avaries survenues aux objets transportés, et notamment à des machines, s'il est établi que les avaries provien-nent d'un défaut de chargement opéré par les ouvriers du fabricant expéditeur. — Bourges, 24 janvier 1844.

490. C'est ainsi encore qu'il a été jugé qu'une Compa-gnie de chemin de fer, qui a loué un wagon entier pour le transport de marchandises sans s'occuper elle-même du chargement et de l'expédition, n'encourt aucune res-ponsabilité à raison de la perte des objets chargés sur ce wagon. — Cassation, 27 décembre 1848.

ART. 4. — FAITS DES AGENTS INTERMÉDIAIRES.

491. La Compagnie répond des faits du commission-naire intermédiaire, compagnie ou autre, auquel elle adresse les marchandises.

492. Nombre de fois, avant la promulgation du Code de commerce, des commissionnaires avaient essayé de secouer le joug de cette responsabilité indéfinie, et de prendre rang parmi les autres commissionnaires : « Nous sommes, disaient-ils, préposés par les marchands pour faire ce que ceux-ci feraient eux-mêmes. Nous devons chercher un voiturier connu, et avoir soin de le charger des déclarations requises. Cela fait, notre mandat est fini, et de même que des marchands à qui l'on demande d'expédier des marchandises, ne répondent ni des évé-nements de la route, ni des fautes des voituriers, on ne peut nous imposer cette obligation. Nous ne sommes les uns et les autres que des mandataires pour choisir un voiturier et lui procurer les actes nécessaires à la sûreté des transports. » — Merlin, *Rép. V°* Commissionnaires.

Mais quelque bien fondées que fussent leurs raisons, en droit commun, elles furent repoussées par une jurisprudence constante, et l'art. 99 ne fit que formuler en loi ce que l'usage avait consacré. C'est encore le sacrifice du droit civil et de la logique à l'intérêt général du commerce dont le mouvement se trouverait ralenti et le bon ordre troublé chaque jour par une infinité de procès, si le commissionnaire expéditeur n'était pas indéfiniment responsable de celui auquel il adresse intermédiairement les effets à transporter. — Delamarre et J. Le Poitvin, t. 2, n° 63.

493. On jugeait, en effet, avant comme depuis le Code de commerce, que les commissionnaires principaux étaient responsables des intermédiaires qu'ils ont employés. — Cassation, 1er août 1820.

494. Les faits et les fautes des sous-commissionnaires sont considérés comme étant personnels aux commissionnaires.

Leur responsabilité continue jusqu'à ce que les marchandises soient arrivées au destinataire.

495. L'autorisation donnée au commissionnaire de se substituer des sous-commissionnaires ne l'affranchit pas de la responsabilité. L'intervention d'un commissionnaire intermédiaire ne change pas l'engagement du commissionnaire principal. C'est avec ce dernier seul que l'expéditeur a contracté, à moins de désignation expresse.

496. Cependant, le commissionnaire de transports est garant du commissionnaire intermédiaire auquel il a adressé les marchandises, alors même qu'il lui a été désigné par l'expéditeur, lorsqu'il résulte de la lettre de voiture que le premier commissionnaire s'était chargé de surveiller et de suivre les marchandises jusqu'à leur destination. — Cassation, 29 décembre 1845.

497. L'expéditeur de marchandises par lui confiées à un commissionnaire de transports a, en cas de perte de ces marchandises, une action directe contre le commissionnaire intermédiaire que le commissionnaire primitif s'est substitué. — Paris, 12 juillet 1845.

498. Le commissionnaire n'est, en pareil cas, libéré envers l'expéditeur qu'en justifiant que les marchandises sont parvenues à leur destination. — Pau, 7 mars 1837.

499. En conséquence, quand, sur l'ordre de l'expéditeur d'arrêter en chemin la marchandise expédiée pour qu'elle n'arrive pas au destinataire devenu insolvable, un commissionnaire intermédiaire a refusé de le faire, il est responsable du préjudice éprouvé par l'expéditeur qui n'a pu se faire payer de la marchandise. — Cassation, 13 février 1844.

500. En cas de perte ou d'avarie des marchandises, il y a solidarité de responsabilité entre le commissionnaire primitif et les commissionnaires intermédiaires.

501. Il en est de même quand, à défaut par le commissionnaire et ses correspondants de s'être conformés littéralement aux instructions qu'ils avaient reçues de l'expéditeur, celui-ci n'a pu se faire payer de la marchandise expédiée. — Cassation, 13 février 1844.

502. Il suit de là que les juges, après avoir reconnu le premier commissionnaire responsable du fait de ses sous-commissionnaires, ne peuvent, sans excès de pouvoir, le relaxer de la demande en indemnité formée contre eux tous, et ne condamner que le dernier des sous-commissionnaires à payer l'indemnité réclamée. — Cassation, 2 décembre 1833.

503. Toutefois si, sur la demande en indemnité dirigée par le propriétaire des marchandises contre le commissionnaire principal, le commissionnaire intermédiaire, appelé en garantie par ce dernier, a été affranchi de toute responsabilité, l'expéditeur qui n'a interjeté appel que vis-à-vis du commissionnaire principal ne peut, devant la Cour, lui demander compte des prétendues fautes qu'il reproche au sous-commissionnaire. Dans ce cas, le jugement qui a acquis force de chose jugée à l'égard du sous-commissionnaire en ce qui regarde son irresponsabilité, protége le commissionnaire principal.—Cassation, 1er août 1820.

504. Le commissionnaire qui a reçu un group d'or dont l'enveloppe est scellée du cachet de l'expéditeur et un extrait du registre portant l'empreinte de ce même cachet, pour faire parvenir ces deux objets à un autre commissionnaire chargé d'envoyer le group à sa dernière destination, est seul responsable de la substitution qui a été faite, en route, d'un group de cuivre au group d'or, lorsqu'il ne justifie pas avoir fait remettre à ce commissionnaire, non plus qu'aux commissionnaires intermédiaires par lui employés, l'empreinte du cachet de l'expéditeur. — Aix, 23 juillet 1838.

505. Les règles précédentes reçoivent exception dans deux cas, savoir :

1º Quand le commissionnaire principal a stipulé qu'il ne serait pas garant des faits des commissionnaires intermédiaires ; — Pardessus, nº 576.

2º Quand l'expéditeur ou le destinataire ont désigné la personne que le commissionnaire principal devait se substituer. En pareille circonstance, le choix du sous-commissionnaire n'est plus son fait, et il ne saurait, par conséquent, en être responsable. — Delamarre et Le Poitvin, t. 2, nº 63.

Le sous-commissionnaire indiqué est alors le préposé de l'expéditeur lui-même ou bien du destinataire.

506. Mais, pour que la garantie du commissionnaire cesse, il faut que le sous-commissionnaire ait été nommément indiqué. Il ne suffit pas que ʼle commissionnaire ait eu le pouvoir de se substituer des commissionnaires, et qu'il justifie que les effets expédiés ont été reçus par l'un de ces commissionnaires substitués. — Pau, 3 mars 1837.

507. Bien que l'art. 99 du Code de commerce ne parle pas de la garantie du commissionnaire relativement aux faits du voiturier qu'il emploie, cette garantie est de droit, car le voiturier est l'agent du commissionnaire et le représente. On ne saurait, à l'égard du voiturier, invoquer les principes applicables en matière de substitution de mandat, puisque le bénéfice de ces principes ne peut être réclamé par les commissionnaires intermédiaires eux-mêmes. — Bordeaux, 22 juillet 1835.

508. Si le voiturier est celui, non du commissionnaire principal, mais du sous-commissionnaire, la même garantie existe toujours à l'égard du premier, puisque alors le voiturier est l'agent de son agent.

509. Toutefois, le commissionnaire peut stipuler dans la lettre de voiture qu'il ne sera pas responsable des pertes ou avaries imputables au voiturier employé par lui. Cette stipulation peut aussi résulter de tout autre acte ou de la correspondance. — Pardessus, n° 576.

ART. 5. — ACTION EN RESPONSABILITÉ.

510. L'action en responsabilité peut être exercée par toute personne qui avait intérêt à ce que les marchandises arrivassent à leur destination dans le délai fixé et en bon état de conservation.

511. L'expéditeur a qualité pour l'intenter, car il ne fait pas connaître dans la lettre de voiture si la marchandise est vendue. La disposition de l'art. 100 du Code de commerce, qui porte que la marchandise sortie du magasin de l'expéditeur voyage pour le compte de celui à qui elle appartient, n'a pour objet que de régler les rapports du vendeur et de l'acheteur ; d'ailleurs, l'expéditeur peut avoir pris sur lui les risques du transport. — Pardessus, n° 545.

512. Il n'est pas tenu de justifier qu'il est propriétaire des marchandises vendues, ni responsable de leur valeur. — Pau, 16 décembre 1814.

513. Il a, toutefois, été jugé qu'en cas de fausse direction donnée au transport des marchandises, l'action en responsabilité contre le commissionnaire n'appartien qu'au propriétaire des marchandises, et ne peut être exercée par le vendeur. — Colmar, 18 décembre 1812.

514. Le commissionnaire de transports est responsable des objets qui lui sont confiés, alors même que l'insuffisance de l'adresse l'aurait mis dans l'impossibilité de découvrir le destinataire. Dans ce cas, il commet une faute des suites de laquelle il répond si, ne trouvant pas la personne dont le nom est indiqué dans la lettre de voiture, il remet les effets à une autre personne qu'il présume être le destinataire. — Cassation, 27 avril 1837.

515. Cette action ne saurait être dirigée contre un individu qui s'est chargé de transporter des marchandises, qu'autant qu'il a agi en qualité de commissionnaire de transports ; autrement, on n'aurait contre lui qu'une action du droit civil, sur laquelle il faudrait statuer par d'autres règles.

516. Mais celui qui a souffert qu'on lui donnât la qualité de commissionnaire de roulage, ne peut opposer à la demande de garantie des objets qu'on l'a chargé de faire transporter qu'il n'a rendu, en s'en chargeant, qu'un office d'ami. — Rennes, 27 juillet 1819.

517. La loi réputant actes de commerce toute entreprise de commission et de transport par terre et par eau, les Compagnies de chemins de fer sont comprises sous cette dénomination, et, dès lors, c'est aux tribunaux de commerce qu'il appartient de connaître des contestations relatives à ces actes.—Code de commerce, art. 631 et 632.

518. La remise d'un sac d'argent, pour être transporté à destination, faite à un conducteur de trains par un employé de chemin de fer, qui l'avait reçu en cette qualité, constitue un acte de commerce susceptible, dès lors, d'être prouvé par témoins, quel que soit le montant des valeurs. En conséquence, si le conducteur est poursuivi pour abus de confiance, les juges correctionnels doivent admettre la preuve testimoniale du fait de la remise déniée par le prévenu. — Cassation, 1er septembre 1848.

519. La Compagnie peut, comme tout commissionnaire, repousser l'action en responsabilité qui est intentée contre elle par toute espèce de moyens tirés du fond. Mais elle peut, en outre, dans certains cas, sans entrer dans l'examen de ces moyens de fond, écarter la demande par une double fin de non-recevoir, tirée : 1° de la réception des objets et du paiement du prix du transport; 2° de la prescription.

520. La réception des objets transportés et le paiement du prix de la voiture, porte l'art. 105 du Code de commerce, éteignent toute action contre le voiturier.

521. Bien que cet article ne parle pas du commissionnaire, il est dans la nature des choses que ses dispositions s'appliquent nécessairement au commissionnaire quand le voiturier n'est en réalité que l'agent de celui-ci.

522. Les deux circonstances de la réception des marchandises et du paiement du prix doivent concourir simultanément; car de ce qu'un négociant, privé du loisir nécessaire pour vérifier sur-le-champ l'état des marchandises à leur arrivée, a souffert qu'on les déchargeât chez lui pour éviter toute détérioration, il serait injuste de conclure qu'il les a reconnues en bon état. — Pardessus, n° 547. — Cassation, 2 août 1842; — 22 juillet 1850.

523. Et le destinataire conserve son recours contre le commissionnaire de transports, à raison du retard dans l'arrivée de la marchandise, bien qu'il ait payé une partie du prix de la voiture, mais sous réserve expresse de tous les droits et actions contre qui de droit. — Bordeaux, 26 avril 1849.

524. Le destinataire qui a reçu, sans numération préalable, des sacs d'argent à lui adressés, ne peut, par cela seul, être déclaré déchu de son recours contre le voiturier ou entrepreneur de transports pour déficit trouvé dans les sacs, alors même que l'ouverture en aurait été faite hors de la présence de ce dernier, si le destinataire n'a ni payé le prix du transport, ni déchargé le registre du voiturier.

525. L'administration des messageries, contre laquelle recourt, en pareil cas, le destinataire, a elle-même un recours contre le directeur du bureau d'arrivée, comme responsable du fait du facteur qui a effectué la remise des fonds au destinataire sans décharge préalable. — Douai, 27 août 1847.

526. La remise des marchandises faite par le voiturier au destinataire n'établit pas, en faveur de ce dernier, une preuve ni même une présomption de paiement des frais de transport; cette preuve ne peut résulter que de la représentation de la lettre de voiture ou de la quittance à lui donnée par le voiturier ou le commissionnaire. — Cassation, 20 juin 1824.

527. La fin de non-recevoir, tirée de la réception des marchandises.et du paiement du prix, ne peut, du reste, être invoquée que lorsqu'il y a eu bonne foi.

528. Ainsi, elle ne saurait l'être quand il y a eu :

1º Dol et fraude, par exemple, quand le commissionnaire, dissimulant l'accident arrivé aux marchandises pendant le voyage, les a présentées ou fait présenter dans un état extérieur qui ne permettait pas de soupçonner cet accident ; — Cassation, 5 avril 1824.

2º Lorsque les moyens frauduleux employés par le commissionnaire n'ont permis au propriétaire de découvrir que postérieurement le dol pratiqué à son préjudice; — Bordeaux, 10 avril 1834.

3º Dans le cas où les marchandises n'ont pas été réellement remises à leur destination ; par exemple, quand la marchandise dont la remise a été opérée se trouve, par suite d'un échange fait en route, n'être pas celle qui avait été expédiée, et qu'ainsi il y a eu erreur dans l'avis de réception donné par le consignataire à qui la marchandise était adressée. — Paris, 18 décembre 1830.

4º Lorsqu'il y a eu substitution intérieure d'une substance à une autre ; par exemple , si au lieu d'un group en or et annoncé comme tel dans les connaissements, il n'a été remis qu'un group en cuivre. — Arrêt cité nº 495 ;

5º En cas d'infidélité de la part des commissionnaires intermédiaires dont les commissionnaires sont garants.— Lyon, 5 avril 1824.

529. Elle ne peut être invoquée par l'expéditeur lorsqu'il s'agit d'une contestation soulevée par l'acheteur, relativement à la qualité de la marchandise. — Lyon, 20 décembre 1826.

530. L'art. 108 du Code de commerce établit aussi, pour repousser l'action en responsabilité , une prescription spéciale, dérogatoire au droit commun et devant dès lors être restreinte dans les limites qui lui ont été assignées.

531. Par marchandises dont la perte ou l'avarie ne saurait, après six mois, donner aucun recours contre le commissionnaire chargé d'en effectuer le transport, l'article 108 a entendu tout objet ou effet à transporter, quelle que soit sa nature, et non pas seulement des objets ayant un caractère commercial entre l'expéditeur et le destinataire, ou ceux remis par un expéditeur commer·çant pour l'utilité de son commerce.

Et cela s'applique même à du numéraire, lorsqu'il est remis au commissionnaire dans un sac fermé et cacheté, avec une simple déclaration du contenu et sans aucune vérification de sa part. — Rennes, 25 mars 1852.

532. La prescription de six mois, établie au profit du commissionnaire contre toute action à raison de la perte des objets dont le transport lui a été confié, est invocable, même en cas de perte au bureau du départ.— Même arrêt.

Mais cette prescription courra-t-elle du jour où, suivant l'ordre établi, l'objet perdu aurait dû être mis en route, et sans qu'il soit besoin, pour le commissionnaire, de prouver qu'il l'a compris dans un envoi ? — ou bien seulement du jour où le transport aurait dû être effectué de telle sorte que le commissionnaire doive, avant tout, apporter la justification qu'il a expédié la marchandise ?

L'arrêt plus haut cité de la Cour de Rennes a décidé en faveur de la première proposition, et il a fait partir la prescription de la date du départ des marchandises; mais la Cour de Liége (20 avril 1814) a décidé en faveur de la seconde proposition.

Cette dernière solution puise une grande force dans la doctrine de l'arrêt du 21 janvier 1839 (Cour de cassation) qui juge « que le destinataire qui n'a pas reçu la marchandise à lui expédiée par l'entremise d'un commissionnaire, lequel l'a retenue et a gardé le silence pendant de longues recherches faites par celui-là, peut intenter son action en restitution de la marchandise ou en paiement de sa valeur contre le commissionnaire, même après le délai de six mois, parce que dans ce cas, il n'y a pas eu expédition.

En effet, il ne s'agit là ni de perte ni d'avarie ; il s'agit de non-envoi.

533. Par suite de la même restriction apportée à l'article 108, il a été décidé que le principe s'appliquerait aussi au cas où il y aurait eu simple retard dans le transport, et que l'action intentée contre le voiturier, à raison du retard des marchandises, n'est point comme celle à laquelle donne lieu la perte ou l'avarie prescriptible par six mois. — Montpellier, 27 août 1830.

534. Dans le cas où l'action intentée contre le commissionnaire est motivée sur ce qu'il n'a pas rempli certaines obligations qui lui étaient imposées par la convention ou par l'usage, la prescription ne nous paraîtrait pas, par les mêmes raisons, invocable.

535. Mais il y a lieu d'appliquer la prescription lorsque les marchandises, sans être perdues, ont été simplement égarées par suite d'une fausse route. — Cassation, 18 juin 1838.

536. La prescription cesse, du reste, d'être opposable du moment que les pertes ou les détériorations donnant lieu à l'action sont le résultat de la fraude ou de l'infidélité. — Code de commerce, art. 108.

537. Mais il faut que la fraude ou l'infidélité soit imputable au commissionnaire personnellement. — Cassation, 29 mai 1826, — ou aux sous-commissionnaires dont il est garant. — Lyon, 5 avril 1824.

538. Tel n'est pas le cas où une partie des marchandises a été volée par des individus employés au déchargement des voitures, et qui ont été condamnés pour ce vol.— Cassation, 29 mai 1826.

539. La simple faute commise dans l'expédition des marchandises, par exemple, le défaut de précautions suffisantes pour l'emballage, ne peut pas être assimilée à la fraude ou à l'infidélité, et n'empêche pas le cours de la prescription. — Bruxelles, 31 août 1814.

540. Il n'est pas non plus nécessaire que la perte ou l'avarie des marchandises soit constatée ; il suffit qu'on ne puisse alléguer contre le commissionnaire ni dol ni fraude. — Cassation, 8 mars 1819.

541. La prescription ne court que du jour où le transport aurait dû être effectué. Il suit de là qu'elle ne saurait être invoquée :

1º Lorsqu'il n'a été fixé aucun délai pour le transport. — Paris, 16 décembre 1814 ;

2º Quand il y a incertitude sur le jour du transport de l'objet confié au commissionnaire. — Rennes, 27 juillet 1818.

542. Mais elle est irrévocablement acquise lorsque six mois se sont écoulés depuis le jour où le transport aurait dû être effectué, si les marchandises ont été perdues ; ou depuis le jour où les marchandises ont été remises, s'il s'agit d'une action d'avarie.

543. L'action doit être exercée, à peine de déchéance, dans les six mois, soit que l'expéditeur la dirige contre la Compagnie, soit qu'il l'intente contre l'intermédiaire à qui il a donné ordre de remettre les marchandises. — Cassation, 18 juin 1827.

544. Bien que les marchandises soient expédiées pour

l'étranger, l'action en avarie contre la Compagnie qui
aurait fait le transport à l'intérieur se prescrirait par
six mois, et non par un an.

545. Dans le cas d'une expédition portant à la fois sur
deux colis ayant chacun une destination spéciale, si, par
suite d'une erreur provenant d'un échange dans la direction donnée à chacun d'eux, aucun n'est arrivé à sa véritable destination, l'action introduite en temps utile par
l'expéditeur contre le commissionnaire, à raison de l'un
des deux colis, ne peut être réputée suspensive de la
prescription de six mois à l'égard de l'autre colis et de
l'action que l'expéditeur intenterait ultérieurement contre un commissionnaire intermédiaire reconnu auteur
de l'erreur commise, si-d'ailleurs ce commissionnaire
n'a pas été mis en cause dans la première instance. —
Cassation, 18 juin 1838.

546. La prescription n'est pas davantage interrompue par la demande d'un délai, formée avant l'expiration
des six mois par le sous-commissionnaire, à l'effet de
rechercher les marchandises et de savoir ce qu'elles sont
devenues. — Paris, 3 août 1829.

547. Lorsque plusieurs commissionnaires ont été chargés successivement, et pour des distances différentes,
d'une expédition à l'étranger, la prescription court à
partir du jour où la marchandise a été remise d'un commissionnaire à l'autre, et non du jour où elle est parve-
nue à sa destination finale. — Bruxelles, 31 août 1814.

548. Lorsque les diverses conditions exigées par
l'art. 108 du Code de commerce se trouvent réunies, la
prescription est valablement invoquée, quelle que soit la
qualité de l'expéditeur.

Vainement voudrait-on soutenir que cet article concerne exclusivement les négociants qui expédient des
marchandises relatives à leur commerce, et qu'il ne sau-

rait être opposé aux simples particuliers. Il est en effet conçu en termes généraux qui ne comportent aucune distinction; il a d'ailleurs pour but de protéger les commissionnaires contre des réclamations tardives, et il s'applique avec autant de force aux particuliers qu'aux commerçants. — Rennes, 25 juillet 1820. — Pardessus, n° 554. — Duvergier : *Du Louage*, n° 332. — *Contrà*. — Cassation, 4 juillet 1816. — Troplong, *Louage*, n° 928.

549. Quoi qu'il en soit, la prescription dont il s'agit ne concerne que le commissionnaire ou le voiturier, et n'est jamais applicable à l'action en indemnité que l'acheteur peut avoir à exercer contre le vendeur, pour raison des vices de la marchandise. — Bordeaux, 25 avril 1828.

550. Mais cette prescription ne peut avoir d'effet si elle n'est pas invoquée par le commissionnaire de transports, parce qu'il est de principe que chacun peut renoncer à un bénéfice introduit en sa faveur : *Omnes licentiam habere his quæ pro se introducta sunt renuntiare.*

551. La renonciation peut être expresse ou tacite. — Code de commerce, art. 221.

Toutes les causes qui suspendent la prescription pourraient aussi être invoquées par le destinataire. Cette suspension peut résulter de la convention des parties tout aussi bien que des autres causes reconnues par la loi. Par conséquent, si le commissionnaire obtenait un délai, on devrait dire que ce délai a suspendu le cours de la prescription.

552. L'interruption de la prescription se déduirait aussi des mêmes principes.

On a élevé la question de savoir si la prescription de l'art. 108 peut être opposée à de simples particuliers non commerçants, et pour des transports d'objets étrangers au commerce, par exemple, ceux servant à l'usage de la personne. Nous pensons que la disposition de l'art. 108

est générale, et qu'on ne peut pas la restreindre, la limi-
ter aux transports de commerce ; que l'intention du législateur a été de venir au secours d'une branche d'industrie
qui, chargée d'opérations innombrables et journalières,
ne pourrait pas vivre, si elle était exposée pendant trente
ans à des réclamations d'objets dont le transport lui aurait été confié, et dont il lui deviendrait impossible, après
un si long temps, de retrouver les traces.

ART. 6. — ACTIONS RÉCIPROQUES DES COMMISSIONNAIRES ENTRE EUX.

553. Le contrat qui intervient entre le commissionnaire primitif et le commissionnaire intermédiaire est
un véritable contrat de commission, comme celui intervenu entre le commissionnaire primitif et le commettant.
Il se prouve de la même manière.

554. Il ne peut être que le résultat d'un consentement
exprès ou tacite, librement donné par chacune des parties. Cependant, le sous-commissionnaire ne pourrait s'y
soustraire, si, en raison des relations d'affaires existant
entre les deux maisons, le commettant avait une juste
raison de croire que le mandat qu'il donne serait accepté.

555. Ainsi, les relations des entreprises de chemins
de fer entre elles étant présumées de plein droit, une
Compagnie serait passible de dommages-intérêts si elle
se refusait à faire le transport d'un colis qui lui serait
adressé par une autre Compagnie. — Argument, Paris,
21 décembre 1836.

556. Le sous-commissionnaire doit, après avoir payé
le voiturier qui lui a amené les marchandises, en charger
un autre pour les conduire à destination définitive. —
Pardessus, n° 575.

557. S'il y avait lieu à l'exercice d'une clause de retenue, stipulée dans la lettre de voiture, le sous-commissionnaire devrait en exiger l'exécution ; s'il payait la totalité du prix, il ne pourrait point agir contre le commissionnaire, puisqu'il l'aurait mis dans l'impossibilité d'exercer son recours contre le voiturier.—Colmar, 13 mai 1833.

558. Le second commissionnaire peut, dans les cas permis, se substituer à son tour, un autre sous-commissionnaire. Toutefois, ce second mandat n'éteint pas le premier comme l'éteint la substitution autorisée, faite au nom du commettant.

559. Par cela seul qu'un commissionnaire intermédiaire se charge d'un transport, il est, par la nature du contrat qui se forme, et par le fait de la possession des marchandises, tenu de garantir à l'expéditeur les frais qui lui sont dus à raison de l'expédition. —Liége, 26 juin 1811.

560. Il en est de même des autres commissionnaires envers le commissionnaire intermédiaire qui les a employés. En conséquence, si ce dernier fait la remise des marchandises, sans exiger le paiement de la totalité des frais et accessoires, chacun des commissionnaires peut actionner valablement en remboursement de ce qui lui est dû celui qu'il a chargé, sauf les droits de celui qui a fait la remise contre celui à qui elle a été faite. — Liége, 26 juin 1811.

561. Entre l'expéditeur et le commissionnaire premier chargé, il y a présomption que les marchandises ont été remises en bon état. La même présomption n'existe pas entre le premier commissionnaire et ceux qu'il s'est substitués.

562. Le commissionnaire premier chargé ne peut, au cas d'avarie, exercer un recours contre les commission-

5...

naires qu'il s'est substitués pour achever le transport, s'il ne prouve pas que c'est par la faute de ces derniers, et non par la sienne propre, que la perte et les avaries ont eu lieu. — Cassation, 18 avril 1831.

563. La même présomption a été admise au préjudice de l'expéditeur agissant contre un commissionnaire intermédiaire. — Cassation, 15 avril 1846. — Vainement dirait-on que c'est au second voiturier à prouver que les choses qu'il a reçues lui ont été remises en mauvais état.

564. Ainsi, il a été jugé que lorsqu'une marchandise est successivement transportée par plusieurs commissionnaires, il ne peut être exigé que chacun d'eux fasse procéder à une expertise pour conserver son recours contre le commissionnaire qui lui remet cette marchandise, alors surtout qu'il n'y a ni déficit de poids ni avarie apparente. — Colmar, 29 avril 1845.

565. Pour qu'un commissionnaire puisse échapper à la responsabilité qui pèse sur lui, à raison d'une avarie non apparente, il ne suffit pas que le commissionnaire auquel il a remis la marchandise l'ait reçue et ait payé le prix du transport sans réclamation ni réserve ; il faut encore que le dernier commissionnaire ait reçu le prix intégral du destinataire. Jusque-là, chaque commissionnaire reste engagé, tant à l'égard du commissionnaire qui le suit, qu'à l'égard du destinataire lui-même. — Même arrêt.

566. Le commissionnaire principal, responsable envers l'expéditeur des faits des commissionnaires intermédiaires qu'il a employés, a son recours contre ceux-ci. — Paris, 5 mars 1812.

567. Mais celui qui étant actionné, avec d'autres commissionnaires, en paiement de marchandises perdues, a conclu seulement à ce que l'action fût déclarée prescrite, ne peut se plaindre de ce que les juges ne lui ont point accordé de recours contre les autres commissionnaires. — Cassation, 21 juin 1839.

568. La prescription de six mois, établie par l'art. 108 du Code de commerce, peut être invoquée par les sous-commissionnaires comme par le commissionnaire principal, tant pour repousser l'action qui serait dirigée contre eux par l'expéditeur que pour écarter la demande en garantie qui serait formée par le commissionnaire principal. — Cassation, 6 décembre 1830.

569. Cette prescription n'est pas interrompue à l'égard des sous-commissionnaires par l'action formée en temps utile contre le commissionnaire primitif. — Même arrêt.

570. Peu importe même que l'action principale du propriétaire n'ait été introduite qu'à une époque tellement rapprochée de l'expiration du délai, qu'il ne serait plus resté au défendeur le temps nécessaire pour intenter son action en garantie avant l'expiration du délai. Cette disposition est rigoureuse ; mais la loi est ainsi faite, il faut l'exécuter ; l'art. 108 est absolu ; il ne comporte aucune distinction. D'ailleurs, le commissionnaire primitif doit s'imputer de ne s'être pas assuré à temps de l'exécution du mandat qu'il a donné. — Même arrêt.

571. Telles sont les règles générales qui dominent les droits et les obligations des Compagnies des chemins de fer, considérées comme entreprises de transports de bagages et de marchandises. Dans l'article suivant, nous traiterons plus particulièrement du transport des personnes, et des relations que doivent avoir les Compagnies avec le public, au double point de vue de la sûreté et de la responsabilité dérivant de la mise en communication des citoyens entre eux.

ART. 7.—SÉCURITÉ DES PERSONNES ET RESPONSABILITÉ DES ACCIDENTS.

572. Les entreprises de messageries sont distinctes des entreprises de transports ordinaires, en ce qu'elles ont pour but de mettre les hommes en communication les uns avec les autres. La civilisation est partout où l'homme parvient facilement. C'est surtout aux chemins de fer, qui désormais feront disparaître les distances, qu'elle sera redevable d'un tel bienfait.

573. Les Compagnies de chemins de fer doivent faire tout ce qui dérive de la nature du contrat qui est intervenu entre elles et les voyageurs. Par conséquent, elles sont obligées de les transporter avec rapidité, tout en leur donnant le temps, aux lieux fixés par l'usage, de pourvoir à toutes les nécessités de la vie. Ainsi, leur serait applicable la jurisprudence qui a jugé qu'un service de messageries autre que les malles-postes, qui entreprend de transporter en France les sujets étrangers, s'oblige naturellement à laisser aux étrangers qui profitent de ce service le temps nécessaire pour remplir, aux villes frontières, les formalités imposées par la loi, et, par exemple, de faire viser leurs passeports. — Colmar, 19 mars 1849.

574. Si donc un convoi traversait une ville frontière et partait sans que les voyageurs eussent pu remplir ces formalités, la Compagnie pourrait être tenue de les indemniser du préjudice qu'ils auraient éprouvé.

575. La Compagnie doit faire jouir le voyageur de la place qu'il a louée, paisiblement, pendant toute la route, et qui comprend toute usurpation de la part d'un autre voyageur, et celle de le garantir des accidents auxquels leur propre faute pourrait donner lieu. C'est l'application des principes du contrat de louage et des art. 1382, 1383 et 1384 du Code civil.

576. L'administration du chemin de fer est obligée de charger les malles et bagages des voyageurs sur le convoi qui les emmène, et à l'arrivée, de les leur délivrer, en échange du bulletin, hors la gare.

577. Elle est responsable des contraventions de voirie commises par des préposés, et, en ce cas, il y a solidarité entre elle et le conducteur.

578. En ce qui touche la sécurité des voyageurs, le principe de la responsabilité a sa source dans les principes généraux posés par le chapitre II, livre III du Code civil, portant que quiconque cause, par sa faute, un préjudice à autrui, doit le réparer.

L'autorité publique est intervenue pour garantir la sécurité des voyageurs et prévenir les accidents qui auraient pu résulter de la contravention du changement et de la direction des voitures publiques. Les ordonnances du 16 juillet 1828, art. 8 et suivants, la loi des 26-29 août 1790, sont applicables aux entreprises de transports par chemin de fer dans toutes les dispositions qui ne sont pas contraires à la législation spéciale qui les régit.

Les principes qu'elles établissent ne peuvent qu'ajouter une nouvelle force aux principes du droit civil, sans que leur observation et le contact de l'autorité puissent affaiblir la responsabilité encourue par l'entrepreneur.

579. Aussi a-t-il été décidé avec raison que le permis de mettre en circulation une voiture, émané de l'autorité publique, n'empêcherait pas l'application de la responsabilité, et ne serait pas une excuse valable. — Paris, 20 juin 1836. — Cassation, 9 août 1837.

La Compagnie serait donc condamnée aux réparations civiles des accidents qui résultent de la mauvaise construction de ses locomotives et wagons, ou de la négligence qu'on aurait mise à les tenir en bon état, et les vérifications faites par la police ne la sauveraient pas.

580. Il en serait de même si l'accident était le résultat de la surcharge des trains, de la rapidité de la marche, de la violation ou inexécution des règlements.

581. La faute, l'imprudence, la négligence dommageables des préposés seraient aussi naturellement imputables à la Compagnie. C'est elle qui a commis la fonction, c'est elle qui doit en répondre. — Cassation, 9 août 1839.

Le public doit être prémuni contre les conséquences fatales de la négligence des commettants et des mauvais choix qu'ils pourraient faire en prenant des employés incapables, vicieux, et le plus souvent insolvables.

Mais comme l'art. 1384 du Code civil, par la présomption qu'il établit, n'a pas entendu donner aux préposés carte blanche pour tous les cas où une autre personne peut répondre de leurs actes non incriminés par la loi pénale, on a admis un recours contre eux de la part de la personne civilement responsable. Les tiers lésés pourraient même agir directement contre l'auteur personnel du dommage. Ce principe est en dehors de toute contestation.

582. Dans l'hypothèse où le dommage résulterait d'une faute commune aux deux parties, parce qu'elles auraient participé au même acte, ou parce que l'agent aurait pu mieux être surveillé et empêché de commettre le délit ou le quasi délit, la responsabilité se partage quelquefois. Les tribunaux doivent fixer alors la part qui revient à chacune personnellement. — Cassation, 22 nov. 1848.

Mais la partie civilement responsable est tenue pour le tout vis-à-vis des tiers. Si elle paie la somme entière, elle n'a recours, contre l'agent, que pour la quotité qui a été ou sera mise à la charge personnelle et définitive de ce dernier.

583. Le préposé de la Compagnie pourra quelquefois s'abriter derrière les ordres ou instructions qu'il aura reçus; il pourra dire qu'ils étaient dans de telles conditions et de telle nature, qu'il n'a été commis aucune faute en

s'y soumettant ; enfin que dans l'exécution, il a suivi fidèlement la marche qui lui était tracée, et n'a commis, de
son chef, aucune imprudence, aucune négligence qui
serait la cause véritable d'un dommage. En pareil cas,
c'est évidemment à celui qui a donné les ordres ou
instructions qu'incombe la responsabilité tout entière.
Le préposé ne s'est point écarté de son mandat ; il devrait
être garanti de toute condamnation, sans préjudice, bien
entendu, du droit des tiers de s'adresser à lui, car, à leur
égard, il devrait rester en cause, et il ne pourrait éviter
la solidarité des réparations civiles.

584. Du principe que la responsabilité est purement
civile, il suit qu'elle est dévolue contre les héritiers de
l'auteur du dommage qui a péri dans l'accident ou depuis,
et qu'elle peut être intentée contre sa succession. Ce n'est
pas le cas de dire ici : *Mors omnia solvit.*

ART. 8. — DU PRIVILÉGE DU COMMISSIONNAIRE SUR LES CHOSES TRANSPORTÉES.

585. Le privilége du commissionnaire se puise dans
l'art. 106, § 3 du Code de commerce, et dans l'art. 2102
du Code civil. C'est un droit de rétention de la chose.

L'art. 106 permet au commissionnaire de faire ordonner le dépôt, la consignation et même la vente des marchandises, et l'art. 2102 l'autorise à se faire payer par
préférence sur le prix. Il résulte de là qu'il peut exercer
le droit de préférence qui lui est accordé, encore bien
que la chose fût sortie de ses mains, pourvu qu'elle n'ait
pas suivi la foi du destinataire.

586. Mais si la lettre de voiture était payable par l'expéditeur, le voiturier serait présumé avoir abdiqué son
privilége en suivant la foi de celui-là, à moins que le
transport n'ait été fait dans le but de conserver la chose,
par exemple, de la soustraire à une ruine ou à un pillage.

587. La faillite du débiteur et ses arrangements avec ses créanciers n'empêcheraient pas l'action du voiturier pour l'exercice du privilége.

588. Comment pourra être mis en mouvement ce privilége? Les savants auteurs du *Traité du contrat de Commission*, ouvrage remarquable à tant de titres, MM. Delamarre et Le Poitvin ont indiqué la marche suivante : « S'il a été convenu, disent-ils, que le remboursement des avances du commissionnaire aura lieu par le produit de la vente, et que pourtant il soit impossible de la faire au prix porté par le mandat, encore bien que cette impossibilité soit un cas insolite qui rend les avances actuellement exigibles, le commissionnaire ne peut vendre de son autorité privée, ni tractativement, ni même à l'encan. Alors, si le commettant refuse de modifier son ordre quant au prix, et qu'il ne réside pas dans un lieu trop éloigné, il doit être cité devant le tribunal de commerce du domicile du commissionnaire, qui, selon les circonstances, ordonne que la vente soit faite à l'encan, ou par le ministère d'un courtier, au prix courant de la marchandise, à concurrence des frais et avances dont elle se trouvera chargée. Que, si le commettant demeure au loin, en sorte que son assignation entraînerait des retards préjudiciables, le jugement peut être rendu sur une simple requête. Ce mode de procéder n'est, on en convient, tracé par aucune loi, et, en général, toute procédure doit être contradictoire. Mais tel est l'usage. La célérité nécessaire aux affaires commerciales est quelquefois incompatible avec les lenteurs et les délais d'une instance régulière. D'ailleurs, l'espèce a une grande analogie avec le cas prévu par l'art. 106, Code de commerce, qui permet d'ordonner au pied d'une requête, en faveur du voiturier, et jusqu'à concurrence du prix de la voiture, la vente des effets transportés, lorsque la réception en est refusée ou contestée. Le commettant ne pourrait donc pas, avec espoir de succès, attaquer le jugement sous prétexte qu'il n'est pas contradictoire. Il ne le peut qu'en établissant ou que la religion du juge a été surprise, ou que la vente a été faite à vil prix et en fraude de ses droits. » Cette doctrine, qui est celle des savants auteurs que nous citons, a été consacrée par la jurisprudence. — Nîmes, 25 novembre 1850.

589. Mais la partie à laquelle on oppose un jugement sur requête qui, pour cause d'urgence, autorise une mesure conservatoire (la vente de marchandises sujettes à dépréciation) peut, lorsqu'il y a eu exécution, prendre des conclusions tendantes à ce que cette exécution soit réputée non avenue, sans être obligée d'attaquer ce jugement auquel elle n'a point été partie, par les voies ordinaires : ici ne s'applique pas l'art. 1351, relatif à la chose jugée. — Même arrêt.

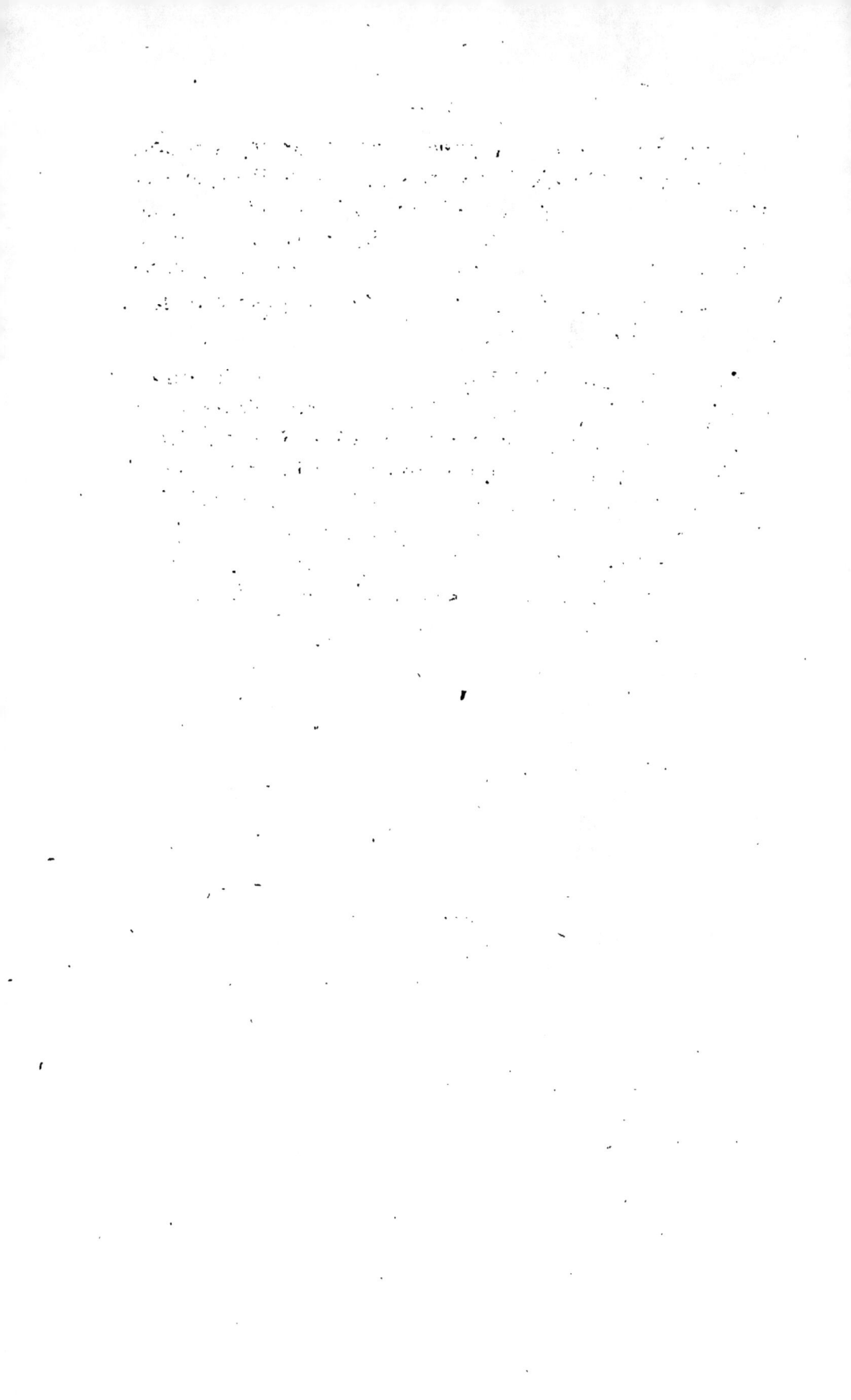

TROISIÈME PARTIE.

DE LA POLICE DES CHEMINS DE FER.

SECTION PREMIÈRE.

ARTICLE UNIQUE. — CONSIDÉRATIONS GÉNÉRALES SUR L'ADMI-
NISTRATION ET LA POLICE DES VOIES DE FER.

590. *L'administration des chemins de fer* est une dénomination complexe qui renferme plusieurs idées, selon
qu'on se place au point de vue public ou privé. C'est
d'abord la surveillance que l'autorité exerce sur les entreprises de ces chemins de fer et sur les Compagnies qui
les dirigent; c'est ensuite les rapports de l'administration
publique avec les administrations particulières des Compagnies. Quant à celles-ci, elles se gouvernent par des
mesures intérieures qui leur sont propres; elles ne sont
assujetties à une organisation, à une forme imposée par
la haute administration, que pour l'accomplissement des
principes généraux auxquels la loi et les règlements
d'administration publique et de police soumettent les entreprises et les associations commerciales.

591. Que donne l'État à une Compagnie quand il lui
concède un chemin de fer? Il lui donne bien des choses.
S'agit-il de le construire, il lui donne le droit qui n'appartient à personne, de couper toutes les communica-

tions, de suspendre le cours des eaux, de traverser toutes les routes, toutes les rivières. Tout est soumis à l'action de la Compagnie : elle passe partout, elle interrompt tout. Or, si l'on donne aux Compagnies de tels pouvoirs, quand l'intérêt général le réclame, c'est sous certaines conditions, et cette autorisation conditionnelle ne peut être autorisée qu'en se conformant aux prescriptions du cahier des charges.

L'État donne autre chose encore : il concède un mode de transports qui efface, qui annule tous les autres; il concède un moyen de communications qui, supprimant tous les autres, fait dépendre d'une Compagnie la circulation de toute une province, quelquefois de tout un pays; il concède un moyen de transports qui exposerait les citoyens aux plus grands dangers s'il n'était entouré de toutes les précautions que la prudence humaine peut suggérer. La concession d'un chemin de fer ne peut donc être faite qu'à la condition d'assurer la régularité et la sécurité de l'exploitation.

592. La différence que mettent les procédés de traction entre les chemins ordinaires et les chemins de fer, a dû amener des différences dans la législation.

Sur les voies de terre, le moteur est un être vivant chez qui le sentiment de la conservation se réveille au premier danger. Qu'un obstacle se présente tout à coup, il s'arrête et l'évite, sans le secours même de la main intelligente qui le dirige. Sur les voies de fer, rien de semblable : la force motrice est aveugle, impétueuse, indomptable. Elle ne s'arrête pas devant l'obstacle; elle le brise ou elle s'y brise. Le convoi, arraché à la ligne qu'il devait suivre, court mille périls ; les masses déplacées sont énormes ; la force acquise est un danger qui survit à toute autre impulsion ; et l'incendie est là prêt à se joindre à toutes ces causes de destruction. Il faut conclure de là que l'administration ne saurait avoir entre les mains trop de moyens d'écarter des chemins de fer tout obstacle inattendu, toute occasion d'accidents possibles.

593. Au point de vue de la conservation des chemins de fer, voici comment on a justifié les dispositions qui ont pour but de les protéger. On a dit : « Si l'on envisage les chemins de fer, soit dans la manière dont ils se forment, soit dans leur destination, il est impossible de méconnaître qu'ils appartiennent nécessairement à la classe de ces objets que la loi considère comme des dépendances du domaine public. En effet, pour ouvrir un chemin de fer, il faut un acte du pouvoir législatif ou de l'autorité royale qui ne l'accorde que dans un intérêt général ; le terrain sur lequel repose le chemin, c'est par voie d'expropriation pour cause d'utilité publique qu'on s'en est emparé ; enfin, c'est au service de tous qu'il est consacré, et l'on ne peut en refuser l'usage à personne.

Si cet usage est subordonné à des conditions spéciales qui dérivent de la nature même des choses, si l'exploitation de ces chemins, c'est-à-dire le mode d'en faire jouir le public est confié à des Compagnies particulières ; enfin, si l'État, lorsqu'il ne veut pas lui-même exécuter les travaux, concède, pour en solder le prix, des perceptions de péage, tout cela n'altère en rien le principe qui préside à l'établissement de ces grandes voies de communication.

Les concessions, quelle qu'en soit la durée, quelle que soit l'étendue des droits qu'elles confèrent, ne sauraient changer la nature des objets auxquels elles se rapportent. Une route royale, un pont, un canal, une rivière sur lesquels l'État aura autorisé, au profit d'un entrepreneur, la perception de certains péages, n'en conservent pas moins leur caractère de voies publiques, et n'en restent pas moins dans la classe de ces choses dont l'usage est commun à tous, et subordonné seulement aux lois et règlements de police.

594. C'est donc avec raison que la loi a reconnu que, considérés comme des dépendances du domaine public, les chemins de fer, construits ou concédés par l'État, devaient être soumis aux dispositions des lois qui ont plus spécialement pour but de protéger ce domaine, c'est-à-dire aux lois et règlements de la grande voirie.

595. De là sortait le principe de la compétence de l'autorité administrative. Il ne pouvait pas y avoir en effet une juridiction pour la conservation des routes de terre, et une juridiction pour la conservation des routes de fer. Les routes de fer comme les routes de terre font partie du domaine public, et il est de principe fondamental que ce qui tend à la conservation du domaine public, est dans les attributions de la juridiction administrative.

Les lois administratives plus variables, plus mobiles que les lois civiles, se prêtent mieux aux nécessités imprévues de tous les instants, aux diverses formes de gouvernement, aux progrès de l'industrie. C'est là leur mérite, leur vertu propre.

596. A l'égard de la police proprement dite des chemins de fer, quelque importants que soient ces chemins en France, les voyageurs et le commerce sont d'avance garantis et peuvent être assurés de la sécurité la plus entière pour tout ce qui est du ressort de l'administration de la police. Cette administration, principalement le personnel qui est appelé à instrumenter dans les localités déterminées par l'arrêté du 3 brumaire an IX, et celui du 12 messidor an VIII, c'est-à-dire le préfet de police et ses nombreux agents, se sont vite pénétrés de l'accomplissement de leurs devoirs sur les chemins de fer déjà si exploités. Et les mesures prises inspirent une telle confiance, que le public qui autrefois s'effrayait de l'approche de la police, est aujourd'hui porté à réclamer son intervention toujours impartiale et souvent bienveillante.

597. L'ordonnance du 15 novembre 1846 portant règlement d'administration publique sur la police, la sûreté et l'exploitation des chemins de fer, est un des monuments qui attesteront le plus haut la sagesse du gouvernement de Louis-Philippe, et elle peut être considérée comme la Charte de nos railways (1). Cet acte important définit les pouvoirs, les droits et les attributions de chacun, soit de l'administration publique, soit des Compagnies. Il ne renferme que des principes généraux, mais ils sont d'une telle fécondité qu'ils éclairent de leur lumière toutes les questions qui peuvent se rattacher à la sûreté et à l'exploitation des chemins de fer.

598. L'art. 71, dont il est facile d'apprécier l'utilité, est surtout fort remarquable. Il porte ce qui suit :

« Lorsqu'un chemin de fer traverse plusieurs départements, les attributions conférées aux préfets par le présent règlement pourront être centralisées, en tout ou en partie, dans les mains de l'un des préfets des départements traversés. »

L'autorité publique a eu ainsi en vue d'éviter la complication des mesures administratives, et de simplifier le service de la surveillance sur les grandes lignes. Mais ceci ne doit s'entendre, selon nous, qu'à l'égard des points éloignés de Paris, de ce centre administratif où tout doit arriver le plus promptement possible, et d'où doivent partir, avec la même célérité, les mesures à exécuter.

Et, comme conséquence de ce principe, l'art. 72 porte que M. le préfet de police, à Paris, est constitué comme préfet centralisateur.

599. L'ordonnance du 15 novembre détermine les attributions des commissaires royaux institués sous ce titre par la loi du 15 juillet 1845. Leur institution a été

---

(1) Charte ! Le mot semble vieux, mais nous espérons qu'il restera français.

ainsi justifiée et définie par les débats des chambres législatives. « Il est important, a dit le ministre des travaux publics dans la séance du 22 mai 1844, de mettre près des chemins de fer des hommes sûrs et capables, qui voient les faits, les constatent à mesure qu'ils s'accomplissent, et les fassent connaître au Gouvernement. L'institution des commissaires royaux est indispensable pour assurer l'exécution des traités avec les Compagnies. Il y a trois espèces de surveillance à exercer sur les chemins de fer : surveillance de la police, pour la sécurité publique ; surveillance des hommes de l'art, pour assurer la conservation de la voie de fer ; surveillance du commissaire royal, pour assurer l'exécution du cahier des charges..... Il ne suffit pas de faire des dispositions réglementaires, il faut qu'elles s'exécutent. On a établi des tarifs ; les conditions auxquelles ces tarifs doivent être appliqués, abaissés ou haussés, il faut qu'un commissaire royal, sans cesse présent, surveille cette application et garantisse le public contre les abus dont il pourrait être instruit. Indépendamment de ces dispositions, il y a pour des Compagnies des stipulations financières dont il faut surveiller l'exécution. A l'égard de quelques Compagnies, l'État a droit à un partage éventuel des bénéfices ; il est important que l'État soit toujours représenté dans l'exploitation des chemins de fer. Cette exploitation est encore à son enfance. »

600. A côté des commissaires royaux, il fut établi des commissaires spéciaux de police chargés de constater les contraventions et de veiller aux stations, et, sur la ligne, à l'exécution des lois relatives à la police des chemins de fer.

SECTION DEUXIÈME

—

DES MESURES RELATIVES A LA CONSERVATION DE LA VOIE.

—

ARTICLE PREMIER. — CONSERVATION DE LA VOIE. — SERVITUDES D'UTILITÉ PUBLIQUE.

601. Les chemins de fer font partie de la grande voirie ; à ce titre, ils doivent être soumis à des lois de police spéciale comme les routes, pour la conservation et la sûreté de la circulation.

602. La loi du 15 juillet 1845, art. 2, a déclaré applicables aux chemins de fer les lois et règlements sur la grande voirie qui ont pour objet d'assurer la conservation des fossés, talus, levées et ouvrages d'art dépendant des routes, et d'interdire sur toute leur étendue le pacage des bestiaux et les dépôts de terre et autres objets quelconques.

603. C'est ici que nous devons tirer les conséquences du principe qui assimile les chemins de fer aux grandes routes, conséquences énormes, avons-nous déjà dit, car, ce mot « grande voirie » révèle, ainsi que le fait remarquer un auteur (1), tout un ordre d'idées et détermine virtuellement, abstraction faite et sans besoin d'aucune indication spéciale, des règles d'administration, de servitudes, de poursuites et de procédure en cas de contravention ; de mesures provisoires, de compétence

(1) M. Jousselin, *Traité des Servitudes d'utilité publique*, tome II, p. 375.

juridictionnelle, de peines, de prescription, etc., etc. En effet, dire que les chemins de fer sont de grande voirie, c'est dire par cela même, en ce qui touche l'administration, que celle de ces chemins appartient aujourd'hui aux préfets, en vertu d'un des décrets des 6, 7 et 11 septembre 1790 qui porte : « L'administration, en matière de grande voirie, appartient aux corps administratifs ; »— c'est dire, en ce qui touche les servitudes, que la libre et facile exploitation et la conservation de ces voies de transports doivent être assurées, même au prix d'assujettissements imposés aux propriétés riveraines en faveur de l'utilité publique ; — c'est dire, en ce qui touche les contraventions, qu'aux chemins de fer s'appliquent les dispositions de la loi du 29 floréal an X, relatives aux contraventions en matière de grande voirie ; — c'est dire, en ce qui touche la procédure, qu'en vertu de la même loi, les procès-verbaux seront adressés au sous-préfet, pour provoquer son action locale, et par conséquent plus prompte ; — c'est dire, en ce qui touche la conséquence juridictionnelle, qu'en vertu de la loi du 28 pluviôse an VIII, qui porte, art. 4 : « Le Conseil de préfecture prononcera sur les difficultés qui s'élèvent en matière de grande voirie ; » et, en vertu de la loi déjà citée du 29 floréal an X, art. 4, il est statué par le Conseil de préfecture en première instance, sauf recours au Conseil d'État ; — c'est dire, en ce qui touche les peines, que les contraventions sont punies d'amendes considérables, mais qui cependant peuvent être modérées par les Conseils de préfecture jusqu'à une limite déterminée ; — c'est dire, en ce qui touche la prescription, qu'aux contraventions qui nous occupent, s'appliquent les art. 2 et 640 du Code d'instruction criminelle et par conséquent la prescription annale, etc., etc. »

604. On remarquera encore que, d'après l'art. 1er de la loi du 15 juillet 1845, l'application des principes que nous venons de rappeler s'étend aux dépendances nécessaires du chemin de fer, et le Conseil d'État a décidé, le 22 juillet 1848, «que la disposition de l'art. 1er de la loi du 15 juillet 1845, qui déclare que les chemins de fer font partie de la grande voirie, est applicable non-seulement à la voie de fer proprement dite, mais encore à toutes les stations, gares et autres emplacements en dépendant. En conséquence, les contraventions commises sur ces emplacements doivent être poursuivies et réprimées comme contraventions de grande voirie. »

605. Du principe que les chemins de fer sont une propriété de l'État, il suit encore que les art. 538 et 2226 du Code civil les protégent contre toute appropriation privée, et qu'ils sont dès lors imprescriptibles.

606. Il suit encore qu'ils ne peuvent être l'objet d'une expropriation forcée de la part des créanciers de la Compagnie concessionnaire, ni même des propriétaires du sol. — Tribunal civil de la Seine, 26 juillet 1850.

607. Il en devrait être autrement, si le chemin de fer avait été construit par et pour l'exploitation d'une entreprise particulière, et qu'il ne fût pas à l'usage du public ; alors il ne serait ni soumis aux règlements de la grande voirie, ni aux lois protectrices du domaine public, ni à la surveillance de l'État.

608. L'art. 3 de la loi du 15 juillet 1845 porte :
« Sont applicables aux propriétés riveraines des chemins de fer les servitudes imposées par les lois et règlements de la grande voirie, et qui concernent : l'alignement,—l'écoulement des eaux,—l'occupation temporaire des terrains en cas de réparation ; — la distance à observer pour la plantation et l'élagage des arbres plantés ;— le mode d'exploitation des mines, minières , tourbières, carrières et sablières dans la zone déterminée à cet effet. Sont également applicables à la confection et à l'entretien des chemins de fer, les lois et règlements sur

l'extraction des matériaux nécessaires aux travaux publics. »

609. Reprenons ces dispositions :

L'alignement. — C'est par application de l'art. 1er de la loi du 14 octobre 1790, qu'il appartient aux préfets seuls revêtus par l'art. 3 de la loi du 28 pluviôse an VIII, de l'administration active, de statuer en premier ressort sur les questions d'alignement, en ce qui touche aux grandes routes, après avoir pris l'avis des ingénieurs des ponts et chaussées. L'arrêt de l'ancien Conseil du Roi, du 27 février 1765, est encore obligatoire, et il a été confirmé par de nombreuses décisions du Conseil d'État actuel en ce qui touche les grandes routes, et, à l'égard des chemins de fer spécialement, il a été décidé que c'est aux préfets qu'il appartient de donner alignement pour construire le long des chemins de fer, et les arrêtés qu'ils prennent à cet égard ne sont pas subordonnés à l'approbation du ministre. En conséquence, la construction, faite conformément à l'autorisation obtenue du préfet, est régulière, encore que l'arrêté d'autorisation serait postérieurement annulé par le ministre des travaux publics, et la démolition ne pourrait en être ordonnée sous prétexte qu'elle constituerait une contravention de grande voirie. — Conseil d'État, 16 avril 1851. — Cet arrêt confirme le principe de l'omnipotence absolue accordée aux préfets en matière d'alignement de la grande voirie.

610. *L'écoulement des eaux.* — Cette servitude résulte d'une ordonnance des trésoriers de France en la généralité de Paris, en la date du 17 mai 1686, qui enjoint aux laboureurs, vignerons et autres, d'aplanir toutes les buttes et tertres de terres qui seront au-devant de leurs terres et vignes, et qui est confirmée par l'art. 8 de l'ordonnance du 17 juillet 1781, conçue en ces termes : « Faisons défense à tous propriétaires dont les héritages sont plus bas que le chemin et en recevaient les eaux, d'en interrompre le cours, soit par l'exhaussement, soit par la clôture de leurs terrains ; leur enjoignons de rendre libre le passage des eaux qu'ils auront intercepté , si mieux n'aiment construire et entretenir à leur dépens les aqueducs, gargouilles et fossés nécessaires à cet usage, conformément aux dimensions qui leur seront données ; le tout sous peine de 50 livres d'amende, et d'y être mis des ouvriers à leurs frais et dépens. » La jurisprudence moderne a consacré cette servitude, et défère cette contravention à la juridiction des Conseils de préfecture.

611. *L'occupation temporaire des terrains en cas de réparation*. — Nous avons traité ce sujet dans le chapitre de la construction des chemins de fer. Les raisons sont les mêmes. Toutefois, comme il ne s'agit pas ici de confection, mais simplement de réparation, d'entretien , comme alors l'atteinte à la propriété est moins grave, puiqu'il ne s'agit que d'occupation temporaire et non d'enlèvement de matériaux, de terres, d'atténuation de la propriété, le Conseil d'État a décidé, par de nombreuses ordonnances, que la désignation préalable des lieux , par l'autorité administrative, n'était pas nécessaire comme dans le cas de fouilles et extractions.

612. *La distance à observer pour la plantation et l'élagage des arbres plantés*. — La plantation d'arbres est prescrite sur le bord des routes, mais elle ne l'est pas sur le bord des chemins de fer. L'utilité n'est pas la même. Aussi la disposition que nous commentons n'a-t-elle trait qu'à la distance et à l'élagage. Mais on ne trouve nulle part la distance à observer dans la plantation , car l'art. 3 renvoie aux dispositions des lois sur la grande voirie, et ces lois sont muettes.

Nous pensons donc qu'il faut se reporter aux règles relatives à l'alignement, et qu'il faut faire fixer la distance par le préfet.

6

Quant à l'élagage, il résulte du décret du 16 décembre 1811, dont le titre VIII est relatif à la plantation des routes, que la permission du préfet est nécessaire pour opérer cet élagage, et qu'il a lieu sur l'avis des ingénieurs et sous leur surveillance. — Art. 102 dudit décret.

613. *Le mode d'exploitation des mines, minières, tourbières, carrières et sablières, dans la zone déterminée à cet effet.* — Nous avons consulté à cet égard la législation spéciale sur les mines, pour nous rendre compte de cette disposition, et nous n'avons trouvé d'applicable que l'art. 29 du décret du 22 mars 1813 portant : « Les cavages de toute espèce ne pourront être poussés qu'à la distance de dix mètres des deux côtés des chemins à voiture, de quelque classe qu'ils soient, des édifices et constructions quelconques, plus un mètre par mètre d'épaisseur des terres. »

614. « *Sont également applicables à la confection et à l'entretien des chemins de fer les lois et règlements sur l'extraction des matériaux nécessaires aux travaux publics.* »

C'est là une disposition qui a été comprise à tort dans la grande voirie et qui regarde les travaux publics. C'est la consécration de ce principe que nous avons déjà développée en traitant de la subrogation de la Compagnie concessionnaire aux droits de l'État. Déjà, cette subrogation se trouvait dans toutes les lois de concession et dans les cahiers des charges qui en déterminaient les droits et priviléges.

Le législateur a voulu l'établir par un texte général, de telle sorte que désormais, ne serait-elle pas insérée dans la loi spéciale de concession, elle n'en existerait pas moins avec les immenses avantages qu'elle comporte.

615. « La question s'est élevée de savoir si une indemnité est due aux propriétaires riverains à raison des servitudes légales qui sont déclarées applicables à leurs héritages en faveur des chemins de fer. La négative aujourd'hui est certaine. Il a été reconnu en principe, lors de la discussion de la loi, que les servitudes d'utilité publique saisissent, comme mesure de police, immédiatement et sans distinction, tous les héritages qui se trouvent dans la situation prévue par la loi, et qu'aucune indemnité n'est due.

616. L'art. 4 de notre loi est ainsi conçu :

« Tout chemin sera clos des deux côtés et sur toute l'étendue de la voie. — L'administration déterminera, pour chaque ligne, et pour ceux des chemins qui n'y ont pas été assujettis, l'époque à laquelle elle devra être effectuée. — Partout où les chemins de fer croiseront de niveau les routes de terre, des barrières seront établies et tenues fermées conformément aux règlements. »

617. On remarque que cet article n'est que le développement du principe que l'on rencontre déjà dans tous les cahiers des charges des concessions, lesquels obligent les Compagnies à clore les chemins de fer des deux côtés et sur toute l'étendue de la voie. Pour que cette disposition ne fût pas éludée, on l'a élevée à la dignité et à la valeur d'une loi. Mais au lieu d'être une servitude imposée aux riverains, elle est imposée aux Compagnies ; son objet est tout de police et de sûreté. « On ne pouvait pas, sans une indifférence blâmable, abandonner les citoyens à toutes les suites de l'ignorance, de l'inattention, de la curiosité, et quelquefois d'une vaine et orgueilleuse témérité. » (Rapport de la Commission de la Chambre des pairs). A cet effet, le long de la ligne, on a prescrit la clôture, et, aux croisements, on a prescrit des barrières.

618. Par le mot administration dont se sert la loi, il faut entendre encore ici son représentant le plus élevé : le ministre.

619. L'art. 4 de la loi du 15 juillet 1845 est conçu en ces termes :

« *A l'avenir, aucune construction autre qu'un mur de clôture ne pourra être établie à une distance de deux mètres du chemin de fer. — Cette distance sera mesurée, soit de l'arête intérieure des talus du déblai, soit du bord extérieur des fossés du chemin, et, à défaut d'une ligne tracée, à un mètre cinquante centimètres, à partir des rails extérieurs de la voie de fer. — Les constructions existantes au moment de la présente loi, ou lors de l'établissement d'un nouveau chemin de fer, pourront être entretenues dans l'état où elles se trouveront à cette époque. — Un règlement d'administration publique déterminera les formalités à remplir par les propriétaires pour constater l'état desdites constructions, et fixera le délai dans lequel ces constructions devront être remplies.* »

On voit qu'il s'agit dans cet article de la servitude *non œdificandi*. Voici comment elle est justifiée : D'après le droit commun, il est loisible de bâtir le long des grandes routes, après avoir simplement obtenu de l'autorité compétente ce que l'on appelle un alignement. Aux abords d'un chemin de fer, il n'en doit pas être ainsi. On peut établir sur sa limite un mur de clôture : car pourquoi le riverain ne pourrait-il pas user, comme droit, de ce que l'art. 4 impose, comme devoir, aux concessionnaires des chemins de fer ? Il n'y a là aucun danger, aucun inconvénient. Le droit de propriété doit rester entier. Mais l'intérêt public, nécessairement lié à la sécurité des voyageurs, ne permet pas qu'il en soit de même des constructions destinées à l'habitation ou à tout autre usage. Il y a là des ouvertures par lesquelles il est possible de laisser tomber ou jeter des meubles, des pièces de bois ou tous autres objets de nature à obstruer ou encombrer la voie de fer. Il y a des murailles élevées, des couvertures, des cheminées dont la destruction imprévue et fortuite pourrait faire verser les convois et occasionner des malheurs irréparables.

Pour obvier à ces dangers, l'art. 5 défend de construire à moins de deux mètres de distance. Cette précaution n'est pas excessive, et il est à croire qu'elle aurait été poussée plus loin sans le respect qu'avec raison on porte chez nous au droit de propriété. En Angleterre, la servitude est beaucoup plus onéreuse.

620. Du point de départ, la distance est mesurée d'une manière positive, invariable, afin que les riverains sachent toujours où finit la servitude et où commence le plein exercice de la propriété.

621. La loi ne peut pas avoir d'effet rétroactif; aussi a-t-elle respecté les constructions déjà existantes, et qui ne seraient pas à l'alignement voulu. Mais, toutefois, les propriétés déjà bâties ont été atteintes de la même manière que, par le plan d'une ville, les maisons déjà construites sont frappées par les lois de l'alignement. Ainsi, les propriétaires ne pourront qu'entretenir leurs édifices, mais non les reconforter, encore moins les reconstruire. La justice exigeait que tous ceux qui étaient placés sur la même zone fussent grevés des mêmes charges. Entre eux, il ne pouvait, il ne devait exister d'autres différences que celles qui résultent du mode d'exercice de la servitude, de son actualité. Si elles ne sont pas bâties, l'interdiction est entière, instantanée; si elles le sont, l'interdiction ne s'opère que successivement et graduellement, jusqu'à ce que, par la destruction volontaire, accidentelle ou amenée par le temps, la servitude soit devenue complète. L'un ne peut pas bâtir, l'autre ne peut pas réparer. Autrement, c'eût été donner à la propriété et aux droits acquis des garanties qu'ils n'auraient pu obtenir sans porter atteinte à la sécurité publique.

622. Cette disposition a été empruntée à la loi du 17 juillet 1819, sur les servitudes militaires qui ne permet aux riverains que le droit d'*entretenir* les constructions existantes, non de les reconstruire ni de les réparer, ni de faire aucune espèce de *travaux confortatifs*.

623. Sur cet article, s'est élevée la question de savoir si la restriction s'applique aux constructions faites au droit des stations.

Le Conseil de préfecture de la Seine-Inférieure a jugé la négative. Sa décision, déférée au Conseil d'État, n'a pas reçu de solution sur ce point, parce qu'elle n'y a pas été l'objet d'un débat ; la voici :

« Les constructions élevées sur les héritages qui sont riverains, non de la voie de fer proprement dite, mais de terrains accessoires du chemin de fer, et par exemple de ceux destinés aux stations, ne sont pas assujetties à la servitude de distance établie par l'art. 5 de la loi du 15 juillet 1845. — 12 janvier 1850. »

Ainsi, il résulte de cette interprétation donnée à la loi, que la restriction du droit de propriété n'est établie qu'au profit de la voie de fer proprement dite.

624. Il a été jugé que la prohibition portée par l'art. 5, d'établir dans une distance de deux mètres d'un chemin de fer aucune construction autre qu'un mur de clôture, interdit également de pratiquer des jours et issues dans ce mur de clôture. — Conseil d'État, 16 avril 1851.

625. Et, par suite du principe que les lois n'ont pas d'effet rétroactif, si des constructions ont été élevées en respectant la distance prescrite par la loi, et que, par suite d'agrandissement de la gare, elles se trouvent à la distance prohibée, leur démolition ne peut être ordonnée. — Conseil d'État, 16 avril 1851.

626. Sauf à l'administration à en exiger la suppression, en vertu de l'art. 10 de la loi du 15 juillet 1845. — Même arrêt.

627. Le fait par un particulier d'avoir, à l'aide de ponceaux en bois, établi un passage sur les fossés de limite d'un chemin de fer, constitue une contravention à l'ordonnance du 4 août 1731 et à la loi du 16 juillet 1845, et le Conseil de préfecture doit statuer sur cette contravention, nonobstant le droit de servitude invoqué par ce particulier comme lui ayant été concédé par la Compagnie concessionnaire du chemin. — Conseil d'État, 27 mars 1851.

Cette décision peut paraître rigoureuse au premier abord, mais il ne faut pas oublier que la Compagnie n'est pas propriétaire, mais simplement concessionnaire, et qu'elle ne peut, dès lors, conférer des droits de propriété perpétuels de leur nature. L'État seul le pourrait. Il suit de là que le sursis ne peut avoir lieu. Les chemins de fer ne constituent pas, comme nous l'avons dit, une propriété privée, mais une propriété essentiellement publique comme les grandes routes.

628. L'art. 6 de la loi prohibe les excavations qui pourraient compromettre la solidité du chemin ; il les soumet à des règles de distance, et à l'autorisation préalable, les Compagnies entendues. Mais il laisse entier l'art. 3, relatif à l'exploitation des mines, tourbières, carrières et sablières.

629. L'art. 7 « défend d'établir à une distance de moins de vingt mètres d'un chemin de fer desservi par des machines à feu, des couvertures en chaume, des meules de paille, de foin, et aucun autre dépôt de matières inflammables. » — Cette prohibition ne s'étend pas aux dépôts de récoltes faits seulement pour le temps de la moisson.

Cette disposition se justifie d'elle-même : la locomotive, dans sa marche, sème toujours des charbons enflammés. Il fallait prévenir les incendies. Une exception a été faite : *Pendant le temps de la moisson*, pour les dépôts de récoltes. De cet article peut naître cette question : En

cas d'incendie, la Compagnie serait-elle responsable?
Nous ne le pensons pas. On n'est tenu de réparer que le
préjudice que l'on a causé par *sa faute.*—Art. 1382 Cod. civ.
— Or, dès que l'on se conforme à la loi, on ne commet aucune faute. *Feci, sed jure feci.*

Remarquons que la prohibition portée par la première
partie de l'art. 7 est absolue.

630. D'après l'art. 8 de la loi, « aucun dépôt de pierres
ou de matières non inflammables ne peut être établi
qu'avec l'autorisation du préfet ; mais cette autorisation
n'est pas nécessaire lorsqu'il s'agit de dépôts temporaires
d'engrais et autres objets nécessaires à la culture des
champs. » Les intérêts de l'agriculture appelaient cette
exception.

631. Toutefois, les règles sur les distances ne sont pas
tellement absolues qu'elles ne puissent être, si ce n'est *augmentées,* ce qui serait une *aggravation* de la servitude qui
ne peut avoir lieu que par la loi ; du moins *diminuées,* ce
qui est une atténuation de la servitude qui peut être
faite par ordonnance, après enquête. — Art. 9.

632. L'art. 10 contient des dispositions très-importantes ; il porte :

« Si, hors des cas d'urgence prévus par la loi des 16-
24 août 1790, la sûreté publique ou la conservation du
chemin l'exige (1), l'administration pourra faire supprimer, moyennant une juste indemnité, les constructions,
plantations, excavations, couvertures en chaume, amas
de matériaux combustibles ou autres, existants dans les
zones ci-dessus spécifiées au moment de la promulgation
de la présente loi, et, pour l'avenir, lors de l'établissement du chemin de fer. L'indemnité sera réglée, pour

---

(1) Il nous semble qu'il faudrait l'*exigent*, car conservation et
sûreté expriment des idées différentes et qui ne sont pas synonymes.

la suppression des constructions, conformément aux art. 4 et suivants de la loi du 3 mai 1841, et, pour tous les autres cas, conformément à la loi du 16 septembre 1807. »

Voici comment on peut justifier cette disposition. Les lois de police, ou si l'on veut les lois de voirie, donnent à l'administration, soit à l'administration municipale, soit à l'administration supérieure, la faculté de faire démolir les bâtiments qui menacent ruine. C'est un droit conféré par l'art. 3 de la loi du 24 août 1790. Et l'on a fait ce raisonnement : Certains chemins de fer peuvent raser, à une distance rapprochée, des édifices, des plantations d'arbres à haute tige. D'après la loi, il faut que l'administration attende que les arbres tombent de vétusté, que les maisons menacent ruine pour pouvoir les faire démolir. Hé bien ! on a dit : Il faut que le Gouvernement soit armé contre ce cas, et on lui a donné la faculté de faire démolir sur-le-champ ces bâtiments et d'abattre ces arbres qui sont encore dans toute leur force ; mais dans ce cas-là, en accordant une indemnité, laquelle doit être *juste* seulement lorsqu'il s'agit de simples dommages, et *préalable* lorsqu'il s'agit d'expropriation.

En effet, il faut faire une distinction entre l'expropriation et les dommages. Le principe de cette distinction se trouve à chaque page de notre droit administratif ; il est écrit dans la loi du 16 septembre 1807 et dans celle du 3 mai 1841. Lorsqu'il y a expropriation, c'est-à-dire dépossession de la propriété, l'indemnité doit être préalable : elle est réglée par le jury. Y a-t-il dommage, c'est-à-dire modification de la propriété, l'indemnité est postérieure ; les dommages ne sont pas appréciés par le jury.

633. Ce principe posé, examinons les diverses hypothèses : la première est la suppression des constructions. Si l'on allait à la rigueur du droit, on pourrait dire qu'il n'y a qu'une modification de la propriété, car le sol est

6.

la chose principale, la construction en est un accessoire, et l'on pourrait trouver alors qu'un simple dédommagement est dû ; mais la modification de la propriété est si profonde, il y a une telle différence entre un sol recouvert de constructions et le sol net, dépouillé des bâtiments qui existaient dessus, qu'il est permis de considérer ce cas comme une expropriation devant être renvoyée à l'appréciation du jury.

634. Y a-t-il expropriation dans les autres cas ? La propriété est-elle non-seulement modifiée, mais tellement dénaturée, qu'on puisse dire qu'elle est détruite ? Arracher du sol des plantations qui y existent tout en le respectant, supprimer la couverture des maisons, fermer une excavation, éloigner un dépôt, c'est causer un dommage au propriétaire, mais ce n'est pas dénaturer la propriété ; la propriété est modifiée, restreinte, mais elle subsiste toujours. C'est là le caractère de simple dommage, le caractère qu'exigent la loi de pluviôse an VIII et celle du mois de septembre 1807, et qui s'apprécie et se fixe par le Conseil de préfecture.

635. Ici s'élève la question de savoir si la Compagnie concessionnaire a le droit de provoquer elle-même la suppression des constructions dans le cas de dommage comme dans celui d'expropriation.

Nous pensons qu'en vertu du principe de la subrogation de la Compagnie aux droits de l'administration, c'est-à-dire de l'État, elle a ce pouvoir en l'exerçant dans les cas d'urgence et pour la conservation du chemin qui importe essentiellement à l'ordre public.

636. Mais par qui l'indemnité sera-t-elle payée ? Le sera-t-elle par l'État en totalité et pour tous les cas, ou par les Compagnies, soit toujours, soit dans quelques cas seulement ?

La question fut posée et le rapporteur de la Commission la résolvait de la manière suivante : (*Moniteur* du 10 avril 1844).

« Ou bien les chemins de fer sont construits entièrement par l'État, ou bien la construction est concédée aux Compagnies avec jouissance temporaire.

» Pour le premier cas, quand le chemin est construit par l'État, l'indemnité doit être à sa charge.—Pour le second cas, lorsque le chemin de fer est construit par les Compagnies, avec concession perpétuelle, les Compagnies doivent payer l'indemnité. — Si, au contraire, la concession n'est qué temporaire, il faut, par un partage équitable, faire supporter le paiement de l'indemnité à l'État et aux Compagnies : l'État, propriétaire du sol, propriétaire du chemin, est nécessairement débiteur du capital de l'indemnité ; de son côté, la Compagnie concessionnaire, qui jouit du chemin, qui en perçoit les avantages, doit nécessairement payer les intérêts de ce capital. »

Mais les paragraphes additionnels qui traduisaient ces solutions ne passèrent pas dans la rédaction définitive de la loi. Que conclure de là? Il nous semble qu'il faut dire : L'indemnité est à la charge de celui qui exproprie, eu égard au caractère d'utilité de l'expropriation. Est-ce l'État ou l'administration dans un but de sûreté publique? Il ne peut mettre évidemment à la charge de la Compagnie une chose qui profite à la généralité des citoyens, et de l'utilité de laquelle il se fait seul juge, appréciateur souverain. Il remplit alors une obligation, un devoir, qui est de son essence même. Est-ce au contraire la Compagnie qui exproprie dans un but de conservation du chemin, pour des cas d'urgence et pour son utilité, sa commodité particulière, dominée toutefois par la nécessité de conservation de la voie? C'est à elle à payer l'indemnité entière.

ART. 2. — CONSTATATION DES CONTRAVENTIONS ET RÉPRESSION.

637. Nous arrivons maintenant à la sanction de la loi, à celle qui statue sur les contraventions et organise les pénalités. L'art. 11 est ainsi conçu :

« Les contraventions aux dispositions du présent titre seront constatées, poursuivies et réprimées comme en matière de grande voirie. — Elles seront punies d'une amende de seize francs à trois cents francs, sans préjudice, s'il y a lieu, des peines portées au Code pénal et au titre III de la présente loi. Les contrevenants seront en outre condamnés à supprimer, dans le délai déterminé par le Conseil de préfecture, les excavations, couvertures, meules ou dépôts faits contrairement aux dispositions précédentes. A défaut par eux de satisfaire à cette condamnation dans le délai fixé, la suppression aura lieu d'office, et le montant de la dépense sera recouvré contre eux par voie de contrainte comme en matière de contributions publiques. »

638. Les chemins de fer étant régis par les lois de la grande voirie, il est conséquent que la juridiction chargée de la répression des contraventions aux lois de la voirie, connaisse de celles dont il s'agit ici. La disposition de l'art. 11 est même redondante ; on avait tout dit en déclarant par l'art. 1er que les chemins de fer faisaient partie de la grande voirie : le principe entraînait de droit les conséquences.

639. Après avoir réprimé les contraventions que commettent les tiers sur et à l'occasion des chemins de fer, il était nécessaire de s'occuper de celles qui peuvent être le fait des Compagnies elles-mêmes. C'est l'objet du titre II de la loi du 15 juillet. L'art. 12 prévoit et punit les infractions aux cahiers des charges et aux décisions rendues en exécution de ces clauses en ce qui concerne le service de la navigation, la viabilité des routes, le libre écoulement des eaux, etc.

640. Les procès-verbaux, dressés par les surveillants ordinaires de la grande voirie, sont notifiés administrativement, le Conseil de préfecture en est saisi, et, s'il y a lieu, une amende de trois cents francs à trois mille francs est prononcée. L'administration peut d'ailleurs prendre toute mesure pour faire cesser le dommage. — Art. 13, 14 et 15 de la loi. (1)

Voici les motifs que l'on alléguait contre le titre II : On lui reprochait de n'être pas à sa place dans une loi sur les chemins de fer, d'être inutile, de confondre les juridictions et le principe de l'égalité devant la loi ; enfin, d'être entaché de rétroactivité, et de méconnaître les règles générales pour l'exécution des conventions.

On disait : Ces dispositions ne sont point à leur place, car, de quoi s'agissait-il dans la loi de la police des chemins de fer? Or, les dispositions du titre II ne concernent pas les chemins de fer, mais les canaux, les routes royales ou départementales, les chemins vicinaux ; il est contraire aux règles d'une bonne codification de confondre ainsi des dispositions différentes, d'intercaler ainsi dans une loi des dispositions qui lui sont étrangères.

(1) Ce titre a été, comme on va le voir, l'objet d'une discussion fort importante et qui prouve que les Chambres anciennes, sur lesquelles il est de bon goût aujourd'hui de jeter l'outrage, considérées comme machines à voter des lois, même d'affaires, apportaient à leurs délibérations vraiment publiques, une maturité et une science dont il est juste et bon, ne serait-ce que pour la sincérité de l'histoire, de leur tenir compte. Les lois actuelles, il faut le dire, feront le désespoir des commentateurs à venir : ils ne sauront où trouver les motifs qui les éclairent, car on les envoie toutes faites au Corps législatif, qui n'a pas même le droit d'amendement. Espérons, toutefois, qu'il se rencontrera des Locré, pour nous en faire connaître l'ESPRIT.

Ce que l'on propose est d'ailleurs inutile ; le Gouvernement est suffisamment armé, soit par les clauses des cahiers des charges des chemins de fer, soit par la législation générale sur la grande et sur la petite voirie. Les clauses du cahier des charges lui donnent le droit de surveiller les travaux, l'exécution du chemin ; la loi du 29 floréal an X, art. 10, sur la grande voirie, le règlement de 1669 maintenu par la loi de 1790 sur la navigation, punissent d'une amende de 300 fr. pour les routes de terre, et de 1,000 fr. pour la navigation, les tentatives qui ont pour objet d'empêcher la circulation sur les voies navigables ou sur les grandes routes.

Enfin, disait-on, les dispositions qu'on propose sont d'autant moins utiles, qu'aujourd'hui c'est l'État lui-même qui fait les travaux d'après la loi du 11 juin 1842.

On confond les juridictions, on méconnaît le principe de l'égalité devant la loi. En effet, les art. 12 et 13 changent la juridiction en matière de petite voirie. « Les contraventions de cette espèce, disait M. le rapporteur, appartiennent à la police municipale, et, en augmentant l'amende, et la portant de 5 fr. à 3,000 fr., on fait passer au Conseil de préfecture ce qui appartient aujourd'hui à l'autorité municipale.

« Or, on veut dépouiller l'autorité municipale au profit de l'autorité générale. Est-ce conforme aux principes? Est-ce en harmonie avec les idées qui dominent? Je ne le pense pas.

» Voyez l'étrange chose ! si un particulier a fait une construction dans un cours d'eau, s'il a entravé ce cours d'eau, ou s'il a rendu un chemin vicinal impraticable, c'est le maire qui sera juge ; mais s'il s'agit de chemin de fer, il faudra aller devant le Conseil de préfecture.

» Dans un cas, il s'agira d'une amende de 5 fr. à prononcer par la police municipale, et dans l'autre d'une amende 3,000 fr. à prononcer par le Conseil de préfecture. Et l'égalité devant la loi, que devient-elle ? Pour le même fait, deux juridictions, deux amendes différentes. Rien, en vérité, n'exige cette anomalie. »

La loi est entachée de rétroactivité, puisqu'elle applique des dispositions nouvelles, à des Compagnies déjà formées, à des conventions librement, volontairement consenties sous la foi publique.

Enfin, elle méconnaît tous les principes sur l'exécution des conventions, car l'État, lorsqu'il traite avec un particulier, n'est lui-même qu'une personne privée. Il est soumis à la loi qu'il s'est faite, et même dans les contrats passés avec l'État sous la sanction des grands pouvoirs constitutionnels, il y a quelque chose de plus sacré que dans les conventions passées avec des particuliers. Le lien de droit ne pourrait être relâché, même pour des considérations d'ordre public, qu'en indemnisant la partie qui souffrirait de cette modification.

Ces objections ont été successivement combattues par M. le ministre des travaux publics.

Il a répondu que la disposition était parfaitement à sa place dans la loi actuelle ; on s'occupe de la police des chemins de fer : il est rationnel, il est logique, si l'on prévoit les contraventions commises sur ces chemins, de prévoir également, de réprimer celles que les entrepreneurs de ces chemins peuvent commettre au préjudice de la navigation ou de la viabilité.

« On dit que la disposition est inutile, que le Gouvernement est suffisamment armé par le cahier des charges. Cette objection serait juste si le Gouvernement avait, dans tous les cas, la direction des travaux. Mais, dans le rapport de la commission, ou les deux mots *diriger* et *surveiller* semblent synonymes, ou l'on paraît croire qu'on a la direction quand on a la surveillance, on a commis une grande confusion entre les travaux exécutés par des entrepreneurs, et les travaux exécutés par des concessionnaires. S'agit-il de travaux d'entrepreneurs? Nous avons la direction, vous avez raison. L'entrepreneur n'est qu'un agent entre les mains de l'administration. Il fait ce qu'on veut, il travaille sur les lieux qu'on lui indique, et d'après les indications qu'on lui fournit; il n'est qu'un agent de l'administration. S'il résiste à ses ordres, un arrêté prononce sa déchéance, l'expulse du chantier, et tout est fini. Si nous étions dans cette situation, est-ce que nous viendrions vous demander des pénalités pour des contraventions commises dans la construction des chemins de fer?

» Mais quand il s'agit de concessionnaires, l'administration a le droit de les regarder, voilà tout; elle n'a pas le droit de diriger elle-même. Mais, nous dit-on, elle a le droit d'approuver les plans. Je le reconnais; mais croit-on qu'on exécute toujours ces plans selon l'approbation qui leur a été donnée? Croit-on que nous serions embarrassés d'en citer des exemples? Nous avons un autre remède, dit-on.

» Nous avons le droit de refuser la réception des travaux, non-seulement la réception provisoire, mais la réception définitive.

» Mais quand il est constant qu'un chemin de fer est propre à être livré à la circulation, lorsque des populations, lorsque des provinces entières attendent que la circulation y soit établie, lorsque les moyens ordinaires de transports se sont effacés devant la crainte de ce moyen tout-puissant qui les envahit et les exclut tous, à la veille de l'ouverture possible d'un chemin de fer sans danger pour la sécurité publique, et qui présente un très-grand avantage pour la prospérité publique, nous irions refuser le permis de circulation, parce qu'il y a un pont sur un chemin vicinal qui n'a pas un débouché suffisant!

» Cela n'est pas possible.

» J'en dirai autant de la déchéance.

» La déchéance ne peut être que bien rarement prononcée; elle frappe non-seulement les administrateurs de la Compagnie, mais la Compagnie tout entière. Que si une Compagnie se montrait récalcitrante en protestant contre la direction de l'administration, si elle refusait d'exécuter le chemin, ou si elle l'exécutait dans des conditions tout autres que celles que l'administration lui aura dictées, que, de guerre lasse, et faute de pouvoir finir autrement, on prononçât la déchéance, je le comprendrais.

» Mais qu'on ait recours à cette grande mesure, à cette grande pénalité, pour obtenir que l'on construise tel viaduc avec tel débouché, en vérité, je ne conçois pas qu'on nous renvoie à de si grands moyens pour obtenir de si petites choses.

» Quant à la mise en régie, elle n'est admise sans contestation que pour les travaux d'entretien, mais il est fort douteux qu'elle soit praticable pour l'exécution même du chemin. »

M. le ministre reconnaît que les lois de 1790 et de floréal an X seraient applicables, mais elles prononcent des amendes insuffisantes ; il est indispensable de les augmenter.

Le reproche de rétroactivité ne lui paraît pas plus fondé. « La rétroactivité existe, a-t-il dit, quand on veut appliquer une loi nouvelle à des faits antérieurs à cette loi ; nous ne demandons rien de pareil. Il n'y en a pas un mot dans le projet de loi, il n'y en a pas un mot dans l'exposé des motifs ; et, en l'absence d'une disposition législative, très-expresse, la maxime générale, la maxime fondamentale de notre droit, est que les lois n'ont d'effet rétroactif et ne disposent que pour l'avenir. Les coupables de contraventions précédentes sont donc protégés contre toutes tentatives de leur appliquer la loi des chemins de fer.

» Ces principes sont trop élémentaires pour qu'il soit besoin de s'y arrêter plus longtemps. »

Passant à une autre objection, M. le ministre dit que

6...

si l'on transporte aujourd'hui aux Conseils de préfecture le jugement des contraventions, même en matière de petite voirie, c'est à cause de l'élévation de l'amende. Comprendrait-on qu'un maire prononçât des amendes aussi élevées ? C'est évidemment le chiffre de l'amende qui est attributif de juridiction. Il en est de même en matière civile, la juridiction est fixée par le chiffre de la demande.

Enfin, les deux derniers griefs contre le titre II portent : 1° sur la violation de la convention, de la loi, du contrat formé entre l'État et la Compagnie ; 2° sur l'inégalité établie entre les concessionnaires et les simples particuliers, relativement à la pénalité établie.

Voici les réponses qui ont été faites :

« Autre chose est une convention entre particuliers, autre chose est une convention passée avec l'État.

» Les particuliers n'engagent que leur propriété, et la propriété, comme on le sait, c'est le droit d'user et d'abuser ; les particuliers font de leur chose ce qu'il leur plaît; ils stipulent les conditions qui leur paraissent utiles, et si ces stipulations ne sont pas exécutées, ils s'adressent à l'autorité judiciaire ; car ces stipulations ne peuvent plus être modifiées que du consentement de toutes les parties.

» Autre chose est une convention passée avec l'État. L'État engage bien autre chose que des intérêts privés ; il engage l'intérêt général, contre lequel on ne peut pas prescrire : l'intérêt général, qu'on ne peut pas compromettre ; l'intérêt général, qui se défend toujours ; l'intérêt général, dont vous êtes les tuteurs permanents et irrévocables : l'intérêt général, auquel vous devez sans cesse appui, et auquel vous ne le refuserez jamais.

» Si la convention passée entre l'État et un particulier n'engage pas les intérêts généraux, il n'y aura point de pénalité, point d'amende déterminée : l'autorité ordinaire, judiciaire ou exceptionnelle, interviendra ; on suivra le cours habituel des choses.

» Mais les intérêts généraux sont-ils engagés? C'est différent.

» Que donne à une Compagnie un cahier des charges qui lui concède un chemin de fer? Il lui concède bien des choses. S'agit-il de le construire? Il lui donne le droit qui n'appartient à personne, de couper toutes les communications, de suspendre le cours des eaux, de traverser toutes les routes, routes royales, routes départementales, chemins vicinaux, rivières navigables ou non navigables; tout est soumis à l'action d'une Compagnie: elle passe partout, elle rompt tout.

» Or, si l'on donne aux Compagnies de tels pouvoirs, quand l'intérêt général le réclame, c'est sous certaines conditions, et cette autorisation conditionnelle ne peut être utilisée qu'en se conformant aux prescriptions du cahier des charges.

» La deuxième concession qui est faite à un chemin de fer, c'est d'établir un mode de transports qui efface, qui annule tous les autres; c'est de lui concéder, je ne dirai pas un monopole, puisque c'est dans l'intérêt général, mais c'est de lui concéder un moyen de communication qui, supprimant tous les autres, fait dépendre d'une Compagnie la circulation de toute une province, quelquefois de tout un pays; c'est lui concéder un moyen de transports qui exposerait les citoyens aux plus grands dangers s'il n'était pas entouré de toutes les précautions que la prudence humaine peut suggérer. La concession d'un chemin de fer ne peut donc être faite qu'à condition d'assurer la régularité et la sécurité de l'exploitation. Eh bien! que vos cahiers de charges prononcent ou non des pénalités, toutes les fois que ces intérêts généraux seront engagés, ce ne peut pas être en vain que vous aurez prescrit telle ou telle mesure.

» Vous faites des objections au titre II; vous avez droit d'en faire également à tous les autres. Dans le titre III, nous demandons une pénalité pour les contraventions. Cette pénalité n'est pas écrite dans le cahier des charges.

» Cependant, quand vous avez vu la sécurité publique intéressée, vous n'avez pas hésité : l'intérêt général vous a paru engagé; vous avez renoncé à la doctrine de distinction entre les contraventions qui n'admettent qu'une réparation civile et celles qui exigent des amendes ; et, quoique les pénalités ne soient pas écrites dans le cahier des charges, vous avez cru pouvoir les inscrire dans la loi. Eh bien, ce que vous avez fait pour le titre III, je le demande pour le titre II, car il y a aussi un intérêt général. L'intérêt général du titre III, c'est l'intérêt des personnes ; l'intérêt général du titre II, c'est l'intérêt des choses. C'est toujours un intérêt général engagé dans l'exécution du contrat. »

Relativement à l'inégalité établie entre les concessionnaires et les particuliers, elle résulte de la nature même des choses, comme l'a dit en terminant M. le ministre :

« Comment ! un simple particulier est condamné à des peines correctionnelles, parce qu'il a laissé des dépôts sur la route royale ou sur la route départementale, sans y être autorisé ; et celui qui est autorisé à stationner sur une route royale ou départementale, à de certaines conditions, et qui viole ces conditions ; celui qui a reçu un mandat public, et qui viole ce mandat public, ne serait pas plus puni que ce particulier ! Il y aurait là une contradiction qui serait également contraire à l'équité et à la raison. »

Ces considérations ont prévalu. L'article du Gouvernement, devenu l'amendement de M. Delporte, a été adopté et forme le titre II de la loi.

641. M. le ministre des travaux publics a justifié ainsi la disposition de l'art. 12 :

« Les clauses des cahiers des charges sont impuissantes par elles-mêmes ; elles sont inactives par elles-mêmes, elles ont besoin d'être mises en œuvre par une décision administrative.

» Ainsi, je prends une des clauses des cahiers des charges ; une clause habituelle d'un cahier des charges porte qu'à la traversée d'un cours d'eau, par exemple, il faudra que le projet de viaduc qui doit traverser le cours d'eau soit approuvé par l'autorité administrative ; une clause habituelle des cahiers des charges porte : qu'à la traversée d'une route royale ou départementale, il faudra que l'ouvrage d'art, à l'aide duquel la traverse aura lieu, soit approuvé par l'autorité administrative.

» Que fait une Compagnie concessionnaire quand elle se trouve dans le cas prévu par le cahier des charges ? Elle dresse un projet ; le projet est approuvé par l'administration ; le projet doit être exécuté par la Compagnie ; s'il n'est pas exécuté, c'est ici que la contravention aura lieu : elle n'a pas lieu contre la clause qui impose l'obligation de recourir à l'autorité administrative.

» Si vous supprimez l'obligation de se conformer, sous la pénalité portée, aux décisions rendues par l'autorité administrative en exécution des clauses du cahier des charges, vous supprimez l'article tout entier; car la clause est générale ; elle est, comme je le disais tout à l'heure, inactive ; elle est impuissante par elle-même ; elle n'a d'autorité, elle n'a d'action, de vie, que par la décision qui est rendue en exécution de cette clause. »

SECTION DEUXIÈME.

DES MESURES RELATIVES A LA SURETÉ DE LA CIRCULATION SUR LES CHEMINS DE FER.

ARTICLE PREMIER. — RÈGLES GÉNÉRALES.

642. Lorsqu'on songe aux désastres que la malveillance peut causer sur les chemins de fer, aux facilités que le crime possède pour atteindre son but, enfin, aux résultats que peut amener une simple imprudence, on se demande si la prévoyance humaine peut prescrire des précautions assez minutieuses, et, la loi, prononcer des peines assez fortes pour prévenir et punir des actes dont les funestes conséquences effraient l'imagination elle-même.

643. Toutefois, s'il faut satisfaire de justes inquiétudes, il ne faut pas céder à l'exigence d'appréciations exagérées ; et, quelque déplorables que soient les accidents, dont nous avons été les tristes témoins, il ne faut pas que leur souvenir nous entraîne à prendre des mesures qui enchaîneraient l'usage même de ces voies de communication.

644. Frapper des peines les plus sévères la volonté criminelle, quel que soit le moyen qu'elle emploie pour arriver à ses fins ; punir de peines considérables encore les imprudences qui compromettent la vie des voyageurs; enfin, contraindre à l'observation des règlements ceux-là surtout qui sont chargés de l'exploitation des chemins de fer, tel est le triple objet que réclame la sûreté publique.

645. Mais vouloir déterminer d'avance d'une manière précise, absolue, tous les faits au moyen desquels la malveillance ou l'imprudence peuvent se produire, c'eût été exiger de la loi ce qu'elle ne peut et ne doit pas faire ; c'est donc avec raison, selon nous, qu'elle se borne à appliquer, dans des termes généraux, aux crimes et aux délits qu'elle veut punir, et dont elle peut définir les conséquences, des dispositions pénales presque toujours empruntées à notre Code (1).

646. C'est pour répondre à des préoccupations aussi légitimes que furent édictées les peines portées dans les art. 16, 17 et 18 de la loi du 15 juillet 1845.

Il n'entre pas dans notre plan de nous occuper de cette matière, qui regarde spécialement la vindicte publique, et n'intéresse la police proprement dite des chemins de fer qu'au point de vue purement social. Nous allons donc nous restreindre aux mesures prescrites aux Compagnies pour assurer la libre circulation des convois sur les chemins de fer, et éviter les dangers qui peuvent résulter, soit de la négligence, soit de l'imprudence des employés et agents.

647. Tirons d'abord de la loi du 15 juillet les dispositions générales qui dominent la matière et dont l'ordonnance du 15 novembre 1846 n'est que le développement. Il faut bien, en effet, se pénétrer de cette vérité, c'est que le principe des peines applicables à la violation du règlement ne peut se trouver que dans la loi, et si la contravention à des décisions ministérielles ne peut être la source d'une pénalité quelconque, ce ne doit être qu'avec cette explication que les décisions auront été prises en exécution des clauses du cahier des charges. En effet, repoussant cette objection « que l'on pourrait créer des contraventions par des décisions quelconques (2), » le ministre

(1) Rapport de M. Chasseloup-Laubat à la Chambre des Députés.
(2) M. Laplagne-Barris.

répondit : «Nous ne voulons pas créer des contraventions par voie de décisions ministérielles, et surtout par voie de circulaires administratives, Dieu nous en garde! mais les clauses des cahiers des charges, qui font la loi des parties, ont souvent besoin, pour être mises à exécution, de décisions ministérielles qui n'ont de valeur qu'autant qu'elles sont rendues en exécution du cahier des charges lui-même. En voici un exemple : Le cahier des charges dit que les routes royales ne pourront être détournées qu'à la condition d'être rétablies sur une pente déterminée. Eh bien! un détournement est demandé. Une décision ministérielle intervient qui modifie, ratifie, élargit, rétrécit, comme on voudra, la décision du cahier des charges. Elle déclare que cette décision ne pourra avoir lieu qu'à la condition d'une pente ou plus forte ou plus faible. Eh bien! est-ce que cette décision ministérielle ne devient pas le cahier des charges lui-même? Est-ce que l'on peut y contrevenir sans contrevenir au cahier des charges lui-même? Est-ce qu'elle n'est pas en quelque sorte le cahier des charges mis en action? Est-ce que, si vous lui déniez l'autorité qu'elle doit avoir, est-ce que vous ne la rendriez pas ou impuissante ou stérile, en retirant toute sanction à la décision ministérielle qui a pour objet de l'appliquer? »

648. C'est dans ce sens seulement qu'il faut entendre la disposition pénale de l'art. 12 de la loi et toutes les autres dispositions de même nature insérées dans la même loi. Si donc le germe d'une pénalité ne se trouve pas écrit dans la loi-principe, aucune pénalité ne peut dériver du règlement général.

Il n'y a qu'une exception, c'est le cas où il s'agirait d'une mesure particulière ou locale prise d'urgence par une autorité compétente dans l'intérêt de la sûreté publique, et alors l'infraction serait une simple *contravention,* tombant sous l'application de l'art. 475 du Code pénal, jamais un *délit, peine de police,* et jamais *peine correctionnelle.*

La résistance à l'agent d'une Compagnie tombe sous l'application de l'art. 209 du Code pénal, qui définit la rébellion, toute attaque, toute résistance avec violence et voies de fait envers les officiers ou agents de la police administrative.

Une des principales préoccupations des exploitants, ce sont les collisions entre les gardiens et le public. La foule les bouscule et les maltraite. Il faut que les coupables puissent être poursuivis, sans que la Compagnie se porte partie civile, par le ministère public et au nom de la loi.

Cette disposition a été empruntée à la législation anglaise et à la loi belge.

649. Autre observation générale. Quand il y a contravention, qui a droit de poursuivre la répression ? Est-ce à la Compagnie concessionnaire, ou bien est-ce à l'administration ? La question est grave. Le Conseil d'État par un décret, en date du 12 janvier 1850, l'a résolue en ces termes :

« Vu la loi du 15 juillet 1845 sur la police des chemins de fer, et celle du 28 pluviôse an VIII. — Considérant que si la loi du 15 juillet 1845 donne aux agents préposés à la conservation et à la police du chemin de fer, et dûment assermentés à cet effet, le droit de constater les contraventions aux dispositions de ladite loi, aucun article de cette loi n'attribue aux concessionnaires de chemins de fer le droit de poursuivre lesdites contraventions qui doivent être poursuivies et réprimées comme en matière de grande voirie, aux termes de l'art. 11 de la loi sus-mentionnée : qu'ainsi la Compagnie concessionnaire est sans qualité pour se pourvoir contre l'arrêté du Conseil de préfecture qui a renvoyé le sieur Tourblain des fins du procès-verbal dressé contre lui le 31 juillet 1846, pour contravention à la loi sus-visée. »

650. Cette décision nous paraît conforme aux véritables principes. L'art. 1er de la loi du 15 juillet 1845 déclare que les chemins de fer font partie de la grande voirie, et que, d'après l'art. 11, les contraventions à cette loi doivent être constatées, *poursuivies* et réprimées comme en matière de grande voirie. Or, l'art. 1er de la loi du 29 floréal an X confie à l'administration le soin de poursuivre la répression des contraventions en matière de grande voirie. Le Conseil d'État n'a donc fait qu'appliquer ces dispositions combinées en donnant aux Compagnies de chemins de fer un pouvoir exclusivement confié à l'administration.

651. Pour qu'une Compagnie pût exercer un tel pouvoir, il faudrait que ce droit de poursuite eût été l'objet d'une délégation expresse, ainsi que cela a eu lieu, notamment en faveur de la Compagnie des canaux d'Orléans et de Loing. — Art. 67 du décret du 22 février 1813. — Un auteur regrette qu'une semblable décision soit intervenue, et, quoique fondée sur les principes, il la regarde comme malheureuse et contraire aussi bien aux intérêts de l'État lui-même qu'aux intérêts légitimes des concessionnaires. Mais la vigilance de l'administration, stimulée par l'intérêt de l'État, préviendra les inconvénients qui pourraient en résulter, et une loi récente appelle d'une manière toute particulière l'attention des agents de l'administration sur les contraventions qui seraient commises à la police des chemins de fer, en prescrivant aux commissaires et sous-commissaires préposés à la surveillance de ces chemins de transmettre à l'administration toutes les contraventions qu'ils constateront. — Loi du 27 février 1850, art. 4.

652. On remarquera que les constatations des contraventions ne peuvent avoir lieu que par des agents assermentés ; et ce n'est pas sans intention qu'on les a soumis à la nécessité du serment préalable ; des capitaux étrangers sont venus se joindre aux nôtres pour aider à la confection des chemins de fer. Des employés étrangers les ont accompagnés, et il n'est pas rare d'en compter un certain nombre parmi les conducteurs, gardes-usines et piqueurs, auxquels l'art. 12 donne le droit de dresser des procès-verbaux de contraventions, comme l'art. 23 leur a conféré celui de constater les délits et les crimes. Or, on n'a pas voulu déléguer une partie de la puissance publique à des individus qui ne seraient pas Français. En refusant, ce qui est leur droit, d'admettre au serment les étrangers, les tribunaux réserveront exclusivement aux Français le droit de dresser les procès-verbaux de contravention.

653. Ces principes généraux posés, nous allons entrer dans le vif des questions soulevées par la police des chemins de fer :

1° Relativement aux Compagnies ou concessionnaires ;
2° Relativement au public ;
3° Relativement à la responsabilité pénale ou civile.

ART 2. — RÈGLES DE POLICE APPLICABLES AUX CONCESSION-NAIRES DE L'EXPLOITATION DES CHEMINS DE FER.

654. Ces règles sont écrites dans les titres Ier, II, III, IV, VI et VIII de l'ordonnance du 15 novembre 1846, (Voir *Appendice.*)

Le titre Ier s'occupe des stations et de la voie. Il fixe les conditions sans lesquelles les voitures publiques ou particulières ne pourront stationner et circuler dans la gare. Il met à la charge de la Compagnie l'entretien du chemin de fer, prescrit d'établir des gardiens, soit aux croisements, soit aux barrières, fixe le moment de l'éclairage ; enfin il donne aux préfets, dans les départements, et au préfet de police à Paris, sous l'approbation du ministre des travaux publics, compétence pour la haute surveillance des chemins de fer. — Art. 1er, 2, 3, 4, 5 et 6.

655. L'admission des voitures dans la gare ne peut faire l'objet d'aucun privilége pour une entreprise au préjudice d'une autre, et il a été décidé que l'administration d'un chemin de fer ne peut être maîtresse de l'entrée de sa gare, à ce point de la refuser aux uns et de la permettre aux autres. Ce refus constituerait, à notre avis, non-seulement un droit à obtenir de dommages-intérêts, mais encore pourrait être considéré comme une contravention.

656. Les arrêtés pris par un préfet pour prescrire certaines mesures de sûreté dans l'exploitation d'un chemin de fer (par exemple, de conduire les locomotives au pas dans un endroit où un éboulement s'est manifesté), sont obligatoires pour les agents d'une entreprise lorsqu'ils ont été notifiés au directeur représentant la Compagnie concessionnaire. — Cassation, 9 mai 1844.

957. Mais l'arrêté préfectoral n'est exécutoire que lorsqu'il a été porté à la connaissance de la Compagnie par une notification préalable, et il a été jugé que cet arrêté était valablement notifié au directeur représentant la Compagnie concessionnaire, lequel se trouvait chargé d'en donner connaissance à tous les agents de l'entreprise. Ceux-ci ne peuvent donc, en cas de contravention de leur part à l'arrêté, s'excuser, sous prétexte qu'ils en ignoraient les dispositions. — Cassation, 9 mai 1844.

658. La Cour de cassation s'est fondée sur les art. 68 et 69, n°s 3 et 6 du Code de procédure civile, portant que les sociétés ou administrations assignées ne peuvent être admises à prouver qu'elles n'ont point eu connaissance des exploits à elle notifiés en parlant à leurs préposés, et elle a considéré qu'en renvoyant de la poursuite sur ce motif, il y avait eu violation de l'avis du Conseil d'État du 25 prairial an XIII, et de l'art. 471, n° 15 du Code pénal.

« Attendu, a-t-elle dit, que les actes de l'autorité qui

s'adressent à l'universalité des habitants sont les seuls
qui aient besoin, pour être obligatoires, d'être publiés
dans les formes ordinaires; qu'il suffit de notifier les
autres aux personnes qu'ils concernent; que cela est
ainsi décidé, relativement aux décrets impériaux, par
l'avis du Conseil d'État sus-visé, dont les dispositions
doivent servir de règle pour les règlements et arrêtés. »

659. Sur l'application des art. 12 et 13 de l'ordonnance
s'est élevée une grande question : c'est celle de savoir si
les peines prononcées par l'art. 21 de la loi du 15 juillet 1845
sont aussi bien applicables aux contraventions qui concernent la commodité des voyageurs, qu'à celles qui
concernent leur sûreté. Et, par exemple, si l'inobservation des règlements qui prescrivent à la Compagnie de
garnir les voitures de crin, au lieu de foin, tombe sous
l'application de l'art. 21 de la loi précitée.

M. l'avocat général Nicias Gaillard a donné, à l'occasion
de cette affaire, des conclusions remarquables, pleines
d'idées élevées, et dont nous croyons devoir ici reproduire quelques passages :

« Il y a, a-t-il-dit, deux personnes dans l'État, la personne
civile et la personne politique. L'État stipulant dans un
contrat est dans la position de toute autre partie contractante, il a les mêmes droits et les mêmes obligations ;
pour lui, aussi, la convention fait loi. Mais s'il a des intérêts privés, et s'il les administre aux mêmes conditions
légales qu'un père de famille administre son patrimoine,
il est aussi d'un autre côté le tuteur et le dépositaire de
l'intérêt public. C'est là son soin le plus important, le premier de ses droits et de ses devoirs. Cette haute et suprême administration ne saurait s'aliéner. L'État concède
aujourd'hui la jouissance d'un chemin de fer et règle
par un cahier des charges les conditions civiles du bail
qu'il vient de consentir ; il lui reste, dans un autre ordre
d'idées et d'intérêts, beaucoup de choses à faire relative-

ment à ce chemin, et de grandes choses ! Gardien de l'ordre et de la paix, responsable de la vie et de la sûreté des citoyens, il devra prévenir, autant que possible, les troubles publics et les accidents particuliers ; devancer, par la sagesse des règlements, les enseignements de l'expérience ; prévenir, prescrire, prohiber, et, pour sanction à cela, prononcer ou appliquer des peines dans les limites où la loi lui aura délégué le droit de punir. S'il ne le pouvait plus, qui donc le pourrait? ou bien, comment la société, qui ne sera pas toute seule, marcherait-elle? Après comme avant, l'État reste l'État. En tout ce qui tient à l'ordre public, il a les mêmes droits et les mêmes devoirs sur le chemin concédé que sur toute autre chose dans le territoire. »

Après ces idées générales, M. l'avocat général, serrant de plus près la question du procès, s'attache à déterminer la compétence des règlements d'administration publique en cette matière. Il cite l'art. 9 de la loi du 11 juin 1842, relative à l'établissement des grandes lignes de chemins de fer ; l'art. 59 du cahier des charges, annexé à la loi de concession du chemin de fer d'Orléans à Bordeaux; l'art. 21 de la loi du 15 juillet 1846. Dès le principe, les droits de l'administration ont été expressément réservés; des Compagnies s'y sont soumises; la loi de 1845 y a ajouté une sanction pénale.

En présence de ces dispositions, est-il possible de distinguer entre la *sûreté* et la commodité? et est-ce à tort que l'ordonnance du 15 novembre 1846 a, par son art. 12, prescrit à la fois, et sous la même garantie, celle de l'art. 79 de la loi de 1845, à laquelle cet article renvoie, « que ses voitures devront être *commodes* et pourvues de ce qui est nécessaire à la *sûreté des voyageurs ? » La police, la sûreté et l'exploitation du chemin de fer,* voilà ce que la loi laisse à régler aux ordonnances délibérées en Conseil d'État. Or, qu'y a-t-il de plus général que ces mots : *police* et *exploitation ?*

« Assurément, la *police* comprend la sûreté. La sûreté des personnes, c'est le principal objet des lois et règlements de police ; cependant, eu égard à ce grand intérêt dont elle est surtout préoccupée, après en avoir parlé d'une manière générale, elle veut en parler à part. A la bonne heure ! il y aura alors deux mots dans la loi : le nom commun et le nom propre ; mais de ce que le mot *sûreté*, employé après le mot *police*, aura pris à celui-ci une partie de sa signification générale pour l'appliquer dans un sens plus précis, les autres objets qu'il embrasse n'y resteront pas moins compris ; *police* ici ne voudra plus dire *sûreté*, je le veux bien, puisque le mot même de sûreté se chargera de le dire ; mais d'ailleurs son sens ordinaire lui restera, et même il deviendra plus évident que si le mot *police* comprend, et au premier rang des choses auxquelles il s'applique, la sûreté des personnes, il ne se borne pas cependant à cela, puisqu'ici, dans un cas où si la loi n'eût voulu parler que de sûreté, elle n'eût eu, en prenant le mot propre, rien de plus à dire ; la loi juge encore nécessaire de l'employer. La *police*, en effet, s'entend de tout ce qui tient à l'ordre public. La police d'un chemin de fer, c'est la surveillance de ce chemin de fer dans tous ses rapports avec l'ordre public. La police s'entendrait aussi de la commodité des personnes ! Pourquoi pas ? La loi du 24 août 1790, qu'on peut considérer comme la loi organique de la police municipale, place précisément, dans la détermination des objets de police confiés à la vigilance des corps municipaux, la commodité tout à côté de la sûreté. Quand les auteurs veulent comprendre dans des expressions générales les différents objets sur lesquels peuvent légalement porter les règlements de l'administration en matière de police, ils citent de suite et nomment à la fois *la sûreté, la commodité, la salubrité, la tranquillité publiques.*

» Et d'ailleurs serait-il toujours possible, en une telle matière, de distinguer exactement la commodité de la

sûreté? Quand l'administration exige que les voitures
soient commodes, ce n'est pas par délicatesse, c'est par
prudence. Ne faut-il pas, par exemple, que la place affectée à chaque voyageur ait assez de longueur et de largeur, et ainsi, à ne voir que cela, soit assez commode
pour qu'en cas d'accident, ces voyageurs soient moins
exposés à se briser les uns contre les autres, ou contre
les bans qui leur font face? On se récrie sur ce que l'administration exige la substitution du crin au foin dans
les coussins ; mais est-il indifférent que les bancs soient
garnis de substances suffisamment élastiques pour
amortir ou diminuer l'effet des secousses ou des chocs,
effets trop souvent mortels? Ce n'est pas là du luxe ; le
commode, ici, ce n'est pas le superflu : c'est l'utile.

» Parmi les changements réclamés, il en est un d'ailleurs qui intéresse au plus haut degré la santé des voyageurs, et, sous ce rapport du moins, il n'y a plus de distinctions possibles. Veiller à la sûreté des voyageurs, ce
n'est pas seulement prévenir, autant que possible, les accidents violents, tels que les rencontres ou les déraillements, c'est aussi préserver les voyageurs de tout autre
mal qui pourrait leur arriver. Quand on voyage sur les
chemins de fer, le tout n'est pas de s'en tirer la vie
sauve ; il est bien sans doute de n'y être ni brisé ni
écrasé, mais il est permis de demander davantage. On ne
meurt pas toujours de la même façon ; les maladies aussi
tuent à leur manière, qui n'est pas la moins sûre. La
santé, en un mot, tient bien apparemment à la sûreté.
Or, l'un des changements auxquels la Compagnie refuse
de se soumettre, c'est que les rideaux, dont les voitures
de troisième classe doivent être munies, suivant le cahier
des charges, soient placés de manière qu'on puisse les
ouvrir de l'intérieur de la voiture et qu'ils préservent les
voyageurs du vent et de la pluie. Est-ce trop? Si l'on n'a
pas partout l'affligeant et le dégradant spectacle de cet
entassement de têtes humaines exposées, dans des wa-

gons découverts, à toutes les intempéries des saisons, faut-il, du moins, sans pouvoir d'être accusé d'exigence luxueuse, veiller à les défendre contre le froid, la pluie et ces courants d'air si dangereux que détermine l'extrême rapidité des coursiers? Ce n'est encore là que de l'humanité. Il n'y a pas à remercier autrement la loi ou l'ordonnance de vouloir nous épargner, si elles le peuvent, les rhumes et les pleurésies !

» Ce n'est pas tout d'ailleurs: il resterait dans l'art. 21 de la loi de 1845, pour régulariser l'ordonnance du 15 novembre 1846 et les règlements faits en exécution de l'une ou de l'autre, un mot plus général encore, un mot plus exact : le mot *exploitation*. Ce qui échapperait aux mots *police* et *sûreté*, le mot *exploitation*, placé derrière eux, le recueillerait. Il était impossible de parler plus largement. On voit que, sentant son insuffisance à tout prévoir, la loi, quand elle a déclaré s'en rapporter à l'ordonnance, a voulu lui laisser toute liberté dans une sphère d'ailleurs déterminée ; ne pouvant descendre dans le détail infini des cas particuliers, elle s'est servie à dessein d'expressions assez larges pour n'en n'exclure aucun.....

» Ne nous alarmons pas, dit en finissant M. l'avocat général, du pouvoir laissé en cette matière aux règlements d'administration publique. Les chemins de fer ne datent que d'hier en France ; les lois qui les ont créés pouvaient-elles se flatter de les bien connaître avant leur naissance? Savaient-elles tout d'avance ? n'avaient-elles rien à apprendre de l'avenir?..... Or, les lois ne se refont pas tous les jours. L'ordonnance, elle, est plus dégagée et plus libre ; elle sait suivre plus aisément les arts dans leurs progrès ; elle profite plutôt des enseignements de l'expérience. Ce n'est pas à dire, sans doute, que la loi doit abdiquer en sa faveur ; mais quand, dans les limites qu'elle prend d'abord soin de déterminer, la loi délègue à l'ordonnance un pouvoir qu'elle ne pourrait pas exercer utilement par elle-même ; elle est doublement sage de ne pas prétendre faire ce qu'elle ferait mal, et de le donner à faire à qui est en position de le faire bien.

» Enfin, dans cette impuissance manifeste de la loi à tout régler, tout prévoir, il faut choisir entre l'administration publique et les Compagnies; l'administration, qui n'a d'autre intérêt que l'intérêt public et des Compagnies, assurément très-dignes d'égards et de considération, qui peuvent beaucoup pour l'honneur et la prospérité du pays, mais de qui il serait rigoureux d'exiger qu'elles subordonnassent toujours leur intérêt à l'intérêt public.

» Ce qu'il y a à craindre, ce n'est pas que le pouvoir soit toujours trop fort contre les Compagnies, c'est bien plutôt que les Compagnies ne soient trop fortes contre le pouvoir. Des associations composées d'hommes considérables, disposant de ressources immenses, chargées d'accomplir les plus grandes œuvres de leur temps, auront toujours dans la société une place auprès du Gouvernement, une influence en rapport avec l'importance de leur entreprise et l'utilité que le pays en attend.

» Que peuvent-elles redouter de la part du Gouvernement, qui est intéressé sous tant de rapports à leurs succès? Il ne saurait connaître cette jalousie qui voit avec peine ce qui prospère, et se console, en contrariant le bien, de ne pas toujours réussir à faire le mal. Un Gouvernement a toujours une part dans tout ce qui se fait de grand, même par d'autres que lui, pendant qu'il gouverne. C'est pour lui une noble ambition de donner son nom, d'assigner sa date à ces grandes œuvres qui vivent dans l'histoire, et font vivre avec elle tout ce qui s'y rattache. Certes, puisque c'est la triste condition de l'humanité de marcher toujours entre deux dangers contraires, il y a bien plus à redouter ici la facilité ou la complaisance qu'une hostilité inintelligente ou une envieuse rivalité.

» Que la justice donc, au lieu de contester à l'administration le pouvoir que la loi lui a laissé, le protége et le fortifie en y ajoutant le sien ! Dans les luttes que la puissance publique a souvent à soutenir contre l'intérêt privé, il n'y a point à lui rendre la fermeté plus difficile ! C'est vers le but contraire que la justice doit tendre par la sanction de ses pensées et l'autorité de ses arrêts. »

La Cour suprême a rendu, à la date du 6 janvier 1848, un arrêt conforme à ses conclusions. (Voir le texte à l'*Appendice.*)

660. Le titre II de l'ordonnance de règlement est relatif aux mesures prescrites pour le matériel employé à l'exploitation. Il regarde beaucoup plus les ingénieurs que les jurisconsultes. Les décisions rendues par les ingénieurs, et qui auraient pour but de rejeter du matériel des locomotives endommagées ou hors d'état de service, d'ordonner des réparations, ou enfin toutes mesures propres à assurer la sûreté de la circulation, doivent évidemment être souveraines, et ne peuvent être déférées aux tribunaux. Le contentieux judiciaire n'a donc rien à y voir ; aussi devons-nous nous borner à renvoyer au texte des dispositions que contient notre titre.

661. Il n'en est pas de même du titre III ; il a donné lieu à des solutions importantes et sur lesquelles nous devons arrêter notre attention. Ce titre s'occupe des mesures relatives à la composition, au départ et à l'arrivée des trains. Il énumère le personnel que doit contenir chaque train (art. 15) ; indique la place des locomotives, leur nombre, leur marche ; prohibe le transport des matières inflammables, prescrit les signaux de départ, place les gardes et éclaire le convoi par des fanaux et des lampes intérieures. — Art. 14 à 28 de l'ordonnance. — Ce sont les préparatifs en quelque sorte solennels du départ auxquels l'autorité publique assiste, et qu'elle surveille avec sollicitude.

Voici les solutions que la jurisprudence fournit sur notre titre.

662. L'art. 17 de l'ordonnance réglementaire du 15 novembre 1846 sur les chemins de fer, qui exige que tout convoi ordinaire contienne un nombre suffisant de voitures de chaque classe, est légal et obligatoire ; en conséquence, l'infraction à cet article est punissable d'une peine correctionnelle, aussi bien que les contraventions aux mesures qui intéressent la sûreté des voyageurs, et l'infraction existe lors même que, par suite de l'insuffisance des voitures d'une classe inférieure, les voyageurs de cette classe auraient été placés dans des voitures d'une classe supérieure sans payer de supplément de prix. — Colmar, 23 février 1848.

663. L'art. 22 de l'ordonnance du 15 novembre 1846, qui exige, par mesure de sûreté et de commodité, que les voitures entrant dans la composition des trains de voyageurs soient liées entre elles par des tampons à ressort, est applicable aux voitures portant des marchandises et faisant partie d'un train mixte marchant à la vitesse des voyageurs, aussi bien qu'aux voitures mêmes des voyageurs. — Cassation, 19 février 1852.

664. Le seul fait par un individu étranger au service des chemins de fer de s'être introduit dans leur enceinte et d'y avoir circulé ou stationné, *même avec la permission du chef de gare,* est passible de la peine portée par l'art. 21 de la loi du 15 juillet 1845.

En matière de contraventions à la police des chemins de fer, l'intention n'est pas une excuse du délit. — Montpellier, 24 juin 1850.

665. Après avoir réglé le train au repos, la puissance publique le règle dans sa marche, et ce n'est pas s moins importante tâche.

Le voilà qui part ; la loi pleine d'anxiété, le suit e préside à tous ses mouvements (art. 29) ; qu'il se crois (art. 30) avec d'autres ou qu'il s'arrête, qu'il monte o

qu'il descende, sa vitesse est marquée d'avance (art. 31).
Il briserait tout ce qu'il rencontrerait sur son passage et
se briserait lui-même : aussi des gardes assidus veillent
aux barrières qui aboutissent à lui. — Art. 33, 34 et 35. —
Comme tout a cédé au génie de l'homme et que la montagne elle-même lui a ouvert ses flancs pour laisser passer
ce génie, des mesures de prudence sont prescrites pour
la circulation dans les souterrains éclairés. — Art. 36. —
Un luxe de gardes et de précautions minutieuses est dé-
ployé partout sur la voie que l'on répare, et en cas d'accident, de tous côtés éclate le signal d'alarme.—Art. 37-
38.—Et alors quand le salut est devenu la loi suprême, il
y a un homme que la loi oblige à se sacrifier au salut de
tous, et qu'elle cloue à sa machine malgré le péril immi-
nent. Quand il y est monté, la loi l'a averti qu'elle lui
demandait le sacrifice de sa vie. — Art. 41. — En cas de
détresse, des secours sont organisés avec sollicitude ; des
locomotives, constamment en feu, attendent le signal du
départ. — Art. 44-45-46.

666. La jurisprudence a sanctionné quelques dispositions de ce titre :

Le signal d'arrêt exigé, par l'art. 32 de l'ordonnance
royale du 15 novembre 1846, doit être fait, non pas seulement lorsque, par événement accidentel, un convoi se
trouve complétement arrêté, mais encore lorsque le ralentissement de vitesse causé, par exemple, par l'épuisement
de la vapeur, est assez prononcé pour amener les dangers
d'un stationnement absolu. — Cassation, 20 août 1847.

667. La permission de monter sur la locomotive ou
le tender, sans une autorisation spéciale et écrite du directeur, s'étend même aux inspecteurs de la voie de fer.
Et cette autorisation écrite ne peut être suppléée par l'ordre verbal du directeur de monter sur la machine, exécuté même en sa présence. — Cassation, 3 août 1847.

La rigueur de cette décision se justifie par la gravité

7

des dangers auxquels peut exposer la contravention la plus légère en apparence aux mesures prescrites par la police des chemins de fer : il semble donc que c'est avec juste raison que la jurisprudence exige l'observation la plus stricte de celles des dispositions réglementaires qui concernent la sûreté de la circulation et la sécurité des voyageurs.

668. Le titre V de l'ordonnance stipule au profit du public des garanties en ce qui touche la perception des taxes et des frais accessoires. Nous avons traité une partie des questions que cette matière soulève en nous occupant des tarifs. Le règlement pose en principe que nulle taxe ne peut être perçue qu'en vertu d'une homologation du ministre des travaux publics.—Art. 44.—Voilà le principe général dont les articles suivants ne font que tirer les conséquences ; nul changement aux prix autorisés ne peut avoir lieu qu'après communication au ministre, aux préfets des départements traversés et aux commissaires des chemins de fer. Des affiches doivent annoncer au public les modifications demandées.—Art.49. — Le transport devra être effectué avec soin, exactitude et célérité, sans tour de faveur et selon l'ordre des inscriptions sur les registres de la Compagnie. — Art. 50.

669. La surveillance de l'exploitation est organisée par le titre VI de l'ordonnance. Elle est confiée aux commissaires du Gouvernement, aux ingénieurs et autres agents des ponts et chaussées, aux commissaires spéciaux de police et aux agents sous leurs ordres. — Art. 51.— Les articles suivants déterminent les fonctions de chacun de ces fonctionnaires et tracent le cercle de leurs attributions.

670. On a agité, dans une circonstance particulière, la question de savoir à la charge de qui doivent être les frais de surveillance des chemins de fer. S'il plaisait, par exemple, à l'administration de muliplier le nombre des commissaires spéciaux de police, serait-ce à la Compagnie concessionnaire d'en payer les frais ? « C'est là le droit commun, dit-on, dans les contrats privés ; c'est celui au profit duquel le contrat est passé qui paie tous les frais qui peuvent en résulter. Il en doit être de même ici ; et, du moment que la loi oblige les concessionnaires à se soumettre aux règlements que l'autorité supérieure jugera utiles de faire dans l'intérêt de la police, ces règlements portent que la Compagnie paiera les frais que la surveillance doit entraîner ; elle doit y obéir, et, en cas de refus, le Gouvernement a le droit de l'y contraindre. »

Nous répondrons à cela : *Est modus in rebus*, et, malgré la décision du Conseil d'État, en date du 3 septembre 1844, qui décide que les concessionnaires des chemins de fer sont tenus de supporter les frais extraordinaires de surveillance auxquels leur exploitation donne lieu, tels que les traitements et frais de bureau des commissaires spéciaux de police attachés à ce service, nous croyons qu'il ne faut pas généraliser cette décision, et que la circonstance de fait que le commissariat dont il s'agit avait été créé uniquement dans l'intérêt privé de la Compagnie, a dû considérablement influer sur le point de droit tranché par cette décision, qui nous paraît toute d'espèce et non de principe.

671. La ville de Paris avait aussi élevé une prétention analogue contre la Compagnie du chemin de fer de Saint-Germain, en ce qui touche la surveillance de son octroi ; elle soutenait qu'obligée de créer de nouveaux employés pour veiller à l'entrée dans la gare, elle pouvait faire supporter à la Compagnie cet excédant de dépenses. Mais le Conseil d'État a rejeté sa réclamation par ordonnance du 17 juillet 1843.

Il faudrait qu'une disposition expresse du cahier des charges imposât cette obligation aux concessionnaires.

ART. 2. — DES MESURES CONCERNANT LES VOYAGEURS ET LES PERSONNES ÉTRANGÈRES AU SERVICE DU CHEMIN DE FER.

672. Le titre VII de l'ordonnance est tout entier consacré à des prohibitions qui atteignent et les personnes qui voyagent et celles qui sont étrangères au service du chemin de fer.

Il défend à toute personne étrangère au service de la Compagnie de s'introduire dans l'enceinte du chemin de fer, d'y circuler ou stationner, — d'y jeter ou déposer quoi que ce soit, — d'y introduire des animaux d'aucune espèce, et aucun véhicule, sauf toutefois une exception pour les personnes revêtues d'un titre qui les attache au service ou à la surveillance de l'exploitation. — Art. 61-62.

Puis viennent d'autres dispositions prohibitives que l'on trouvera dans le règlement, et qui n'ont qu'un rapport très-lointain avec le contentieux des chemins de fer. (Voir l'*Appendice*).

673. En cas de résistance de la part des contrevenants à obéir aux injonctions qui leur seront faites, ou même sans qu'il soit besoin d'injonction, quand l'infraction est flagrante, tout employé du chemin de fer pourra requérir l'assistance des agents de l'administration et de la force publique. — Art. 68.

674. Le titre VIII contient des dispositions diverses de nature à assurer l'exécution pleine et entière des règlements, au double point de vue de l'exploitation et de la sûreté. Ainsi, un uniforme est prescrit pour les différents employés *sur* les chemins de fer. — Art. 73 ; — des garanties de capacité sont exigées des conducteurs de trains. — Art. 74 ; — des secours sont organisés en cas d'accidents. — Art. 75 ; — des registres sont ouverts aux voyageurs pour y consigner leurs plaintes.

675. L'art. 73, concernant le costume, a été appliqué par la Cour de cassation dans un arrêt du 9 janvier 1852. Elle a décidé que la contravention à cet article était passible de l'amende de 16 francs à 3,000 francs prononcée par l'art. 21 de la loi du 15 juillet 1845, pour toute infraction aux ordonnances, portant règlement d'administration publique sur la police et l'exploitation des chemins de fer.

676. Mais comme l'uniforme ne fait pas le fonctionnaire, pas plus que l'habit ne fait le moine, elle a décidé en même temps que les agents ou employés de l'administration d'un chemin de fer ne sont pas des fonctionnaires publics, et que les poursuites dirigées contre eux ne sont pas soumises à l'autorisation préalable du Conseil d'État, alors même que le chemin aurait été mis en séquestre. — Même arrêt.

APPENDICE

CODE ANNOTÉ

DE LA CONSTRUCTION

DE

L'EXPLOITATION ET DE LA POLICE

DES CHEMINS DE FER.

I.

LOI SUR L'EXPROPRIATION

POUR CAUSE D'UTILITÉ PUBLIQUE.

3 MAI 1841.

———◁●●●▷———

TITRE Ier. — DISPOSITIONS PRÉLIMINAIRES.

Article 1er. L'expropriation pour cause d'utilité publique s'opère par autorité de justice.

Art. 2. Les tribunaux ne peuvent prononcer l'expropriation qu'autant que l'utilité publique a été constatée et déclarée dans les formes prescrites par la présente loi. — Ces formes consistent : 1º dans la loi ou l'ordonnance royale qui autorise l'exécution des travaux pour lesquels l'expropriation est requise ; 2º dans l'acte du préfet qui désigne les localités ou territoires sur lesquels les travaux doivent avoir lieu, lorsque cette désignation ne résulte pas de la loi ou de l'ordonnance royale ; 3º dans l'arrêté ultérieur par lequel le préfet détermine les propriétés particulières auxquelles l'expropriation est applicable.— Cette application ne peut être faite à aucune propriété particulière qu'après que les parties intéressées ont été mises en état d'y fournir leurs contredits, selon les règles exprimées au titre II.

Art. 3. Tous grands travaux publics, routes royales, canaux, chemins de fer, canalisation de rivières, bassins et docks, entrepris par l'État, les départements, les communes ou par les Compagnies particulières, avec ou sans péage, avec ou sans subside du Trésor, avec ou sans aliénation du domaine public, ne pourront être exécutés qu'en vertu d'une loi, qui ne sera rendue qu'après une enquête administrative. — Une ordonnance royale suffira pour autoriser l'exécution des routes départementales, celle des canaux et chemins de fer d'embranchement de moins de vingt kilomètres de longueur, des ponts et de tous autres travaux de moindre importance. — Cette ordonnance devra également être précédée d'une enquête. — Ces enquêtes auront lieu dans les formes déterminées par un règlement d'administration publique.

Une partie de ces dispositions est abrogée. Voyez comment a été justifiée leur abrogation. (*Documents historiques.*)

TITRE II. — DES MESURES D'ADMINISTRATION RELATIVES A L'EXPROPRIATION.

Art. 4. Les ingénieurs ou autres gens de l'art chargés de l'exécution des travaux lèvent, pour la partie qui s'étend sur chaque commune, le plan parcellaire des terrains ou des édifices dont la cession leur paraît nécessaire.

Art. 5. Le plan desdites propriétés particulières, indicatif des noms de chaque propriétaire, tels qu'ils sont

La carrière est ouverte à la Compagnie par la loi de concession; mais ses ingénieurs ne sont pas censés connaître encore les territoires sur lesquels doit se poser le chemin de fer. C'est du préfet de chaque département traversé que doit partir l'initiative de ces indications. L'ingénieur chargé de la direction des travaux dans chaque section devra donc solliciter du préfet dans le ressort duquel il se trouve, un arrêté désignant les localités et territoires sur lesquels les travaux doivent avoir lieu.

Le préfet prend cet arrêté, qui est, comme nous l'avons dit, le complément de la loi d'autorisation, mais qu'il ne faut pas confondre

inscrits sur la matrice des rôles, reste déposé, pendant huit jours, à la mairie de la commune où les propriétés sont situées, afin que chacun puisse en prendre connaissance.

Art. 6. Le délai fixé à l'article précédent ne court qu'à dater de l'avertissement, qui est donné collectivement aux parties intéressées, de prendre communication du plan déposé à la mairie. — Cet avertissement est publié à son de trompe ou de caisse dans la commune, et affiché tant à la principale porte de l'église du lieu qu'à celle de la maison commune. — Il est en outre inséré dans l'un des journaux publiés dans l'arrondissement, ou, s'il n'en existe aucun, dans l'un des journaux du département.

Art. 7. Le maire certifie ces publications et affiches ; il

avec l'arrêté ultérieur qui désigne les propriétés particulières. Ce premier acte n'a trait qu'au tracé général des travaux.

La publication de cet arrêté, ainsi que le font observer MM. Delalleau et Dalloz, n'est pas prescrite d'une manière expresse par la loi d'expropriation : elle n'importe pas à la validité de la procédure. Et nous croyons dès lors que la Compagnie n'a pas à s'en préoccuper. C'est à l'administration, si elle juge cette formalité utile aux intérêts dont elle a charge, de la faire accomplir. Il est important seulement que l'ingénieur qui préside aux travaux presse l'administration de faire cette publication de manière à ce que les opérations de l'expropriation ne soient pas retardées au grand dommage de l'intérêt général.

Toutefois, dans le cas où cette publication surabondante aurait lieu, par analogie, on devrait suivre les formes prescrites par l'art. 6 ci-après :

Une fois en possession de la concession, la Compagnie doit placer ses ingénieurs et gens de l'art sur la ligne, afin de leur faire lever les plans parcellaires des terrains que le chemin de fer doit traverser. Il nous paraît convenable que l'ingénieur chargé de la direction des travaux, donne avis de sa mission d'abord à la Préfecture en justifiant de sa qualité et de la loi qui l'autorise, et ensuite aux maires des diverses communes sur le territoire desquelles il doit faire ses opérations. Il faut que les propriétaires dont les champs et les récoltes vont être violés, sachent à quel titre et pour quelle nécessité publique et qu'ils n'y fassent pas obstacle. De cette manière, les ingénieurs

mentionne sur un procès-verbal qu'il ouvre à cet effet, et que les parties qui comparaissent sont requises de signer, les déclarations et réclamations qui lui ont été faites verbalement, et y annexe celles qui lui sont transmises par écrit.

Art. 8. A l'expiration du délai de huitaine prescrit par l'art. 5, une Commission se réunit au chef-lieu de la sous-préfecture.— Cette Commission, présidée par le sous-préfet de l'arrondissement, sera composée de quatre membres du Conseil général du département ou du Conseil de l'arrondissement désignés par le préfet, du maire de la commune où les propriétés sont situées, et de l'un des ingénieurs chargés de l'exécution des travaux. La Commission ne peut délibérer valablement qu'autant que cinq de ses membres au moins sont présents. —

seront autorisés, en cas d'opposition malveillante, à réclamer l'appui et le concours de l'autorité locale, qui ne leur manquerait pas.

Les ingénieurs ayant le droit de pénétrer dans l'enceinte des propriétés privées, ont par conséquent celui d'en faire ouvrir ou d'en détruire les clôtures, sauf à constater, contradictoirement avec les propriétaires, les dommages que ceux-ci auraient soufferts et dont ils peuvent exiger réparation.

« Ce droit, pour les agents de l'administration, de pénétrer ainsi dans les propriétés particulières, n'est, il est vrai, consacré par aucune disposition expresse ; mais il résulte implicitement des lois des 28 pluviôse an VIII et 3 mai 1841. « Il faut distinguer (portent les considérants d'un arrêt de la Cour de cassation du 4 mars 1825) entre la déclaration d'utilité publique qui ne peut émaner que du Gouvernement, et *la confection des travaux préparatoires autorisés par l'administration et destinés à l'éclairer sur la nécessité de cette déclaration.* Si la déclaration d'utilité publique doit toujours intervenir dans la forme d'une loi ou d'une ordonnance, suivant l'importance des travaux, il ne s'ensuit pas que les simples travaux d'études doivent être autorisés avec la même solennité. Le contraire même est établi par la différence qui existe entre les résultats de ces travaux et ceux de la déclaration d'utilité publique. En effet, la déclaration d'utilité publique entraîne nécessairement l'expropriation des terrains auxquels elle s'applique, tandis que les travaux dont il s'agit ne portent aucune atteinte aux droits de propriété. Un arrêt de la même

Dans le cas où le nombre des membres présents serait de six, et où il y aurait partage d'opinions, la voix du président sera prépondérante. — Les propriétaires qu'il s'agit d'exproprier ne peuvent être appelés à faire partie de la Commission.

Art. 9. La Commission reçoit, pendant huit jours, les observations des propriétaires.— Elle les appelle toutes les fois qu'elle le juge convenable. Elle donne son avis. —Ses opérations doivent être terminées dans le délai de dix

Cour, du 6 juillet 1844, confirme cette jurisprudence. Il suit aussi d'un arrêt du Conseil d'Etat, en date du 19 octobre 1825, que les propriétaires ne peuvent considérer les travaux préparatoires dont il s'agit comme un trouble à leur possession, et à ce titre les faire interdire par l'autorité judiciaire. Aussi *l'emploi de voie de fait* pour empêcher l'exécution de ces travaux constituerait le délit prévu par l'art. 438 du Code pénal. Cet article, dans la défense qu'il exprime de mettre obstacle *à la confection des travaux autorisés par le Gouvernement*, ne fait aucune distinction entre les travaux *définitifs* et les travaux *préparatoires;* il faut en conclure que la protection légale couvre les seconds aussi bien que les premiers, dès qu'ils ont été régulièrement autorisés, et que les maires doivent prêter main-forte, lorsqu'ils en sont requis, aux agents de l'administration qui rencontreraient des obstacles dans l'exécution de leur mandat.

» Mais il en serait autrement si les travaux d'étude relatifs au tracé du chemin de fer n'avaient été ordonnés que par une Compagnie qui voudrait se rendre concessionnaire, mais qui n'aurait pas encore été agréée par le Gouvernement. Les agents de cette Compagnie n'auraient évidemment aucun des caractères que nous venons de reconnaître à ceux qui sont employés par l'administration publique.

» Il résulte donc de ce qui précède que si les *maires* des communes où se font des travaux d'étude, de nivellement, de sondage, etc., relatifs à la direction d'un chemin de fer, doivent tout l'appui de leur autorité aux agents que l'*administration* a chargés de les faire, ils ne peuvent *officiellement* intervenir en faveur d'individus qui n'agiraient qu'au nom de Compagnies non autorisées. » — M. Bost.

A cette phase d'exécution préparatoire du chemin de fer, le maire, comme représentant des intérêts de sa commune et de ses administrés dont il a la tutelle, est appelé à prendre un rôle assez actif et contradictoire avec les ingénieurs. Ceux-ci lui remettent les plans des propriétés particulières dont la cession a paru nécessaire, et ces plans restent déposés pendant huit jours, aux termes de l'art. 5, à la mairie

7..

jours ; après quoi le procès-verbal est adressé immédiatement par le sous-préfet au préfet. — Dans le cas où lesdites opérations n'auraient pas été mises à fin dans le
délai fixé ci-dessus, le sous-préfet devra, dans les trois
jours, transmettre au préfet son procès-verbal et les documents recueillis.

Γ Art. 10. Si la Commission propose quelque changement
au tracé indiqué par les ingénieurs, le sous-préfet devra,
dans la forme indiquée par l'art. 6, en donner immé-

de la commune où les propriétés sont situées, afin que les intéressés
puissent en prendre connaissance. L'ingénieur exige récépissé du dépôt qu'il fait ; c'est au maire ensuite à accomplir ses obligations.

Elles sont écrites dans l'art. 6 de la loi qui veut que le maire donne
par écrit un avertissement, lequel sera publié à son de trompe ou de
caisse dans la commune et affiché tant à la porte de *l'église du lieu*
qu'à celle de la *maison commune.*

La Compagnie ou ses ingénieurs doivent veiller avec soin à l'exécution de ces prescriptions, car il y va, aux termes de la jurisprudence,
de la nullité des opérations d'expropriation.

Après que la publication a eu lieu, à l'expiration des délais, l'ingénieur doit en exiger la preuve : elle résulte d'un certificat du maire
indiquant d'une manière précise : 1° la date du jour où les affiches ont
été apposées et les lieux ; 2° le titre du journal, le numéro et la date.
L'exemplaire du journal devra être certifié par l'imprimeur, dont la
signature sera légalisée par le maire de la ville où paraît ce journal,
conformément à l'art. 696 du Code de procédure civile.

Aux termes de l'art. 23 du décret organique de la presse, en date
du 23 février 1852, les insertions doivent être faites dans le journal
indiqué pour recevoir les annonces judiciaires. Mais comme il a été
ouvert un procès-verbal à la mairie pour recevoir les réclamations des
parties intéressées, réclamations qui ont été écrites par les parties, si
elles savent écrire, et par le maire si elles ne le savent pas, l'ingénieur
requiert l'envoi de ce procès-verbal au sous-préfet de l'arrondissement.

La loi remettant exclusivement au maire le soin de dresser le procès-
verbal, on ne peut sur ce point lui imposer un mode quelconque de
rédaction : il importe cependant beaucoup que l'ingénieur ne reste
pas étranger à cette opération, et qu'il la dirige même autant que
possible en usant d'une influence qu'il saura toujours exercer de manière à ménager la susceptibilité des fonctionnaires administratifs
dont il aura à réclamer le concours.

Il ne faut pas oublier que le maire est ici un instrument passif, et

diatement avis aux propriétaires que ces changements pourront intéresser. Pendant huitaine, à dater de cet avertissement, le procès-verbal et les pièces resteront déposés à la sous-préfecture; les parties intéressées pourront en prendre communication sans déplacement et sans frais, et fournir leurs observations écrites. — Dans les trois jours suivants, le sous-préfet transmettra toutes les pièces à la préfecture.

Art. 11. Sur le vu du procès-verbal et des documents y annexés, le préfet détermine, par un arrêté motivé, les propriétés qui doivent être cédées, et indique l'époque à laquelle il sera nécessaire d'en prendre possession. Toutefois, dans le cas où il résulterait de l'avis de la Commission

que son devoir est de consigner au procès-verbal toutes les réclamations qui apparaissent, et qu'il ne lui est permis d'en juger ni l'importance, ni l'utilité, ni le fondement.

Les pièces parvenues entre les mains de ce fonctionnaire, l'ingénieur doit le presser d'assembler la Commission, qui est chargée de recevoir les observations des propriétaires et de donner son avis.

La Commission est présidée par le sous-préfet. L'ingénieur a le droit de récuser tout membre qui serait propriétaire de l'une des parcelles à exproprier; mais le défaut de récusation couvre toute réclamation ultérieure.

Bien que la Compagnie n'ait pas le droit de s'immiscer dans les opérations de la Commission, néanmoins elle peut veiller à ce que ces opérations soient terminées dans les délais imposés par la loi : ce délai est de dix jours.

Aussitôt la clôture du procès-verbal, l'ingénieur de la Compagnie en pressera la transmission immédiate au préfet, avec le dossier des pièces et documents produits, afin qu'il y soit donné telle suite que de droit.

Les ingénieurs devront bien se rendre compte sur les lieux des changements proposés et les admettre ou repousser, s'il y a lieu. Leur appréciation doit être large et autant que possible concilier les intérêts privés avec l'intérêt public. Leur facilité, leur esprit de conciliation à cet égard leur rendra leur tâche moins ardue, quand il s'agira plus tard de la fixation des indemnités.

Les art. 10 et 11 indiquent la marche que doit suivre la Compagnie dans le cas de modifications apportées au tracé. Ici encore, elle est appelée à surveiller l'accomplissement des formalités importantes de

qu'il y aurait lieu de modifier le tracé des travaux ordonnés, le préfet surseoira jusqu'à ce qu'il ait été prononcé par l'administration supérieure. — L'administration supérieure pourra, suivant les circonstances, ou statuer définitivement, ou ordonner qu'il soit procédé de nouveau à tout ou partie des formalités prescrites par les articles précédents.

Art. 12. Les dispositions des art. 8, 9 et 10 ne sont point applicables au cas où l'expropriation serait demandée par une commune, et dans un intérêt purement communal, non plus qu'aux travaux d'ouverture ou de redressement des chemins vicinaux. — Dans ce cas, le procès-verbal prescrit par l'art. 7 est transmis, avec l'avis du conseil municipal, par le maire au sous-préfet, qui

publicité prescrites par l'art. 6. Les ingénieurs doivent bien s'assurer de l'exécution de la loi sur ce point.

Ce n'est qu'après le nouvel avertissement donné dans cette forme aux parties intéressées que le préfet peut prendre son arrêté de cessibilité des terrains. L'ingénieur doit prêter ici son concours à l'administration pour bien déterminer et frapper les propriétés dont il sera nécessaire de prendre possession.

L'arrêté ne doit pas contenir une désignation générale, mais bien une désignation spéciale. Le but et les prescriptions de la loi se trouveront remplis par l'annexe à l'arrêté d'un état parcellaire dressé par l'ingénieur en chef et visé par le préfet.

Le préfet doit prendre l'avis de l'ingénieur pour déterminer l'époque à laquelle la prise de possession aura lieu. Cette indication doit être faite par une date précise. Mais la prise de possession reste toujours subordonnée au paiement préalable des indemnités.

Il n'est pas indispensable d'ailleurs qu'une seule et même époque soit fixée pour la prise de possession de toutes les propriétés dans une même commune. La prise de possession n'a pas besoin d'être simultanée et d'avoir lieu en bloc : elle peut n'être que successive et partielle. Un retard de quelques jours s'il était nécessaire pour l'enlèvement des récoltes devrait être accordé. C'est aux ingénieurs à apprécier ce qu'exigent à cet égard les intérêts de la Compagnie, et à fournir au préfet les indications nécessaires pour la rédaction de son arrêté de cessibilité.

Cet arrêté formera la base et le point de départ de l'expropriation, et

l'adressera au préfet avec ses observations. — Le préfet, en Conseil de préfecture, sur le vu de ce procès-verbal, et sauf l'approbation de l'administration supérieure, prononcera comme il est dit en l'article précédent.

TITRE III. — DE L'EXPROPRIATION ET DE SES SUITES, QUANT AUX PRIVILÉGES, HYPOTHÈQUES ET AUTRES DROITS RÉELS.

Art. 13. Si des biens de mineurs, d'interdits, d'absents ou autres incapables, sont compris dans les plans déposés en vertu de l'art. 5, ou dans les modifications admises par l'administration supérieure, aux termes de l'art. 11 de la présente loi, les tuteurs, ceux qui ont été envoyés en possession provisoire, et tous représentants des incapables, peuvent, après autorisation du tribunal donnée sur simple requête, en la Chambre du Conseil, le ministère public entendu, consentir amiablement à l'aliénation desdits biens. — Le tribunal ordonne les mesures de con-

le jugement qui la prononcera ultérieurement devra comprendre tous les terrains désignés au plan des ingénieurs et dans l'arrêté par lequel le préfet détermine les propriétés particulières auxquelles l'expropriation est applicable, sans en excepter même les terrains dont la distraction aurait été demandée devant la Commission d'enquête, si cette demande a été rejetée par le ministre, et que les terrains aient été maintenus au nombre de ceux à exproprier, quoique en même temps le ministre ait imposé à la Compagnie adjudicataire l'obligation de les abandonner gratuitement dans un cas donné. — Cassation 28 juin 1852.

La Compagnie, de même que l'administration, ne doit, comme nous l'avons déjà fait observer, recourir à l'expropriation que lorsqu'il lui a été impossible d'obtenir par des arrangements amiables la cession des terrains nécessaires à ses travaux.

Les ingénieurs devront donc bien se fixer préalablement sur la valeur des terrains à exproprier. Ils s'entoureront d'appréciateurs dont l'honnêteté sera éprouvée, et ils vérifieront ensuite eux-mêmes, autant que possible, leurs estimations. Nous avons dit, n° 81, que le ministre des finances avait autorisé, par une décision en date du 19 juillet 1843, les ingénieurs et autres agents de l'administration des travaux publics à prendre tous les renseignements nécessaires dans les bureaux de l'Enregistrement. Mais rarement cette investigation

7...

servation ou de remploi qu'il juge nécessaires. —Ces
dispositions sont applicables aux immeubles dotaux et
aux majorats. — Les préfets pourront, dans le même
cas, aliéner les biens des départements, s'ils y sont autorisés par délibération du Conseil général, les maires ou
administrateurs pourront aliéner les biens des communes
ou établissements publics, s'ils y sont autorisés par délibération du Conseil municipal ou du Conseil d'admis-
tration, approuvée par le préfet en Conseil de préfecture.
— Le ministre des finances peut consentir à l'aliénation
des biens de l'État, ou de ceux qui font partie de la dotation de la couronne, sur la proposition de l'intendant de
la liste civile. — A défaut de conventions amiables, soit
avec les propriétaires des terrains ou bâtiments dont la
cession est reconnue nécessaire, soit avec ceux qui les
représentent, le préfet transmet au procureur du roi,
dans le ressort duquel les biens sont situés, la loi ou l'or-

deviendra nécessaire, car de deux choses l'une : ou le propriétaire
élèvera des prétentions raisonnables, et alors le traité amiable sera
possible ; ou il demandera de sa chose un prix exorbitant, et alors
le jury seul fixera l'indemnité. Du reste, ces propriétés ont dans
chaque pays un cours qui ne permet pas, même à l'intérêt privé le
plus opiniâtre, de se faire longtemps illusion.

Lorsque le chiffre de l'indemnité à allouer est fixé par la Compagnie,
l'ingénieur fait son offre, par lettre, à chaque propriétaire. Il est bien
de garder copie de cette lettre, pour justifier ensuite devant le jury
de la tentative amiable que l'on a faite.

Si l'offre est acceptée, le traité a lieu sous réserve de justifications
ultérieures de droits et de qualités.

Les Compagnies feront bien d'avoir des modèles d'actes de vente
tout préparés, imprimés ou lithographiés, de manière qu'il n'y ait que
des noms et des indications à remplir. Ces actes devront être faits en
double.

Les ingénieurs doivent être autorisés à lier immédiatement la
Compagnie, sans être astreints pour les actes qu'ils consentent à
l'approbation de leur administration. Les retards en ce cas seraient
trop préjudiciables.

Dans le cas où les vendeurs ne sauraient pas signer, un acte notarié devrait y suppléer. Un engagement d'une personne solvable se

donnance qui autorise l'exécution des travaux, et l'arrêté mentionné en l'art. 11.

Art. 14. Dans les trois jours, et sur la production des pièces constatant que les formalités prescrites par l'art. 2 du titre Iᵉʳ, et par le titre II de la présente loi, ont été remplies, le procureur du roi requiert et le tribunal prononce l'expropriation pour cause d'utilité publique des terrains ou bâtiments indiqués dans l'arrêté du préfet. — Si, dans l'année de l'arrêté du préfet, l'administration n'a pas poursuivi l'expropriation, tout propriétaire, dont les terrains sont compris audit arrêté, peut présenter requête au tribunal. Cette requête sera communiquée par le procureur du roi au préfet, qui devra, dans le plus bref délai, envoyer les pièces, et le tribunal statuera dans les trois jours. — Le même jugement commet un des membres du tribunal pour remplir les fonctions attribuées par le titre IV, chapitre II, au magistrat directeur du jury

portant fort ne nous paraîtrait pas une chose régulière. Car l'obligation de celui qui se serait porté fort ne pouvant se résoudre qu'en dommages-intérêts, et jamais en dépossession de la propriété d'autrui, la Compagnie ne pourrait pas s'emparer du terrain ainsi vendu.

Nous avons indiqué, aux nᵒˢ 87 et suivants, la forme dans laquelle doit avoir lieu la cession des biens des incapables. Le tuteur autorisé par le tribunal, le maire autorisé par le Conseil municipal, après l'autorisation du préfet, peuvent accepter les offres qui leur sont faites par la Compagnie.

Les ingénieurs doivent être attentifs à l'observation des formalités judiciaires : ils feront bien d'en prendre l'initiative par les soins de l'avoué de la Compagnie, sans pourtant gêner le choix des parties.

Souvent, l'assurance donnée aux vendeurs du paiement immédiat d'un à-compte sur l'indemnité offerte, exerce une heureuse influence et détermine l'acceptation des offres de la Compagnie. C'est à l'ingénieur en chef et au notaire de la Compagnie qu'il appartient d'apprécier, en premier lieu, les circonstances qui peuvent, pour chaque traité proposé, autoriser ce paiement et d'en fixer la proportion ; ces à-compte doivent être faits avec l'avis et sous la responsabilité morale du notaire de la Compagnie, aux vendeurs dont la solvabilité et la position hypothécaire leur paraîtront offrir toute sécurité.

chargé de fixer l'indemnité, et désigne un autre membre
pour le remplacer au besoin. — En cas d'absence ou d'empêchement de ces deux magistrats, il sera pourvu à leur
remplacement par une ordonnance sur requête du tribunal civil. — Dans le cas où les propriétaires à exproprier consentiraient à la cession, mais où il n'y aurait
point accord sur le prix, le tribunal donnera acte du
consentement, et désignera le magistrat directeur du
jury, sans qu'il soit besoin de rendre le jugement d'expropriation, ni de s'assurer que les formalités prescrites
par le titre II ont été remplies.

Art. 15. Le jugement est publié et affiché, par extrait,
dans la commune de la situation des biens, de la manière
indiquée en l'art. 6. Il est en outre inséré dans l'un des
journaux publiés dans l'arrondissement, ou, s'il n'en
existe aucun, dans l'un de ceux du département. — Cet
extrait, contenant les noms des propriétaires, les motifs
et le dispositif du jugement, leur est notifié au domicile
qu'ils auront élu dans l'arrondissement de la situation

Si des doutes existaient sur cette situation hypothécaire, le
notaire de la Compagnie et l'ingénieur, avant de s'expliquer sur l'opportunité et la quotité du paiement de l'à-compte, devraient les
éclaircir en levant un état d'inscription. Toutefois, l'existence de
charges peu importantes, relativement à la valeur totale de l'immeuble
à céder, ne serait pas un obstacle à un paiement partiel, dont le
chiffre serait apprécié et fixé suivant les circonstances.

Des instructions très-sages sont ordinairement données en ce sens
par les Compagnies à leurs agents, et nous leur donnons notre approbation la plus complète.

Lorsque l'ingénieur ne pourra parvenir à s'entendre à l'amiable
avec les propriétaires des terrains nécessaires à l'établissement du
chemin, sur le montant de l'indemnité à leur allouer, il devra faire
ses efforts pour les amener à consentir à la prise de possession provisoire. C'est pour la Compagnie un avantage qui mérite quelquefois
d'être payé par quelques sacrifices, puisqu'il la met à même de commencer immédiatement ses travaux. Plusieurs moyens pratiques
d'encourager les propriétaires se présentent :

On peut convenir avec eux que l'indemnité ultérieurement fixée

des biens, par une déclaration faite à la mairie de la commune où les biens sont situés; et, dans le cas où cette élection de domicile n'aurait pas eu lieu, la notification de l'extrait sera faite en double copie au maire et au fermier, locataire, gardien ou régisseur de la propriété. — Toutes les autres notifications prescrites par la présente loi seront faites dans la forme ci-dessus indiquée.

Art. 16. Le jugement sera, immédiatement après l'accomplissement des formalités prescrites par l'art. 15 de la présente loi, transcrit au bureau de la conservation des hypothèques de l'arrondissement, conformément à l'article 2181 du Code civil. —

Art. 17. Dans la quinzaine de la transcription, les privilèges et les hypothèques conventionnelles, judiciaires ou légales, seront inscrits. — A défaut d'inscription dans ce délai, l'immeuble exproprié sera affranchi de tous privilèges et hypothèques, de quelque nature qu'ils soient, sans préjudice des droits des femmes, mineurs et interdits, sur le montant de l'indemnité, tant qu'elle n'a pas

produira intérêt, au taux légal, à compter du jour du traité autorisant la prise de possession ;

On peut promettre une prime de tant pour cent, en sus de l'indemnité qui sera fixée par le jury, à tous ceux qui consentiraient à une occupation immédiate.

L'acquiescement des propriétaires à ces propositions sera constaté par une convention collective, si plusieurs y consentent, ou par une convention individuelle, s'il n'y a qu'un seul propriétaire.

La possession lui étant acquise, la Compagnie n'aura plus à vider désormais que la question de propriété devant le jury d'expropriation.

Ces préalables remplis, on arrive à l'expropriation. L'ingénieur de la Compagnie fait préparer la requête à présenter au tribunal civil de l'arrondissement de la situation des biens, à l'effet d'obtenir le jugement qui prononce l'expropriation des terrains et bâtiments indiqués dans l'arrêté du préfet. L'art. 14 indique les formes à suivre. (Voir les nos 110 et suivants)

Depuis plusieurs années, les expropriations pour cause d'utilité publique ont pris un tel développement dans toute la France, que les magistrats, les greffiers st les avoués sont très-familiarisés avec ces

été payée, ou que l'ordre n'a pas été réglé définitivement entre les créanciers. Les créanciers inscrits n'auront, dans aucun cas, la faculté de surenchérir; mais ils pourront exiger que l'indemnité soit fixée conformément au titre IV.

Art. 18. Les actions en résolution, en revendication, et toutes autres actions réelles, ne pourront arrêter l'expropriation ni en empêcher l'effet. Le droit des réclamants sera transporté sur le prix, et l'immeuble en demeurera affranchi.

Art. 19. Les règles posées dans le premier paragraphe de l'art. 15 et dans les art. 16, 17 et 18 sont applicables dans le cas de conventions amiables passées entre l'administration et les propriétaires. — Cependant l'administration peut, sauf les droits des tiers, et sans ac-

sortes de procédures, et nous croyons que les ingénieurs de la Compagnie n'ont pas à se préoccuper à cet égard de la régularité des jugements qui pourront intervenir.

On sait que d'après la doctrine et la jurisprudence, le propriétaire exproprié n'a pas besoin d'être appelé en jugement; cependant il pourra faire passer des notes au tribunal; mais dans le cas où il userait de ce droit, la loyauté veut qu'il en donne communication à l'avoué de la Compagnie.

La notification du jugement d'expropriation, indispensable pour sa mise à exécution, d'après le principe général consacré par l'art. 147 du Code de procédure civile, est expressément prescrite par l'art. 15 de la loi, qui ordonne, en outre, sa publication et son affiche.

La notification se fait par huissier : elle a lieu au domicile indiqué par le propriétaire, conformément à l'art. 3, sur le registre ouvert à cet effet à la mairie. A défaut, on procède comme il est dit à l'art. 15. L'huissier doit requérir le visa prescrit par l'art. 68 du Code de procédure civile.

L'extrait du jugement dont la notification est prescrite, est libellé par l'avoué de la Compagnie et certifié par lui. Mais on ne doit comprendre dans la formule de notification que la désignation qui regarde spécialement le propriétaire exproprié.

Lorsque, par suite de la notification du jugement d'expropriation, des pourvois en cassation sont formés contre ce jugement par un ou plusieurs propriétaires expropriés, l'ingénieur en informe immédiate-

complir les formalités ci-dessus tracées, payer le prix des acquisitions dont la valeur ne s'élèverait pas au-dessus de cinq cents francs. — Le défaut d'accomplissement des formalités de la purge des hypothèques n'empêche pas l'expropriation d'avoir son cours; sauf, par les parties intéressées, à faire valoir leurs droits ultérieurement, dans les formes déterminées par le titre IV de la présente loi.

Art. 20. Le jugement ne pourra être attaqué que par la voie du recours en cassation, et seulement pour incompétence, excès de pouvoir ou vices de forme du jugement. — Le pourvoi aura lieu, au plus tard, dans les trois jours, à dater de la notification du jugement, par déclaration au greffe du tribunal. Il sera notifié dans la huitaine, soit à la partie, au domicile indiqué par l'art. 15, soit au préfet ou au maire, suivant la nature des travaux: le tout à peine de déchéance. — Dans la quinzaine de la notification du pourvoi, les pièces seront adressées à la Chambre civile de la Cour de cassation, qui statuera dans le mois suivant. — L'arrêt, s'il est rendu par défaut, à l'expiration de ce délai, ne sera pas susceptible d'opposition.

ment la Compagnie en lui adressant toutes les pièces restées en sa possession; il doit en même temps faire, auprès du tribunal, toutes les démarches nécessaires pour que les pièces retenues au greffe soient transmises, aussi promptement que possible, à la Cour de cassation.

L'avoué agira aussi avec prudence en informant l'avocat à la Cour de cassation, conseil de la Compagnie, afin qu'il veille à l'arrivée et à la distribution des pièces au greffe de la Cour suprême, et se mette en mesure de défendre les intérêts des concessionnaires.

De même que l'extrait préparé pour notifications, celui destiné aux publications et affiches est fait par les soins de l'avoué de la Compagnie. Il en est remis trois exemplaires au maire de la commune : un pour les publications à faire à son de trompe, et les deux autres pour être affichés l'un à la porte de la mairie, l'autre à celle de la principale église.

Pour la preuve de l'accomplissement des formalités de publication, affiche et insertion, nous renvoyons à ce que nous avons déjà dit sous l'art. 6.

L'ingénieur devra prendre des exemplaires du même journal en

TITRE IV. — DU RÈGLEMENT DES INDEMNITÉS.

CHAPITRE Ier. — *Mesures préparatoires.*

Art. 21. Dans la huitaine qui suit la notification prescrite par l'art. 15, le propriétaire est tenu d'appeler et de faire connaître à l'administration les fermiers, locataires, ceux qui ont des droits d'usufruit, d'habitation ou d'usage, tels qu'ils sont réglés par le Code civil, et ceux qui peuvent réclamer des servitudes résultant des titres mêmes du propriétaire ou d'autres actes dans lesquels il serait intervenu ; sinon il restera seul chargé envers eux des indemnités que ces derniers pourront réclamer. — Les autres intéressés seront en demeure de faire valoir leurs droits par l'avertissement énoncé en l'art. 6, et tenus de se faire connaître à l'administration dans le même délai de huitaine : à défaut de quoi ils seront déchus de tous droits à l'indemnité.

nombre égal au moins, à celui des communes comprises au jugement, afin de pouvoir en joindre un au dossier spécial de chacune de ces communes.

Après ces formalités, on fait opérer la transcription du jugement d'expropriation.

Tous les droits qui pouvaient être endormis ayant été éveillés par toutes les formalités qui se sont accomplies jusqu'ici, c'est à ces droits à se révéler et à se défendre. L'art. 21 prescrit au propriétaire de faire connaître à la Compagnie concessionnaire les fermiers, locataires ou autres ayants droit à des indemnités, à raison des objets expropriés. Tous les autres intéressés sont aussi avertis. Le délai est de huitaine, à peine de déchéance et forclusion.

A l'expiration de ce délai, la Compagnie se trouve donc également connaître tous les prétendants à l'indemnité, et les ingénieurs doivent aussitôt se mettre en mesure de la faire régler. L'art. 23 indique la marche à suivre : c'est un acte d'offres, affiché et publié de la manière habituelle.

Pour arriver à cet acte important, grave, l'ingénieur a dû s'entourer de tous les différents renseignements propres à l'éclairer. Il a dû se fixer sur les droits qui se convertissent en indemnités : propriétaires, fermiers, locataires, usufruitiers ou créanciers de servitude. Il a déjà

Art. 22. Les dispositions de la présente loi relatives aux propriétaires et à leurs créanciers sont applicables à l'usufruitier et à ses créanciers.

Art. 23. L'administration notifie aux propriétaires et à tous autres intéressés qui auront été désignés ou qui seront intervenus dans le délai fixé par l'art. 21, les sommes qu'elle offre pour indemnités.—Ces offres sont, en outre, affichées et publiées conformément à l'art. 6 de la présente loi.

Art. 24. Dans la quinzaine suivante, les propriétaires et autres intéressés sont tenus de déclarer leur acceptation, ou, s'ils n'acceptent pas les offres qui leur sont faites, d'indiquer le montant de leurs prétentions.

une base à peu près certaine, ce sont les estimations de l'appréciateur que nous avons définies et expliquées aux n°ˢ 74 et suivants, et qui ayant été soumises au Conseil d'administration de la Compagnie et ratifiées par lui, constituent une sorte de chose jugée sur le droit des indemnitaires.

Des offres oralement faites, discutées même, ne suffiraient pas; la notification par écrit est une formalité substantielle à laquelle il ne saurait être suppléé par aucun équivalent. Les ingénieurs doivent donc apporter la plus grande vigilance à cet égard. La signification des offres est faite par huissier à l'indemnitaire, conformément au prescrit de l'art. 17, au domicile élu, et à défaut, par double copie, au maire et au fermier, locataire, gardien ou régisseur de la propriété.

Parmi les intéressés à l'indemnité se trouvent compris les créanciers inscrits; mais les offres ne leur sont notifiées individuellement que lorsqu'ils sont intervenus; pour les autres, il suffit d'une notification collective. Cette notification se trouve comprise dans le tableau général des sommes offertes, dressé par les soins des ingénieurs de la Compagnie et qui comprend toutes les parcelles expropriées dans le territoire de la commune, et pour lesquelles il n'y a pas eu cession amiable. Ce tableau général des offres est également publié et affiché. (Art. 6.)

Dans la quinzaine qui suit la notification des offres, les propriétaires et autres intéressés sont tenus de déclarer leur acceptation, ou, s'ils n'acceptent pas, d'indiquer le montant de leurs prétentions, de déterminer le chiffre de leur demande,

Art. 25. Les femmes mariées sous le régime dotal, assistées de leurs maris, les tuteurs, ceux qui ont été envoyés en possession provisoire des biens d'un absent, et autres personnes qui représentent les incapables, peuvent valablement accepter les offres énoncées en l'art. 23, s'ils y sont autorisés dans les formes prescrites par l'art. 13.

Art. 26. Le ministre des finances, les préfets, maires ou administrateurs, peuvent accepter les offres d'indemnité pour expropriation des biens appartenant à l'État, à la couronne, aux départements, communes ou établissements publics, dans les formes et avec les autorisations prescrites par l'art. 13.

Art. 27. Le délai de quinzaine, fixé par l'art. 24, sera d'un mois dans les cas prévus par les art. 25 et 26.

Art. 28. Si les offres de l'administration ne sont pas acceptées dans les délais prescrits par les art. 24 et 27, l'admi-

L'inobservation de ce délai n'entraîne pas déchéance du droit de réclamer devant le jury une indemnité supérieure à celle offerte ; la seule sanction pénale du retard apporté à faire cette indication est renfermée dans la disposition finale de l'art. 40, c'est-à-dire la condamnation à tous les dépens, quelle que soit la somme allouée par le jury. — Cassation, 21 juin 1842.

On voit par le système des offres qui mettent en jeu tant de parties diverses appelées soit à les accepter, soit à les refuser, que l'expropriation peut atteindre toute espèce de propriété, que tout s'abaisse devant elle : biens dotaux, communaux, biens de mineurs, biens de l'État.

Mais pour les biens de l'État et lorsqu'il s'agit d'une opération d'intérêt général, nous pensons, avec M. Husson (*Travaux publics*, p. 230), qu'il n'y a lieu à l'allocation d'une indemnité que lorsque l'occupation s'étend au domaine productif. « Si le tracé des ouvrages traverse ou occupe des propriétés du domaine public, telles que des routes, canaux, rives de fleuve, ports, chemins, etc., aucune indemnité n'est réclamée par l'Administration, car il n'y a pas, à proprement parler, d'expropriation, mais seulement un changement d'affectation. D'ailleurs, les dépenses que fait une Compagnie pour rétablir les accès, pour former des chemins latéraux qu'exige la construction des chemins de fer, en un mot, pour rendre au public l'usage de la chose publique forcément modifiée, peuvent être considérées comme équi-

nistration citera devant le jury, qui sera convoqué à cet effet, les propriétaires et tous autres intéressés qui auront été désignés ou qui seront intervenus , pour qu'il soit procédé au règlement des indemnités de la manière indiquée au chapitre suivant. La citation contiendra l'énonciation des offres qui auront été refusées.

CHAPITRE II. — *Du Jury spécial chargé de régler les indemnités.*

Art. 29. Dans sa session annuelle, le Conseil général du département désigne, pour chaque arrondissement de sous-préfecture, tant sur la liste des électeurs que sur la seconde partie de la liste du jury, trente-six personnes au moins, et soixante et douze au plus, qui ont leur domicile réel dans l'arrondissement, parmi lesquelles sont choisis, jusqu'à la session suivante ordinaire du Conseil général, les membres du jury spécial appelé, le cas échéant, à régler les indemnités dues par suite d'expropriation pour cause d'utilité publique. — Le nombre des jurés désignés pour le département de la Seine sera de six cents.

valentes à l'indemnité qui devrait être allouée dans les cas ordinaires. Il en est de même à l'égard des communes, à raison des déviations dans la voie communale que le passage du chemin de fer exige ; on se borne à réclamer des concessionnaires les travaux nécessaires, pour rétablir le mieux possible la viabilité, et ces travaux sont considérés comme la représentation de l'indemnité due à la commune. »

Après l'expiration du délai, sans acceptation des offres ou leur refus, la lutte s'engage. La Compagnie doit (art. 28) demander la convocation du jury d'expropriation et citer devant lui toutes les parties intéressées qui se sont fait connaître, et dans la citation, elle doit rappeler le chiffre des offres qu'elle a vainement faites.

Le chapitre II se divise en deux parties : — 1° Formation du jury, art. 29 à 36 ; — 2° Procédure devant le jury, art. 37 à 52.

Le jury appelé à régler les indemnités est une création nouvelle, magistrature difficile et qui, pour être utilement exercée, ne pouvait être abandonnée au hasard. Aussi est-elle choisie par le Conseil général du

Art. 30. Toutes les fois qu'il y a lieu de recourir à un jury spécial, la première chambre de la Cour royale, dans les départements qui sont le siége d'une Cour royale, et, dans les autres départements, la première Chambre du tribunal du chef-lieu judiciaire, choisit en la chambre du Conseil, sur la liste dressée en vertu de l'article précédent pour l'arrondissement dans lequel ont lieu les expropriations, seize personnes qui formeront le jury spécial chargé de fixer définitivement le montant de l'indemnité, et, en outre, quatre jurés supplémentaires. Pendant les vacances, ce choix est déféré à la chambre de la Cour ou du tribunal chargé du service des vacations. En cas d'abstention ou de récusation des membres du tribunal, le choix du jury est déféré à la Cour royale.—Ne peuvent être choisis : 1º les propriétaires, fermiers, locataires des terrains et bâtiments désignés en l'arrêté du préfet, pris en vertu de l'art. 11, et qui restent à acquérir ; 2º les créanciers ayant inscription sur lesdits immeubles ; 3º tous autres intéressés désignés ou intervenant en vertu des art. 21 et 22.— Les septuagénaires seront dispensés, s'ils le requièrent, des fonctions de jurés.

département dans sa session annuelle ; cette source est tout à la fois une garantie d'intelligence et d'indépendance. (Art. 29.)

A côté de lui, pour diriger son inexpérience des règles de la procédure, se place le pouvoir judiciaire.

Toutes les fois qu'il y a lieu de recourir à un jury spécial, la première chambre de la Cour impériale, dans les départements qui sont le siége d'une Cour, et dans les autres départements, la première chambre du tribunal du chef-lieu judiciaire, procède, sans délai, ni sursis, ni objection, comme il est dit à l'art. 30. Cette mission n'a rien de judiciaire ; elle est purement administrative.

C'est à l'avoué de la Compagnie à provoquer la nomination de ce jury. Il le fait au moyen d'une requête présentée à cet effet. Il l'appuie : 1º de la représentation du jugement d'expropriation ou forme probante ; 2º du procès-verbal faisant preuve du refus fait par les intéressés de l'indemnité qui a dû leur être offerte. Ce sont là les deux seules pièces juridiques. Mais pour éclairer le choix des jurés, il sera bien d'indiquer officieusement à la Cour ou au tribunal la nature des

Art. 31. La liste des seize jurés et des quatre jurés supplémentaires est transmise par le préfet au sous-préfet, qui, après s'être concerté avec le magistrat directeur du jury, convoque les jurés et les parties, en leur indiquant, au moins huit jours à l'avance, le lieu et le jour de la réunion. La notification aux parties leur fait connaître les noms des jurés.

Art. 32. Tout juré qui, sans motifs légitimes, manque à l'une des séances ou refuse de prendre part à la délibération, encourt une amende de cent francs au moins et de trois cents francs au plus. — L'amende est prononcée par le magistrat directeur du jury. — Il statue en dernier ressort sur l'opposition qui serait formée par le juré condamné. — Il prononce également sur les causes d'empêchement que les jurés proposent, ainsi que sur les exclusions ou incompatibilités dont les causes ne seraient survenues ou n'auraient été connues que postérieurement à la désignation faite en vertu de l'art. 30.

Art. 33. Ceux des jurés qui se trouvent rayés de la liste par suite des empêchements, exclusions ou incompatibilités prévus à l'article précédent, sont immédiatement remplacés par les jurés supplémentaires, que le magistrat directeur du jury appelle dans l'ordre de leur inscription.

affaires à juger pendant la session et d'écarter le nom des individus intéressés.

Afin de prévenir les causes de nullité, il doit être apporté beaucoup de soin dans cette opération.

En arrêtant la liste des affaires qui doivent être soumises au jury d'expropriation, l'ingénieur devra éviter deux écueils : d'une part, ne pas surcharger le même jury de trop de travaux, réclamer plutôt la formation de plusieurs jurys spéciaux ; d'autre part, former un rôle suffisant pour ne pas occasionner des déplacements onéreux.

L'Administration a publié, relativement à la formation du jury, une instruction utile à consulter pour l'exécution uniforme de la loi ; elle y recommande de ne recourir qu'avec réserve à cette intervention souveraine, afin de distraire le moins possible les citoyens de leurs affaires personnelles ; de prendre en considération les travaux à exè-

— En cas d'insuffisance, le magistrat directeur du jury choisit, sur la liste dressée en vertu de l'art. 29, les personnes nécessaires pour compléter le nombre des seize jurés.

Art. 34. Le magistrat directeur du jury est assisté, auprès du jury spécial, du greffier ou commis-greffier du tribunal, qui appelle successivement les causes sur lesquelles le jury doit statuer, et tient procès-verbal des opérations. — Lors de l'appel, l'administration a le droit d'exercer deux récusations péremptoires ; la partie adverse a le même droit. — Dans le cas où plusieurs intéressés figurent dans la même affaire, ils s'entendent pour l'exercice du droit de récusation, sinon le sort désigne ceux qui doivent en user. — Si le droit de récusation n'est point exercé, ou s'il ne l'est que partiellement, le magistrat directeur du jury procède à la réduction des jurés au nombre de douze, en retranchant les derniers noms inscrits sur la liste.

Art. 35. Le jury spécial n'est constitué que lorsque les douze jurés sont présents. — Les jurés ne peuvent délibérer valablement qu'au nombre de neuf au moins.

Art. 36. Lorsque le jury est constitué, chaque juré prête serment de remplir ses fonctions avec impartialité.

cuter, etc. (Instruction du directeur général des ponts et chaussées, du 17 juillet 1833.)

Les formalités intrinsèques et extrinsèques pour la constitution du jury sont clairement indiquées par les art. 31 et suivants. Inutile de les reproduire ici. Bornons-nous à indiquer que toutes les prescriptions de la loi ne sont pas prescrites à peine de nullité. Ainsi notamment la Cour de cassation juge constamment qu'il n'y a pas nullité du jugement en ce qu'une personne intéressée a été portée sur la liste des jurés supplémentaires, si le jury a été complété sans l'appel de son nom et si l'exercice du droit de récusation n'a pas été gêné. — Cassation, 17 avril 1845. — Et encore en ce qu'un des propriétaires a été admis comme juré, sans récusation de la part de l'expropriant. — Cassation, 26 mai et 19 août 1846.

Art. 37. Le magistrat directeur met sous les yeux du jury : 1° le tableau des offres et demandes notifiées en exécution des art. 23 et 24; 2° les plans parcellaires et les titres ou autres documents produits par les parties à l'appui de leurs offres et demandes. — Les parties ou leurs fondés de pouvoir peuvent présente sommarirement leurs observations.—Le jury pourra entendre toutes les personnes qu'il croira pouvoir l'éclairer. — Il pourra également se transporter sur les lieux, ou déléguer à cet effet un ou plusieurs de ses membres.—La discussion est publique; elle peut être continuée à une autre séance.

Art. 38. La clôture de l'instruction est prononcée par le magistrat directeur du jury. — Les jurés se retirent immédiatement dans leur chambre pour délibérer, sans désemparer, sous la présidence de l'un d'eux, qu'ils déasignent à l'instant même. — La décision du jury fixe le montant de l'indemnité ; elle est prise à la majorité des voix.—En cas de partage, la voix du président du jury est prépondérante.

39. Le jury prononce des indemnités distinctes en faveur des parties qui les réclament à des titres différents, comme propriétaires, fermiers, locataires, usagers et au-

Le jury convoqué se réunit au lieu indiqué sous la présidence du magistrat-directeur. Celui-ci est assisté d'un greffier du tribunal qui appelle successivement les causes sur lesquelles le jury doit statuer et tient procès-verbal des opérations.

L'ingénieur de la Compagnie a dû mettre le magistrat-directeur en mesure de placer sous les yeux du jury les pièces indiquées par l'art. 37. A la suite du tableau des offres et demandes, l'ingénieur fera bien d'énoncer succinctement les bases qui ont servi à fixer le chiffre des offres. Il pourra être utile de faire distribuer ce travail aux jurés pour leur servir de jalon dans la discussion qui va s'engager.

Le débat est public et contradictoire. L'ingénieur en chef ou tout autre délégué représente la Compagnie. Il se fait assister, si bon lui semble, d'un conseil. Bien que lors de la discussion de la loi, il paraisse avoir été entendu que le système rapide de la procédure d'ex-

tres intéressés, dont il est parlé à l'art. 21.— Dans le cas d'usufruit, une seule indemnité est fixée par le jury, eu égard à la valeur totale de l'immeuble ; le nu-propriétaire et l'usufruitier exercent leurs droits sur le montant de l'indemnité au lieu de l'exercer sur la chose.— L'usufruitier sera obligé de donner caution ; les père et mère ayant l'usufruit légal des biens de leurs enfants en seront seuls dispensés.— Lorsqu'il y a litige sur le fond du droit ou sur la qualité des réclamants, et toutes les fois qu'il s'élève des difficultés étrangères à la fixation du montant de l'indemnité, le jury règle l'indemnité indépendamment de ces litiges et difficultés, sur lesquels les parties sont renvoyées à se pourvoir devant qui de droit.— L'indemnité allouée par le jury ne peut, en aucun cas, être inférieure aux offres de l'administration, ni supérieure à la demande de la partie intéressée.

Art. 40. Si l'indemnité réglée par le jury ne dépasse pas l'offre de l'administration, les parties qui l'auront refusée seront condamnées aux dépens.— Si l'indemnité est égale à la demande des parties, l'administration sera condamnée aux dépens.— Si l'indemnité est à la fois supérieure à l'offre de l'administration, et inférieure à la demande des

propriation excluait les plaidoiries d'avocat, l'usage contraire a prévalu avec juste raison. On a reconnu que, en dehors des documents présentés au jury, beaucoup de circonstances pouvaient motiver des développements utiles aux intéressés et nécessiter une discussion longue et animée aussi bien que dans les procès ordinaires. Ceux qui ont suivi les débats devant le jury sont forcés de reconnaître que si, dans quelques rares circonstances, les plaidoiries sont superflues, elles sont souvent indispensables dans l'intérêt de toutes les parties, surtout lorsqu'il s'agit de propriétés urbaines ou d'immeubles affectés à des industries importantes et diverses. L'administration des travaux publics a recommandé d'ailleurs aux préfets de confier la dépense des affaires soumises au jury aux ingénieurs des ponts et chaussées, en les faisant assister au besoin d'un avocat. — Instruction du 20 novembre 1844.

Le jury fait entendre toutes les personnes qu'il croit pouvoir l'éclai-

parties, les dépens seront compensés de manière à être supportés par les parties et l'administration, dans les proportions de leur offre ou de leur demande avec la décision du jury. — Tout indemnitaire qui ne se trouvera pas dans le cas des art. 25 et 26 sera condamné aux dépens, quelle que soit l'estimation ultérieure du jury, s'il a omis de se conformer aux dispositions de l'art. 24.

Art. 41. La décision du jury, signée des membres qui y ont concouru, est remise par le président au magistrat directeur, quil a déclare exécutoire, statue sur les dépens, et envoie l'administration en possession de la propriété, à la charge par elle de se conformer aux dispositions des art. 53, 54 et suivants. — Ce magistrat taxe les dépens dont le tarif est déterminé par un règlement d'administration publique. — La taxe ne comprendra que les actes faits postérieurement à l'offre de l'administration'; les frais des actes antérieurs demeurent, dans tous les cas, à la charge de l'administration.

Art. 42. La décision du jury et l'ordonnance du magistrat directeur ne peuvent être attaquées que par la voie du recours en cassation, et seulement pour violation du premier paragraphe de l'art. 30, de l'art. 31, des deuxième et quatrième paragraphes de l'art. 34, et des art. 33, 35,

rer, même l'expert de la Compagnie. — Cassation 26 avril 1843. — Il peut se transporter sur les lieux sans qu'il soit nécessaire qu'une sommation indicative du jour ait été signifiée aux interessés. — Cassation, 7 février 1837.

La clôture de la discussion est prononcée par le magistrat-directeur du jury, mais elle peut être rouverte du consentement des parties. — Même arrêt.

La décision du jury fixe le montant de l'indemnité, mais elle n'est soumise à aucune forme sacramentelle. Il suffit que la réponse soit claire et précise. — Cassation 21 août 1843. — Nous avons dit n°s 161 et suivants, les différentes règles qui devaient servir de base à la fixation des indemnités. La jurisprudence a donné sur cette matière de nombreuses solutions qui ne peuvent trouver place dans le cadre que nous nous sommes tracé.

36, 37, 38, 39 et 40. — Le délai sera de quinze jours pour ce recours, qui sera d'ailleurs formé, notifié et jugé comme il est dit en l'art. 20 ; il courra à partir du jour de la décision.

Art. 43. Lorsqu'une décision du jury aura été cassée, l'affaire sera renvoyée devant un nouveau jury, choisi dans le même arrondissement.—Néanmoins, la Cour de cassation pourra, suivant les circonstances, renvoyer l'appréciation de l'indemnité à un jury choisi dans un des arrondissements voisins, quand même il appartiendrait à un autre département.—Il sera procédé, à cet effet, conformément à l'art. 30.

Art. 44. Le jury ne connaît que des affaires dont il a été saisi au moment de sa convocation, et statue successivement et sans interruption sur chacune de ces affaires. Il ne peut se séparer qu'après avoir réglé toutes les indemnités dont la fixation lui a été ainsi déférée.

Voici néanmoins quelques applications qui pourront être utiles à consulter.

L'art. 40 établit une règle d'équité relative à la distribution des frais. Il y est statué par le magistrat-directeur du jury, et si sa décision n'a rien prononcé à ce sujet, elle est nulle. — Cassation, 23 mai 1842. — Mais il n'y a pas ouverture à cassation en cas d'erreur de calcul dans sa répartition. — Même arrêt. — Le règlement des dépens peut être basé sur une allocation alternative. — Cassation, 7 avril 1845 et 17 juin 1846. — Les dépens peuvent être réservés en cas d'indemnité éventuelle. — Cassation 1ᵉʳ mars 1843. — La Compagnie pourrait être autorisée à retenir les dépens sur l'indemnité accordée. — Cassation, 30 avril 1844.

Mais il est un point, en matière de dépens, qui embarasse souvent les magistrats-directeurs : c'est leur partage entre les parties.

Supposons l'espèce ci-après :

Demande. . . . . 35,000 fr.
Offre 500
Allocation. 5,000
Frais. 20

L'allocation est ainsi sept fois moins forte que la demande, et dix fois plus forte que l'offre. L'exproprié devra supporter les frais pour

Art. 45. Les opérations commencées par un jury, et qui ne sont pas encore terminées au moment du renouvellement annuel de la liste générale mentionnée en l'article 29, sont continuées, jusqu'à conclusion définitive, par le même jury.

Art. 46. Après la clôture des opérations du jury, les minutes de ses décisions et les autres pièces qui se rattachent auxdites opérations sont déposées au greffe du tribunal civil de l'arrondissement.

Art. 47. Les noms des jurés qui auront fait le service d'une session ne pourront être portés sur le tableau dressé par le Conseil général pour l'année suivante.

CHAPITRE III. — *Des Règles à suivre pour la fixation des Indemnités.*

Art. 48. Le jury est juge de la sincérité des titres et de l'effet des actes qui seraient de nature à modifier l'évaluation de l'indemnité.

Art. 49. Dans le cas où l'administration contesterait au détenteur exproprié le droit à une indemnité, le jury, sans s'arrêter à la contestation, dont il renvoie le jugement devant qui de droit, fixe l'indemnité comme si elle était due, et le magistrat directeur du jury en ordonne la con-

sept parties et la Compagnie pour dix parties, et, dans ce système, le résultat sera le suivant :

$$17 : 20 : : 7 : x = 8 \text{ fr. } 23 \text{ c.}$$
$$17 : 20 : : 10 : y = 11 \quad 76$$

Ce système, d'une application simple, nous paraît être conforme au texte et à l'esprit de la loi.

Le chapitre III de la loi établit quelques règles fondamentales à suivre par le jury pour la fixation des indemnités. Nous les avons déjà fait connaître dans la première partie de cet ouvrage. La plus délicate, celle dont la mise en œuvre est le plus difficile, est relative à la compensation entre l'indemnité et la plus-value. On conçoit qu'il

signation, pour, ladite indemnité, rester déposée jusqu'à ce que les parties se soient entendues ou que le litige soit vidé.

Art. 50. Les bâtiments dont il est nécessaire d'acquérir une portion pour cause d'utilité publique seront achetés en entier, si les propriétaires le requièrent par une déclaration formelle adressée au magistrat directeur du jury, dans les délais énoncés aux art. 24 et 27. — Il en sera de même de toute parcelle de terrain qui, par suite du morcellement, se trouvera réduite au quart de la contenance totale, si toutefois le propriétaire ne possède aucun terrain immédiatement contigu, et si la parcelle ainsi réduite est inférieure à dix ares.

Art. 51. Si l'exécution des travaux doit procurer une augmentation de valeur immédiate et spéciale au restant de la propriété, cette augmentation sera prise en considération dans l'évaluation du montant de l'indemnité.

Art. 52. Les constructions, plantations et améliorations ne donneront lieu à aucune indemnité, lorsque, à raison de l'époque où elles auront été faites ou de toutes autres circonstances dont l'appréciation lui est abandonnée, le jury acquiert la conviction qu'elles ont été faites dans la vue d'obtenir une indemnité plus élevée.

---

peut y avoir exagération de part et d'autre ; c'est au jury à apprécier dans sa conscience à leur juste valeur la position respective des parties, et les avantages que la Compagnie apporte par les travaux qu'elle effectue, les gares qu'elle établit à grands frais et qui ajoutent un grand prix aux terrains qui les avoisinent, et les sacrifices auxquels ces avantages sont subordonnés. — Voir toutefois n° 172.

Si le jury est juge de la sincérité des titres et de l'effet des actes qui seraient de nature à modifier l'évaluation de l'indemnité, il n'en est pas de même lorsque le litige sur ces titres et actes porte sur le fond même du droit et sur la qualité des réclamants. — Cassation, 1er mars 1843.

TITRE V. — DU PAIEMENT DES INDEMNITÉS.

Art. 53. Les indemnités réglées par le jury seront, préalablement à la prise de possession, acquittées entre les mains des ayants droit. — S'ils se refusent à les recevoir, la prise de possession aura lieu après offres réelles et consignation. — S'il s'agit de travaux exécutés par l'État ou les départements, les offres réelles pourront s'effectuer au moyen d'un mandat égal au montant de l'indemnité réglée par le jury : ce mandat, délivré par l'ordonnateur compétent, visé par le payeur, sera payable sur la caisse publique qui s'y trouvera désignée.— Si les ayants droit refusent de recevoir le mandat, la prise de possession aura lieu après consignation en espèces.

Art. 54. Il ne sera pas fait d'offres réelles toutes les fois qu'il existera des inscriptions sur l'immeuble exproprié ou d'autres obstacles au versement des deniers entre les mains des ayants droit ; dans ce cas, il suffira que les sommes dues par l'administration soient consignées, pour être ultérieurement distribuées ou remises, selon les règles du droit commun.

Art. 55. Si, dans les six mois du jugement d'expropriation, l'administration ne poursuit pas la fixation de l'indemnité, les parties pourront exiger qu'il soit procédé à ladite fixation. — Quand l'indemnité aura été réglée, si

La décision du jury étant rendue exécutoire par le magistrat-directeur, la Compagnie devra, préalablement à la prise de possession, acquitter l'indemnité entre les mains des ayants droit. Mais de deux choses l'une : ou il y aura obstacle légal au paiement, ou il n'y en aura pas. S'il y a obstacle, comme, par exemple, des inscriptions sur l'immeuble exproprié, des femmes dotales, des mineurs, il ne sera point fait d'offres réelles ; il suffit que les sommes dues par la Compagnie soient consignées pour être ultérieurement distribuées ou remises, selon les règles du droit commun. La consignation est pure et simple et n'a pas besoin d'être accompagnée des formalités prescrites par le Code civil et par le Code de procédure.

S'il n'y a pas d'obstacle et que la consignation soit effectuée après

elle n'est ni acquittée ni consignée dans les six mois de la décision du jury, les intérêts courront de plein droit à l'expiration de ce délai.

TITRE VI. — DISPOSITIONS DIVERSES.

Art. 56. Les contrats de vente, quittances et autres actes relatifs à l'acquisition des terrains, peuvent être passés dans la forme des actes administratifs ; la minute restera déposée au secrétariat de la préfecture : expédition en sera transmise à l'administration des domaines.

Art. 57. Les significations et notifications mentionnées en la présente loi sont faites à la diligence du préfet du département de la situation des biens. — Elles peuvent être faites tant par huissier que par tout agent de l'administration dont les procès-verbaux font foi en justice.

Art. 58. Les plans, procès-verbaux, certificats, significations, jugements, contrats, quittances et autres actes faits en vertu de la présente loi, seront visés pour timbre et enregistrés gratis, lorsqu'il y aura lieu à la formalité de l'enregistrement.— Il ne sera perçu aucuns droits pour la transcription des actes au bureau des hypothèques.— Les droits perçus sur les acquisitions amiables faites an-

refus de recevoir, les dispositions des art. 812 et suivants du Code de procédure doivent être observées.— Lettre du ministre de l'intérieur adressée au préfet de Saône-et-Loire du 6 août 1839.

Plusieurs des dispositions du titre VI ne sont pas applicables aux Compagnies, bien qu'elles soient subrogées aux droits de l'État. En ce qui touche les acquisitions de terrains, les Compagnies ne peuvent avoir l'avantage de l'administration. Ainsi, elles seront, le plus souvent, obligées de recourir aux notaires pour la réception de leurs contrats. Elles devront donc avoir le soin de se faire produire tous les titres justifiant que le vendeur est bien propriétaire de la chose qu'il aliène, la possession n'étant qu'une présomption de propriété. On ne peut prescrire de règles certaines en cette matière ; il convient de laisser au notaire investi de la confiance de la Compagnie, confiance qu'il ne voudra pas compromettre, la plus grande latitude. Il éclairera les ingénieurs de ses sages avis, suivant les circonstances.

térieurement aux arrêtés du préfet seront restitués, lorsque, dans le délai de deux ans, à partir de la perception, il sera justifié que les immeubles acquis sont compris dans ces arrêtés. — La restitution des droits ne pourra s'appliquer qu'à la portion des immeubles qui aura été reconnue nécessaire à l'exécution des travaux.

Art. 59. Lorsqu'un propriétaire aura accepté les offres de l'administration, le montant de l'indemnité devra, s'il l'exige, et s'il n'y a pas eu contestation de la part des tiers dans les délais prescrits par les art. 24 et 27, être versé à la Caisse des dépôts et consignations, pour être remis ou distribué à qui de droit, selon les règles du droit commun.

Art. 60. Si les terrains acquis pour des travaux d'utilité publique ne reçoivent pas cette destination, les anciens propriétaires ou leurs ayants droit peuvent en demander la remise. — Le prix des terrains rétrocédés est fixé à l'amiable, et, s'il n'y a pas accord, par le jury, dans les formes ci-dessus prescrites. La fixation par le jury ne peut, en aucun cas, excéder la somme moyennant laquelle les terrains ont été acquis.

Art. 61. Un avis, publié de la manière indiquée en l'art. 6, fait connaître les terrains que l'administration est dans le cas de revendre. Dans les trois mois de cette publication, les anciens propriétaires qui veulent réacquérir la propriété desdits terrains sont tenus de le déclarer ; et, dans le mois de la fixation du prix, soit amiable, soit judiciaire, ils doivent passer le contrat de rachat et payer le prix : le tout à peine de déchéance du privilége que leur accorde l'article précédent.

Art. 62. Les dispositions des art. 60 et 61 ne sont pas applicables aux terrains qui auront été acquis sur la réquisition du propriétaire, en vertu de l'art. 50, et qui resteraient disponibles après l'exécution des travaux.

Art. 63. Les concessionnaires des travaux publics exer-ceront tous les droits conférés à l'administration, et seront soumis à toutes les obligations qui lui sont imposées par la présente loi.

Art. 64. Les contributions de la portion d'immeuble qu'un propriéta:re aura cédée, ou dont il aura été exproprié pour cause d'utilité publique, continueront à lui être comptées pendant un an, à partir de la remise de la propriété, pour former son cens électoral.

L'art. 63 fixe la situation des concessionnaires et établit le grand et fécond principe de la subrogation aux droits de l'État. Les concessionnaires jouissent, en conséquence, de tous les priviléges accordés par les lois à l'administration, pour l'exécution des travaux publics. C'est pour cela qu'ils peuvent requérir l'expropriation des biens qu'ils sont dans la nécessité d'occuper, extraire des matériaux dans les propriétés indiquées par l'administration, s'établir temporairement sur les terrains voisins, etc., etc. Les concessions ne peuvent donc être considérées comme des entreprises d'utilité particulière, bien qu'elles soient choses de spéculation et d'industrie. Toutefois, en dehors des droits et priviléges que leur confèrent les lois, les concessionnaires restent soumis aux prescriptions légales conservatrices des choses du domaine public. Ainsi, une Compagnie concessionnaire d'un chemin de fer, qui a occasionné la dégradation d'ouvrages de navigation construits et entretenus par l'État, encourt l'application des dispositions de l'arrêt du 24 juin 1777. — Conseil d'État, 27 décembre 1844.

Les difficultés auxquelles donnent lieu les marchés de concession doivent être soumises au Conseil de préfecture, conformément à l'art. 4 de la loi du 28 pluviôse an VIII.

Il faut observer que le contrat de travaux publics, à moins de stipulation contraire énoncée au cahier des charges, stipulation que l'administration accepterait difficilement, ne se résout point par la mort du concessionnaire. —Conseil d'État, 8 avril 1842. — Si un concessionnaire venait à mourir, les actes de procédure devraient, à partir de son décès, être dirigés contre ses héritiers, à peine de nullité desdits actes. Conseil d'État, 27 novembre 1844. — Mais comme en matière de chemin de fer, la concession est toujours l'objet d'une Société anonyme et que le directeur n'est, aux termes de la loi qui régit ces sortes de Sociétés, qu'un mandataire de ses coassociés, le principe cesse d'être applicable. — L'art. 64 est abrogé.

TITRE VII. — DISPOSITIONS EXCEPTIONNELLES.
CHAPITRE PREMIER.

Art. 65. Lorsqu'il y aura urgence de prendre possession des terrains non bâtis qui seront soumis à l'expropriation, l'urgence sera spécialement déclarée par une ordonnance royale.

Art. 66. En ce cas, après le jugement d'expropriation, l'ordonnance qui déclare l'urgence et le jugement seront notifiés, conformément à l'art. 15, aux propriétaires et aux détenteurs, avec assignation devant le tribunal civil. L'assignation sera donnée à trois jours au moins : elle énoncera la somme offerte par l'administration.

Art. 67. Au jour fixé, le propriétaire et les détenteurs seront tenus de déclarer la somme dont ils demandent la

Nous avons indiqué, nᵒˢ 101 et suivants, ce que l'on devait entendre par l'*urgence*. L'initiative à cet égard devra partir de l'ingénieur de la Compagnie : il devra donc s'adresser au directeur de la Compagnie et lui exposer les faits d'où résultent la nécessité et l'opportunité d'une prise de possession exceptionnelle. Ce sera ensuite à la Compagnie à solliciter le décret déclaratif de l'urgence.

Mais l'ingénieur ne doit pas perdre de vue qu'il faut de graves motifs pour autoriser la déclaration d'urgence, et qu'il sera plus difficile de l'obtenir dans ce cas que dans celui prévu par la loi du 30 mars 1831 relative aux travaux de fortifications. M. Daru a très-bien fait ressortir cette différence en ces termes :

« On conçoit que, lorsqu'il s'agit de la défense du sol, il soit permis d'exiger de tout citoyen le sacrifice entier de ses droits, puisqu'on lui demande alors jusqu'au sacrifice de sa vie ; mais il n'en est pas de même lorsqu'il s'agit uniquement de percer une route ou d'ouvrir un canal. Entre les travaux militaires et ceux qui ont pour unique but l'amélioration matérielle de la société, la différence est grande. Il ne suffit pas d'une utilité constatée ; il faut une nécessité pressante pour que de pareilles mesures soient acceptables. »

La loi d'expropriation a multiplié les garanties en faveur du citoyen que l'on veut déposséder de sa propriété. Il ne faut pas que les Compagnies s'imaginent qu'il leur sera possible et facile de les détruire par une simple allégation d'urgence. Il ne faut pas croire qu'il

consignation avant l'envoi en possession. — Faute par eux de comparaître, il sera procédé en leur absence.

Art. 68. Le tribunal fixe le montant de la somme à consigner. — Le tribunal peut se transporter sur les lieux, ou commettre un juge pour visiter les terrains, recueillir tous les renseignements propres à en déterminer la valeur, et en dresser, s'il y a lieu, un procès-verbal descriptif. Cette opération devra être terminée dans les cinq jours, à dater du jugement qui l'aura ordonnée. — Dans les trois jours de la remise de ce procès-verbal, au greffe, le tribunal déterminera la somme à consigner.

Art. 69. La consignation doit comprendre, outre le prin-

leur sera loisible de défaire d'une main ce que la loi a fait de l'autre. La déclaration d'urgence ne s'obtiendra point au pas de course et au gré de l'ingénieur impatient. Il faudra nécessairement du temps. Le ministre ne voudra pas prononcer sans connaître les faits. Il faudra que l'ingénieur exécutant s'adresse au préfet qui fera un rapport, celui-ci au ministre. S'il y a une question d'art, le ministre voudra connaître l'avis du Conseil des ponts et chaussées : l'affaire traînera de bureaux en bureaux, puis enfin la décision du ministre interviendra, et elle devra être sanctionnée par un décret ; elle redescendra ensuite par les mêmes degrés pour retourner à son point de départ.

A la durée de ce premier délai, s'ajoutent les délais qu'exige la procédure elle-même : signification au propriétaire avec assignation à trois jours devant le tribunal civil ; sur son refus de céder, évaluation par le tribunal du montant de la somme à consigner après visite sur les-lieux et procès-verbal descriptif ; puis nouvelle assignation à deux jours, après quoi la prise de possession provisoire est prononcée.

Les ingénieurs auront donc à examiner si une célérité de quelques semaines compense les lenteurs probables de la procédure ; et, tout bien considéré, il est probable qu'ils useront rarement de l'initiative de la proposition d'urgence.

On avait demandé que les cas d'urgence fussent déterminés ; mais cela n'était pas praticable. Les cas d'urgence varient à l'infini, il serait impossible de les prévoir tous. Mais il résulte des explications qui furent données deux choses essentielles :

L'urgence peut être déclarée *ratione materiœ* et *ratione personœ*, d'une manière générale, à raison de la seule nature des travaux ou spécialement à raison de la résistance du propriétaire.

cipal, la somme nécessaire pour assurer, pendant deux ans, le paiement des intérêts à cinq pour cent.

Art. 70. Sur le vu du procès-verbal de consignation, et sur une nouvelle assignation à deux jours de délai au moins, le président ordonne la prise de possession.

Art. 71. Le jugement du tribunal et l'ordonnance du président sont exécutoires sur minute, et ne peuvent être attaqués par opposition ni par appel.

Art. 72. Le président taxera les dépens qui seront supportés par l'administration.

Art. 73. Après la prise de possession, il sera, à la poursuite de la partie la plus diligente, procédé à la fixation définitive de l'indemnité, en exécution du titre IV de la présente loi.

Art. 74. Si cette fixation est supérieure à la somme qui a été déterminée par le tribunal, le supplément doit être

La déclaration d'urgence peut être faite, à quelque époque que ce soit, par l'ordonnance même de concession, ou pendant la procédure antérieure au jugement d'expropriation, ou après ce jugement.

Surtout, il est bien important, pour la dignité des ingénieurs, que les motifs qui leur font provoquer l'urgence soient justifiés par la nature seule des travaux, et qu'il n'y ait dans leur détermination rien d'hostile vis-à-vis de tel ou tel propriétaire, rien qui sente les représailles.

L'administration a ici un pouvoir immense qu'elle ne peut se faire pardonner par les parties intéressées qu'à la condition de l'exercer avec l'impartialité la plus scrupuleuse. Ainsi, par exemple, s'il s'élève des difficultés sur la valeur des mots : *propriétés non bâties*, s'il s'agit de s'entendre sur les mots : *plantations, clôture, construction*, qui sera juge de ces questions ? L'administration ; mais elle sera juge et partie, et quelle garantie présente une décision rendue sans vérification du juge, sans observations contradictoires ? On passera outre, et le propriétaire sera sans recours contre la décision ; il ne pourra l'attaquer devant les tribunaux, car il s'agit d'un acte administratif. Ira-t-il devant le Conseil d'État. Mais le recours n'est pas suspensif, et l'on pourra toujours le rendre illusoire en bouleversant d'avance la propriété.

consigné dans la quinzaine de la notification de la décision du jury, et, à défaut, le propriétaire peut s'opposer à la continuation des travaux.

CHAPITRE II.

Art. 75. Les formalités prescrites par les titres I et II de la présente loi ne sont applicables ni aux travaux militaires ni aux travaux de la marine royale. — Pour ces travaux, une ordonnance royale détermine les terrains qui sont soumis à l'expropriation.

Art. 76. L'expropriation ou l'occupation temporaire, en cas d'urgence, des propriétés privées qui seront jugées nécessaires pour des travaux de fortification, continueront d'avoir lieu conformément aux dispositions prescrites par la loi du 30 mars 1831. — Toutefois, lorsque les propriétaires ou autres intéressés n'auront pas accepté les offres de l'administration, le règlement définitif des indemnités aura lieu conformément aux dispositions du titre IV ci-dessus. — Seront également applicables aux expropria-

---

En pareille matière, l'abus est en vérité si naturel, si tentant, qu'il est fort à redouter. L'entraînement des esprits, l'impatience des populations à avoir le chemin de fer, et poussant, secondant l'action administrative difficile, prendront la résistance. C'est là le danger.

Il est vrai que les ministres prirent, dans la discussion, l'engagement de n'appliquer l'urgence que dans des cas très-rares et exceptionnels. Mais les ministres changent, la loi reste et les promesses s'évanouissent : *Ludibria ventis.*

En rendant justice à l'esprit d'équité qui a dicté la disposition de l'art. 69, on doit regretter qu'elle ne soit pas complète.

Lorsqu'un homme riche est exproprié, il y a sans doute peu d'inconvénients à retenir à la fois le capital et l'intérêt. Créancier d'une Compagnie puissante, il est sans inquiétude : il sait que le prix de sa terre lui sera payé exactement ; quant aux intérêts, il peut attendre. Il lui suffit de savoir qu'ils sont consignés avec le prix. Mais l'expropriation ne frappe pas toujours les grands propriétaires ; elle n'atteint pas seulement le parc, le château ; elle frappe aussi sur le pauvre ; elle atteint la chaumière, le champ nourricier. Or, que fera l'habitant des campagnes, celui qui vit au jour le jour du produit de son champ ?

tions poursuivies en vertu de la loi du 30 mars 1831, les art. 16, 17, 18, 19 et 20, ainsi que le titre VI de la présente loi.

TITRE VIII. — DISPOSITIONS FINALES.

Art. 77. Les lois des 8 mars 1810 et 7 juillet 1833 sont abrogées.

On dit que l'intérêt lui sera payé avec le capital ; mais en attendant, comment fera-t-il pour vivre ? Il sera réduit à la nécessité d'emprunter.

Pour éviter ce grave inconvénient, nous pensons que le tribunal pourrait ordonner après avoir vérifié les titres de propriété de l'ex-proprié, et que la Compagnie pourrait consentir à ce que l'intérêt fût payé par la caisse — tous les six mois, — comme la rente sur l'État. Si cette mansuétude n'est pas dans le texte de la loi, elle est dans son esprit.

Ordonnance du Roi contenant le Tarif des Frais et Dépens pour tous les Actes qui seront faits en vertu de la Loi du 7 juillet 1833, sur l'Expropriation pour cause d'utilité publique (1);

18 septembre 1833, promulguée le 20 du même mois.

LOUIS-PHILIPPE, etc.,

Sur le rapport de notre Garde des sceaux, ministre de la justice ;

Vu l'art. 41 de la loi du 7 juillet 1833, sur l'expropriation pour cause d'utilité publique ;

Notre Conseil d'État entendu,

Nous avons ordonné et ordonnons :

La taxe de tous actes faits en vertu de la loi du 7 juillet 1833 sera réglée par le tarif ci-après :

(1) Cette ordonnance a été rendue en exécution de l'art. 41 de la loi du 7 juillet 1833, ainsi conçu : « Un règlement d'administration publique, qui sera publié avant la mise à exécution de la présente loi, déterminera le tarif des dépens. »

L'ordonnance a été précédée d'un rapport fait au Roi, par M. le ministre de la justice, et inséré au *Moniteur* du 21 septembre 1833.

Ce rapport explique qu'on n'a voulu s'arrêter exclusivement ni au tarif civil du 16 février 1807, parce qu'il est trop élevé, ni au tarif criminel du 18 juin 1811, parce qu'il est insuffisant pour s'appliquer à tous les actes de la nouvelle procédure. Mais comme ces deux tarifs sont familiers aux magistrats, on a eu soin de s'en écarter le moins possible, en donnant la préférence surtout au tarif criminel, qui est moins dispendieux et s'approprie mieux à une procédure par jurés. On n'a recouru au tarif civil que pour les actes d'une rédaction plus difficile et sans analogie dans la procédure criminelle.

Ce tarif est resté en vigueur et régit l'application de la loi du 3 mai 1841.

Beaucoup de ses dispositions s'appliqueraient par analogie aux procédures nécessitées pour l'extraction des matériaux et les occupations temporaires de terrains.

CHAPITRE PREMIER. — *Des Huissiers*.

Art. 1er. Il sera alloué à tous huissiers un franc pour l'original :

1o De la notification de l'extrait du jugement d'expropriation aux personnes désignées dans les art. 15 et 22 de la loi du 7 juillet 1833 ;

2o De la signification de l'arrêt de la Cour de cassation (art. 20 et 42 de ladite loi) ;

3o De la dénonciation de l'extrait du jugement d'expropriation aux ayants droit mentionnés aux art. 21 et 22 ;

4o De la notification de l'arrêté du préfet qui fixe la somme offerte pour indemnité (art. 23) ;

5o De l'acte contenant acceptation des offres faites par l'administration, avec signification, s'il y a lieu, des autorisations requises (art. 24, 25 et 26) ;

6o De l'acte portant convocation des jurés et des parties, avec notification aux parties d'une expédition de l'arrêt par lequel la Cour royale a formé la liste du jury (art. 31 et 33) ;

7o De la notification au juré défaillant de l'ordonnance du directeur du jury qui l'a condamné à l'amende (art. 32) ;

8o De la notification de la décision du jury, revêtue de l'ordonnance d'exécution (art. 41) ;

9o De la sommation d'assister à la consignation dans le cas où il n'y aura pas eu d'offres réelles (art. 54) ;

10o De la sommation au préfet pour qu'il soit procédé à la fixation de l'indemnité (art. 55) ;

11o De l'acte contenant réquisition par le propriétaire de la consignation des sommes offertes dans le cas où cette réquisition n'a pas été faite par l'acte même d'acceptation (art. 59) ;

12o Et généralement de tous actes simples auxquels pourra donner lieu l'expropriation.

Art. 2. Il sera alloué à tous huissiers un franc cinquante centimes pour l'original :

1° De la notification du pourvoi en cassation formé soit contre le jugement d'expropriation, soit contre la décision du jury (art. 20 et 42) ;

2° De la dénonciation, faite au directeur du jury par le propriétaire ou l'usufruitier, des noms et qualités des ayants droit, mentionnés au § 1er de l'art. 21 de la loi précitée (art. 21 et 22) ;

3° De l'acte par lequel les parties intéressées font connaître leurs réclamations (art. 18, 21, 39, 52 et 54) ;

4° De l'acte d'acceptation des offres de l'administration avec réquisition de consignation (art. 24 et 59) ;

5° De l'acte par lequel la partie qui refuse les offres de l'administration indique le montant de ses prétentions (art. 17, 24, 28 et 53) ;

6° De l'opposition formée par un juré à l'ordonnance du magistrat directeur du jury, qui l'a condamné à l'amende (art. 32) ;

7° De la réquisition du propriétaire tendant à l'acquisition de la totalité de son immeuble (art. 50) ;

8° De la demande à fin de rétrocession des terrains non employés à des travaux d'utilité publique (art. 60 et 61);

9° De la demande tendant à ce que l'indemnité d'une expropriation déjà commencée soit réglée conformément à la loi du 7 juillet 1833 (art. 68) ;

10° Enfin de tous actes qui, par leur nature, pourront être assimilés à ceux dont l'énumération précède.

Art. 3. Il sera alloué à tous huissiers pour l'original :

1° Du procès-verbal d'offres réelles contenant le refus ou l'acceptation des ayants droit et sommation d'assister à la consignation (art. 53). . . . . 2 fr. 25 c.

2° Du procès-verbal de consignation, soit qu'il y ait eu ou non offres réelles (art. 49, 53 et 54). 4   00

Art. 4. Il sera alloué, pour chaque copie des exploits ci-dessus, le quart de la somme fixée pour l'original.

Art. 5. Lorsque les copies de pièces dont la notification a lieu en vertu de la loi seront certifiées par l'huissier, il lui sera payé trente centimes par chaque rôle, évalué à raison de vingt-huit lignes à la page et quatorze à seize syllabes à la ligne (art. 57) ;

Art. 6. Les copies des pièces déposées dans les archives de l'administration, qui seront réclamées par les parties dans leur intérêt pour l'exécution de la loi, et qui seront certifiées par les agents de l'administration, seront payées à l'administration sur le même taux que les copies certifiées par les huissiers.

Art. 7. Il sera alloué à tous huissiers cinquante centimes pour visa de leurs actes, dans le cas où cette formalité est prescrite.

Ce droit sera double, si le refus du fonctionnaire qui doit donner le visa oblige l'huissier à se transporter auprès d'un autre fonctionnaire.

Art. 8. Les huissiers ne pourront rien réclamer pour le papier des actes par eux notifiés, ni pour l'avoir fait viser pour timbre.

Ils emploieront du papier d'une dimension égale, au moins, à celle des feuilles assujetties au timbre de soixante-dix centimes.

CHAPITRE II. — *Des Greffiers.*

Art. 9. Tous extraits ou expéditions délivrés par les greffiers en matière d'expropriation pour cause d'utilité publique, seront portés sur papier d'une dimension égale à celle des feuilles assujetties au timbre de un franc vingt-cinq centimes.

Ils contiendront vingt-huit lignes à la page et quatorze à seize syllabes à la ligne.

Art. 10. Il sera alloué aux greffiers quarante centimes pour chaque rôle d'expédition ou d'extrait.

Art. 11. Il sera alloué aux greffiers pour la rédaction du procès-verbal des opérations du jury spécial, cinq francs pour chaque affaire terminée par décision du jury rendue exécutoire.

Néanmoins cette allocation ne pourra jamais excéder quinze francs par jour quel que soit le nombre des affaires; et, dans ce cas, ladite somme de quinze francs sera répartie également entre chacune des affaires terminées le même jour.

Art. 12. L'état des dépens sera rédigé par le greffier.

Celle des parties qui requerra la taxe devra, dans les trois jours qui suivront la décision du jury, remettre au greffier toutes les pièces justificatives.

Le greffier paraphera chaque pièce admise en taxe, avant de la remettre à la partie.

Art. 13. Il sera alloué au greffier dix centimes pour chaque article de l'état des dépens y compris le paraphe des pièces.

Art. 14. L'ordonnance d'exécution du magistrat directeur du jury indiquera la somme des dépens taxés et la proportion dans laquelle chaque partie devra les supporter.

Art. 15. Au moyen des droits ci-dessus accordés aux greffiers, il ne leur sera alloué aucune autre rétribution à aucun titre, sauf les droits de transport dont il sera parlé ci-après ; et ils demeureront chargés :

1° Du traitement des commis-greffiers, s'il était besoin d'en établir pour le service des assises spéciales ;

2º De toutes les fournitures de bureaux nécessaires pour la tenue de ces assises ;

3º De la fourniture du papier des expéditions ou extraits, qu'ils devront aussi faire viser pour timbre.

CHAPITRE III. — *Des Indemnités de Transport.*

Art. 16. Lorsque les assises spéciales se tiendront ailleurs que dans la ville où siége le tribunal, le magistrat directeur du jury aura droit à une indemnité fixée de la manière suivante :

S'il se transporte à plus de cinq kilomètres de sa résidence, il recevra pour tous frais de voyage, de nourriture et de séjour, une indemnité de neuf francs par jour ;

S'il se transporte à plus de deux myriamètres, l'indemnité sera de douze francs par jour.

Art. 17. Dans le même cas, le greffier ou son commis assermenté recevra six ou huit francs par jour, suivant que le voyage sera de plus de cinq kilomètres ou de plus de deux myriamètres, ainsi qu'il est dit dans l'article précédent.

Art. 18. Les jurés qui se transporteront à plus de deux kilomètres du lieu où se tiendront les assises spéciales, pour les descentes sur les lieux, autorisés par l'art. 37 de la loi du 7 juillet 1833, recevront, s'ils en font la demande formelle, une indemnité qui sera fixée, pour chaque myriamètre parcouru, en allant et revenant, à deux francs cinquante centimes. Il ne leur sera rien alloué pour toute autre cause que ce soit, à raison de leurs fonctions, si ce n'est dans le cas de séjour forcé en route, comme il est dit ci-après, art. 24.

Art. 19. Les personnes qui seront appelées pour éclairer le jury, conformément à l'art. 37 précité, recevront si elles le requièrent, savoir :

Quand elles ne seront pas domiciliées à plus d'un myriamètre du lieu où elles doivent être entendues, pour
indemnité de comparution, un franc cinquante centimes;

Quand elles seront domiciliées à plus d'un myriamètre,
pour indemnité de voyage, lorsqu'elles ne seront pas
sorties de leur arrondissement, un franc par myriamètre
parcouru en allant et revenant; et lorsqu'elles seront
sorties de leur arrondissement, un franc cinquante centimes.

Dans le cas où l'indemnité de voyage est allouée, il ne
doit être accordé aucune taxe de comparution.

Art. 20. les personnes appelées devant le jury, qui reçoivent un traitement quelconque à raison d'un service
public, n'auront droit qu'à l'indemnité de voyage, s'il y
a lieu, et si elles la requièrent.

Art. 21. Les huissiers qui instrumenteront dans les
procédures en matière d'expropriation pour cause d'utilité publique recevront, lorsqu'ils seront obligés de se
transporter à plus de deux kilomètres de leur résidence,
un franc cinquante centimes pour chaque myriamètre
parcouru en allant et en revenant, sans préjudice de l'application de l'art. 35 du décret du 14 juin 1813.

Art. 22. Les indemnités de transport ci-dessus établies
seront réglées par myriamètre et demi-myriamètre. Les
fractions de huit ou neuf kilomètres seront comptées
pour un myriamètre, et celles de trois à huit kilomètres
pour un demi-myriamètre.

Art. 23. Les distances seront calculées d'après le tableau dressé par les préfets, conformément à l'art. 93 du
décret du 18 juin 1811.

Art. 24. Lorsque les individus dénommés ci-dessus seront arrêtés dans le cours du voyage par force majeure,

ils recevront en indemnité, pour chaque jour de séjour forcé, savoir :

Les jurés, deux francs cinquante centimes ;

· Les personnes appelées devant le jury et les huissiers, un franc cinquante centimes.

Ils seront tenus de faire constater par le juge de paix, et à son défaut par l'un des suppléants ou par le maire, et à son défaut par l'un de ses adjoints, la cause du séjour forcé en route, et d'en représenter le certificat à l'appui de leur demande en taxe.

Art. 25. Si les personnes appelées devant le jury sont obligées de prolonger leur séjour dans le lieu où se fait l'instruction, et que ce lieu soit éloigné de plus d'un myriamètre de leur résidence, il leur sera alloué, pour chaque journée, une indemnité de deux francs.

Art. 26. Les indemnités des jurés et des personnes appelées pour éclairer le jury seront acquittées comme frais urgents par le receveur de l'enregistrement sur un simple mandat du magistrat directeur du jury, lequel mandat devra, lorsqu'il s'agira d'un transport, indiquer le nombre des myriamètres parcourus, et, dans tous les cas, faire mention expresse de la demande d'indemnité.

Art. 27. Seront également acquittées par le receveur de l'enregistrement les indemnités de déplacement que le magistrat directeur du jury et son greffier pourront réclamer lorsque la réunion du jury aura lieu dans une commune autre que le chef-lieu judiciaire de l'arrondissement. Le paiement sera fait sur un état certifié et signé par le magistrat directeur du jury, indiquant le nombre des journées employées au transport et la distance entre le lieu où siége le jury et le chef-lieu judiciaire de l'arrondissement.

Art. 28. Dans tous les cas, les indemnités de transport

8...

allouées au magistrat directeur du jury et au greffier resteront à la charge, soit de l'administration, soit de la
Compagnie concessionnaire qui aura provoqué l'expropriation, et ne pourront entrer dans la taxe des dépens.

CHAPITRE IV. — *Dispositions générales.*

Art. 29. Il ne sera alloué aucune taxe aux agents de
l'administration autorisés par la loi du 7 juillet 1833 à
instrumenter concurremment avec les huissiers.

Art. 30. Le greffier tiendra exactement note des indemnités allouées aux jurés et aux personnes qui seront
appelées à éclairer le jury, et en portera le montant dans
l'état de liquidation des frais.

Art. 31. L'administration de l'enregistrement se fera
rembourser de ses avances comprises dans la liquidation
des frais, par la partie qui sera condamnée aux dépens,
en vertu d'un exécutoire délivré par le magistrat directeur du jury, et selon le mode usité pour le recouvrement
des droits dont la perception est confiée à cette administration.

Quant aux indemnités de transport payées au magistrat directeur du jury et au greffier, et qui, suivant
l'art. 28 ci-dessus, ne pourront entrer dans la taxe des
dépens, elle en sera remboursée, soit par l'administration, soit par la Compagnie concessionnaire qui aura
provoqué l'expropriation.

III.

LOIS ET RÈGLEMENTS

SUR LES

FOUILLES ET EXTRACTIONS DE MATÉRIAUX

ET

OCCUPATIONS TEMPORAIRES.

Les règles relatives aux fouilles et extractions sont écrites dans les dispositions législatives suivantes :

Arrêts du Conseil des 3 octobre 1667, 3 décembre 1672, 22 juin 1706, 7 septembre 1755, 20 mars 1780. — Loi du 28 septembre 1791, tit. 1er, section VI, art. 1er ; — 28 pluviôse, an VIII, art. 4 ; 16 septembre 1807, art. 55-56. Code forestier, art. 145. Il nous suffira de citer les textes ci-après :

Préambule de l'arrêt du 22 juin 1706 :

« Le roi s'étant fait représenter les arrêts rendus en » son Conseil les 3 octobre 1667 et 3 décembre 1672, par » lesquels S. M. a permis aux entrepreneurs du pavé de

---

Célérité, économie des dépenses dans l'exécution des travaux publics, tel est le double but des dispositions qui ont établi la servitude d'utilité publique des fouilles et extractions, et occupations temporaires des terrains.

Nous avons établi, nᵒˢ 205 et suivants, la *Théorie du droit* en cette matière ; nous allons nous occuper ici de la *Pratique du droit*.

L'ingénieur de la Compagnie devra s'enquérir avec soin des lieux où gisent les matériaux nécessaires à la confection des travaux (*Voir*

» Paris et des grands chemins de prendre des matériaux
» aux endroits les plus proches des lieux où ils travail-
» lent, en payant le délit qu'ils pourront faire ; et S. M.
» ayant été informée des difficultés qui sont continuel-
» lement faites, tant auxdits entrepreneurs qu'aux adju-
» dicataires des ouvrages ordonnés être faits aux ponts,
» chaussées et chemins, par le refus que les propriétaires
» voisins desdits ouvrages publics leur font, contre la
» disposition formelle desdits arrêts, de leur laisser
» prendre de la pierre, grès, pavés et sable dans les en-
» droits de leurs héritages où il s'en trouve, sous diffé-
» rents prétextes, également contraires au bien et à
» l'utilité publique, quoique l'enlèvement des pierres et
» roches qui y sont leur soit avantageux pour la facilité
» de la culture de leurs terres, et que lesdits entrepre-
» neurs offrent de les dédommager de la fouille qu'ils y
» feront, comme aussi des dégâts qui auront pu être
» faits, dont leurs terres se seront trouvées chargées
» pour parvenir à l'enlèvement desdits matériaux et à
» la fouille qu'ils auront été obligés d'y faire ; et d'autant
» que lesdits propriétaires ne font ces difficultés que
» pour fatiguer lesdits entrepreneurs, et, par ce moyen,
» obtenir d'eux un dédommagement plus considérable,

n° 235), et il prendra garde à ne pas sortir du cercle qui lui est fixé par les lois de la matière, et à respecter les propriétés qui, par leur nature ou leur état de clôture, sont affranchies de cette servitude.

Aussitôt que son choix sera fixé, l'ingénieur dressera un devis qui déterminera la quantité de matériaux à extraire et l'étendue des terrains à fouiller, les lieux de passage pour l'entrée et la sortie des voitures, ou moyens de transport, et il devra toujours les indiquer, de manière à causer le moins de dommage possible. Il adressera ce devis, signé de lui, au préfet du département de la situation des immeubles, et il demandera à ce magistrat de prendre un arrêté qui fera la désignation des terrains propres aux fouilles ou extractions. Cet arrêté sera motivé sur ce que les matériaux sont indispensables à l'exécution des travaux publics autorisés par la loi ou le décret qui déclare l'utilité publique. Il sera utile de viser cette disposition législative, afin que le tiers intéressé sache que l'inviolabilité de sa pro-

» ce qui est non-seulement contraire au bien du service
» en retardant les ouvrages, mais encore aux intérêts
» de S. M., en faisant augmenter le prix des ouvrages et
» réparations qu'elle ordonne être faits aux chemins
» pour la facilité du commerce, la commodité et l'avan-
» tage de ses sujets ; à quoi étant nécessaire de pour-
» voir, S. M., en son Conseil, a ordonné et ordonne, » etc.

   « Art. 1er. Les arrêts du Conseil des 3 octobre 1667,
» 3 décembre 1672 et 22 juin 1706 seront exécutés selon
» leur forme et teneur ; en conséquence, les entrepre-
» neurs de l'entretien du pavé de Paris, ainsi que ceux
» des autres ouvrages ordonnés pour les ponts, chaussées
» et chemins du royaume, turcies et levées des rivières
» de Loire, Cher et Allier, et autres y affluents, pour-
» ront prendre la pierre, le grès, le sable et autres ma-
» tériaux, pour l'exécution des ouvrages dont ils sont
» adjudicataires, dans tous les lieux qui leur seront indi-
» qués par les devis et adjudications desdits ouvrages,
» sans néanmoins qu'ils puissent les prendre dans des
» lieux qui seront fermés de murs ou autre clôture équi-
» lente, suivant les usages du pays. Fait S. M. défense
» aux seigneurs ou propriétaires desdits lieux, non clos
» de leur apporter aucun trouble ni empêchement, sous
» quelque prétexte que ce puisse être, à peine de toute

priété n'est atteinte que par l'effet de la loi. L'arrêté devra aussi rappeler aux entrepreneurs ou concessionnaires les obligations que la loi
leur impose, et qui consistent en l'avertissement à donner aux propriétaires, en l'obligation d'une indemnité dans le régalement des
terres et décombres qui sont provenus des fouilles et extractions.

   La désignation doit comprendre la commune, le lieu dit, la parcelle cadastrale, la nature du sol, les prénoms et nom du propriétaire,
son domicile, la durée fixée pour les fouilles ou extractions, l'indication des lieux de passage.

   Le recours au ministre est ouvert contre l'arrêté du préfet désignant les lieux ; mais ce recours n'est pas suspensif. Lorsque les
fouilles devront être importantes, le préfet devra lui-même soumettre son arrêté à l'administration supérieure.—Décision du directeur général du 14 juillet 1828. — Mais dans aucun cas, l'arrêté du

» perte, dépens, dommages et intérêts, même d'amende
» et de telle autre condamnation qu'il appartiendra,
» selon l'exigence des cas, sauf néanmoins auxdits sei-
» gneurs et propriétaires à se pourvoir contre lesdits
» entrepreneurs pour leur dédommagement, ainsi qu'il
» ainsi qu'il sera réglé ci-après : dans le cas où les ma-
» tériaux indiqués par les devis ne seront pas jugés con-
» venables ou suffisants, les inspecteurs généraux ou
» ingénieurs pourront en indiquer à prendre dans d'au-
» tres lieux ; mais lesdites indications seront données
» par écrit et signées desdits inspecteurs ou ingénieurs.
» Veut S. M. que les entrepreneurs ne puissent faire
» aucun autre usage des matériaux qu'ils auront extraits
» des terres appartenant aux particuliers, que de les
» employer dans les ouvrages dont ils sont ajudicataires
» à peine de tous dommages et intérêts envers les pro-
» priétaires et même de punition exemplaire.

» Art. 2. Lesdits inspecteurs généraux et ingénieurs
» indiqueront, autant qu'ils le pourront, pour prendre
» lesdits matériaux, les lieux où leur extraction causera
» le moins de dommage ; ils s'abstiendront, autant que
» faire se pourra, d'en prendre dans les bois ; et, dans le
» cas où l'on ne pourrait s'en dispenser sans augmenter

préfet ne pourra être légalement remplacé par un ordre d'un ingénieur, même de l'État ; ce dernier n'est qu'un agent d'exécution,
n'ayant aucun pouvoir de décision en ce qui touche les tiers.

Ainsi, la première obligation pour la Compagnie concessionnaire,
avant de s'introduire dans la propriété privée pour y pratiquer des
fouilles et en extraire des matériaux, est d'avoir une autorisation du
préfet.

Une fois nanti de cette autorisation, l'ingénieur doit, à la requête
de la Compagnie, en donner préalablement avis au propriétaire. Cet
avis préalable est exigé par le Code rural, comme nous l'avons dit
au n° 209.

Cette obligation est de toute justice, et elle a été reproduite par le
règlement général sur les travaux publics, en date du 25 août 1833,
dont l'art. 9 porte : « L'entrepreneur sera tenu de prévenir les propriétaires avant de commencer les extractions. »

» considérablement le prix des ouvrages,. veut S. M. que
» les entrepreneurs ne puissent mettre des ouvriers dans
» les bois appartenant à S. M. ou aux gens de main-
» morte, même dans les lisières et aux abords des forêts
» et distances prohibées par les règlements , sans en
» avoir pris la permission des grands maîtres des eaux
» et forêts ou des officiers des maîtrises par eux commis,
» qui constateront les lieux où il sera permis auxdits
» entrepreneurs de faire travailler, et la manière dont
» se fera l'extraction desdits matériaux , comme aussi
» les chemins par lesquels ils les voitureront : voulant
» S. M. que, dans les cas où lesdits officiers auraient
» quelque représentation à faire pour la conservation
» desdits bois, ils en adressent sans retardement leur
» mémoire au sieur contrôleur général des finances,
» pour y être statué par S. M.

» Art. 3. Les propriétaires de terrains sur lesquels
» lesdits matériaux auront été pris seront pleinement et
» entièrement dédommagés de tout le préjudice qu'ils
» auront pu en souffrir tant par la fouille pour l'extrac-
» tion desdits matériaux que par les dégâts auxquels
» l'enlèvement aurait pu donner lieu. Sera payé ledit
» dédommagement auxdits propriétaires par les entre-

L'avertissement sera donné par le ministère d'un huissier, et il
devra être accompagné, en tête de l'exploit, de la copie entière de
l'arrêté du préfet, pour que le propriétaire soit à même de savoir si,
dans l'exécution, on ne s'écarte pas des limites et des conditions
qu'il peut avoir imposées. Cette observation est d'autant plus importante qu'en cas de difficultés pour le règlement de l'indemnité, les
juridictions changent selon que l'entrepreneur s'est ou non conformé
aux dispositions de l'arrêté. — Cassation, 1er juillet 1843.

Dans quel délai doit être donné cet avertissement ? Aucune disposition ne l'indique. Mais, par analogie, nous croyons que l'on peut
suivre celui fixé par l'art. 17 de la loi du 21 mai 1836, sur les chemins vicinaux, portant : « Les extractions... seront autorisées par
arrêté du préfet ; *cet arrêté sera notifié aux parties intéressées au
moins dix jours avant que son exécution soit commencée.* »

Les Compagnies doivent comprendre combien il est important pour

» preneurs, suivant l'estimation qui en sera faite par
» l'ingénieur qui aura fait le devis des ouvrages ; et, en
» cas que lesdits propriétaires ne voulussent pas s'en
» rapporter à ladite estimation, il sera ordonné un rap-
» port de trois nouveaux experts nommés d'office, dont
» lesdits propriétaires seront tenus d'avancer les frais.
» Veut S. M. que lesdits entrepreneurs rejettent, en
» outre, à leurs frais et dépens, dans les fouilles et ou-
» vertures qu'ils auront faites, les terres et décombres
» qui en seront provenus. »

Le roi étant informé des différentes difficultés qui
s'élèvent journellement dans la généralité de Rouen,
particulièrement dans l'élection du Pont-l'Évêque, au
sujet de l'extraction des matériaux nécessaires à la construction et entretien, tant de la nouvelle route d'Honfleur à Lisieux que de celle de Lisieux à Caen ; que les
propriétaires, en cherchant à se prévaloir de quelques
dispositions peu précises de l'art. 1er de l'arrêt du Conseil
du 7 septembre 1755, s'opposent à ce que les entrepreneurs aient la faculté de les prendre dans tous les terrains indistinctement lorsqu'ils se trouvent clos ; qu'il
en est résulté des contestations qui ont été portées devant les juges ordinaires, et dans lesquelles les entrepreneurs ont été condamnés en des dommages et inté-

elles de faire donner cet avertissement au propriétaire ; elles éviteront
ainsi des oppositions et des tracasseries ; elles mettront à même le
propriétaire de prévenir certains dégâts dont ils seraient tenus de
l'indemniser plus tard, et que des mesures conservatoires prises à
temps pourront prévenir. Et un arrêt de la cour de Toulouse du
10 mars 1834 a même été jusqu'à décider que les propriétaires peuvent, à défaut d'avertissement préalable, s'opposer à tout enlèvement
de matériaux.

Cet avertissement doit être accompagné de l'offre d'une somme faite
au propriétaire pour l'indemnité qui lui est due pour les fouilles et
les extractions.

Les ingénieurs devront bien recommander à leurs agents de ne
pas sortir des lieux désignés ; car si les fouilles étaient faites hors de
là, le propriétaire pourrait se plaindre devant les tribunaux correc-

rêts envers les propriétaires, d'après les dispositions de l'arrêt du 7 septembre 1755. S. M., désirant faire cesser ces difficultés, s'est fait représenter l'arrêt du 7 septembre 1755, et elle a jugé que la prohibition qu'il contient de prendre les matériaux nécessaires pour la confection des grandes routes dans les lieux qui sont fermés de murs ou autres clôtures équivalentes, suivant les usages du pays, ne doit s'entendre que des cours et jardins, vergers et autres possessions de ce genre, et qu'elle ne peut s'étendre aux terres labourables, herbages, prés, bois, vignes et autres terres de la même nature quoique closes ; que, s'il en était autrement, il y aurait impossibilité de construire et d'entretenir la nouvelle grande route d'Honfleur à Lisieux, ainsi que celle de Lizieux à Caen, l'usage, dans l'étendue du Pont-l'Évêque, étant d'y clore toutes les terres indistinctement de murs, de haies ou de fossés ; et les ouvrages, pour la perfection des routes dont il s'agit, étant, par cette raison, restés, depuis trois ans, en souffrance, le public se trouve privé de l'avantage de ces deux routes également

tionnels, et y demander la réparation du dommage éprouvé. Cette violation de la propriété devrait même tomber sous l'action du ministère public. — Cassation, 16 avril 1836. — Conseil d'État, 30 août 1842.

Mais s'il s'élevait des doutes sur le point de savoir si les fouilles ont eu lieu dans des terrains désignés par l'administration ou hors de ces lieux, on devrait préalablement les faire vider par l'autorité administrative. — Cassation, 16 avril 1836. — 21 octobre 1841. — 9 décembre 1843.

De même, s'il s'agissait d'examiner si les formes ou conditions d'extraction ou de fouille autorisées par le préfet ont été suivies, ce serait à l'autorité administrative seule à connaître de la difficulté et à la juger.

Et si le tribunal administratif reconnaissait que les conditions imposées par l'acte administratif n'ont pas été remplies, il devrait renvoyer devant l'autorité judiciaire, pour appliquer la peine ou condamner à des dommages-intérêts. C'est là ce qui résulte clairement de l'arrêt de la Cour de cassation du 1er juillet 1843.

L'indemnité à accorder pour les fouilles et extractions ne doit pas,

importantes pour le commerce et le passage des troupes;
S. M., voulant faire connaître ses intentions à ce sujet,
ouï le rapport du sieur Moreau de Beaumont, conseiller d'État ordinaire et au conseil royal des finances;
le roi étant en son conseil, interprétant, en tant que de
besoin les dispositions de l'arrêt du 7 septembre 1755, a
autorisé et autorise les entrepreneurs de la construction
et entretien de la nouvelle grande route d'Honfleur à
Lisieux, ainsi que de celle de Lisieux à Caen, à prendre
les pierres, grès, sables et cailloux nécessaires sur toutes
les terres labourables, herbages, vignes, prés, bois et
autres terrains équivalents, quoique fermés de clôtures
de pierres sèches, de haies ou de fossés, à l'exception
néanmoins des cours, jardins et vergers entourés de
murs; le tout sur l'indication des lieux propres à l'extraction des matériaux qui sera donnée par écrit auxdits
entrepreneurs, par l'ingénieur en chef des ponts et chaussées, et visée par l'intendant de la généralité de Rouen,
à la charge par lesdits entrepreneurs d'acquitter les
indemnités qui seront dues aux propriétaires des ter-

à la différence de celle accordée à l'expropriation du sol, être préalable, mais le préfet peut cependant n'octroyer l'autorisation qu'à
certaines conditions, comme celles, par exemple, d'indemniser le propriétaire avant de toucher à son terrain, ou bien de s'entendre avec
lui amiablement pour la fixation de l'indemnité, sinon de la faire
fixer par le Conseil de préfecture. — Cassation, 1er juillet 1843. Mais
les préfets doivent être très-sobres de ces limitations qui auraient
pour résultat de paralyser la marche des travaux publics.

L'autorisation étant donnée, la Compagnie pourra prendre possession de l'exercice des droits qu'elle lui confère. Mais auparavant,
nous ne saurions trop recommander aux ingénieurs de faire dresser,
avant de commencer les fouilles, contradictoirement avec le propriétaire présent ou appelé par sommation d'huissier, un procès-verbal
descriptif des lieux, mentionnant dans tous ses détails la nature des
terrains à fouiller, leur culture, leur étendue, leur essence, l'âge et
le rapport des bois, arbres, vignes, etc., qui s'y trouvent. C'est ce
que prescrit avec raison la circulaire ministérielle sur l'exécution de
la loi du 21 mai 1836 : « Vous ne perdrez pas de vue, y est-il dit,
qu'il est indispensable qu'une première reconnaissance des terrains

rains, conformément aux dispositions de l'art. 3 de l'arrêt du 7 septembre 1755, qui sera exécuté selon sa forme et teneur, en tout ce qui de sera pas contraire au présent arrêt.

Fait au Conseil d'État du roi, Sa Majesté y étant, tenu à Versailles le 20 mars 1780.

Signé **BERTIN.**

LOI DU 28 SEPTEMBRE 1791.

SECTION VI.

ART. 1er.

» Les agents de l'administration ne pourront fouiller dans un champ pour y chercher des pierres, de la terre

soit faite par des experts avant l'ouverture des travaux que vous ordonnerez ; c'est la seule manière d'arriver à une équitable fixation de l'indemnité, lorsque les travaux seront terminés. Cette précaution est très-sage, et son application doit être généralisée.

Observations générales sur les fouilles et extractions.

Le droit d'extraction et de fouilles n'est pas absolu, et, alors même qu'il est autorisé dans certains lieux, il est soumis à des règles particulières en ce qui touche certaines situations où se trouve la propriété privée.

Quant à la prohibition relative aux lieux clos, si par suite de l'exécution des travaux et en vertu d'une expropriation consommée ou d'une cession volontaire, la clôture qui fait obstacle disparaissait, le le droit de fouilles et d'extraction surgissait aussitôt comme conséquence immédiate.

Le droit s'étend aussi aux carrières, sauf à leur égard des règles spéciales d'indemnité.

Les ingénieurs devront, dans la proposition de désignation des lieux, prendre garde à ne pas blesser les règlements intéressant la sûreté publique et la viabilité des routes, et ne pas exposer aux dangers des excavations souterraines, ou même des déchaussements extérieurs.

Les fouilles et extractions, dans les propriétés dépendantes du domaine de l'État et du domaine de la commune, sont soumises à des règles beaucoup plus étroites, beaucoup plus sévères que dans les pro-

ou du sable, nécessaires à l'entretien des grandes routes ou autres ouvrages publics, qu'au préalable ils n'aient averti le propriétaire, et qu'il ne soit justement indemnisé à l'amiable ou à dire d'experts, conformément à l'art. I⁵ du présent décret. »

ART. 4. — DE LA LOI DU 28 PLUVIÔSE AN VIII.

Le Conseil de préfecture prononcera sur les difficultés qui pourraient s'élever entre les entrepreneurs de travaux publics, et l'administration concernant le sens ou l'exé·

priétés des simples particuliers. C'est bizarre, mais c'est ainsi. L'État même, quand il s'agit de travaux publics, faits pour lui et dans son intérêt immédiat, se montre plus ombrageux que les propriétaires eux-mêmes. Il est bien donneur de conseils tant qu'on voudra, mais peu d'exemples. Il a fallu des arrêts de la Cour de cassation pour soumettre ses propriétés à la loi commune, au droit d'extraction, et réprimer le scandale qui serait résulté du fait qu'un petit propriétaire, pauvre et chétif, aurait vu son unique pièce de terre fouillée et bouleversée en tous sens, ruinée quelquefois à côté d'immenses forêts appartenant à l'Etat, et auxquelles on n'avait pu toucher qu'à peine de grosses amendes et de prison. La Cour de cassation a donc jugé qu'il n'est pas libre à l'Administration forestière de défendre les extractions de matériaux dans les forêts soumises au régime forestier, lorsque ces matériaux sont destinés à des travaux publics, et lorsque les lieux ont été légalement désignés par l'autorité compétente. — Cassation, 15 avril 1836.

Mais au cas de fouilles et d'extractions dans les forêts de l'État, outre les conditions généralement exigées, les employés des ponts et chaussées doivent remplir, avant la désignation des lieux, les formalités préalables indiquées par les art. 170 et suivants de l'ordonnance du 1ᵉʳ août 1827. Les ingénieurs des Compagnies ne devront pas l'oublier.

En cas de contravention aux dispositions de l'ordonnance, l'administration forestière serait dans la position d'un propriétaire ordinaire, ni plus, ni moins.

L'ordonnance du 16 avril 1669, t. 27, art. 40, fait défense de tirer des sables et autres matériaux à six toises près des rivières navigables. Cette prohibition est encore en vigueur. Les ingénieurs auront soin aussi de ne pas faire des fouilles qui pourraient donner un accès plus facile aux eaux sur les terres riveraines, et amener des inondations préjudiciables à l'agriculture, nourricière de l'État.

Il n'est point permis de fouiller à une distance de 974 mètres autour

cution de leurs marchés ; — sur les réclamations des particuliers qui se plaindront de torts et dommages procédant du fait personnel des entrepreneurs, et non du fait de l'administration ; — sur les demandes et contestations concernant les indemnités dues aux particuliers à raison de terrains pris ou fouillés pour la confection de chemins, canaux ou autres ouvrages publics.

LOI DU 16 SEPTEMBRE 1807.

Art. 54. Lorsqu'il y aura lieu en même temps à payer une indemnité à un propriétaire pour terrains occupés, et à recevoir de lui une plus-value pour des avantages acquis à ses propriétés restantes, il y aura compensation jusqu'à concurrence ; et le surplus seulement, selon les résultats, sera payé au propriétaire ou acquitté par lui.

des places de guerre, et à celle de 584 mètres des postes militaires, sans s'être concerté avec les officiers du génie, et à la charge d'exécuter les conditions imposées par le ministre de la guerre. — Loi du 17 juillet 1819 et ordonnance du 1er août 1821.

Nous avons posé le principe de l'indemnité, nos 240 et suivants. Ce principe résulte de l'art. 3 de l'arrêté du Conseil du 7 septembre 1755 ; nous allons donner ici quelques notions pratiques pour la fixation de l'indemnité :

L'ingénieur, avons-nous dit, a fait dresser un procès-verbal de l'état des lieux. C'est là une base, un point de départ pour la détermination du préjudice souffert.

En règle générale, l'indemnité résultant des fouilles doit être réglée, non à raison de la valeur des matériaux extraits, mais des torts et dommages causés à la propriété en pratiquant des fouilles. *Dura lex, sed lex.*

Application de la loi du 16 septembre 1807.

Lorsqu'un entrepreneur de travaux publics n'a pas été autorisé par l'administration à extraire de la pierre sur la propriété d'un particulier, et que celui-ci n'a pas été mis en demeure de débattre et de consentir les prix de cette extraction, les ouvriers de l'entrepreneur n'ont ni droit ni qualité pour commencer l'exploitation : dans ce cas, l'action en dommages-intérêts est du ressort des tribunaux. Arrêt du Conseil, 21 septembre 1827. — Jugé encore que, lorsqu'il y a contestation entre un entrepreneur et un propriétaire, les dépens doivent être à la charge de l'entrepreneur, lorsque les parties ne sont pas préala-

Art. 55. Les terrains occupés pour prendre les matériaux nécessaires aux routes et aux constructions publiques, pourront être payés aux propriétaires comme s'ils
eussent été pris sur la route même. — Il n'y aura à faire
entrer dans l'estimation la valeur des matériaux à extraire,
que dans les cas où l'on s'emparerait d'une carrière déjà
en exploitation ; alors lesdits matériaux seront évalués
d'après leur prix courant, abstraction faite de l'existence

blement convenues du mode et des bases d'appréciation des dommages,
alors même qu'il ne leur aurait pas été possible d'apprécier les dommages futurs ; et que, dans le cas où la propriété a changé de maître,
l'entrepreneur ne doit pas continuer l'exploitation avant d'avoir mis
en demeure le nouveau propriétaire. Arrêt du Conseil, 21 juillet 1824.
Lorsqu'aux termes du devis de l'adjudication il est interdit à l'entrepreneur d'extraire des matériaux ailleurs que dans les carrières
nommément indiquées audit devis, il ne peut enlever des pierres d'un
mur qui sert de clôture à la propriété d'un particulier ; et une pareille
entreprise, réputée voie de fait, est du ressort des tribunaux ordinaires. Arrêt du Conseil, 5 novembre 1828. — Lorsqu'un champ n'a pas
été désigné dans le devis, l'exploitation n'en peut être continuée que
de gré à gré entre l'entrepreneur et le propriétaire, à moins de désignation ultérieure et spéciale faite par l'administration. Arrêt du Conseil, 30 janvier 1828. — Aux termes de l'arrêt du Conseil du 7 novembre
1755, les entrepreneurs des travaux publics peuvent prendre les matériaux pour l'exécution des ouvrages dont il sont adjudicataires, dans
tous les lieux qui leur sont indiqués par les devis, sans néanmoins
qu'ils puissent les prendre dans les lieux qui sont fermés de murs ou
de clôtures équivalentes, suivant les usages du pays ; et si, par le
même arrêt, il est défendu aux propriétaires de lieux non clos d'apporter aucun trouble ni empêchement à l'enlèvement des matériaux,
il ne leur est pas défendu d'enclore les terrains contenant des carrières en exploitation pour un service public. Arrêt du Conseil, 5 novembre 1828. — Si la propriété sur laquelle une sablière existe n'est
pas entièrement close de murs ou haies vives, suivant l'usage du pays,
et qu'il résulte d'une enquête faite à ce sujet qu'il est possible d'arriver à cette sablière de plusieurs points, sans passer par la barrière qui
ferme la propriété, le propriétaire n'est pas fondé à réclamer l'exception relative aux propriétés totalement closes. Arrêt du Conseil, 4 juin
1823. — Lorsqu'un entrepreneur de travaux publics a été autorisé à
exploiter une carrière désignée, dans le domaine d'un particulier, il ne
peut étendre cette autorisation à une autre carrière située sur le même
domaine : s'il le fait, il ne peut exciper de sa qualité d'entrepreneur

et des besoins de la route pour laquelle ils seraient pris ; ou des constructions auxquelles on les destine.

Art. 56. Les experts, pour l'évaluation des indemnités relatives à une occupation de terrain, dans les cas prévus au présent titre, seront nommés, pour les objets de travaux de grande voirie, l'un par le propriétaire, l'autre par le préfet; et le tiers-expert, s'il en est besoin, sera de droit l'ingénieur en chef du département : lorsqu'il y aura des concessionnaires, un expert sera nommé par le pro-

de travaux publics pour se soustraire soit à l'indemnité, soit aux dommages-intérêts répétés par le propriétaire du domaine ; dans ce cas, le Conseil de préfecture est compétent pour statuer tout à la fois sur l'indemnité et sur les dommages-intérêts. Arrêt du Conseil, 27 avril 1825. —On ne peut, dans le sens de l'art. 55 de la loi du 16 septembre 1807, réputer *carrière en exploitation*, que celle qui offre au propriétaire un revenu assuré, soit qu'il l'exploite régulièrement pour lui-même et pour ses besoins, soit qu'il en fasse un objet de commerce, en l'exploitant régulièrement par lui-même ou par autrui. Arrêt du Conseil, 6 septembre 1813. — Les travaux communaux ne peuvent être assimilés aux travaux publics en ce sens qu'on ne peut appliquer au propriétaire, dans le fonds duquel on aurait extrait des matériaux destinés à la construction d'un pont, les dispositions du présent article. Arrêt du Conseil, 17 décembre 1809.

On doit, en cette matière, faire entrer dans l'estimation des indemnités, tous les torts et dommages causés par l'extraction aux propriétaires. Arrêt du Conseil, 24 octobre 1827. — Lorsqu'une carrière est déjà en exploitation, avant l'extraction faite par l'entrepreneur, il y a lieu de faire entrer dans l'estimation de l'indemnité la valeur des matériaux. Arrêt du Conseil, 13 juillet 1825 et plusieurs autres arrêts. — Il en est de même, lorsqu'il est établi que la carrière avait été ouverte et exploitée par le propriétaire longtemps avant l'extraction faite par l'entrepreneur : il n'est pas nécessaire que la carrière soit en état d'exploitation au moment où l'entrepreneur s'empare des matériaux. Arrêt du Conseil, 1er mars 1826. — Il doit en être de même pour les matériaux extraits d'une nouvelle carrière, située dans la même propriété et non loin de l'ancienne, lorsqu'il est prouvé qu'ils sont de même nature et proviennent du même banc, à une distance qui n'excède pas celle que pourrait atteindre l'ancienne exploitation, d'après l'extension dont elle est susceptible : les deux exploitations forment dès lors un tout indivisible, et il y a lieu de faire entrer dans l'estimation la valeur des matériaux extraits. Arrêt du Conseil, 4 mai 1826. — On doit refuser de donner une valeur aux matériaux extraits dans une carrière non

priétaire, un par le concessionnaire, et le tiers-expert par le préfet. — Quant aux travaux des villes, un expert sera nommé par le propriétaire ou par le maire de la ville, ou de l'arrondissement pour Paris, et le tiers-expert par le préfet.

Art. 57. Le contrôleur et le directeur des contributions donneront leur avis sur le procès-verbal d'expertise qui sera soumis, par le préfet, à la délibération du Conseil de préfecture ; le préfet pourra, dans tous les cas, faire une nouvelle expertise.

ART. 145. — DU CODE FORESTIER.

Il n'est point dérogé aux droits conférés à l'adminis-

actuellement exploitée par le propriétaire. Arrêt précité du Conseil, 21 juillet 1824. — L'indemnité due pour les dommages, privations de jouissance et dépréciation ou moins-value du sol, ne peut être cumulée avec le remboursement des contributions. Même arrêt. — Les entrepreneurs doivent payer la valeur des matériaux suivant le prix du commerce. Arrêt du Conseil, 29 juin et 15 octobre 1832. — Les intérêts de l'indemnité doivent courir à compter de la clôture du dernier procès-verbal d'expertise jusqu'au jour du paiement. Arrêt précité du Conseil du 21 juillet 1824. — Ces intérêts ne doivent être comptés qu'à partir du jour de la demande et non au fur et à mesure de l'enlèvement de la pierre. Arrêt précité du Conseil du 29 juin 1832.

En administration, le mode de nomination des experts n'est pas réglé par le Code civil et le Code de procédure : on suit les règles tracées par la présente loi et par l'ordonnance du 25 juin 1817: notamment, il est de règle et d'usage de laisser aux parties le soin de choisir leurs experts : il n'en est nommé qu'à leur refus et lorsqu'elles ont été mises en demeure. Arrêt du Conseil, 17 novembre 1819. — On doit regarder comme irrégulière l'expertise dans laquelle l'ingénieur en chef des ponts et chaussées n'a pas été appelé à concourir aux discussions, mais seulement à donner son avis. Arrêt du Conseil, 11 mars 1830.

Au n° 210, au lieu de loi du 3 décembre 1807, lisez : 16 septembre 1807.

L'art. 55 de la loi du 16 septembre 1807 dispose formellement qu'il n'y a pas lieu de faire entrer dans l'estimation la valeur des matériaux extraits.

Seulement, il y a une exception quant aux carrières déjà en exploi-

tration des ponts et chaussées d'indiquer les lieux où doivent être faites les extractions des matériaux pour les travaux publics ; néanmoins, les entrepreneurs seront tenus envers l'État, les communes et établissements publics, comme envers des particuliers, de payer toutes les indemnités de droit, et d'observer toutes les formes prescrites par les lois et règlements en cette matière.

ORDONNANCE DU 1er AOUT 1827.

169. Dans les bois et forêts qui sont régis par l'admi-

tation, car alors on doit prendre en considération la valeur des matériaux extraits.

Mais que doit-on entendre par carrière en exploitation ?

Nous pensons qu'on doit considérer comme telle celle qui est ouverte, alors même que son exploitation ne serait pas régulière et actuelle. — Conseil d'État, 27 avril 1838, — ou qu'elle aurait cessé depuis deux ou trois ans.— Conseil d'État, 1er mars 1826, — ou à une exploitation commencée par l'entrepreneur à 600 mètres de distance de l'ancienne. — Conseil d'Etat, 4 mai 1846.

« Toutefois, la faveur ne doit pas s'étendre jusqu'au cas où un propriétaire, postérieurement aux actes administratifs qui déterminent les lieux d'extraction, ouvre une exploitation qui n'est commencée que pour le besoin de la cause, et n'a d'autre objet que de préparer là demande d'une plus forte indemnité. » — M. Jousselin.

On considère comme étant en exploitation une carrière qui avait été ouverte par un entrepreneur de travaux publics, et dont, après son abandon, l'exploitation a été continuée par des maîtres carriers. — Conseil d'État, 15 juillet 1841.

Un entrepreneur, autorisé par le préfet à exploiter une carrière désignée dans le domaine d'un particulier, ne saurait étendre cette autorisation à une autre carrière située sur le même domaine. — Conseil d'État, 27 avril 1825. — Il ne pourrait le faire qu'en vertu d'une nouvelle autorisation.

Si, pendant l'exploitation de la carrière, la propriété change de maître, l'entrepreneur ne doit point continuer ses travaux avant d'avoir mis en demeure le nouveau propriétaire. — Conseil d'État, 21 juillet 1824.

M. Cormenin enseigne avec raison que : « Il en serait de même si les matériaux étaient extraits à quelque distance de l'ancienne exploitation, mais que celle-ci pût les atteindre, qu'ils fussent situés dans la même propriété, qu'ils appartinssent au prolongement du même banc et que là nature de la pierre fût semblable. »

nistration forestière, l'extraction de productions quelconques du sol forestier ne pourra avoir lieu qu'en vertu d'une autorisation formelle délivrée par le directeur général des forêts, s'il s'agit des bois de l'État, et, s'il s'agit de ceux des communes et des établissements publics, par les maires ou administrateurs des communes ou établissements propriétaires, sauf l'approbation du directeur général des forêts, qui, dans tous les cas, règlera les con-

Le prix des matériaux extraits de la carrière doit être fixé au prix courant, abstraction faite de l'existence et des besoins des travaux des travaux publics auxquels ils sont destinés, car, s'il ne faut pas que ces travaux s'exécutent au détriment des propriétaires, il ne faut pas non plus que le propriétaire puisse se prévaloir de ces travaux pour tirer un profit excessif de sa chose au détriment de l'État, ou de la Compagnie dont les travaux, en lui assurant une voie de communication nouvelle, font déjà sa position meilleure. — Conseil d'État, 1er mars 1826; — 4 juillet 1838.

Mais le prix courant doit s'établir, déduction faite des frais d'extraction et d'exploitation. — Conseil d'État, 4 mai 1826.

Ainsi que nous l'avons dit, n° 244, c'est à la Compagnie à payer toutes les indemnités dues pour dommages occasionnés par la prise, le transport ou le dépôt de matériaux.

Mais, si la Compagnie avait des sous-traitants, elle devrait veiller à ne les payer qu'après s'être fait justifier par des quittances régulières qu'ils ont payé les indemnités et dommages dus aux propriétaires.

Dans un cas où le sous-traitant serait devenu insolvable, la Compagnie pourrait être condamnée au paîment des dommages dus par le sous-traitant.

Quant aux intérêts de l'indemnité due, une ordonnance du Conseil d'État, et date du 25 avril 1839, a fixé des principes qui paraissent de toute justice. Ainsi, s'agit-il de détérioration des fonds, de dommage permanent, de dépossession : les intérêts doivent courir du jour de cette dépossession, de ce dommage, de cette détérioration. S'agit-il, au contraire, d'une simple privation de récolte : les intérêts ne pourront être dus que du moment où les travaux ont commencé et ont occasionné la perte des récoltes.

Si, sous prise de possession, il a été occasionné des détériorations, il faut payer la somme due par cette détérioration, plus les fruits qu'on a empêché de tirer de cette détérioration.

L'indemnité doit être payée sans délai après l'expertise, et autant que possible avant l'enlèvement des matériaux.

ditions et le mode d'extraction. — Quant au prix, il sera
fixé, pour les bois de l'État, par le directeur général des
forêts, et, pour les bois des communes et des établissements publics, par le préfet, sur les propositions des
maires ou administrateurs.

Art. 170. Lorsque les extractions de matériaux auront
pour objet des travaux publics, les ingénieurs des ponts
et chaussées, avant de dresser le cahier des charges des
travaux, désigneront à l'agent forestier supérieur de
l'arrondissement les lieux où ces extractions devront être
faites. — Les agents forestiers, de concert avec les ingénieurs ou conducteurs des ponts et chaussées, procéde-
ront à la reconnaissance des lieux, détermineront les
limites du terrain où l'extraction pourra être effectuée,
le nombre, l'espèce et les dimensions des arbres dont
elle pourra nécessiter l'abatage, et désigneront les che-

De l'occupation temporaire.

L'exécution des travaux publics met la propriété dans trois situations distinctes, qui se révèlent : 1° par l'expropriation ; 2° par les
fouilles et extractions ; 3° par l'occupation des terrains. Nous avons
examiné ce qui est relatif aux deux premiers actes, reste le troisième,
qui se fonde sur l'arrêt du Conseil du 7 septembre 1755, et sur des
règlements sur la matière des travaux publics ayant force de loi.

L'occupation temporaire, ainsi que ce mot l'indique suffisamment,
ne s'entend que d'une prise de possession momentanée de la propriété
privée, soit pour y déposer des décombres extraits des lieux où se
font les travaux publics, soit pour y mettre des approvisionnements de
matériaux destinés à ces mêmes travaux, soit pour y déposer des
habitations flottantes, qui doivent servir de demeure et d'abri aux
ouvriers, ou d'ateliers pour la fabrication des objets et choses nécessaires à la confection de l'entreprise d'utilité publique, de magasins
pour le dépôt des outils, machines, et des écuries pour les chevaux
employés.

Il y a aussi une occupation temporaire d'une autre nature, dont nous
devons dire quelques mots : c'est celle qui a lieu pour les études d'un
chemin de fer, pour les nivellements, les tracés, la pose des jalons, etc.
Celle-là peut avoir lieu même avant la déclaration d'utilité publique par les agents de la Compagnie, munis de la seule autorisation
du ministre ou du préfet, et il doit leur suffire, pour se donner l'accès

mins à suivre pour le transport des matériaux. En cas de contestation sur ces divers objets, il sera statué par le préfet.

Art. 171. Les diverses clauses et conditions qui devront en conséquence des dispositions de l'article précédent, être imposées aux entrepreneurs, tant pour le mode d'extraction que pour le rétablissement des lieux en bon état, seront rédigées par les agents forestiers, et remises par eux au préfet, qui les fera insérer au cahier des charges des travaux.

sur les terrains des propriétaires, de justifier de leur qualité. Pour éviter toutes difficultés à cet égard, il est convenable que les proprié-taires soient avertis d'une manière officielle de l'introduction prochaine des agents de la Compagnie dans les propriétés pour y faire des études. Une publication, faite dans la commune par les ordres du maire, nous paraîtrait une mesure sage et utile. (*Voir*, sur les droits et obligations des Compagnies à cet égard, ce que nous avons dit n°ˢ 27 et suivants.)

Comme il n'y a, en cas d'occupation temporaire, ni mutation de propriété, ni dépossession définitive, il est clair qu'il ne peut être question d'expropriation sur l'occupation.

Les ingénieurs des Compagnies doivent être avertis que les lieux, le mode, l'étude de l'occupation ne sont pas laissés à leur arbitraire. Ils sont obligés de tenter préalablement de s'entendre avec les proprié-taires, et, s'ils n'y réussissent pas, ils ne peuvent s'emparer des ter-rains de vive force et sans tenir compte de l'opposition qui leur est faite par le propriétaire ou possesseur, fermier ou locataire. Si une con-vention amiable n'intervient, ils doivent, comme au cas de fouilles et extractions, se pourvoir devant le préfet, qui désignera les lieux, s'ils ne l'ont déjà été préalablement par un acte administratif.

C'est ce qu'a jugé, le 12 octobre 1838, la Cour royale de Paris contre la Compagnie du chemin de fer de Paris à Versailles, par un arrêt ainsi conçu :

« Considérant que l'art. 23 du cahier des charges annexé à la loi du 9 juillet 1836, et l'ordonnance du 24 mai 1837, qui autorise la confec-tion du chemin de fer de Paris à Versailles, substituera la Compagnie chargée de l'entreprise dudit chemin, pour l'extraction, le transport et le dépôt des matériaux, seulement dans les droits des entrepreneurs de travaux publics (1); que ceux-ci, aux termes de l'arrêt du Conseil, du 7 septembre 1755, de la loi des 28 septembre, 6 octobre 1791

(1) Cette clause se retrouve dans tous les cahiers des charges de toutes les Compagnies.

Art. 172. L'évaluation des indemnités dues à raison de l'occupation ou de la fouille des terrains, et des dégâts causés par l'extraction, sera faite conformément aux art. 55 et 56 de la loi du 16 septembre 1807. — L'agent forestier supérieur de l'arrondissement remplira les fonctions d'expert dans l'intérêt de l'État ; et les experts, dans l'intérêt des communes ou des établissements publics, seront nommés par les maires ou les administrateurs.

Art. 173. Les agents forestiers et les ingénieurs et conducteurs des ponts et chaussées sont expressément chargés de veiller à ce que les entrepreneurs n'emploient pas les matériaux provenant des extractions à d'autres tra-

et des règlements sur la matière, ne peuvent extraire des matériaux et en déposer que sur les terrains spécialement désignés par l'administration dans les devis ou par actes postérieurs, et à la charge de mettre préalablement les propriétaires en demeure et en état de débattre ou consentir le prix du dédommagement ; que l'administration du chemin de fer s'est, le 29 juillet, et dans la nuit du 6 au 7 août 1838, violemment et sans avertissement préalable, emparée d'un terrain clos, loué à Buard, non compris dans le jugement d'expropriation et dans les désignations de l'autorité administrative ; — que si les Conseils de préfecture sont exclusivement compétents, aux termes de la loi du 28 pluviôse an VIII et de celle du 16 septembre 1807, pour statuer sur les dommages-intérêts dus pour préjudices causés par des extractions ou dépôts opérés régulièrement, en conséquence d'actes administratifs, dont ils doivent seuls fixer, apprécier le sens et les conséquences, il appartient aux tribunaux ordinaires, sous la protection desquels est placée la propriété, de réprimer les actes illégaux qui ne se rattachent point à des actes administratifs ;— ordonne que la Compagnie du chemin de fer remettra immédiatement Buard en possession du terrain par lui loué et que la Compagnie prétend occuper temporairement, sauf à elle à se pourvoir régulièrement pour obtenir l'autorisation d'occuper temporairement le terrain qui pourrait lui être nécessaire. »

Cet arrêt s'appuie encore d'un arrêt de la Cour de cassation, en date du 3 août 1837, qui annule un jugement qui avait déchargé de toutes condamnations prononcées par un tribunal de simple police un entrepreneur qui avait, sans permission préalable, passé des matériaux sur un champ privé.

Il faut donc tenir pour certain que, préalablement à toute occupa-

vaux que ceux pour lesquels elles auront été autorisées (1).
— Les agents forestiers exerceront contre les contrevenants toutes poursuites de droit.

tion temporaire, il faut que les lieux aient été désignés par l'autorité compétente, et qu'un avertissement avec offre d'indemnité ait été donné au propriétaire.

Les Compagnies doivent enjoindre à leurs agents de restreindre, autant que possible, l'étendue des occupations temporaires, de manière à économiser des frais d'indemnité. Nous savons qu'il est des ingénieurs et des sous-traitants qui aiment à tailler comme en plein drap dans la propriété d'autrui. C'est là la source de mécontentements dans les localités et de pertes pour les Compagnies.

Le mode d'obtention de l'autorisation est le même que celui que nous avons indiqué pour les fouilles et extractions ; nous y renvoyons.

Une fois que les limites de l'occupation sont fixées, la Compagnie ne peut pas en sortir sans s'exposer à des dommages-intérêts qui seraient réclamés devant les tribunaux civils, seuls compétents.

La prohibition établie par la loi de faire des dépôts à la distance de 500 toises des places de guerre, s'appliquant à toute espèce de dépôts, les Compagnies devront se prémunir non-seulement de l'autorisation du propriétaire du terrain, mais encore de celle du chef du génie.

L'indemnité ne doit pas être préalable. Cependant, lorsqu'il sera possible d'en régler les bases d'avance, les Compagnies agiront sagement en le faisant, et il sera convenable de payer cette indemnité à des distances rapprochées, par exemple tous les six mois.

Les ingénieurs auront aussi la prudence de faire constater l'état des lieux d'une manière précise et détaillée, avant la prise de possession, et cela en présence des parties intéressées ou en les y appelant, au moyen d'un procès-verbal qui puisse servir de base, plus tard, pour la fixation de l'indemnité.

Le garde champêtre de la commune aurait compétence pour dresser ce procès-verbal, ou bien encore le commissaire spécial attaché à la police du chemin de fer.

Dans le cas où il s'élèverait des difficultés sur la fixation de l'indemnité, ce serait aux Conseils de préfecture à les vider.

Les Compagnies, pour arriver à l'exécution des travaux publics qui

(1) L'arrêt du Conseil du 7 septembre 1755 porte, art. 1er : « Veut » Sa Majesté que les entrepreneurs ne puissent faire aucun autre » usage des matériaux qu'ils auront extraits des terres appartenant » aux particuliers, que de les employer dans les ouvrages dont ils » sont adjudicataires, à peine de tous dommages et intérêts envers » les propriétaires, et même de punition exemplaire. »

Art. 174. Les arbres et portions de bois qu'il serait indispensable d'abattre pour les extractions, seront vendus comme menus marchés, sur l'autorisation du conservateur.

Art. 175. Les réclamations qui pourront s'élever relativement à l'exécution des travaux d'extraction et à l'évaluation des indemnités, seront soumises aux Conseils de préfecture, conformément à l'art. 4 de la loi du 17 février 1800 (28 pluviôse an VIII).

leur sont concédés, peuvent avoir besoin de créer des établissements insalubres et incommodes, tels que briquéteries, fours à chaux, machines à vapeur et chaudières à feu, machines à broyer le plâtre, la chaux et les cailloux, fours à plâtre, tuileries. Pour l'établissement de ces ateliers, il est nécessaire de remplir les formalités prescrites par la loi et de se pourvoir de l'autorisation administrative. Les dommages matériels qui résultent du fonctionnement de ces ateliers doivent être réparés, conformément aux règles générales que nous avons développées sur la matière.

Telles sont les règles qui régissent les rapports délicats des Compagnies avec la propriété privée dans ses trois points de vue : Expropriations, fouilles et extractions, occupations temporaires. Dans ces sortes de conflits, il ne faut pas oublier que si la propriété est à tous égards digne des plus grands respects et de la protection spéciale de la loi, les Compagnies, qui représentent l'État, ne doivent pas non plus être sacrifiées aux jalousies, aux oppositions, à l'égoïsme, qui entraveraient les travaux les plus utiles à la prospérité publique.

IV.

CHEMINS DE FER.

LOI DU 2 JUILLET 1838.

Art. 1er. L'impôt dû au Trésor public, sur le prix des places, sera perçu, pour les chemins de fer, sur la partie correspondante au prix du transport.

Art. 2. Cette disposition est applicable, à partir de la

— Les concessionnaires d'un chemin de fer sont soumis, pour le transport des voyageurs, au paiement du droit du dixième du prix des places imposé, par la loi du 25 mars 1817, sur les voitures publiques. — Cassation, 1er août 1853.

— Le rayon de 15 kilomètres, en deçà duquel les voitures publiques ne sont pas assujetties à l'impôt du dixième, doit se mesurer en ligne droite, et non par le développement de la ligne parcourue. — Tribunal de la Seine, 21 mars 1841.

— Ce droit peut être exigé, bien que la distance parcourue par le chemin de fer n'excède pas un rayon de 15 kilomètres, si la loi qui autorise l'établissement du chemin de fer, lui impose cette obligation. On ne serait pas fondé à soutenir que cette obligation n'est qu'hypothétique, et pour le cas où le chemin de fer, par suite d'un prolongement ou d'un embranchement postérieur, viendrait à s'étendre au delà de 15 kilomètres. — Cassation, 29 novembre 1843.

— L'art. 3 de la loi du 2 juillet 1838, qui dispose que pour les chemins de fer dont le cahier des charges ne fixe pas le tarif, ou dont le tarif n'est pas divisé en deux parties correspondantes, l'une au transport, l'autre au pesage, l'impôt du dixième doit être perçu sur le tiers du prix total des places, doit être entendu en ce sens, que l'entreprise du chemin de fer ne doit que le dixième exact du tiers de ce prix total, soit, décime compris, 11 fr. par 300 fr. — Cassation, 17 juin 1841.

— La rétribution de 25 centimes par kilomètre, due à la Compagnie par l'administration des postes, pour chaque voiture placée, en sus de la première, dans les convois spéciaux, ne s'applique qu'aux voitures contenant les dépêches et les agents nécessaires à leur service. En conséquence, si les voitures contiennent, en outre, soit des voyageurs, soit des marchandises, la Compagnie est fondée à exiger

promulgation de la présente loi, aux chemins de fer actuellement concédés.

Art. 3. Pour ceux de ces chemins dont les cahiers des
charges ne fixent pas le tarif ou dont le tarif n'est pas
divisé en deux parties correspondantes, l'une au transport, l'autre au péage, l'impôt du dixième sera perçu
sur le tiers du prix total des places.

LOI DU 15 JUILLET 1845.

TITRE Iᵉʳ. — MESURES RELATIVES A LA CONSERVATION DES CHEMINS DE FER.

ART. 1ᵉʳ. Les chemins de fer construits ou concédés par
l'État font partie de la grande voirie.

Art. 2. Sont applicables aux chemins de fer les lois et
règlements sur la grande voirie qui ont pour objet d'assurer la conservation des fossés, talus, levées et ouvrages
d'art dépendant des routes, et d'interdire sur toute leur
étendue le pacage des bestiaux et les dépôts de terre et
autres objets quelconques.

Art. 3. Sont applicables aux propriétés riveraines des

de l'administration les prix ordinaires du tarif pour la location des
plates-formes. — Conseil d'État, 27 février 1849.

—La contribution assise sur les terrains occupés par un chemin de
fer doit être mise à la charge de la Compagnie concessionnaire, à
partir de la reconnaissance successive et définitive de chacune des
sections comprises entre deux stations principales, opérée conformément au cahier des charges. — Conseil d'État, 7 août 1852.

— L'administration des postes, qui, en vertu du cahier des charges
de la concession d'un chemin de fer, est chargée de la construction
à ses frais des voitures appropriées à son service, dans les convois
spéciaux, n'est pas tenue de la construction et de l'entretien des
trucks sur lesquels on pose les voitures. Ces trucks sont à la charge
exclusive de la Compagnie concessionnaire. — Conseil d'État, 27
février 1849.

Commentaire de la loi du 15 juillet 1845.

— Un arrêté du Conseil du 17 juin 1721 fait défense à tous particuliers et propriétaires « de troubler les entrepreneurs dans leurs

chemins de fer les servitudes imposées par les lois et règlements sur la grande voirie, et qui concernent :

L'alignement,

L'écoulement des eaux,

L'occupation temporaire des terrains en cas de réparation,

La distance à observer pour les plantations, et l'élagage des arbres plantés,

Le mode d'exploitation des mines, minières, tourbières, carrières et sablières, dans la zone déterminée à cet effet.

Sont également applicables à la confection et à l'entretien des chemins de fer, les lois et règlements sur l'extraction des matériaux nécessaires aux travaux publics.

travaux, combler lesdits fossés et de labourer ou faire labourer en dedans la largeur bornée par lesdits fossés; d'y mettre aucuns fumiers, décombres ou autres immondices, soit en pleine campagne, ou dans les villes, bourgs et villages où passent lesdites chaussées; d'y faire aucune fouille...., etc. Le tout à peine d'amende contre les contrevenants, même de confiscation des fumiers, chevaux et équipages. »

— Une ordonnance du 4 août 1731 fait « défense à tous graviers, laboureurs, vignerons, jardiniers et autres, de combler les fossés et d'abattre les berges qui bornent la largeur des grands chemins, et d'anticiper sur cette largeur par leurs labours ou autrement, de quelque manière que ce soit..., de décharger aucun gravois, fumiers, immondices, et autres empêchements au passage public, tant sur les chaussées de pavés et les chemins de terre que sur les ponts et dans les rues des bourgs et villages, d'abattre aucunes bornes mises pour empêcher le passage des voitures sur les accotements des chaussées, celles qui défendent les murs de soutènement et les parapets des ponts, non plus que lesdits parapets, le tout à peine de confiscation des chevaux, voitures et équipages, et de 500 livres de dommages-intérêts contre chacun des contrevenants. »

— D'après une ordonnance du 18 juin 1765, du bureau des finances de Paris, les laboureurs, pâtres, bergers, conducteurs de bestiaux, et tous autres, ne peuvent combler les fossés, abattre les berges et les talus étant le long des routes par labour, fouille, ou autrement; et, à cet effet, défense leur est faite « de pousser les labours jusqu'aux bords desdits fossés, berges et talus, d'y planter et ensemencer, sous peine de 30 livres d'amende, et de refaire, à leurs frais et dépens, les berges, talus et fossés. »

— L'ordonnance du 17 juillet 1781, concernant la police des chemins dans la généralité de Paris, enjoint (art. 8), « à tous propriétaires de maisons ou héritages de la banlieue de cette ville et des bourgs et villages de cette généralité, de réparer et entretenir, chacun en droit soi; les revers du pavé et les accotements de chaussées faits entre leurs maisons et héritages de la chaussée du milieu, et de combler les trous qui s'y trouveront, de manière que les eaux n'y puissent séjourner, suivant les pentes qui leur en seront désignées par un état signé de l'un des sieurs commissaires des ponts et chaussées, chacun dans leur département. »

Le décret du 16 décembre 1811 contenant règlement sur la construction, la réparation, et l'entretien des routes, obligeait (art. 109) les propriétaires riverains à exécuter les travaux d'entretien, de curement et de réparation des fossés des grandes routes, d'après les indications et alignements donnés par les agents des ponts et chaussées. La loi du 12 mai 1825 a abrogé cette disposition par son art. 2, portant que : « Le curage et l'entretien des fossés qui font partie des routes royales et départementales seront opérés par les soins de l'administration publique et sur les fonds affectés au maintien de la viabilité des routes. »

— Un arrêt du Conseil d'État du 16 décembre 1759 défend à tous pâtres et conducteurs de bestiaux de les conduire en pâturage, ou de les laisser répandre sur les bords des grands chemins plantés d'arbres et de haies d'épines. « Fait, Sa Majesté (est-il dit dans cet arrêt), très-expresses inhibitions et défenses à tous pâtres et autres gardes et conducteurs de bestiaux, de les conduire en paturage ou de les laisser répandre sur les bords des grands chemins plantés, soit d'arbres, soit de haies d'épines ou autres, à peine de confiscation des bestiaux et de 100 livres d'amende, de laquelle amende les maîtres, pères, chefs de famille et propriétaires de bestiaux, seront et demeureront civilement responsables. » Suivant une décision du Conseil d'État du 11 janvier 1837, le dégât causé par des troupeaux sur les talus de la chaussée d'une route royale rend le conducteur passible de l'amende portée par l'arrêt du Conseil du 16 décembre 1759 et non de celle fixée par l'ordonnance du 17 juillet 1781. Cette ordonnance du bureau des finances de la généralité de Paris défend (art. 7) « à tous propriétaires, fermiers ou locataires de terres et héritages aboutissant aux routes et grands chemins, et à tous bergers et conducteurs de troupeaux, d'endommager, par leurs labours, leurs bestiaux ou autrement, les arbres, charmilles, haies vives ou sèches, plantés le long desdites routes et chemins, sous peine de tous dommages et intérêts et de 50 livres d'amende, dont les maîtres seront responsables pour leurs domestiques. »

— L'ordonnance du 17 juillet 1781, concernant la police des che-mins dans l'étendue de la généralité de Paris, renouvelle, en ce qui concerne les dépôts de terre et autres objets, les défenses faites par les ordonnances des 29 mars 1754, art. 7, et 18 juin 1765. Ces défen-ses sont formulées dans les deux articles suivants :

« Art. 9. Faisons défense à tous carriers, gravatiers, sculpteurs, laboureurs, vignerons et autres, de poser aucuns matériaux, gravois, décombres, fumiers, terres, immondices, sur aucune partie des grandes routes et chemins....; à tous rouliers, voituriers, charrons, marchands, cabaretiers et aubergistes, d'y laisser séjourner aucunes voitures, trains, roues et bois de charronnage et autres, à peine de confiscation desdits objets et de 100 livres d'amende; ordonnons même qu'en cas d'ignorance des auteurs desdits dépôts de fumiers, voitures en en-combrement, les propriétaires ou locataires des héritages au droit desquels lesdits encombrements seront trouvés, puissent être réputés garants et responsables de la contravention, faute par eux d'en indi-quer les véritables auteurs. » (Voy. ci-dessus, page 293, l'arrêt du Conseil du 17 juin 1721.)

« Art. 10. Défendons pareillement de transporter et de poser sur les grands chemins et plus près que cent toises d'iceux, aucunes cha-rognes et bêtes mortes, sous peine de 10 livres d'amende contre les contrevenants, et même contre les propriétaires et fermiers des héri-tages où lesdites bêtes mortes seront déposées en contravention, sui-vant notre ordonnance du 2 août 1774. » Cette ordonnance du bu-reau des finances de la généralité de Paris défend « à tous rouliers, voituriers et autres, de quelque condition qu'ils soient, de déposer et laisser séjourner sur les grands chemins, accotements et fossés d'iceux aucun cheval mort et autres charognes; mais leur enjoignons de les transporter à trois cents toises au moins desdits chemins, sous peine de 100 livres d'amende, laquelle sera prononcée solidairement contre les maîtres et les domestiques.

— L'arrêt du Conseil, du 27 février 1765, résume toute la législa-tion des alignements *le long et joignant les grandes routes ;* et le dé-cret du 16 septembre 1807, toute la législation des alignements dans les villes et villages. L'arrêt de 1765, confirmatif d'une ordonnance du bureau des finances de la généralité de Paris, du 29 mars 1754, « fait défense à tous particuliers, propriétaires ou autres, de cons-truire, reconstruire ou réparer aucun édifice, poser échoppes ou choses saillantes le long des routes sans en avoir obtenu les aligne-ments ou permission des trésoriers de France (aujourd'hui préfets), à peine de démolition des ouvrages, confiscation de matériaux, et de 300 livres d'amende ; et contre les maçons, charpentiers et ouvriers,

de pareille peine, et même de plus grande peine, en cas de récidive. »
L'ordonnance du 18 juin 1765, et celle du 17 juillet 1781, du bureau
des finances, ayant également pour objet la police et la conservation
des grands chemins dans l'étendue de la généralité de Paris, contiennent les mêmes défenses. L'ordonnance du 17 juillet 1781 dispose :
« Art. 3. Défendons à tous propriétaires, locataires, maçons, charpentiers et autres personnes de quelque qualité et condition qu'elles
soient, d'entreprendre aucunes constructions ou reconstructions de
maisons, bâtiments, murs de clôture et édifices quelconques, ni de
poser des échoppes, travaux de maréchaux embattoirs ou autres choses saillantes sur et le long de toutes les routes et chaussées construites par ordre du roi soit en pleine campagne, soit dans la traverse des
villes, bourg et villages...... avant d'avoir obtenu les alignements et
permissions des sieurs trésoriers de France, commissaires au département du pavé de Paris et des ponts et chaussées, chacun dans leur
département..... conformément aux plans levés, arrêtés et déposés au
greffe du bureau, ou qui le seront par la suite, à peine de démolition
des ouvrages, confiscation des matériaux, et de 300 livres d'amende
solidairement contre chacun des contrevenants, et même de plus
grande peine en cas de récidive..... et seront, toutes les ordonnances
qui auront été données par lesdits sieurs commissaires, déposées au
greffe du bureau, et toutes lesdites permissions et alignements continueront à être donnés sans frais. » — C'est à l'administration qu'il
appartient de déterminer l'alignement. Cet alignement réunit de plein
droit à la voie publique le terrain qui en fait partie, et résout les
droits de propriété en un droit à une indemnité. (Voy. les art. 50,
51, 52, 53 et 54 de la loi du 16 septembre 1807, en *note* sous l'art. 10
ci-après de la loi du 15 juillet 1845.)

— Une ordonnance du 22 juin 1751 fait « défense aux propriétaires
dont les héritages sont plus bas que les chemins et en reçoivent les
eaux, d'en interrompre le cours, soit par l'exhaussement, soit par la
clôture de leurs terrains, sauf à eux à construire, à leurs dépens,
aqueducs et fossés propres à les débarrasser des eaux, à peine de 50 f.
d'amende et des ouvrages pour réparer les effets de la contravention. »
Le Code civil n'a point dérogé à cette disposition par l'art. 640 sur
les servitudes des fonds inférieurs pour l'écoulement des eaux. Cet
article est ainsi conçu : « Les fonds inférieurs sont assujettis, envers
ceux qui sont plus élevés, à recevoir les eaux qui en découlent naturellement sans que la main de l'homme y ait contribué. — Le propriétaire inférieur ne peut point élever de digue qui empêche cet écoulement. — Le propriétaire supérieur ne peut rien faire qui aggrave la
servitude du fonds inférieur. » — D'après une clause généralement

9.

insérée dans les cahiers des charges, les concessionnaires des chemins de fer sont tenus de rétablir et d'assurer à leurs frais l'écoulement de toutes les eaux dont le cours serait arrêté, suspendu ou modifié par les travaux dépendant de l'entreprise.

Les cahiers des charges imposent aux concessionnaires des chemins de fer l'obligation de supporter et payer les indemnités pour occupation temporaire ou détérioration de terrains, pour chômage, modification ou destruction d'usines, et pour tout dommage quelconque résultant des travaux.

(Voy. les art. 54, 55, 56 et 57 de la loi du 16 septembre 1807 (tit. XI), concernant les indemnités dues aux propriétaires pour occupation de terrains.

Le décret du 16 septembre 1811 contient sur cette matière les dispositions suivantes :

TITRE VII. — DE LA PLANTATION DES ROUTES.

SECTION II. — *Plantations nouvelles.*

Art. 90. Les plantations seront faites au moins à la distance d'un mètre du bord extérieur des fossés, et suivant l'essence des arbres.

SECTION III. — *Dispositions générales.*

102. L'élagage de tous les arbres plantés sur les routes, conformément aux dispositions du présent titre, sera exécuté toutes les fois qu'il en sera besoin, sous la direction des ingénieurs des ponts et chaussées, en vertu d'un arrêté du préfet, qui sera pris sur le rapport des ingénieurs en chef, et qui contiendra les instructions nécessaires sur la manière dont l'élagage devra être fait. — Les ingénieurs et conducteurs des ponts et chaussées sont chargés de surveiller et d'assurer l'exécution desdites instructions.

103. Les travaux de l'élagage des arbres appartenant à l'État ou aux communes seront exécutés au rabais et par adjudication publique.

104. La vente des branches élaguées, des arbres chablis et de ceux qui seraient en partie déracinés, sera faite par voie d'adjudication publique ; le prix des bois appartenant à l'État sera versé comme fonds spécial à notre trésor impérial, et affecté au service des ponts et chaussées ; le prix des bois appartenant aux communes sera versé dans leurs caisses respectives.

105. Les particuliers ne pourront procéder à l'élagage des arbres qui leur appartiendraient sur les grandes routes, qu'aux époques et suivant les indications contenues dans l'arrêté du préfet, et toujours sous la surveillance des agents des ponts et chaussées, sous peine de poursuites comme coupables de dommages causés aux plantations des routes.

Il résulte de ces dispositions que lorsque les routes traversent des bois ou des forêts, l'ord. de 1669 (tit. XXVIII, art 2) prescrit aux propriétaires riverains d'*essarter et de couper les bois, épines et broussailles qui se trouvent dans l'espace de soixante pieds, ès grands chemins.*

Il ne peut y avoir aucun doute sur le maintien de cette disposition, qui a pour but de préserver les routes de l'humidité, et de détruire, dans leur voisinage immédiat, les abris que pourraient y trouver les malfaiteurs. En effet, le Code forest. de 1827 n'a posé aucune règle à l'égard de l'essartement des bois riverains des grandes routes, et son art. 218 n'abroge que les lois, ordonnances, édits, etc., intervenus *sur les matières réglées par le nouveau Code.* Mais de graves difficultés s'étaient élevées sur la question de savoir si, par ces expressions : *dans l'espace de soixante pieds ès grands chemins,* l'ordonnance prescrivait d'opérer l'essartement à une distance de soixante pieds, de chaque côté du chemin, ou si les broussailles, épines et bois devaient seulement être enlevés sur un espace de soixante pieds, le chemin compris. Le conseil d'État a été consulté sur cette question, et les comités réunis des finances et de l'intérieur ont reconnu, par un avis du 18 novembre 1824, que, par les mots dont il s'agit, l'ord. de 1669 a voulu dire que l'essartement devait être opéré sur soixante pieds *de chaque côté des routes.* Cet essartement ne donne droit à aucune indemnité en faveur des propriétaires des bois.

• A défaut par eux de se conformer à ces dispositions, l'administration des forêts, après les avoir mis en demeure, et conformément aux alignements donnés par les ingénieurs des ponts et chaussées, fait opérer l'essartement, vend les bois coupés, et retient ses frais sur le prix. » — Arr. du 18 mess. an X.

L'essartement a lieu dans tous les bois et forêts, sans distinction de ceux qui appartiennent à l'État, aux communes ou aux particuliers. Cette servitude, imposée aux propriétaires des bois riverains des grandes routes, trouve son dédommagement dans les avantages que le voisinage de ces routes leur présente pour l'exploitation de leurs forêts. Il ne faut pas perdre de vue, d'ailleurs, qu'elle n'enlève pas aux propriétaires la jouissance de leur terrain ; ils sont seulement tenus d'en changer le mode de culture sur une zone de soixante pieds.

Les forêts riveraines des chemins de fer sont-elles assujetties à cette servitude?

L'affirmative sur cette question ne serait pas douteuse si le texte de l'art. 3 de la loi du 15 juillet avait été adopté tel qu'il avait été présenté par le Gouvernement. Il y était dit, en effet, en termes généraux, que les règlements concernant *les plantations des arbres le long des grandes routes* seraient applicables aux propriétés riveraines des chemins du fer. Mais cette disposition fit place à celle du § 2 de l'art. 3, où il n'est question que de *la distance à observer pour les plantations et l'élagage des arbres plantés*. M. le ministre des travaux publics a, depuis, reconnu lui-même que la servitude d'*essartement*, établie par l'ord. de 1669, ne concernait point les forêts riveraines des chemins de fer; et, par conséquent, tout propriétaire serait parfaitement en droit de repousser, par voie de complainte, toute injonction qui lui serait faite d'avoir à essarter les parties de forêts existantes dans une zone de vingt mètres, à partir du bord extérieur du chemin de fer.

Cette servitude ne peut, non plus, frapper des arbres isolés qui seraient plantés dans la même zone. Ainsi que nous l'avons vu plus haut, le minimum de distance, pour les arbres isolés plantés dans le voisinage des grandes routes, a été fixé à un mètre par l'art. 90 du décret du 16 décembre 1811. Or, ce qui ne saurait être exigible pour les routes ne peut le devenir, pour les chemins de fer, qu'en vertu d'une disposition qui n'existe pas dans la loi, l'art. 3 précité se référant uniquement aux dispositions existantes.

— L'arrêt du Conseil du 14 mars 1741, concernant l'exploitation de carrières voisines des grands chemins, fait défense « d'ouvrir aucunes carrières de pierre de taille, moellon, glaise, marne et autres, de quelque espèce que ce soit, sur les bords et côtés des routes et grands chemins, sinon à trente toises de distance du bord ou extrémité de la largeur qu'auront lesdits chemins ou qu'ils doivent avoir, suivant la disposition des ordonnances et derniers règlements, lequel bord sera mesuré du pied des arbres, lorsqu'il y en aura de plantés au long desdits chemins, et lorsqu'il n'y aura ni arbres, ni fossés, lesdites carrières ne pourront être fouillées qu'à trente-deux toises de l'extrémité de la largeur; le tout à peine de 300 livres d'amende, confiscation des matériaux, outils et équipages, et de tous dépens, dommages et intérêts. » Le même arrêt fait pareilles défenses « aux carriers ou autres particuliers qui ouvriront des carrières à la distance des grands chemins permise par le présent arrêt, de pousser les rameaux ou rues desdites carrières du côté desdits chemins, même de toucher tant soit peu au-dedans de leurs fouilles le solide du terrain dont Sa Majesté veut qu'elles soient séparées de la voie publique ; le tout sous les mêmes peines d'amende et de confiscation. »

—L'ordonnance du 29 mars 1754 du bureau des finances de la généralité de Paris porte : « Art. 10. Les carrières de pierres de taille, moellons, glaises, marnes et autres, ne pourront être ouvertes qu'à trente toises de distance du pied des arbres plantés le long des routes et grands chemins, et à trente-deux toises du bord ou extrémité de la largeur des chemins non plantés d'arbres, conformément au règlement du 14 mars 1741. Défendons expressément d'en ouvrir à moindre distance sans une permission expresse et par écrit desdits sieurs commissaires du pavé de Paris ou des ponts et chaussées, chacun dans leur département, dans le cas où il sera constaté n'en pouvoir résulter aucun inconvénient. Ne pourront, les rameaux ou rues de toutes carrières, être poussés du côté des chemins; le tout sous peine de 300 livres d'amende et de confiscation des matériaux, outils et équipages. »

L'art. 15 de l'ordonnance du 17 juillet 1781, concernant la police des chemins dans l'étendue de la généralité de Paris, contient les mêmes inhibitions et défenses, sous les peines portées par les règlements des 14 mars 1741 et 29 mars 1754.

— Un arrêt du Conseil, du 5 avril 1772, portant règlement pour l'ouverture des carrières, contient les dispositions ci-après :

« Art. 1er. Les règlements précédemment faits, concernant l'ouverture des carrières, seront exécutés selon leur forme et teneur. Aucune carrière de pierre de taille, moellon, grès et autres fouilles pour tirer de la marne, glaise ou sable, ne pourra être ouverte qu'à trente toises de distance du pied des arbres plantés au long des grandes routes ; et ne pourront, les entrepreneurs desdites carrières, pousser aucune fouille ou galerie souterraine du côté desdites routes, à moins de trente toises de distance desdites plantations ou des bords extérieurs desdites routes, conformément aux dispositions de l'arrêt du Conseil du 14 mars 1741, et de l'ordonnance du bureau des finances du 29 mars 1754, concernant la police générale des chemins.

» 2. Les propriétaires ou entrepreneurs desdites carrières ne pourront ouvrir aucun passage entre les arbres et sur les fossés desdites routes royales sans en avoir obtenu une permission expresse et par écrit du sieur commissaire du Conseil chargé de veiller à l'entretien desdites routes ; et ladite permission ne pourra leur être accordée que sur la soumission qu'ils donneront de se conformer aux articles suivants.

» Aux endroits qui auront été indiqués par lesdits sieurs commissaires pour former lesdits passages, le fossé sera comblé jusqu'à la

9.

hauteur des berges, dans la largeur de douze pieds seulement, et pardessus il sera fait un bout de pavé partant de la bordure de pavé du
grand chemin et avançant dans la campagne jusqu'à six pieds au delà
des arbres ; à l'extrémité dudit bout de pavé il sera planté deux bornes
de pierre, et sur le pavé, au milieu du fossé, il sera fait un cassis, ou
une pierrée ou aqueduc au-dessous, suivant l'exigence des cas pour
l'écoulement des eaux.

» 4. Lesdits ouvrages seront construits et entretenus par les entrepreneurs des carrières voisines ; et ce, tant que lesdites carrières
continueront d'être exploitées.

» 5. Lesdits ouvrages seront payés aux entrepreneurs des routes par
les propriétaires ou entrepreneurs desdites carrières, conformément
aux devis et états de répartition qui auront été dressés pour lesdites
constructions par les ingénieurs de Sa Majesté, et visés par lesdits
sieurs commissaires ; et lesdits paiements seront faits dans le délai
d'un mois après que la réception desdits ouvrages aura été donnée
par lesdits sieurs commissaires et ingénieurs.

» 6. Défend, Sa Majesté, à tous voituriers de pierre, moellon, grès
et autres matériaux provenant des carrières, de se frayer d'autres passages pour aborder les grands chemins que ceux qui auront été ainsi
disposés pour leur usage, à peine de 300 livres d'amende et de confiscation desdits matériaux, desquelles amendes ils seront tenus solidairement avec les propriétaires et entrepreneurs desdites carrières,
comme aussi de toute dégradation arrivée par leur fait aux berges,
fossés, plantations, et accotements desdites routes. »

Cet arrêt (observe J.-B.-J. Paillet, auteur du *Manuel complémentaire de toutes les collections de lois*) est resté en vigueur comme
tous les règlements généraux de cette nature, partout où ils n'ont pas
été remplacés par des règlements locaux plus récents.

— La loi du 21 avril 1810 régit tout ce qui se rapporte aux mines,
minières et carrières. Nous en avons extrait les dispositions principales relatives au mode d'exploitation.

TITRE Ier. — DES MINES, MINIÈRES ET CARRIÈRES.

Art. 1. Les masses de substances minérales ou fossiles renfermées
dans le sein de la terre ou existantes à la surface, sont classées, relativement aux règles de l'exploitation de chacune d'elles, sous les trois
qualifications de mines, minières et carrières.

2. Seront considérées comme mines celles connues pour contenir
en filons, en couches ou en amas, de l'or, de l'argent, du platine, du

mercure, du plomb, du fer en filons ou couches, du cuivre, de l'étain, du zinc, de la calamine, du bismuth, du cobalt, de l'arsenic, du manganèse, de l'antimoine, du molybdène, de la plombagine ou autres matières métalliques, du soufre, du charbon de terre ou de pierre, du bois fossile, des bitumes, de l'alun et des sulfates à base métallique.

3. Les minières comprennent les minerais de fer dits d'alluvion, les terres pyriteuses propres à être converties en sulfate de fer, les terres alumineuses et les tourbes.

4. Les carrières renfermant les ardoises, les grès, pierres à bâtir et autres, les marbres, granits, pierres à chaux, pierres à plâtre, les pouzzolanes, le strass, les basaltes, les laves, les marnes, craies sables, pierres à fusil, argiles, kaolin, terres à foulon, terres à poterie, les substances terreuses et les cailloux de toute nature, les terres pyriteuses regardées comme engrais, le tout exploité à ciel ouvert ou avec des galeries souterraines.

TITRE II. — DE LA PROPRIÉTÉ DES MINES.

5. Les mines ne peuvent être exploitées qu'en vertu d'un acte de concession délibéré en Conseil d'État.

6. Cet acte règle les droits des propriétaires de la surface sur le produit des mines concédées.

TITRE III. — DES ACTES QUI PRÉCÈDENT LA DEMANDE EN CONCESSION DE MINES.

SECTION I. — *De la recherche et de la découverte des mines.*

10. Nul ne peut faire des recherches pour découvrir des mines, enfoncer des sondes ou tarrières sur un terrain qui ne lui appartient pas, que du consentement du propriétaire de la surface, ou avec l'autorisation du Gouvernement, donnée après avoir consulté l'administration des mines, à la charge d'une préalable indemnité envers le propriétaire, et après qu'il aura été entendu.

11. Nulle permission de recherches ni concession de mines ne pourra, sans le consentement formel du propriétaire de la surface, donner le droit de faire des sondes et d'ouvrir des puits ou galeries, ni celui d'établir des machines ou magasins dans les enclos murés, cours ou jardins, ni dans les terrains attenant aux habitations ou clôtures murées, dans la distance de cent mètres desdites clôtures ou des habitations.

12. Le propriétaire pourra faire des recherches sans formalité préa-lable dans les lieux réservés par le précédent article, comme dans les autres parties de sa propriété; mais il sera obligé d'obtenir une con-cession avant d'y établir une exploitation. Dans aucun cas, les recher-ches ne pourront être autorisées dans un terrain déjà concédé.

TITRE V. — DE L'EXERCICE DE LA SURVEILLANCE SUR LES MINES PAR L'ADMINISTRATION.

47. Les ingénieurs des mines exerceront, sous les ordres du ministre de l'intérieur et des préfets, une surveillance de police pour la con-servation des édifices et la sûreté du sol.

48. Ils observeront la manière dont l'exploitation sera faite, soit pour éclairer les propriétaires sur ses inconvénients ou son améliora-tion, soit pour avertir l'administration des vices, abus ou dangers qui s'y trouveraient.

49. Si l'exploitation est restreinte ou suspendue de manière à in-quiéter la sûreté publique ou les besoins des consommateurs, les préfets, après avoir entendu les propriétaires, en rendront compte au ministre de l'intérieur pour y être pourvu ainsi qu'il appartiendra.

50. Si l'exploitation compromet la sûreté publique, la conservation des puits, la solidité des travaux, la sûreté des ouvriers mineurs ou des habitations de la surface, il sera pourvu par le préfet, ainsi qu'il est pratiqué en matière de grande voirie et selon les lois.

TITRE VII. — RÈGLEMENT SUR LA PROPRIÉTÉ ET L'EXPLOITATION DES MINIÈRES, ET SUR L'ÉTABLISSEMENT DES FORGES, FOURNEAUX ET USINES.

SECTION I. — *Des minières.*

L'exploitation des minières est assujettie à des règles spéciales. — Elle ne peut avoir lieu sans permission.

58. La permission détermine les limites de l'exploitation et les règle sous les rapports de sûreté et de salubrité publiques.

TITRE VIII.

SECTION I. — *Des carrières.*

81. L'exploitation des carrières à ciel ouvert a lieu sans permission

sous la simple surveillance de la police, et avec l'observation des lois ou règlements généraux ou locaux.

82. Quand l'exploitation a lieu par galeries souterraines, elle est soumise à la surveillance de l'administration, comme il est dit au titre V.

SECTION II. — *Des tourbières.*

83. Les tourbes ne peuvent être exploitées que par le propriétaire du terrain ou de son consentement.

84. Tout propriétaire actuellement exploitant, ou qui voudra commencer à exploiter des tourbes dans son terrain, ne pourra continuer ou commencer son exploitation, à peine de 100 fr. d'amende, sans en avoir préalablement fait la déclaration à la sous-préfecture et obtenu l'autorisation.

85. Un règlement d'administration publique déterminera la direction générale des travaux d'extraction dans le terrain où sont situées les tourbes, celles des rigoles de desséchement, enfin toutes les mesures propres à faciliter l'écoulement des eaux dans les vallées, et l'attérissement des entailles tourbées.

86. Les propriétaires exploitants, soit particuliers, soit communautés d'habitants, soit établissements publics, sont tenus de s'y conformer, à peine d'être contraints à cesser leurs travaux.

TITRE X. — DE LA POLICE ET DE LA JURIDICTION RELATIVES AUX MINES.

93. Les contraventions des propriétaires de mines exploitants non encore concessionnaires ou autres personnes, aux lois et règlements, seront dénoncées et constatées, comme les contraventions en matière de voirie et de police.

94. Les procès-verbaux contre les contrevenants seront affirmés dans les formes et délais prescrits par les lois.

95. Ils seront adressés en originaux à nos procureurs du roi, qui seront tenus de poursuivre d'office les contrevenants devant les tribunaux de police correctionnelle, ainsi qu'il est réglé et usité pour les délits forestiers, et sans préjudice des dommages-intérêts des parties.

96. Les peines seront d'une amende de 500 fr. au plus, et de 100 fr. au moins, double en cas de récidive, et d'une détention qui ne pourra excéder la durée fixée par le Code de police correctionnelle.

9...

Art. 4. Tout chemin de fer sera clos des deux côtés et ꞅur toute l'étendue de la voie.

L'administration déterminera, pour chaque ligne, le mode de cette clôture, et, pour ceux des chemins qui n'y ont pas été assujettis, l'époque à laquelle elle devra être effectuée.

Partout où les chemins de fer croiseront de niveau les routes de terre, des barrières seront établies et tenues ꞌermées conformément aux règlements.

Art. 5. A l'avenir, aucune construction autre qu'un mur de clôture ne pourra être établie dans une distance ꞌe deux mètres d'un chemin de fer.

Cette distance sera mesurée soit de l'arête supérieure du déblai, soit de l'arête inférieure du talus de remblai, soit du bord extérieur des fossés du chemin, et, à défaut d'une ligne tracée, à un mètre cinquante centimètres à partir des rails extérieurs de la voie de fer.

Les constructions existantes au moment de la promulgation de la présente loi, ou lors de l'établissement d'un nouveau chemin de fer, pourront être entretenues dans l'état où elles se trouveront à cette époque.

Un règlement d'administration publique déterminera les formalités à remplir par les propriétaires pour faire constater l'état desdites constructions, et fixera le délai dans lequel ces formalités devront être remplies.

— L'obligation de se clore, imposée aux concessionnaires, ne serait qu'une mesure insuffisante pour assurer la circulation de sa voie, si la sûreté du passage pouvait y être compromise par des objets jetés des fenêtres voisines, ou par un écroulement quelconque occasionné par le vent ou tout autre accident. De là, l'interdiction de bâtir, sur le sol adhérent au chemin, toute autre construction qu'un mur de clôture. De là aussi l'interdiction de pratiquer des jours ou des issues dans les murs existants, à moins de deux mètres de la voie de fer. — Conseil d'État, 3 mai 1851.

Toute construction établie en dehors de cette distance, peut contenir des jours et issues, sauf à l'administration à demander, mais moyennant indemnité, la fermeture de ces jours. — Même arrêt.

Art. 6. Dans les localités où le chemin de fer se trouvera en remblai de plus de trois mètres au-dessus du terrain naturel, il est interdit aux riverains de pratiquer, sans autorisation préalable, des excavations dans une zone de largeur égale à la hauteur verticale du remblai, mesurée à partir du pied du talus.

Cette autorisation ne pourra être accordée sans que les concessionnaires ou fermiers de l'exploitation du chemin de fer aient été entendus ou dûment appelés.

Art. 7. Il est défendu d'établir, à une distance de moins de vingt mètres d'un chemin de fer desservi par des machines à feu, des couvertures en chaume, des meules de paille, de foin, et aucun autre dépôt de matières inflammables.

Cette prohibition ne s'étend pas aux dépôts de récoltes faits seulement pour le temps de la moisson.

Art. 8. Dans une distance de moins de cinq mètres d'un chemin de fer, aucun dépôt de pierres, ou objets non inflammables, ne peut être établi sans l'autorisation préalable du préfet.

Cette autorisation sera toujours révocable.

L'autorisation n'est pas nécessaire :

1° Pour former, dans les localités où le chemin de fer est en remblai, des dépôts de matières non inflammables,

— Dans les localités où le chemin de fer se trouvera en remblai de plus de trois mètres au-dessus du terrain naturel, il est interdit aux riverains de pratiquer, sans autorisation préalable, des *excavations* dans une zone de longueur égale à la hauteur verticale du remblai, mesurée à partir du pied du talus — L. 1845, art. 6.— Si le chemin est sans remblai, ou sur remblai de moins de trois mètres, les restrictions au droit des propriétaires riverains, quant aux excavations, devront se régler d'après les principes généraux en matière de grande voirie.

Ainsi en premier lieu, aussitôt que la direction de la ligne est fixée avec précision, il est évident que l'administration publique, et par suite la Compagnie qui la représente, a le droit de faire supprimer, moyennant une juste indemnité, les *constructions*, *plantations*,

dont la hauteur n'excède pas celle du remblai du chemin ;

2° Pour former des dépôts temporaires d'engrais et autres objets nécessaires à la culture des terres.

Art. 9. Lorsque la sûreté publique, la conservation du chemin et la disposition des lieux le permettront, les distances déterminées par les articles précédents pourront être diminuées en vertu d'ordonnances royales rendues après enquêtes.

Art. 10. Si, hors des cas d'urgence prévus par la loi des 16-24 août 1790, la sûreté publique ou la conservation du chemin de fer l'exige, l'administration pourra faire supprimer, moyennant une juste indemnité, les constructions, plantations, excavations, couvertures en chaume, amas de matériaux combustibles ou autres, existants,

excavations, couvertures en chaume, amas de matériaux combustibles ou autres, existants dans les zones ci-dessus spécifiées. Il serait du devoir des *maires* d'aplanir les difficultés que l'administration pourrait rencontrer dans l'exécution de ses ordres à cet égard, indépendamment des voies judiciaires qui seraient ouvertes contre les opposants.

D'un autre côté, l'art. 11 de la loi des 15-21 juillet 1845 porte que, les contraventions aux dispositions précédentes seront *constatées,* poursuivies et réprimées *comme en matière de grande voirie.* Or, aux termes de la loi du 20 floréal an X, et les décrets des 18 août 1810 et 16 décembre 1811, les contraventions en matière de grande voirie sont *constatées concurremment par les maires ou adjoints,* ingénieurs des ponts et chaussées, conducteurs, cantonniers, commissaires de police, *gardes champêtres, employés des contributions indirectes, préposés aux octrois et gendarmes.* — Les procès-verbaux de ces quatre dernières classes d'agents doivent aussi être affirmés devant le juge de paix, le *maire* ou l'adjoint du lieu — Décret, 16 décembre 1811, art. 114.

— Les Compagnies de chemins de fer sont tenues de rétablir, à leurs frais et sous la surveillance de l'administration, les communications que leurs travaux ont interceptées ou dégradées (Conseil d'État, 28 novembre 1845). L'initiative des mesures à prendre à ce sujet n'appartient point aux *maires* sur les routes impériales, les routes départementales et les chemins vicinaux de grande communi-

dans les zones ci-dessus spécifiées, au moment de la promulgation de la présente loi, et, pour l'avenir, lors de l'établissement du chemin de fer.

L'indemnité sera réglée, pour la suppression des constructions, conformément aux titres IV et suivants de la loi du 3 mai 1841, et, pour tous les autres cas, conformément à la loi du 16 septembre 1807.

Art. 11. Les contraventions aux dispositions du présent titre seront constatées, poursuivies et réprimées comme en matière de grande voirie.

cation; ils sont seulement tenus, en ce qui concerne ces voies, de prêter leur concours aux agents de l'administration départementale; mais l'initiative leur revient de droit sur les chemins vicinaux ordinaires. Ainsi, partout où des voies publiques de cette catégorie auraient été endommagées d'une manière quelconque, par suite des travaux du chemin de fer, les maires doivent directement veiller à ce que le passage soit rétabli dans des conditions identiques avec celles où il existait antérieurement.

— Le droit attribué par l'art. 21 de la loi du 15 juillet 1845 sur la police des chemins de fer, au Gouvernement, de rendre des ordonnances portant règlement d'administration publique sur la police, la sûreté, et l'exploitation de ces chemins, et aux préfets de prendre, sous l'approbation du ministre des travaux publics, des arrêtés pour l'exécution desdites ordonnances, comprend le droit et même le devoir de réglementer tout ce qui intéresse l'établissement des divers modes de transport, la forme, les dimensions, la construction des diverses espèces de voitures, enfin toutes les mesures qui peuvent assurer la complète exécution des lois de concession quant aux garanties données aux diverses classes de voyageurs. — *L. 15 juill. 1845, art. 21.*

En conséquence, l'arrêté du préfet qui, après une ordonnance régulière prescrivant certaines mesures ou modifications pour que les voitures destinées ou employées au transport des voyageurs soient d'une construction solide, commodes et pourvues de tout ce qui est nécessaire à la sûreté des voyageurs — Ordonnance du 15 novembre 1846, art. 12 et 13 — intervient pour l'exécution de cette ordonnance sous l'approbation du ministre, et qui subordonne la mise en service desdites voitures à des conditions fixées conformément aux prescriptions de l'ordonnance, constitue un acte légal de l'autorité administrative dont il est du devoir des tribunaux de répression d'assurer l'exécution tant que la réformation n'en a pas été prononcée par l'autorité administrative supérieure et compétente.

Elles seront punies d'une amende de 16 à 300 francs, sans préjudice, s'il y a lieu, des peines portées au Code pénal et au titre III de la présente loi. Les contrevenants seront, en outre, condamnés à supprimer, dans le délai déterminé par l'arrêté du Conseil de préfecture, les exca-

— L'inobservation des prescriptions renfermées dans un semblable arrêté et la mise en service des voitures au mépris de ces dispositions entraînent l'application de la peine déterminée par l'art. 21 de la loi du 15 juillet 1845.

— Le tribunal de répression ne pourrait se déclarer incompétent pour statuer sur la poursuite, sous prétexte que les modifications dont les voitures auraient paru susceptibles n'auraient, sous aucun rapport, intéressé la sûreté, la police ou l'exploitation du chemin de fer, mais auraient uniquement concerné la commodité des voyageurs, et parce que si, sous ce rapport, il pouvait y avoir contravention au cahier des charges, il n'appartiendrait qu'au Conseil de préfecture de connaître de cette infraction à un contrat administratif dont l'ordonnance n'aurait pu changer le caractère.

« Vu les art. 9 de la loi du 11 juin 1842, 21 de celle du 15 juillet 1845, 12 et 13 de l'ordonnance du 15 novembre 1846, et les rapports dressés les 2 et 18 mars 1847 par les commissaires spéciaux de police pour la police du chemin de fer d'Orléans à Bordeaux ; — Attendu en droit que la loi du 11 juin 1842, qui avait pour objet la création de grandes lignes de chemins de fer, a attribué au Gouvernement le droit de déterminer par des règlements d'administration publique les mesures nécessaires pour maintenir la police, la sûreté, l'usage et la conservation de ces chemins ; que l'insertion d'une semblable clause dans le cahier des charges de tous les lieux d'exploitation des chemins de fer démontre que, nonobstant les stipulations qui pouvaient y être contenues, le législateur avait entendu se réserver le droit d'exiger toutes les modifications que l'expérience, après la mise en service de ces voies de communications nouvelles, indiquerait comme nécessaires dans l'intérêt de la sûreté, de la police, de l'usage et de la conservation de ces chemins ;

» Attendu que l'art. 21 de la loi du 15 juillet 1845, sur la police des chemins de fer, qualifie d'infractions punissables des peines portées audit article toutes contraventions aux ordonnances portant règlement d'administration publique sur la police, la sûreté et l'exploitation de ces chemins, et aux arrêtés pris par les préfets sous l'approbation du ministre des travaux publics pour l'exécution desdites ordonnances;

» Attendu que, dans cette dernière loi, le législateur ayant employé le mot d'*exploitation* comme identique avec ceux d'*usage* et de *conservation* des chemins de fer de la précédente loi du 11 juin 1842, la

vations, couvertures, meules ou dépôts faits contrairement aux dispositions précédentes.

A défaut, par eux, de satisfaire à cette condamnation
dans le délai fixé, la suppression aura lieu d'office, et le
montant de la dépense sera recouvré contre eux par voie

généralité de cette expression ne permet pas de douter que la délégation légale faite au Gouvernement ne comprenne le droit, et même
le devoir, de réglementer tout ce qui intéresse l'établissement des
divers modes de transport, la forme, les dimensions, la construction
de diverses espèces de voitures, enfin toutes les mesures qui peuvent
assurer la complète exécution des lois de concession quant aux garanties données aux diverses classes de voyageurs ;

» Attendu qu'une ordonnance rendue le 15 décembre 1846 dans la
forme des règlements d'administration publique a déterminé les mesures
et modifications qui étaient utiles dans le sens de la réserve contenue
dans l'art. 9 de la loi du 11 juin 1842 ;

» Attendu que l'art. 12 de cette ordonnance veut que les voitures
destinées au transport des voyageurs soient d'une construction solide,
qu'elles soient commodes et pourvues de tout ce qui est nécessaire à
la sûreté des voyageurs ; que, suivant l'art. 13 de cette ordonnance,
aucune des voitures destinées aux voyageurs ne peut être mise en
service sans une autorisation du préfet donnée sur le rapport d'une
Commission, constatant que cette voiture satisfait aux conditions de
l'article qui précède, et qu'il résulte des termes du même article que
l'autorisation exigée concerne les voitures à établir comme celles actuellement employées ; qu'enfin l'art. 79 qui termine cette ordonnance, rappelle en termes exprès que les contraventions aux prescriptions qu'elle renferme seront réprimées et poursuivies conformément
au titre III de la loi du 15 juillet 1845, et donne lieu dès lors à l'application de l'art. 21 de cette loi ;

» Attendu qu'il résulte de ce qui précède, d'une part, qu'en ce qui
concerne particulièrement les voitures destinées aux voyageurs, l'u-
sage qui a pu en être fait jusqu'à la publication de l'ordonnance du
15 novembre 1846 était le résultat d'une autorisation purement provisoire ; d'autre part, que les arrêtés des préfets qui interviennent pour
l'exécution des art. 12 et 13 de l'ordonnance précitée sous l'approbation du ministre, après rapport d'une Commission, et qui subordonne la
mise définitive en service des voitures dont il s'agit à des conditions
fixées suivant les termes de l'art. 12 de l'ordonnance, constituent des
actes légaux de l'autorité administrative ; que, sous ce rapport, il est
du devoir des tribunaux de répression d'en procurer l'exécution tant
que la réformation de ces arrêtés n'a pas été prononcée par l'autorité
administrative supérieure et compétente ; qu'enfin, les arrêtés rendus

de contrainte, comme en matière de contributions publiques.

TITRE II.

Des contraventions de voirie commises par les concessionnaires ou fermiers de chemins de fer.

Art. 12. Lorsque le concessionnaire ou le fermier de l'exploitation d'un chemin de fer contreviendra aux clauses du cahier des charges, ou aux décisions rendues en exé-

en cette matière par les préfets ayant été pris pour l'exécution d'une ordonnance qui, en conformité de l'art. 9 de la loi du 11 juin, réglemente ce qui est nécessaire pour garantir la police, la sûreté et l'exploitation d'un chemin de fer, l'inobservation des prescriptions que ces arrêtés renferment, et la mise en service de voitures au mépris de ces dispositions, entraînent l'application de la pénalité déterminée par l'art. 21 de la loi du 5 juillet 1845 ;

½ » Attendu en fait qu'il résulte d'un arrêté, pris par le préfet du département d'Indre-et-Loire, le 18 décembre 1846, pour l'exécution de ladite loi du 15 juillet précédent et de l'ordonnance royale du 15 novembre, que, sur le rapport d'une Commission qui signalait certains inconvénients que présentaient les trois classes de voitures destinées au transport des voyageurs sur le chemins d'Orléans à Tours, les modifications et dispositions que la Compagnie concessionnaire devait effectuer pour y remédier avaient été ordonnées ; qu'à plusieurs reprises ladite Compagnie avait été mise en demeure de s'exécuter, une lettre du secrétaire d'État au département des travaux publics, du 12 novembre 1846, avait assigné un nouveau et dernier délai de deux mois ; qu'enfin ce délai de deux mois a été accordé par l'arrêté précité du 18 décembre 1846 à partir du jour de sa notification ;

» Attendu qu'il a été donné connaissance de cet arrêté à l'administration de la Compagnie du chemin de fer dès le 28 décembre 1846, et que des procès-verbaux rédigés par les commissaires de police spéciaux dudit chemin de fer, soit à Orléans, soit à Tours, les 2 et 21 mars, il résulte que, d'après l'examen qui a été fait de ces voitures, dont le numéro d'ordre est indiqué, il n'a été satisfait à aucune des conditions de modification et d'amélioration nécessaires, et auxquelles était subordonnée la mise en service de ces voitures après l'expiration du délai déterminé par l'arrêté du 18 décembre précédent ;

» Attendu que c'est par suite de ces rapports que la Compagnie défenderesse a été traduite devant le tribunal de police correctionnelle, comme ayant contrevenu aux lois et ordonnances royales portant règlement d'administration publique sur la police, la sûreté et l'exploi-

cution de ces clauses, en ce qui concerne le service de la navigation, la viabilité des routes royales, départementales et vicinales, ou le libre écoulement des eaux, procès-verbal sera dressé de la contravention, soit par les ingénieurs des ponts et chaussées ou des mines, soit par les conducteurs, gardes-mine et piqueurs, dûment assermentés.

Art. 13. Les procès-verbaux, dans les quinze jours de leur date, seront notifiés administrativement au domicile élu par le concessionnaire ou le fermier, à la diligence du préfet et transmis dans le même délai au Conseil de préfecture du lieu de la contravention.

tation du chemin de fer dont il s'agit, notamment aux art. 14 du cahier des charges annexé à la loi du 26 juillet 1844, et 12 de l'ordonnance du 15 novembre 1846, en mettant en circulation sur ledit chemin de fer des voitures destinées aux voyageurs ne remplissant pas les conditions réglées par le Gouvernement, et comme ayant ainsi commis l'infraction prévue et punie par l'art. 21 de la loi du 15 juillet 1845 ;

» Attendu que la mise en circulation desdites voitures sur le chemin de fer dont il s'agit, nonobstant le défaut d'exécution de l'arrêté du 18 décembre 1846, dans le délai qui y était imparti rentrait évidemment dans l'application des dispositions pénales de l'art. 21 précité de ladite loi du 15 juillet 1845 ;

» Attendu néanmoins que la Cour d'Orléans, par le chef attaqué de son arrêt, a déclaré son incompétence pour statuer sur la demande, sous prétexte que les modifications dont les voitures auraient paru susceptibles n'auraient, sous aucun rapport, intéressé la sûreté, la police ou l'exploitation du chemin de fer, mais auraient uniquement concerné la commodité des voyageurs, et parce que, si, sous ce rapport, il pouvait y avoir contravention au cahier des charges, il n'appartiendrait qu'au Conseil de préfecture de connaître de cette infraction à un contrat administratif dont l'ordonnance n'aurait pu changer le caractère ; en quoi ledit arrêt, au chef dont il s'agit, en confirmant le jugement rendu par le tribunal de police correctionnelle d'Orléans du 9 juin dernier, a méconnu sa propre compétence et manifestement violé les dispositions de l'art. 21 de la loi du 15 juillet 1845, des art. 12 et 13 de l'ordonnance du 15 novembre, ainsi que celles des autres lois ci-dessus visées ; — CASSE au chef attaqué, qui a refusé de statuer sur les modifications prescrites pour les voitures de première, de deuxième et de troisième classe, arrêt rendu par la Cour d'Orléans. » Chambre des appels de police correctionnelle, le 7 juillet 1847.

Art. 14. Les contraventions prévues à l'art. 12 seront punies d'une amende de trois cents francs à huit mille francs.

Art. 15. L'administration pourra, d'ailleurs, prendre immédiatement toutes mesures provisoires pour faire cesser le dommage, ainsi qu'il est procédé en matière de grande voirie.

Les frais qu'entraînera l'exécution de ces mesures seront recouvrés, contre les concessionnaires ou fermiers, par voie de contrainte, comme en matière de contributions publiques.

TITRE III. — DES MESURES RELATIVES A LA CIRCULATION SUR LES CHEMINS DE FER.

Art. 16. Quiconque aura volontairement détruit ou dérangé la voie de fer, placé sur la voie un objet faisant obstacle à la circulation, ou employé un moyen quelconque pour entraver la marche des convois ou les faire sortir des rails, sera puni de la réclusion.

S'il y a eu homicide ou blessure, le coupable sera, dans le premier cas, puni de mort, et, dans le second, de la peine des travaux forcés à temps.

Art. 17. Si le crime prévu par l'art. 16 a été commis en réunion séditieuse, avec rébellion ou pillage, il sera imputable aux chefs, auteurs, instigateurs et provocateurs de ces réunions, qui seront punis comme coupables du crime et condamnés aux mêmes peines que ceux qui l'auront personnellement commis, lors même que la réunion séditieuse n'aurait pas eu pour but direct et principal la destruction de la voie de fer.

Toutefois, dans ce dernier cas, lorsque la peine de mort sera applicable aux auteurs du crime, elle sera remplacée, à l'égard des chefs, auteurs, instigateurs et provocateurs de ces réunions, par la peine des travaux forcés à perpétuité.

Art. 18. Quiconque aura menacé, par écrit anonyme ou signé, de commettre un des crimes prévus en l'art. 16, sera puni d'un emprisonnement de trois à cinq ans, dans le cas où la menace aurait été faite avec ordre de déposer une somme d'argent dans un lieu indiqué, ou de remplir toute autre condition.

Si la menace n'a été accompagnée d'aucun ordre ou condition, la peine sera d'un emprisonnement de trois mois à deux ans, et d'une amende de cent à cinq cents francs.

Si la menace avec ordre ou condition a été verbale, le coupable sera puni d'un emprisonnement de quinze jours à six mois, et d'une amende de vingt-cinq à trois cents francs.

Dans tous le cas, le coupable pourra être mis par le jugement sous la surveillance de la haute police, pour un temps qui ne pourra être moindre de deux ans ni excéder cinq ans.

Art. 19. Quiconque, par maladresse, imprudence, inattention, négligence ou inobservation des lois ou règlements, aura involontairement causé sur un chemin de fer, ou dans les gares ou stations, un accident qui aura occasionné des blessures, sera puni de huit jours à six mois d'emprisonnement, et d'une amende de cinquante à mille francs.

Si l'accident a occasionné la mort d'une ou plusieurs personnes, l'emprisonnement sera de six mois à cinq ans, et l'amende de trois cents à trois mille francs.

Art. 20. Sera puni d'un emprisonnement de six mois à deux ans tout mécanicien ou conducteur garde-frein qui aura abandonné son poste pendant la marche du convoi.

Art. 21. Toute contravention aux ordonnances royales portant règlement d'administration publique sur la police, la sûreté et l'exploitation du chemin de fer, et aux arrêtés pris par les préfets, sous l'approbation du ministre des travaux publics, pour l'exécution desdites ordonnances, sera punie d'une amende de seize à trois mille francs.

En cas de récidive dans l'année, l'amende sera portée au double, et le tribunal pourra, selon les circonstances, prononcer, en outre, un emprisonnement de trois jours à un mois.

Art. 22. Les concessionnaires ou fermiers d'un chemin de fer seront responsables, soit envers l'État, soit envers les particuliers, du dommage causé par les administrateurs, directeurs ou employés à un titre quelconque au service de l'exploitation du chemin de fer.

L'État sera soumis à la même responsabilité envers les particuliers, si le chemin de fer est exploité à ses frais et pour son compte.

Art. 23. Les crimes, délits ou contraventions prévus dans les titres 1er et 3 de la présente loi, pourront être constatés par des procès-verbaux dressés concurremment par les officiers de police judiciaire, les ingénieurs des ponts et chaussées et des mines, les conducteurs, gardes-mines, agents de surveillance et gardes nommés ou agréés par l'administration et dûment assermentés.

Les procès-verbaux des délits et contraventions feront foi jusqu'à preuve contraire.

Au moyen du serment prêté devant le tribunal de première instance de leur domicile, les agents de surveillance de l'administration et des concessionnaires ou fermiers pourront verbaliser sur toute la ligne du chemin de fer auquel ils seront attachés.

Art. 24. Les procès-verbaux dressés en vertu de l'article précédent seront visés pour timbre et enregistrés en débet.

Ceux qui auront été dressés par des agents de surveillance et gardes assermentés devront être affirmés dans les trois jours, à peine de nullité, devant le juge de paix ou le maire, soit du lieu du délit ou de la contravention, soit de la résidence de l'agent.

Art. 25. Toute attaque, toute résistance avec violence et voies de fait envers les agents des chemins de fer, dans l'exercice de leurs fonctions, sera punie des peines appliquées à la rébellion, suivant les distinctions faites par le Code pénal.

Art. 26. L'art. 463 du Code pénal est applicable aux condamnations qui seront prononcées en exécution de la présente loi.

Art. 27. En cas de conviction de plusieurs crimes ou délits prévus par la présente loi ou par le Code pénal, la peine la plus forte sera seule prononcée.

Les peines encourues pour des faits postérieurs à la poursuite pourront être cumulées, sans préjudice des peines de la récidive.

ORDONNANCE *du roi, portant règlement général d'administration publique sur la police des chemins de fer* (15 novembre 1846).

Louis-Philippe, roi des Français,

A tous présents et à venir, salut.

Sur le rapport de notre ministre secrétaire d'État au département des travaux publics :

— Le rapport qui précède cette ordonnance est le commentaire complet et minutieux du règlement soumis à l'approbation du roi par M. le ministre des travaux publics. Nous avons jugé indispensable de citer ici les dispositions les plus importantes de ce rapport, et, sous chaque article du règlement, les explications particulières qui s'y réfèrent.

Fixons-nous bien d'abord sur la force et la valeur légales d'un règlement de ce genre :

Les règlements d'administration publique doivent, pour avoir ce caractère, être pris sur ordonnance royale, délibérée en Conseil d'État, ainsi que cela résulte de l'acte constitutionnel du 22 frimaire an VIII, des art. 8 et 9 de l'arrêté des Consuls du 5 nivôse suivant, 5 de l'ordonnance du 19 avril 1817 et 12 de la loi de 19 juillet 1845. On ne devrait pas considérer comme tel le règlement général et perma-

Vu l'art. 9 de la loi du 11 juin 1842, relative à l'établissement de grandes lignes de chemins de fer ;

Vu la loi du 15 juillet 1845 sur la police des chemins de fer ;

Notre conseil d'État entendu,

Nous avons ordonné et ordonnons ce qui suit :

nent pris par un préfet pour la police du chemin de fer, alors même qu'il serait la reproduction d'un arrêté ministériel. — Cassation, 2 mai 1845.

M. le ministre pose ainsi les principes généraux qui ont présidé à la rédaction du règlement ;

« Depuis que les chemins de fer ont commmencé à se naturaliser sur le sol de la France, l'administration a dû se préoccuper des moyens de prévenir les dangers qui peuvent naître de ce mode nouveau de communication. Les chemins de fer, d'ailleurs, qu'ils soient concédés ou non, font essentiellement partie du domaine public ; ils peuvent, ils ne doivent être exploités que dans l'intérêt de tous, et c'est à l'autorité publique qu'il appartient d'en régler l'usage. Aussi a-t-on pris soin d'insérer dans les actes de concession une clause ainsi conçue : « Des règlements d'administration publique détermineront » les mesures nécessaires pour assurer la police, la sûreté et l'usage » du chemin de fer et des ouvrages qui en dépendent. » — Cette disposition a été reproduite d'une manière générale dans la loi du 11 juin 1842, qui a décrété le réseau des grandes lignes de chemins de fer à ouvrir sur le territoire du royaume ; enfin elle est consacrée dans la loi du 15 juillet 1845 sur la police des chemins de fer ; elle doit donc être considérée aujourd'hui comme une disposition de droit commun applicable à chacune de ces voies nouvelles de communication.

» Jusqu'ici, toutefois, Sire, pour aucun des chemins de fer exécutés en France, l'administration supérieure n'a provoqué les règlements d'administration publique prévus par la loi. L'expérience était trop récente pour qu'il fût possible de soumettre à la sanction de Votre Majesté les mesures relatives à la police de ces chemins, et l'on s'est borné à des règlements provisoires auxquels on apportait successivement les modifications dont chaque jour faisait reconnaître l'utilité ou la convenance. — Mais le temps a marché : aujourd'hui, soit en France, soit à l'étranger, les chemins de fer en exploitation se sont multipliés : des accidents déjà trop nombreux, et dont quelques-uns malheureusement ont eu une grande gravité, sont venus révéler les points sur lesquels devait se porter de préférence l'attention de l'autorité, et le moment est venu de régler les mesures d'ordre et de police à observer sur les chemins de fer ; je viens soumettre, en conséquence,

TITRE Ier. — DES STATIONS ET DE LA VOIE DES CHEMINS DE FER.

SECTION PREMIÈRE. — *Des Stations.*

Art. 1er. L'entrée, le stationnement et la circulation des voitures publiques ou particulières, destinées soit au

à la signature de Votre Majesté le projet de règlement général que j'ai préparé dans ce but.

» Ce projet est le fruit de longues et laborieuses méditations : le Conseil des ponts et chaussées (section des chemins de fer), le Conseil d'État, après le Conseil des ponts et chaussées, y ont consacré de nombreuses séances et y ont apporté successivement de nombreuses améliorations ; les Compagnies exploitantes ont été entendues ; enfin, avant d'arrêter une rédaction définitive, je me suis entouré de toutes les lumières, j'ai consulté l'expérience des hommes pratiques, et je crois, dès lors, pouvoir soumettre avec confiance le projet ci-joint à l'approbation de Votre Majesté. — Je ne dois pas d'ailleurs omettre d'ajouter qu'en ce qui touche les mesures relatives à la sûreté de la circulation sur la voie des chemins de fer, j'ai trouvé les plus utiles renseignements dans le travail d'une Commission que mon prédécesseur avait instituée, après la fatale catastrophe du 8 mai 1842, pour étudier les questions relatives aux essieux des locomotives et des voitures employées à l'exploitation, et pour rechercher les mesures les plus propres à prévenir le retour d'aussi déplorables accidents. Cette Commission, composée en partie d'hommes étrangers à l'aministration, de constructeurs de machines, d'ingénieurs de Compagnies et d'industriels, s'est dévouée, avec un zèle digne des plus grands éloges, à l'examen de toutes les questions qui touchent à l'exploitation des chemins de fer, et je suis heureux de lui payer ici le juste tribut de la reconnaissance de l'administration.

» Le projet de règlement que j'ai l'honneur de mettre sous les yeux de Votre Majesté devant s'appliquer à tous les chemins de fer, j'ai dû, autant que possible, n'y poser que des principes généraux ; l'administration supérieure réglera, dans chaque cas particulier, les conditions particulières que pourront exiger les circonstances spéciales de chaque chemin. — Cette marche était la seule qui pût se concilier avec les nécessités diverses de chaque exploitation de chemin de fer : aussi le conseil d'État y a-t-il donné son approbation. Il a recounu qu'il n'était pas possible de résoudre, dans un règlement général, les différents cas qui peuvent se présenter, et qu'il était indispensable, dans beaucoup de circonstances, de donner à l'administration une délégation spéciale. Tel est également l'esprit de la loi du 15 juillet 1845, qui prononce des pénalités contre les infractions

transport des personnes, soit au transport des marchandises, dans les cours dépendantes des stations des chemins
de fer, seront réglés par des arrêtés du préfet du département. Ces arrêtés ne seront exécutoires qu'en vertu de
l'approbation du ministre des travaux publics.

aux arrêtés des préfets pris sous l'approbation du ministre des travaux publics.

» Votre Majesté daignera remarquer encore que dans beaucoup
d'articles, dans ceux surtout qui touchent au régime et aux détails
de l'exploitation, l'administration ne devra statuer que sur la proposition des Compagnies, ou même qu'après avoir reconnu l'insuffisance
des mesures adoptées par elles. Pour la détermination de ces mesures, deux partis pouvaient être suivis : ou les spécifier immédiatement dans le règlement, ou en laisser l'initiative aux Compagnies, en
déférant à l'administration le soin de contrôler et le droit de décider
et d'ordonner. C'est à ce dernier parti que j'ai cru devoir m'arrêter.
Les Compagnies sont chargées directement de l'exploitation des chemins de fer, elles en sont responsables vis-à-vis du public comme vis-
à-vis de l'administration : elles ont un intérêt immense à prévenir
les accidents et à organiser un service qui inspire sécurité et confiance. Les études journalières auxquelles elles doivent se livrer dans
ce but, l'expérience qu'acquièrent tous les jours les personnes qu'elles
emploient les mettent à même de reconnaître et de constater les
changements et les améliorations qu'il convient d'apporter à telle ou
telle partie de l'exploitation. L'administration qui contrôlera leurs
actes, qui recevra leurs propositions les approuvera ou les modifiera,
suivant les conseils et les lumières des personnes qui seront insti-
tuées près d'elle pour l'éclairer sur ces matières difficiles. — On comprend de suite les conséquences de ce système. — Il assure dans une
juste mesure aux Compagnies exploitantes la liberté d'action qu'il est
indispensable de leur laisser, si on veut que leur responsabilité soit
sérieuse et réelle. — Il ouvre accès aux idées nouvelles, aux progrès
de toute nature que les hommes immédiatement préposés à la pratique des chemins de fer sont plus à même que tous autres de conce-
voir et de réaliser. — Enfin, il réserve à l'administration publique la
part d'autorité qui doit lui appartenir, et qu'elle peut ainsi, éclairée
par les doubles conseils de la théorie et de la pratique, exercer plus
utilement dans l'intérêt public. » (*Rapport au Roi.*)

(1) » En ce qui concerne la voie et les ouvrages qui en dépendent,
évidemment le choix du mode d'entretien doit être laissé aux Compagnies; mais elles devront faire connaître à l'administration les
mesures qu'elles auront prises; et, en cas d'insuffisance, l'adminis-

SECTION II. — *De la Voie.*

Art. 2. Le chemin de fer et les ouvrages qui en dépendent seront constamment entretenus en bon état.

La Compagnie devra faire connaître au ministre des travaux publics les mesures qu'elle aura prises pour cet entretien.

Dans le cas où ces mesures seraient insuffisantes, le ministre des travaux publics, après avoir entendu la Compagnie, prescrira celles qu'il jugera nécessaires.

Art. 3. Il sera placé, partout où besoin sera, des gardiens, en nombre suffisant pour assurer la surveillance

tration interviendra pour prescrire toutes les dispositions supplémentaires qu'elle jugera nécessaires à la sûreté de la circulation.— Les croisements de voie ont donné lieu quelquefois, et surtout quand ils doivent être parcourus à grande vitesse, à des déraillements : il convient qu'ils soient l'objet d'une surveillance particulière. Si la surveillance exercée par la Compagnie est insuffisante, l'administration avertie prescrira immédiatement, aux termes de l'art. 3, les mesures auxquelles la Compagnie sera tenue de se conformer. » (*Rapport au Roi.*)

.— En ce qui touche les stations, il suffit de rappeler qu'elles font, comme les chemins eux-mêmes, partie du domaine public, et qu'à ce titre, l'usage doit en être également réglé par l'administration supérieure. C'est, au surplus, ce qui a déjà été décidé par des décisions judiciaires qui ont pleinement établi sur ce point la doctrine que consacre le règlement. L'entrée, la circulation, le stationnement des voitures publiques ou particulières, destinées soit au transport des personnes, soit au transport des marchandises, seront réglés par des arrêtés du préfet du département, sous l'approbation du ministre des travaux publics. Ces dispositions préviendront les conflits qui se sont élevés plusieurs fois entre des Compagnies et des entrepreneurs de voitures publiques, et qui ont donné lieu, comme je viens de le dire, à des débats judiciaires. » (*Rapport au Roi.*)

.— Si le profil d'un chemin de fer pouvait être disposé de manière qu'à la rencontre de toutes les voies de communication, le chemin passât, soit au dessous, soit au-dessus de ces voies, l'art. 4 du règlement deviendrait inutile ; mais cette condition ne saurait être obtenue sans occasionner d'immenses dépenses, et sur beaucoup de

et la manœuvre des aiguilles des croisements et changements de voie ; en cas d'insuffisance, le nombre de ces gardiens sera fixé par le ministre des travaux publics, la Compagnie entendue.

Art. 4. Partout où un chemin de fer est traversé à niveau, soit par une route à voiture, soit par un chemin destiné au passage des piétons, il sera établi des barrières.

Le mode, la garde et les conditions de service des barrières seront réglés par le ministre des travaux publics, sur la proposition de la Compagnie.

Art. 5. Si l'établissement de contre-rails est jugé nécessaire dans l'intérêt de la sûreté publique, la Compagnie sera tenue d'en placer sur les points qui seront désignés par le ministre des travaux publics.

Art. 6. Aussitôt après le coucher du soleil, et jusques après le passage du dernier train, les stations et leurs abords devront être éclairés.

Il en sera de même des passages à niveau pour lesquels l'administration jugera cette mesure nécessaire.

points, il faut admettre que le chemin de fer traversera à niveau les voies publiques ; mais alors, des barrières doivent être établies pour garantir la sûreté publique. Le ministre des travaux publics sera chargé de régler pour chaque cas le mode, la garde et les conditions de service des barrières. — Les remblais élevés, les viaducs qui servent au passage des rivières ou des vallées profondes pourraient donner lieu à de graves accidents, si une sortie de la voie avait lieu au moment où les trains les parcourent ; il en serait de même à l'égard des parties de chemin situées le long d'une rivière ou d'un précipice. Pour prévenir ces accidents, il pourra être ultérieurement reconnu indispensable de les munir de contre-rails. Je ne dois pas toutefois laisser ignorer à Votre Majesté que les esprits sont très-partagés sur les avantages de cette mesure : il est même des personnes qui regardent les contre-rails comme une cause de danger. Aussi Votre Majesté voudra bien remarquer que la prescription de l'art. 4 n'est pas absolue et qu'elle est subordonnée à une condition dont le jugement est remis à l'expérience. (*Rapport au Roi.*)

TITRE II. — DU MATÉRIEL EMPLOYÉ A L'EXPLOITATION.

Art. 7. Les machines locomotives ne pourront être mises en service qu'en vertu de l'autorisation de l'administration, et après avoir été soumises à toutes les épreuves prescrites par les règlements en vigueur.

Lorsque, par suite de détérioration ou pour toute autre cause, l'interdiction d'une machine aura été prononcée, cette machine ne pourra être remise en service qu'en vertu d'une nouvelle autorisation.

Art. 8. Les essieux des locomotives, des tenders et des voitures de toute espèce, entrant dans la composition des convois de voyageurs ou dans celle des trains mixtes de voyageurs et de marchandises allant à grande vitesse, devront être en fer martelé de premier choix.

Art. 9. Il sera tenu des états de services pour toutes les locomotives. Ces états seront inscrits sur des registres qui devront être constamment à jour, et indiquer, à l'article de chaque machine, la date de sa mise en service, le travail qu'elle a accompli, les réparations ou modifications qu'elle a reçues, et le renouvellement de ses diverses pièces.

— « Le matériel d'exploitation, on doit le comprendre aisément, n'exige pas une surveillance moins attentive et moins assidue que la voie du chemin de fer. — En premier lieu, les machines locomotives, en ce qui touche leur appareil moteur et les réservoirs dans lesquels la vapeur se forme et s'accumule, doivent être, comme tous les appareils à vapeur, soumis à certaines épreuves et à une surveillance continue; ces épreuves et le mode de surveillance sont, au surplus, déjà réglés par l'ordonnance de Votre Majesté, du 22 mai 1843, et il suffit de rappeler sur ce point les obligations générales imposées aux Compagnies. — Quant aux autres éléments des machines, à leurs essieux, roues, ressorts de suspension et de traction, et généralement à toutes les parties qui servent à la locomotion rapide, elles devront être l'objet de l'examen le plus sévère.

» Ce que je dis des roues et des essieux de machines, je puis le dire également des roues de tenders et voitures de toute nature servant au transport des voyageurs. — La rupture d'un essieu de locomotive et de voiture, en amenant un déraillement, peut quelquefois donner

Il sera tenu, en outre, pour les essieux de locomotives, tenders et voitures de toute espèce, des registres spéciaux sur lesquels, à côté du numéro d'ordre de chaque essieu, seront inscrits sa provenance, la date de sa mise en service, l'épreuve qu'il peut avoir subie, son travail, ses accidents et ses réparations; à cet effet, le numéro d'ordre sera poinçonné sur chaque essieu.

Les registres mentionnés aux deux paragraphes ci-dessus seront représentés, à toute réquisition, aux ingénieurs et agents chargés de la surveillance du matériel et de l'exploitation.

Art. 10. Il est interdit de placer dans un convoi comprenant des voitures de voyageurs aucune locomotive, tender ou autres voitures d'une nature quelconque, montées sur des roues en fonte.

Toutefois, le ministre des travaux publics pourra, par exception, autoriser l'emploi des roues en fonte, cerclées en fer, dans les trains mixtes de voyageurs et de marchandises, et marchant à la vitesse d'au plus 25 kilomètres à l'heure.

Art. 11. Les locomotives devront être pourvues d'appareils ayant pour objet d'arrêter les fragments de coke tombant de la grille, et d'empêcher la sortie des flammèches par la cheminée.

naissance aux plus graves accidents : il est donc indispensable, d'une part, que les essieux des locomotives et des voitures de voyageurs soient composés de fer martelé de premier choix, et qu'ils ne soient admis qu'à cette condition, et, d'autre part, qu'après leur admission, ils soient l'objet d'un contrôle continu. Bien des questions sans doute restent encore à résoudre, en ce qui touche les essieux, soit sur la durée du service qu'ils peuvent faire, soit sur les altérations que peuvent produire dans leur constitution les chocs et les vibrations auxquels ils sont soumis sur les chemins de fer; mais, en attendant ce que l'expérience pourra nous apprendre sur ces questions, il faut au moins prescrire toutes les précautions dont la pratique a démontré l'utilité. » (*Rapport au Roi.*)

— « Le but de l'art. 11 est facile à saisir : lorsque les locomo-

Art. 12. Les voitures destinées au transport des voyageurs seront d'une construction solide ; elles devront être commodes et pourvues de ce qui est nécessaire à la sûreté des voyageurs.

Les dimensions de la place affectée à chaque voyageur devront être d'au moins 0^m,45 en largeur, 0^m,65 en profondeur, et 1^m,45 en hauteur. Cette disposition sera appliquée aux chemins de fer existants dans un délai qui sera fixé, pour chaque chemin, par le ministre des travaux publics.

Art. 13. Aucune voiture pour les voyageurs ne sera mise en service sans une autorisation du préfet, donnée sur le rapport d'une Commission constatant que la voiture satisfait aux conditions de l'article précédent.

L'autorisation de mise en service n'aura d'effet qu'après que l'estampille, prescrite pour les voitures publiques par l'art. 117 de la loi du 25 mars 1817, aura été délivrée par le directeur des contributions indirectes.

Art. 14. Toute voiture de voyageurs portera dans l'intérieur l'indication apparente du nombre des places.

Art. 15. Les locomotives, tenders et voitures de toute espèce devront porter : 1° le nom ou les initiales du nom du chemin de fer auquel ils appartiennent ; 2° un numéro d'ordre. Les voitures de voyageurs porteront, en outre,

---

tives sont en marche, si elles sont dépourvues de cendriers, il s'échappe du foyer des fragments de coke incandescent qui sont projetés au loin et qui, venant à rencontrer quelques matières combustibles, des bois, des chaumes, des céréales, peuvent y mettre le feu, comme on en a déjà vu plusieurs exemples ; en même temps, à raison du grand courant d'air qui, par suite de la rapidité même du mouvement, s'établit du foyer vers la cheminée, un grand nombre de particules embrasées sont emportées en dehors du tuyau, et plusieurs fois déjà ces flammèches ont occasionné des incendies. — Pour arrêter les fragments de coke sortant de la grille, le seul moyen connu jusqu'ici est l'emploi d'un cendrier ; mais le cendrier lui-même a quelques inconvénients,

10

l'estampille délivrée par l'administration des contributions indirectes. Ces diverses indications seront placées d'une manière apparente sur la caisse ou sur les côtés des châssis.

Art. 16. Les machines locomotives, tenders et voitures de toute espèce, et tout le matériel d'exploitation, seront constamment maintenus dans un bon état d'entretien.

La Compagnie devra faire connaître au ministre des travaux publics les mesures adoptées par elle à cet égard, et, en cas d'insuffisance, le ministre, après avoir entendu les observations de la Compagnie, prescrira les dispositions qu'il jugera nécessaires à la sûreté de la circulation.

TITRE III. — DE LA COMPOSITION DES CONVOIS.

Art. 17. Tout convoi ordinaire de voyageurs devra contenir, en nombre suffisant, des voitures de chaque classe, à moins d'une autorisation spéciale du ministre des travaux publics.

Art. 18. Chaque train de voyageurs devra être accompagné :

1° D'un mécanicien et d'un chauffeur par machine : le

et, dans l'espérance qu'il sera possible de trouver un moyen plus sûr, il convient de se borner à prescrire l'application d'un appareil quelconque propre à atteindre le même but. — Quant aux flammèches qui s'échappent par la cheminée, l'on connaît et l'on applique divers moyens pour en empêcher la sortie, mais aucun d'eux n'a paru jusqu'ici complétement satisfaisant; j'ai dû me borner dès lors à prescrire l'emploi d'un appareil propre à remplir la destination ci-dessus indiquée. »

— Suivant l'art. 15, avant que les voitures puissent être mises en circulation, il doit être apposé sur chacune d'elles, par les préposés de la régie et après vérification, une estampille dont le coût, fixé à 2 francs, est remboursé par les entrepreneurs.

— Le titre III contient plusieurs dispositions d'une haute importance. — Il est évident que les chemins de fer, devenant en quelque sorte pour les localités qu'ils traversent une voie unique de commu-

chauffeur devra être capable d'arrêter la machine en cas de besoin ;

2º Du nombre de conducteurs-gardes-freins qui sera déterminé pour chaque chemin, suivant les pentes et suivant le nombre de voitures, par le ministre des travaux publics, sur la proposition de la Compagnie.

Sur la dernière voiture de chaque convoi ou sur l'une des voitures placées à l'arrière, il y aura toujours un frein et un conducteur chargé de le manœuvrer.

Lorsqu'il y aura plusieurs conducteurs dans un convoi, l'un d'entre eux devra toujours avoir autorité sur les autres.

Un train de voyageurs ne pourra se composer de plus de vingt-quatre voitures à quatre roues. S'il entre des voitures à six roues dans la composition du convoi, le maximum du nombre de voitures sera déterminé par le ministre.

Les dispositions des paragraphes précédents sont appli-

nication par la suppression presque immédiate de tout moyen de transport sur les anciennes voies parallèles, il est indispensable de poser la règle générale que tout convoi ordinaire doit contenir un nombre suffisant de voitures de toutes classes. Le public, prévenu des heures de départ, doit trouver à ces mêmes heures, et à son désir, des moyens certains de transport. Cette obligation imposée aux Compagnies ne peut être contestée : elle doit être la loi commune des chemins de fer : aussi a-t-elle été inscrite en tête du titre III. Mais, d'un autre côté, on conçoit aussi que, dans l'intérêt même du public, cette obligation peut ne pas s'étendre à certains convois, par exemple, aux convois qu'on appelle convois directs, qui ne s'arrêtent pas aux stations intermédiaires, ou qui ne s'arrêtent qu'à un très-petit nombre de ces stations, et qui sont généralement animés d'une vitesse qui n'est pas encore nécessaire à toutes les classes de la société. Il suffit d'ailleurs sans doute de poser la règle générale, et de laisser les exceptions à la décision de l'autorité. Tous les intérêts sont ainsi garantis et satisfaits. C'est dans ce sens et dans ce but que l'art. 17 a été rédigé.

— « L'art. 18 détermine les conditions générales à observer dans la composition d'un train, soit de voyageurs, soit de voyageurs et de marchandises tout à la fois ; il règle implicitement le nombre des

cables aux trains mixtes de voyageurs et de marchandises marchant à la vitesse des voyageurs.

Quant aux convois de marchandises qui transportent en même temps des voyageurs et des marchandises, et qui ne marchent pas à la vitesse ordinaire des voyageurs, les mesures spéciales et les conditions de sûretés auxquelles ils devront être assujettis seront déterminées par le ministre, sur la proposition de la Compagnie.

Art. 19. Les locomotives devront être en tête des trains.

Il ne pourra être dérogé à cette disposition que pour les manœuvres à exécuter dans le voisinage des stations ou pour le cas de secours. Dans ces cas spéciaux, la vitesse ne devra pas dépasser 25 kilomètres par heure.

Art. 20. Les convois de voyageurs ne devront être remorqués que par une seule locomotive, sauf les cas où l'emploi d'une machine de renfort deviendrait nécessaire,

freins dont chaque convoi devra être muni, en laissant d'ailleurs au ministre des travaux publics à déterminer ce nombre pour chaque chemin, eu égard au nombre des voitures et aux pentes du chemin ; il fixe également le nombre maximum de voitures dont un convoi pourra être composé dans tous les cas ; sur tous ces points, l'administration a cherché à se rapprocher autant que possible de ce qu'enseigne la pratique des chemins de fer régulièrement exploités. — Quant au nombre des voitures, le maximum apporté par le règlement a pour but de ne pas apporter d'entraves au service et de ne pas constituer la Compagnie en contravention lorsque l'affluence extraordinaire des voyageurs, à certains jours donnés, peut mettre dans l'obligation de proportionner le nombre des véhicules aux besoins momentanés de la circulation. — Dans ces circonstances spéciales, le grand nombre des voitures dans un seul train peut présenter encore moins d'inconvénients que l'ajournement d'une partie des voyageurs au départ suivant ou la formation d'un convoi supplémentaire. Jusqu'ici les règlements provisoires avaient fixé le maximum à 32 voitures : l'étude attentive des faits a permis de le réduire à 24. Même ainsi réduit, ce nombre dépasse très-sensiblement les besoins habituels d'une exploitation bien réglée, et il doit être bien entendu qu'il ne sera pas la règle ordinaire, mais bien plutôt l'exception. S'il en état autrement, si la Compagnie exploitante, pour diminuer le nombre de ses convois, composait ses trains de manière à se rapprocher trop souvent de cette

soit pour la montée d'une rampe de forte inclinaison, soit par suite d'une affluence extraordinaire de voyageurs, de l'état de l'atmosphère, d'un accident ou d'un retard exigeant l'emploi de secours, ou de tout autre cas analogue ou spécial préalablement déterminé par le ministre des travaux publics.

Il est, dans tous les cas, interdit d'atteler simultanément plus de deux locomotives à un convoi de voyageurs.

La machine placée en tête devra régler la marche du train.

Il devra toujours y avoir en tête de chaque train, entre le tender et la première voiture de voyageurs, autant de voitures ne portant pas de voyageurs qu'il y aura de locomotives attelées.

Dans tous les cas où il sera attelé plus d'une locomotive à un train, mention en sera faite sur un registre à ce destiné, avec indication du motif de la mesure, de la

limite extrême, l'administration y verrait la preuve que l'organisation du service ne satisfait pas aux besoins de la circulation, et elle userait du droit que le règlement lui donne de contrôler et de modifier, dans le double intérêt de la sécurité et d'une bonne exploitation, les mesures adoptées par la Compagnie. Il ne faut pas oublier non plus qu'indépendamment du règlement qui érige certains faits en contraventions et qui les frappe de pénalités, même en dehors de toutes conséquences fâcheuses, la loi sur la police des chemins de fer s'applique, en cas d'accident, à tout fait d'exploitation qui peut constituer une imprudence, et qu'elle fait ainsi de la responsabilité de la Compagnie le correctif de la liberté que le Gouvernement a dû lui laisser. »

— « Quelques personnes auraient désiré que l'interdiction de la double locomotive fût positive et absolue. Nous n'avons pas pensé qu'il nous fût possible de déférer à ce vœu sans apporter un grand trouble dans l'exploitation des chemins de fer, surtout de ceux qui avoisinent les grandes villes. Il est certains cas d'affluence extraordinaire où, pour transporter tout le public qui se présente, il faudrait multiplier les convois d'une manière dangereuse, si on n'attelait pas une seconde locomotive. Dans d'autres circonstances, telles que le verglas, la pluie, le vent, la montée d'une rampe rapide, etc., le secours d'une seconde locomotive peut devenir indispensable; bien plus, dans ces divers cas, l'addition de la seconde locomotive peut devenir une

station où elle aura été jugée nécessaire, et de l'heure à laquelle le train aura quitté cette station.

Ce registre sera représenté à toute réquisition aux fonctionnaires et agents de l'administration publique chargés de la surveillance de l'exploitation.

Art. 21. Il est défendu d'admettre dans les convois qui portent des voyageurs, aucune matière pouvant donner lieu, soit à des explosions, soit à des incendies.

Art. 22. Les voitures entrant dans la composition des trains de voyageurs seront liées entre elles par des moyens d'attache tels, que les tampons à ressort de ces voitures soient toujours en contact.

Les voitures des entrepreneurs de messageries ne pourront être admises dans la composition des trains qu'avec l'autorisation du ministre des travaux publics, et que moyennant les conditions indiquées dans l'acte d'autorisation.

garantie pour la sûreté publique; une seule en effet ne pourrait imprimer à la marche des convois la célérité qu'exige la régularité du service, et cette régularité est la condition la plus essentielle de la sécurité. Il convient d'ailleurs qu'il ne soit pas fait abus de la faculté d'exception créée par le règlement, et pour maintenir à cet égard les Compagnies dans les limites que l'administration a entendu poser, je propose de décider que, dans tous les cas où la seconde locomotive sera employée, la Compagnie sera tenue de mentionner sur un registre le motif de la mesure, la station où elle aura été jugée nécessaire, et l'heure de départ à laquelle le train aura quitté cette station. »

— « La disposition de l'art. 21, indispensable même sur les routes ordinaires, l'est bien davantage encore sur un chemin de fer où se trouvent réunies à la fois, dans certaines circonstances, plusieurs centaines de voyageurs, et où la rapidité de la marche peut développer avec une effrayante activité des incendies qui ailleurs seraient plus faciles à éteindre. »

— « On conçoit facilement l'utilité de la mesure de l'art. 22; il importe que toutes les voitures ne forment en quelque sorte qu'un seul corps, et que, dans le cas d'un arrêt brusque, elles ne se précipitent pas les unes sur les autres. »

— « Ce second paragraphe renferme une clause très-essentielle.

Art. 23. Les conducteurs-gardes-freins seront mis en communication avec le mécanicien pour donner, en cas d'accident, le signal d'alarme par tel moyen qui sera autorisé par le ministre des travaux publics, sur la proposition de la Compagnie.

Art. 24. Les trains devront être éclairés extérieurement pendant la nuit. En cas d'insuffisance du système d'éclairage, le ministre des travaux publics prescrira, la Compagnie entendue, les dispositions qu'il jugera nécessaires.

Les voitures fermées, destinées aux voyageurs, devront être éclairées intérieurement pendant la nuit et au passage des souterrains qui seront désignés par le ministre.

TITRE IV. — DU DÉPART, DE LA CIRCULATION ET DE L'ARRIVÉE DES CONVOIS.

Art. 25. Pour chaque chemin de fer, le ministre des travaux publics déterminera, sur la proposition de la Com-

Les voitures des entrepreneurs de messageries sont admises aujourd'hui dans la composition des convois, mais il importe qu'elles soient assujetties sur les trucks d'une manière solide, et que les chargements soient distribués de manière à ne pas trop élever le centre de gravité de la masse. Ces conditions touchent très-fortement à la sécurité de la marche; nous devons dire que jusqu'ici elles n'ont pas été assez complétement remplies pour qu'il ne soit pas nécessaire de réserver à l'administration le droit d'exiger des garanties plus certaines. »

— « Lorsqu'un convoi est en marche, il peut se manifester diverses circonstances, par exemple une rupture de roue ou d'essieu, ou de barre d'attelage, qui exigent un arrêt immédiat de la machine; il est donc utile qu'il y ait entre les conducteurs préposés à la surveillance des voitures et le mécanicien un moyen de communication facile et sûr; tel est l'objet de l'art. 23. »

— « Le titre IV est de beaucoup le plus important de tous ceux que comprend le règlement. Jusqu'ici nous avons indiqué les conditions dont l'exacte observation doit assurer le bon état de la voie, la bonne confection des machines et des voitures, et la manière dont ces machines et ces voitures doivent entrer dans la composition des

pagnie, le sens du mouvement des trains et des machines isolées sur chaque voie, quand il y a plusieurs voies, et le point de croisement quand il n'y en a qu'une.

Il ne pourra être dérogé, sous aucun prétexte, aux dispositions qui auront été prescrites par le ministre, si ce n'est dans le cas où la voie serait interceptée ; et dans ce cas, le changement devra être fait avec les précautions indiquées en l'art. 34 ci-après.

Art. 26. Avant le départ du train, le mécanicien s'assurera si toutes les parties de la locomotive et du tender sont en bon état, si le frein de ce tender fonctionne convenablement.

La même vérification sera faite par les conducteurs-gardes-freins, en ce qui concerne les voitures et les freins de ces voitures.

Le signal du départ ne sera donné que lorsque les portières seront fermées.

Le train ne devra être mis en marche qu'après le signal du départ.

Art. 27. Aucun convoi ne pourra partir d'une station avant l'heure déterminée par le règlement de service.

Aucun convoi ne pourra également partir d'une station avant qu'il se soit écoulé, depuis le départ ou le passage du convoi précédent, le laps de temps qui aura été fixé par le ministre des travaux publics, sur la proposition de la Compagnie.

trains ; mais c'est dans la marche des convois qu'existent les principales causes d'accidents ; c'est donc cette marche qu'il importe de régler, dans la vue de prévenir les rencontres, les chocs, les collisions qui peuvent amener de si déplorables catastrophes. — Si les trains marchant dans des sens opposés ne suivent pas la même voie, ou si, marchant sur la même voie, ils restent toujours placés à une certaine distance les uns des autres, jamais ils ne pourront se rencontrer, et, dès lors, on n'aura pas à redouter les accidents que nous avons eu déjà plus d'une fois à déplorer. C'est à réaliser ces conditions que tend l'ensemble des mesures comprises au titre IV.

— « Cette disposition est-elle suffisante ? Ne conviendrait-il pas de

Des signaux seront placés à l'entrée de la station pour indiquer au mécanicien des trains qui pourraient survenir, si le délai déterminé en vertu du paragraphe précédent est écoulé.

Dans l'intervalle des stations, des signaux seront établis, afin de donner le même avertissement au mécanicien sur les points où il ne peut pas voir devant lui à une distance suffisante. Dès que l'avertissement lui sera donné, le mécanicien devra ralentir la marche du train. En cas d'insuffisance des signaux établis par la Compagnie, le ministre prescrira, la Compagnie entendue, l'établissement de ceux qu'il jugera nécessaires.

Art. 28. Sauf le cas de force majeure ou de réparation de la voie, les trains ne pourront s'arrêter qu'aux gares ou lieux de stationnement autorisés pour le service des voyageurs ou des marchandises.

Les locomotives ou les voitures ne pourront stationner sur les voies du chemin de fer affectées à la circulation des trains.

Art. 29. Le ministre des travaux publics déterminera, sur la proposition de la Compagnie, les mesures spéciales de précaution relatives à la circulation des trains sur les plans inclinés et dans les souterrains à une ou deux voies, à raison de leur longueur et de leur tracé.

Il déterminera également, sur la proposition de la Compagnie, la vitesse maximum que les trains de voyageurs

---

proscrire complétement les convois extraordinaires? Avant de se décider sur une question aussi grave, on a consulté les hommes versés dans la pratique des chemins de fer ; on a cherché à se rendre compte de toutes les circonstances qui peuvent se présenter dans l'exploitation de ces voies de communication ; et de cet examen approfondi il est résulté la conviction que, dans plus d'une circonstance, il y aurait dommage pour le public à ne pas permettre l'expédition d'un convoi extraordinaire. Au point de rencontre de deux lignes qui se joignent, et dont le service est organisé de manière à établir une circulation continue de l'une sur l'autre, si le convoi venant de l'une de ces lignes n'arrive au point de croisement qu'après l'heure à laquelle

pourront prendre sur les diverses parties de chaque ligne, et la durée du trajet.

Art. 30. Le ministre des travaux publics prescrira, sur la proposition de la Compagnie, les mesures spéciales de précaution à prendre pour l'expédition et la marche des convois extraordinaires.

Dès que l'expédition d'un convoi extraordinaire aura été décidée, déclaration devra en être faite immédiatement au commissaire spécial de police, avec indication du motif de l'expédition du convoi et de l'heure du départ.

Art. 31. Il sera placé le long du chemin, pendant le jour et pendant la nuit, soit pour l'entretien, soit pour la surveillance de la voie, des agents en nombre assez grand pour assurer la libre circulation des trains et la transmission des signaux; en cas d'insuffisance, le ministre des travaux publics en réglera le nombre, la Compagnie entendue.

Ces agents seront pourvus de signaux de jour et de nuit, à l'aide desquels ils annonceront si la voie est libre et en bon état, si le mécanicien doit ralentir sa marche ou s'il doit arrêter immédiatement le train.

Ils devront, en outre, signaler de proche en proche l'arrivée des convois.

Art. 32. Dans le cas où, soit un train, soit une machine isolée, s'arrêterait sur la voie pour cause d'accident, le

a dû partir le train de l'autre ligne avec lequel il correspond; dans ce cas, un convoi extraordinaire est indispensable, ou bien les voyageurs seront obligés d'attendre souvent plusieurs heures avant de continuer leur route; il peut arriver encore qu'à un certain jour et par suite de quelque circonstance imprévue, il se présente dans les bureaux du chemin de fer une affluence extraordinaire de voyageurs, un seul convoi est insuffisant pour les transporter; il faudrait alors leur faire subir un retard, presque toujours inconciliable avec leurs affaires, si l'on ne prenait le parti d'organiser un convoi extraordinaire; la limitation du nombre des voitures prescrite par l'art. 17 du règlement peut créer de temps à autre cette nécessité. — Il faut re-

signal d'arrêt, indiqué en l'article précédent, devra être fait à cinq cents mètres au moins à l'arrière.

Les conducteurs principaux des convois et les mécaniciens-conducteurs des machines isolées devront être munis d'un signal d'arrêt.

Art. 33. Lorsque des ateliers de réparation seront établis sur une voie, des signaux devront indiquer si l'état de la voie ne permet pas le passage des trains, ou s'il suffit de ralentir la marche de la machine.

Art. 34. Lorsque, par suite d'un accident, de réparation, ou de toute autre cause, la circulation devra s'effectuer momentanément sur une voie, il devra être placé un garde auprès des aiguilles de chaque changement de voie.

Les gardes ne laisseront les trains s'engager dans la voie unique réservée à la circulation, qu'après s'être assurés qu'ils ne seront pas rencontrés par un train venant dans un sens opposé.

Il sera donné connaissance au commissaire spécial de police du signal ou de l'ordre de service adopté pour assurer la circulation sur la voie unique.

Art. 35. La Compagnie sera tenue de faire connaître au ministre des travaux publics le système de signaux qu'elle a adopté ou qu'elle se propose d'adopter pour les cas prévus par le présent titre. Le ministre prescrira les modifications qu'il jugera nécessaires.

marquer, d'ailleurs que, dans de telles circonstances, les convois extraordinaires sont véritablement sans danger, puisqu'ils peuvent être facilement annoncés sur toute la ligne par le convoi ordinaire qui les précède. Je pense donc qu'il y a lieu de ne pas proscrire un usage adopté sur les chemins de fer de tous les pays. Mais pour que les Compagnies n'abusent pas de la faculté qui leur serait laissée, il leur est prescrit de rendre compte immédiatement au commissaire de police du motif de l'expédition du convoi extraordinaire. Si ce motif est insuffisant ou mal fondé, le ministre interviendra pour restreindre à l'avenir dans de plus étroites limites la faculté d'expédier un convoi extraordinaire. »

Art. 36. Le mécanicien devra porter constamment son attention sur l'état de la voie, arrêter ou ralentir la marche en cas d'obstacle, suivant les circonstances, et se conformer aux signaux qui lui seront transmis ; il surveillera toutes les parties de la machine, la tension de la vapeur et le niveau d'eau de la chaudière. Il veillera à ce que rien n'embarrasse la manœuvre du frein du tender.

Art. 37. A cinq cents mètres au moins avant d'arriver au point où une ligne d'embranchement vient croiser la ligne principale, le mécanicien devra modérer la vitesse de telle manière que le train puisse être complétement arrêté avant d'atteindre ce croisement, si les circonstances l'exigent.

Au point d'embranchement ci-dessus désigné, des signaux devront indiquer le sens dans lequel les aiguilles sont placées.

A l'approche des stations d'arrivée, le mécanicien devra faire les dispositions convenables pour que la vitesse acquise du train soit complétement amortie avant le point où les voyageurs doivent descendre, et de telle sorte qu'il soit nécessaire de remettre la machine en action pour atteindre ce point.

Art. 38. A l'approche des stations, des passages à niveau, des courbes, des tranchées et des souterrains, le mécanicien devra faire jouer le sifflet à vapeur pour avertir de l'approche du train.

— Ce troisième paragraphe de l'art. 37 a pour but de prévenir le retour d'une nature d'accidents dont on pourrait citer divers exemples. Il arrive quelquefois que des mécaniciens inhabiles ou négligents, à l'entrée des stations, n'arrêtent pas assez tôt les machines qu'ils conduisent ; ces machines sont alors dirigées violemment contre les heurtoirs qui terminent le débarcadère, et ces chocs peuvent occasionner des blessures graves. Ces événements ne sont plus à craindre du moment que la machine est complétement arrêtée avant le point où les voyageurs doivent descendre, et je dois ajouter que cette règle s'observe aujourd'hui sur les chemins de fer bien exploités.

— L'examen attentif de ces registres aura pour résultat de mettre l'administration à même d'apprécier la manière dont le service se

Il se servira également du sifflet, comme moyen d'avertissement, toutes les fois que la voie ne lui paraîtra pas complétement libre.

Art. 39. Aucune personne autre que le mécanicien et le chauffeur ne pourra monter sur la locomotive ou sur le tender, à moins d'une permission spéciale et écrite du directeur de l'exploitation du chemin de fer.

Sont exceptés de cette interdiction les ingénieurs des ponts et chaussées, les ingénieurs des mines chargés de la surveillance, et les commissaires spéciaux de police. Toutefois, ces derniers devront remettre au chef de la station ou au conducteur principal du convoi une réquisition écrite et motivée.

Art. 40. Des machines dites de secours ou de réserve devront être entretenues constamment en feu et prêtes à partir, sur les points de chaque ligne qui seront désignés par le ministre des travaux publics, sur la proposition de la Compagnie.

Les règles relatives aux services de ces machines seront également déterminées par le ministre, sur la proposition de la Compagnie.

Art. 41. Il y aura constamment, aux lieux de dépôt des machines, un wagon chargé de tous les agrès et outils nécessaires en cas d'accident.

fait sur chaque ligne de fer, et de remédier aux imperfections qui se révèleraient dans ce service (Voir art. 42).

— « L'art. 43, qui est relatif à l'organisation du service des convois sur les chemins de fer, au nombre et aux heures de départ de ces convois, mérite une attention particulière. — En premier lieu, la sûreté publique est intéressée dans la fixation des heures de départ des convois qui doivent se succéder sur la voie ; il faut que ces heures soient combinées de manière que jamais les trains, soit de voyageurs, soit de marchandises, ne puisse s'atteindre et se heurter, — D'autre part, le service du chemin de fer doit être organisé de telle sorte que, chaque jour, les personnes qui ont à le parcourir soient assurées de

Chaque train devra d'ailleurs être muni des outils les plus indispensables.

Art. 42. Aux stations qui seront désignées par le ministre des travaux publics, il sera tenu des registres sur lesquels on mentionnera les retards excédant dix minutes pour les parcours dont la longueur est inférieure à 50 kilomètres, et quinze minutes pour les parcours de 50 kilomètres et au delà. Ces registres indiqueront la nature et la composition des trains, le nom des locomotives qui les ont remorqués, les heures de départ et d'arrivée, la cause et la durée du retard.

Ces registres seront représentés à toute réquisition aux ingénieurs, fonctionnaires et agents de l'administration publique, chargés de la surveillance du matériel et de l'exploitation.

Art. 43. Des affiches placées dans les stations feront connaître au public les heures de départ des convois ordinaires de toute sorte, les stations qu'ils doivent desservir, les heures auxquelles ils doivent arriver à chacune des stations et en partir.

Quinze jours au moins avant d'être mis à exécution, ces ordres de service seront communiqués en même temps aux commissaires royaux, au préfet du département et au ministre des travaux publics, qui pourra pré-

trouver, lorsqu'elles se présentent, les moyens de transport qui leur ont été promis; il faut que, chaque jour, les Compagnies donnent au public, dans chaque sens et à des heures de départ commodes, un nombre de convois en rapport avec le nombre des voyageurs qui circulent et avec l'importance des relations établies. — Les Compagnies, sans doute, sont le plus souvent les meilleurs juges des besoins du public à cet égard, mais quelquefois elles peuvent se tromper dans leur appréciation, et le Gouvernement doit avoir le droit de pourvoir à ce que cette appréciation peut offrir d'erroné et d'incomplet. — Une Compagnie, par exemple, peut quelquefois chercher, dans des vues d'économie, à concentrer la circulation dans un trop petit nombre de convois journaliers : elle peut adopter des heures de dé-

scrire les modifications nécessaires pour la sûreté de la
circulation ou pour les besoins du public.

TITRE V. — DE LA PERCEPTION DES TAXES ET DES FRAIS ACCESSOIRES.

Art. 44. Aucune taxe, de quelque nature qu'elle soit,
ne pourra être perçue par la Compagnie qu'en vertu
d'une homologation du ministre des travaux publics.

part et d'arrivée qui se combinent mal et qui même se combinent
d'une manière dangereuse avec les heures de départ et d'arrivée des
chemins d'embranchement ou des prolongements. Dans ces différents
cas et dans tous les autres qui peuvent se présenter, le droit comme
le devoir de l'administration est de prendre et d'ordonner les modifications qu'elle jugerait nécessaires à la sûreté de la circulation et aux
besoins du public. »

— « Les mesures relatives à la perception des taxes touchent
aux questions les plus délicates parmi celles que soulève l'exploitation
des chemins de fer par les Compagnies. — Les cahiers de charges des
concessions ne peuvent et ne doivent fixer que des prix élémentaires,
des prix limités ; les Compagnies peuvent abaisser au-dessous des
maximums autorisés les taxes qu'elles demandent au public ; elles
établissent, d'après les bases ainsi réglées, le prix total à percevoir
pour le transport des voyageurs, des bestiaux ou marchandises, soit
sur la distance totale, soit sur les parcours intermédiaires. — Mais,
en principe, aucune taxe, de quelque nature qu'elle soit, ne peut être
perçue qu'en vertu d'un acte de l'autorité supérieure : il est donc
nécessaire, en premier lieu, qu'avant de commencer leur service
d'exploitation, les Compagnies fassent approuver par l'administration
les tableaux des prix qu'elles entendent percevoir. Cette formalité est
d'ailleurs indispensable, attendu que, d'après les cahiers de charges,
les abaissements de prix consentis par les Compagnies doivent être
maintenus pendant un certain temps, et qu'un acte de l'autorité peut
seul fixer le moment à dater duquel ce délai devra courir. — Votre
Majesté remarquera toutefois que le second paragraphe de l'art. 44
contient une exception pour les chemins de fer dont les concessions
sont antérieures à 1835 : pour ces chemins, les cahiers de charges
ne tracent aucune règle pour l'application des taxes, quelques-uns
mêmes ne renferment point de tarifs pour le transport des personnes ;
il y a donc lieu de les compléter et de régulariser les taxes actuellement perçues. Un délai est accordé à cet effet jusqu'au 1er avril 1847.

Les taxes perçues actuellement sur les chemins dont les concessions sont antérieures à 1835, et qui ne sont pas encore régularisées, devront l'être avant le 1er avril 1847.

Art. 45. Pour l'exécution du paragraphe 1er de l'article qui précède, la Compagnie devra dresser un tableau des prix qu'elle a l'intention de percevoir dans les limites du maximum autorisé par le cahier des charges, pour le

— En second lieu, il n'a pas été possible d'énoncer dans le tarif légal tous les objets auxquels les taxes doivent s'appliquer, ni de régler de suite les taxes accessoires qui peuvent être dues à la Compagnie pour les services rendus au public en dehors du transport proprement dit. Ces diverses taxes doivent être arrêtées au fur et à mesure que le besoin s'en fait sentir, par l'administration supérieure, la Compagnie entendue. »

— « Les art. 45 et 49 inclusivement rappellent les dispositions auxquelles les Compagnies devront être tenues de se conformer dans leur intérêt même. Le public, en effet, est toujours disposé à réclamer contre les prix qu'on lui demande, lorsqu'il n'est pas convaincu qu'on a le droit de les lui demander. Toute réclamation tombera d'elle-même lorsque la Compagnie pourra justifier d'une décision régulière de l'autorité. »

— « L'art. 50 ci-après prescrit les mesures d'ordre nécessaires pour assurer aux expéditeurs l'égalité dans l'application des tarifs. Cette égalité est une des principales prescriptions des cahiers de charges. Les chemins de fer sont des voies de monopole ; avec eux, toute concurrence est généralement impossible, et dès lors l'égalité dans l'application des tarifs est la plus indispensable des obligations des Compagnies qui les exploitent. Sans cette égalité, plus de sûreté pour le commerce et pour l'industrie, plus de certitudes dans les transactions. L'administration publique doit donc veiller autant qu'il est en elle à la fidèle observation de la règle ci-dessus, et les mesures indiquées à l'art. 50 garantissent, à cet égard, toute sécurité. »

Lorsque des objets expédiés pour plusieurs commettants ont été confiés au chemin de fer par un seul commissionnaire, pour en opérer le transport, sous une même enveloppe, en les réunissant en un seul colis pesant plus de 50 kilogrammes, ces objets ne peuvent être soumis qu'au tarif ordinaire et non au tarif exceptionnel, quoique les colis séparés de chaque expéditeur pèsent isolément moins de 50 kilogrammes.

« Arrêt : Vu les art. 41 et 45 du cahier de charges annexé à la loi du 15 juillet 1845, autorisant la concession du chemin de

transport des voyageurs, des bestiaux, marchandises et objets divers, et en transmettre en même temps des expéditions au ministre des travaux publics, aux préfets des départements traversés par le chemin de fer, et aux commissaires royaux.

Art. 46. La Compagnie devra, en outre, dans le plus court délai et dans les formes énoncées en l'article pré-

fer de Paris à la frontière de Belgique, l'art. 1376 du Code Napoléon ;

» Attendu que l'art. 45 du cahier des charges ne soumet à un tarif exceptionnel que le transport des matières précieuses ou encombrantes, et en général des paquets-colis ou excédants de bagages pesant isolément moins de 50 kilogr., en faisant rentrer sous le tarif général lesdits paquets, colis ou excédants de bagages qui font partie d'envois pesant ensemble plus de 50 kilogr. d'objets expédiés d'une même personne à une même personne et d'une même nature, quoique emballés à part, tels que sucre, café, etc. ;

» Attendu que, dans le cas prévu par la disposition finale de cet article, comme pour tous les autres transports qui n'y sont pas spécifiés, les droits dus sont ceux du tarif ordinaire, réglés par l'art. 41 ;

» Attendu qu'en matière de tarif et d'industrie privilégiée, la loi doit être appliquée dans des termes précis et ne peut être étendue ;

» Attendu qu'aucune disposition du cahier de charges ne fait défense à plusieurs expéditeurs de réunir sous un même ballot les objets qu'ils veulent faire transporter sur la voie de fer, dans le but légitime de ne payer que le prix ordinaire ; que les expéditeurs, ou un intermédiaire, en recourant à cette combinaison pour économiser les frais de transport, ne font qu'user de leurs droits ; qu'ils ne portent aucune atteinte au privilége du chemin de fer qui, pour les colis supérieurs à 50 kilogrammes, ne peut réclamer d'autres prix que ceux qui lui sont attribués par l'art. 41 du cahier des charges ;

» Attendu qu'il n'est pas contesté, par l'arrêt attaqué, que les objets expédiés par Guérin, pour ses commettants, se trouvaient tous réunis sous une même enveloppe, et composaient un seul ballot dont le poids excédait 50 kilogrammes ; que, dès lors, ce droit dû pour le transport de ce ballot était exclusivement régi par l'art. 41 du cahier des charges, et ne rentrait en aucune manière dans l'application du tarif spécial autorisé par l'art. 45 ;

» Qu'il n'y avait donc pas lieu d'examiner si Guérin se trouvait protégé par l'exception admise dans la déposition finale de cet article ;

» Que, cependant, cet arrêt a décidé qu'à raison des origines et

10...

cédent, soumettre ses propositions au ministre des travaux publics pour les prix de transport non déterminés par le cahier des charges, à l'égard desquels le ministre est appelé à statuer.

Art. 47. Quant aux frais accessoires, tels que ceux de chargement, de déchargement et d'entrepôt dans les gares et magasins du chemin de fer, et quant à toutes les

des destinations diverses, comme aussi de la valeur des objets dont se composait le ballot confié par Guérin au chemin de fer, ce ballot, quoique dépassant 50 kilogrammes, n'en restait pas moins soumis au tarif particulier dudit art. 45.

» Qu'en jugeant ainsi et en refusant d'ordonner au profit de Guérin la restitution des droits indûment perçus par la Compagnie du chemin de fer du Nord, un arrêt a faussement appliqué l'art. 45, violé l'art. 41 du cahier de charges de ladite Compagnie ; qu'il a également violé l'art. 1376 du Code Napoléon. — Casse. » — 19 juillet 1853.

— L'envoi fait par un entrepreneur de messageries à son correspondant constitue une expédition à une même personne par une même personne, alors même que l'envoi se composerait de colis confiés à l'entrepreneur par plusieurs personnes pour être remis à plusieurs personnes.

Cette appréciation est vraie, non-seulement lorsque ces colis sont matériellement groupés sous une même enveloppe, mais alors même qu'ils sont groupés rationnellement par l'unité d'expéditeur et l'unité de destinataire.

« La Cour,

» Sur l'appel principal :

» Considérant que le cahier de charges, dressé par le chemin de fer d'Orléans, a réglé le prix de transport, selon la nature, le volume, e poids, la valeur des objets expédiés, les soins que peut réclamer cur conservation, la responsabilité qu'entraîne la perte, et aussi en raison du degré de vitesse appliqué au transport;

» Que, pour la petite vitesse, trois classes ont été définies et tarifées, savoir : la première classe à 18 c. au *maximum* par kilomètre et par tonne ; la deuxième, à 16 c.; la troisième à 14 c.; qu'un taux unique de 36 c. *maximum* a été stipulé par kilomètre et par tonne pour les transports à grande vitesse;

» Considérant que l'art. 24 du cahier de charges dispose que ces prix de transport ainsi réglés ne sont point applicables : 1° aux denrées et objets qui ne sont pas dénommés au tarif, et qui, sous le volume

taxes qui doivent être réglées annuellement, la Compagnie devra en soumettre le règlement à l'approbation du ministre des travaux publics, dans le dixième mois de chaque année. Jusqu'à décision, les anciens tarifs continueront à être perçus.

d'un mètre cube, ne pèse pas 200 kilogrammes ; 2° à l'or et à l'argent, soit en lingots, soit monnayés ou travaillés, au plaqué d'or ou d'argent, au mercure et au platine, ainsi qu'aux bijoux, pierres précieuses et autres valeurs ; 3° et, en général, à tous paquets, colis ou excédants de bagages pesant isolément moins de 50 kilogrammes ; à moins que ces paquets, colis ou excédants de bagage ne fassent partie d'envois pesant ensemble au delà de 50 kilogrammes d'objets expédiés à ou pour une même personne et d'une même nature, quoique emballés à part, tels que sucre, café, etc., etc. ;

» Considérant que l'administration du chemin de fer soutient que le bénéfice de cette exception ne peut profiter aux entrepreneurs de messageries lorsqu'ils envoient des marchandises à leurs correspondants, sous quelque forme que ces marchandises soient présentées, ou en colis distincts emballés à part, ou réunies dans une seule caisse et sous une même enveloppe, par ce double motif : 1° que les envois faits par les messageries à leurs correspondants ne peuvent être assimilés à des expéditions faites par une même personne à une même personne ; 2° que lorsque les objets ne sont point de même nature, un groupage frauduleux ne peut avoir pour effet de les soustraire au taux exceptionnel applicable aux colis indistinctement inférieurs à 50 kilogrammes ;

» Considérant que les stipulations des cahiers des charges ont eu pour objet et pour but de concilier, avec les intérêts qui naissent des concessions de chemins de fer, les intérêts du commerce et de l'industrie ;

» Que, s'il n'est pas permis de refuser aux chemins de fer la stricte application des tarifs destinés à rémunérer des dépenses dont ils sont l'occasion, il n'est pas permis davantage d'étendre hors les limites qu'a posées le législateur le privilége qui leur est conféré ;

» Que, pour en déterminer la portée, il faut s'attacher aux termes précis de la loi, au sens naturel des mots et à la signification qu'ils ont reçue de l'usage et de la pratique du commerce ;

» Considérant que le texte de l'art. 24, invoqué par la Compagnie d'Orléans n'est pas susceptible de controverse ; qu'il en résulte évidemment qu'après avoir assujetti à un taux exceptionnel les paquets ou colis pesant isolément moins de 50 kilogrammes, à raison des soins particuliers que réclament l'enregistrement, la garde et la remise à destination des paquets de ce genre, le législateur, créant une excep-

Art. 4⁸. Les tableaux des taxes et des frais accessoires approuvés seront constamment affichés dans les lieux les plus apparents des gares et stations des chemins de fer.

Art. 49. Lorsque la Compagnie voudra apporter quel-

tion pour les objets de même nature expédiés à ou pour une même personne, les fait rentrer, quand le poids collectif excède 50 kil., dans le tarif ordinaire, quoique l'emballage distinct de ces objets impose au chemin de fer et les soins et la responsabilité en vue desquels un tarif exceptionnel était autorisé ;

» Que ces expressions de la loi, *quoique emballés à part*, ne permettent pas de donner à la disposition un autre sens ;

» Qu'ainsi, par une faveur réservée pour le cas exprimé dans le cahier des charges, encore que chacun des colis apporté au chemin de fer soit sujet au tarif exceptionnel, quand on l'envisage dans l'état où il est présenté, isolément et distinctement, l'unité d'expédition et de nature des objets à transporter ramène l'application du tarif ordinaire ;

» Considérant que la première conséquence à tirer de cette disposition, c'est que, lorsque les colis inférieurs au poids de 50 kilogrammes, au lieu d'être apportés individuellement, sont réunis dans un ballot, sous une enveloppe, et de manière à ne former qu'un colis excédant 50 kilogrammes, l'art. 24 est sans application ;

» Que, quelle que soit, en effet, la disposition matérielle des objets contenus dans la caisse, soit qu'on les ait confondus de façon à ne former qu'un ballot ou qu'on les ait divisés et que chacun ait été couvert d'une enveloppe particulière, le poids seul détermine l'application du tarif, le chemin de fer n'ayant rien à voir aux arrangements que, dans son intérêt ou sa convenance, a pu faire l'expéditeur ;

» Considérant, quant aux objets présentés à découvert, sous forme de colis distincts et à l'adresse d'un correspondant des messageries, que rien ne s'oppose à ce que les entrepreneurs de messageries réclament le bénéfice de l'exception introduite par la disposition finale de l'art. 34 du cahier des charges ;

» Que, d'une part, en effet, l'envoi fait par un entrepreneur de messageries à son correspondant de province constitue une expédition à une même personne par une même personne ;

» Que la coutume commerciale ne subordonne point la qualité d'expéditeur à la propriété ou à l'unité d'origine des objets expédiés ; qu'elle dérive de cette circonstance que le négociant qui envoie des marchandises agit et traite en son nom propre, et que le destinataire a qualité pour recevoir et donner décharge ;

» Que du moment où le contrat se forme entre celui qui envoie,

ques changements aux prix autorisés, elle en donnera
avis au ministre des travaux publics, aux préfets des départements traversés et aux commissaires royaux.

Le public sera en même temps informé par des affiches
des changements soumis à l'approbation du ministre.

celui qui reçoit et le chemin de fer, et que la responsabilité se con-
centre entre les contractants dans la quotité que l'acte leur attribue,
le vœu de la loi est rempli ;

» Que donner au chemin de fer le droit de rechercher si l'envoi se
compose d'éléments divers recueillis à des sources diverses, et si, à
l'arrivée, il doit se diviser ou rester dans une seule main, pour appliquer à chacun des colis, appréciés isolément, le tarif exceptionnel,
serait apporter à la pratique du commerce la plus dangereuse inno-
vation ;

» Considérant, d'autre part, que les expressions de l'art. 24 « objets
de même nature » ne peuvent se traduire par l'identité ou l'homogé-
néité de substance ;

» Que, s'il en était ainsi, l'art. 24 ne faisant aucune distinction
entre les transports à grande et à petite vitesse, la disposition qui
soumet à une taxe uniforme de 36 c. par kilomètre et par tonne les
marchandises expédiées à grande vitesse, quelle qu'en soit la nature,
serait directement violée ;

» Que, par une exception arbitrairement apportée à la généralité
de la règle, le commerce serait privé des avantages stipulés à son profit ; que le sens légal des mots *même nature* est celui de nature tari-
fable des objets ;

» Qu'autant, en effet, on comprend qu'il y ait pour les chemins de
de fer intérêt à ce que des marchandises assujetties à des droits différents ne soient pas groupées afin d'éviter des calculs et des vérifications peu compatibles avec la rapidité de ce genre de transport, autant on s'expliquerait difficilement l'objection tirée de la variété des
objets bien qu'appartenant à la même classe et soumis au même
tarif ;

» Qu'une telle interprétation, en rendant à peu près illusoire la disposition du cahier de charges, serait contraire à l'intention du législateur ;

» Adoptant au surplus les motifs des premiers juges ;

» Sur l'appel incident :

» Considérant que le droit réclamé par le chemin de fer de vérifier
les colis qui lui sont confiés est le corollaire nécessaire du tarif ;

» Qu'on ne peut en effet lui refuser le moyen de contrôler la sincérité des déclarations faites par les expéditeurs ;

A l'expiration du mois à partir de la date de l'affiche, lesdites taxes devront être perçues, si, dans cet intervalle, le ministre des travaux publics les a homologuées.

Si des modifications à quelques-uns des prix affichés étaient prescrites par le ministre, les prix modifiés de-

» Que toutefois ce droit ne peut être absolu ni exercé de manière à troubler l'industrie des expéditeurs ou à dégénérer en vexation ;

» A mis et met les appellations au néant, ordonne que ce dont est appel sortira effet ; ordonne toutefois que, dans tous les cas où l'administration du chemin de fer jugera nécessaire de visiter un colis, elle n'en pourra retarder l'envoi au jour et à l'heure convenus avec les expéditeurs ; et que, sauf les cas où la vérification aurait prouvé la fausseté ou l'insuffisance de la déclaration faite par les messageries, elle sera tenue de refermer immédiatement et à ses frais le colis ouvert ;

» Condamne les appelants chacun en l'amende et aux dépens de son appel. » — Paris 16 août 1853.

—Sur l'application des art. 44 et 49 de ce titre est intervenu un arrêt très-important de la chambre criminelle de la Cour de cassation, et qu'à ce titre nous donnerons en entier. Voici d'abord les questions qu'il décide :

Le délit de coalition prévu par l'art. 419 du Code pénal suppose l'accord entre deux détenteurs de la même marchandise pour opérer a baisse du prix de cette marchandise au préjudice d'un troisième détenteur. Les éléments du délit ne se rencontrent donc pas en matière de transports considérés comme marchandises, quand il s'agit de deux entreprises ne desservant pas la même route.

Ainsi l'accord entre une Compagnie de chemin de fer et une entreprise desservant la correspondance d'une station de ce chemin de fer sur une certaine route ne peut être qualifié de coalition au préjudice d'un entrepreneur qui n'exploite pas la route de correspondance, mais parcourt seulement une partie de cette route, sans avoir pour destination la station du chemin de fer.

La réunion de la Compagnie du chemin de fer et de l'entrepreneur de sa correspondance pour transporter par le moyen combiné de la voie ferrée et de la route de terre, les voyageurs, par exemple de Neufchâtel à Rouen, *et vice versá*, ne forme pas deux entreprises détenant chacune la même marchandise que l'entrepreneur qui dessert la route de terre de Neufchâtel à Rouen, mais bien une seule entreprise composée des deux services réunis et juxtaposés de la voie de fer et de la route de correspondance.

L'art. 419 du Code pénal, en ce qu'il punit la baisse ou la hausse des marchandises obtenue par des moyens frauduleux, n'est appli-

vront être affichés de nouveau et ne pourront être mis
en perception qu'un mois après la date de ces affiches.

Art. 50. La Compagnie sera tenue d'effectuer avec soin,
exactitude et célérité, et sans tour de faveur, les trans-

cable qu'aux industries libres dans leur mode d'opérer, et spécialement dans la fixation du prix de sa marchandise, et ne peut concerner
les Compagnies de chemins de fer, soumises, à raison de leur privilége,
à des règlements par lesquels leurs conditions d'existence sont déterminées.

Les entreprises que les administrateurs de ces Compagnies pourraient faire en dehors de la voie ferrée, en recouvrant leur liberté
commerciale, comporteraient seules l'application de l'art. 419 si, en
effet, ces entreprises étaient entachées de moyens frauduleux.

Mais, quelle que soit la modicité des prix moyennant lesquels les
Compagnies ont stipulé avec leurs entrepreneurs de correspondance,
et en leur accordant une subvention à cet effet, que ces entrepreneurs
transporteraient les voyageurs aux stations du chemin de fer, l'arrêt
qui déclare que le marché ainsi fait constitue l'exercice du droit de
concurrence légitime, contient une appréciation de faits souveraine
et ne peut être cassé.

Il n'y a pas non plus dans ce marché un abaissement direct et illi-
cite du tarif du chemin de fer homologué par l'autorité administrative. Les Compagnies respectent leurs tarifs lorsqu'elles reçoivent de
chaque voyageur le prix réglé par des tarifs pour le parcours qu'il a
fait sur la voie de fer, et il leur appartient d'assurer sans fraude aux
voyageurs le transport à bon marché sur les routes de correspondance. Elles sont seulement tenues de rendre communs à toutes les
entreprises de correspondance desservant les mêmes routes, les avantages qu'elles auraient consentis à l'une de ces entreprises. L'entrepreneur desservant une route différente n'a pas droit à ces avantages
et n'a pas qualité pour les contester.

L'art. 5 de la loi du 7 juillet 1838, qui interdit à la Compagnie du
chemin de fer de Paris à Orléans de former aucune entreprise de transport de voyageurs ou de marchandises par terre ou par eau, pour
desservir les routes aboutissant à cette voie de fer, est spécial à cette
exploitation, et ne peut être étendu à la Compagnie du chemin de fe
de Rouen à Dieppe.

Ces questions, dont il est inutile de faire ressortir l'importance, ont
été soulevées par le pourvoi du sieur Fauchet contre l'arrêt rendu le
3 mars 1853 par la Cour impériale de Rouen, au profit de la Compagnie du chemin de fer de Rouen à Dieppe, représentée par le sieur
Lapeyrière, chef de l'exploitation, et du sieur Renard, entrepreneur

ports des marchandises, bestiaux et objets de toute nature qui lui seront confiés.

Au fur et à mesure que des colis, des bestiaux ou des objets quelconques arriveront au chemin de fer, enregistrement en sera fait immédiatement, avec mention du

du service de correspondance de Neufchâtel à la station de Saint-Victor.

« Sur le deuxième moyen tiré de la violation de l'art. 419 du Code pénal, et fondé sur ce qu'à tort l'arrêt attaqué n'a pas reconnu dans les faits qu'ils constatent les caractères légaux de la coalition coupable de deux détenteurs de la même marchandise pour faire baisser le prix de cette marchandise au préjudice de Fauchet :

» Vu l'art. 419 du Code pénal ;

» Attendu qu'il résulte des constatations de l'arrêt attaqué, que si Renard dessert, de Neufchâtel à Saint-Saens, une partie de la route suivie par l'entreprise de Fauchet de Neufchâtel à Rouen, à partir de Saint-Saens, il prend une voie différente jusqu'à sa destination, qui est la station Saint-Victor, et que Lapeyrière ne parcourt qu'une voie ferrée entièrement distincte de celle desservie par Fauchet, d'où il suit que si, par le fait de la réunion de leurs deux entreprises, Lapeyrière et Renard transportent les voyageurs de Neufchâtel à Rouen, et *vice versâ*, ils ne forment pas deux entreprises détenant chacune la même marchandise que Fauchet, mais bien une seule entreprise composée de leurs deux services réunis et juxtaposés ;

» Attendu qu'en déclarant dans ces circonstances que les faits imputés aux prévenus, ne présentaient pas les éléments de la coalition prévue par l'art. 419 du Code pénal, l'arrêt attaqué a sainement appliqué cet article ;

» Sur le troisième moyen, fondé sur la violation de l'art. 419 du Code pénal, en ce que l'arrêt attaqué n'a pas reconnu le caractère de manœuvres frauduleuses aux faits qu'il constatait :

» Vu ledit art. 419 ;

» Attendu que cet article a pour but de maintenir le principe de libre concurrence entre les divers détenteurs de la même marchandise et de réprimer les moyens que réprouve la loyauté commerciale, et par lesquels on chercherait à opérer une hausse ou une baisse de cette même marchandise ;

» Attendu qu'il en résulte que, pour que cet article soit applicable à une industrie, il faut que cette industrie soit libre dans son mode d'opérer, et spécialement dans la fixation du prix de sa marchandise ;

» Attendu que telle n'est pas l'industrie des entreprises de che-

prix total dû pour le transport. Le transport s'effectuera
dans l'ordre des inscriptions, à moins de délais demandés
ou consentis par l'expéditeur, et qui seront mentionnés
dans l'enregistrement.

Un récépissé devra être délivré à l'expéditeur, s'il le de-

mins de fer dans ses rapports avec les autres entreprises de transport; qu'à cet égard le privilége dont ces entreprises sont l'objet pour
le parcours de la voie ferrée qui leur est concédé les place dans des
conditions d'existence particulières, réglementées par une législation
qui leur est propre;

» Attendu que ce n'est en ce qui concerne les entreprises ou les
marchés que les administrations de chemins de fer pourraient faire
ou passer en dehors de leur voie ferrée et des obligations qui leur
sont imposées par leurs statuts que, recouvrant leur liberté commerciale, elles pourraient se trouver placées sous le coup des dispositions générales de l'art. 419 du Code pénal;

» Attendu que, sur ce moyen ainsi ramené à sa véritable portée,
l'arrêt attaqué constate enfin qu'il n'y a rien de frauduleux dans
le traité passé par la Compagnie, « avec Renard, dans la fixation
» du bas prix des transports de la station de Saint-Victor à Saint-
» Saens et à Neufchâtel, parce que ce traité, cette fixation du prix,
» ne sont, de la part de la Compagnie, que l'exercice du droit de
» concurrence qu'on ne peut lui contester; »

» Ce qui constitue une appréciation souveraine du fait qui échappe
à la censure de la Cour suprême;

» Sur le quatrième moyen de cassation formulé contre Lapeyrière
seulement, et fondé sur ce que l'arrêt a violé l'art. 29 de la loi du
15 juillet 1845, sur le tarif des chemins de fer, et les art. 44 et
49 de l'ordonnance réglementaire du 15 novembre 1846, en déniant
aux faits de la cause le caractère d'abaissement indirect et illégal du
tarif du chemin de fer de Rouen à Dieppe:

» Vu les art. 35 et 41 du cahier des charges annexé à la loi du
19 juillet 1845, 20 de la loi du 15 du même mois, 44 et 49 de
l'ordonnance réglementaire du 15 novembre 1846;

» Attendu que Fauchet se base, pour établir le bien fondé de ce
moyen, sur ce que le prix payé par chaque voyageur pour la route
de terre de Neufchâtel et Saint-Saens à Saint-Victor est dérisoire, et
sur ce que le prix devant être ajouté à celui reçu pour le parcours
de la voie ferrée pour en apprécier la véritable élévation, il en résulte
un abaissement indirect considérable du tarif du chemin de fer
opéré sans l'autorisation de l'administration;

» Attendu que si, aux termes des art. 44 et 49 de l'ordonnance
du 15 novembre 1846, les administrations de chemins de fer ne

mande, sans préjudice, s'il y a lieu, de la lettre de voiture. Le récépissé énoncera la nature et le poids des colis, le prix total du transport et le délai dans lequel ce transport devra être effectué.

Les registres mentionnés au présent article seront re-

peuvent faire aucune modification à leur tarif sans l'agrément de l'administration, cette disposition doit se combiner avec celles qui règlent leurs rapports avec les autres entreprises de transport;

» Attendu que si l'art. 5 de la loi du 7 juillet 1838, portant concession du chemin de fer de Paris à Orléans, lui interdit de former aucune entreprise de transport de voyageurs ou de marchandises par terre ou par eau, pour desservir les routes aboutissant à cette voie de fer, c'est là une disposition spéciale à cette exploitation qui ne se trouve pas reproduite dans la loi de concession et dans le cahier des charges concernant le chemin de Rouen à Dieppe;

» Attendu, au contraire, que l'art. 41 de son cahier de charges, en interdisant seulement à cette Compagnie, de faire, avec des entreprises de transport, des arrangements qui ne seraient pas également consentis en faveur de toutes les entreprises desservant les mêmes routes, autorise sous cette restriction les marchés que peuvent passer les Compagnies de chemins de fer avec des entrepreneurs de voitures, pour amener des voyageurs à leurs stations;

» Attendu qu'il résulte du rapprochement de ces dispositions qu'on ne saurait arguer des arrangements pris par une Compagnie de chemins de fer, pour en faire résulter une modification du tarif du parcours de la voie ferrée en faveur des voyageurs qui seraient amenés par cette entreprise;

» Attendu qu'on se saurait joindre le prix perçu pour le parcours de la voie de terre au prix de parcours de la voie de fer, pour en tirer la conséquence qu'il y a une modification indirecte du tarif de cette dernière voie;

» Attendu que, dans l'espèce, Renard étant le seul entrepreneur conduisant les voyageurs de Neufchâtel et Saint-Saens à Saint-Victor, la Compagnie du chemin de fer a pu traiter avec lui aux conditions qui lui ont paru les plus avantageuses pour le développement légitime de son industrie;

» Attendu que l'arrêt attaqué constate, en fait, qu'en dehors des prix perçus pour le parcours de la voie de terre, la Compagnie percevait le prix intégral de son tarif pour la voie publique ferrée, de la part de tous les voyageurs qui s'en servaient, sans distinguer entre ceux qui lui étaient amenés par Renard et ceux qui se rendaient à Saint-Victor par tout autre moyen ou y prenaient directement la voie de fer;

présentés à toute réquisition des fonctionnaires et agents chargés de veiller à l'exécution du présent règlement.

TITRE VI. — DE LA SURVEILLANCE DE L'EXPLOITATION.

Art. 51. La surveillance de l'exploitation des chemins de fer s'exercera concurremment :

Par les commissaires royaux ;

Par les ingénieurs des ponts et chaussées, les ingénieurs des mines et par les conducteurs, les gardes-mines et autres agents sous leurs ordres ;

» Attendu que, dans ces circonstances, l'arrêt attaqué, en relaxant Lapeyrière des poursuites dirigées contre lui, pour avoir contrevenu aux dispositions réglant les tarifs des chemins de fer, loin d'avoir violé les art. 35 et 41 du cahier des charges annexé à la loi du 19 juillet 1845, 20 de la loi du 15 du même mois, 44 et 49 de l'ordonnance réglementaire du 15 novembre 1846, en a fait une saine interprétation ;

» Par ces motifs, la Cour rejette le pourvoi formé par Fauchet contre l'arrêt de la Cour impériale de Rouen, du 3 mars 1853, qui renvoie Renard et Lapeyrière des poursuites dirigées contre eux par ledit Fauchet; condamne ledit Fauchet en l'amende envers le Trésor public, aux frais de l'intervention et en l'indemnité envers lesdits prévenus. » — Cassation, 30 juillet 1853.

— Les bulletins ou factures d'expédition et de transport remis par les Compagnies de chemin de fer aux conducteurs des trains de marchandises, sont-ils assujettis au timbre?

La question est très-controversée. — Pour l'affirmative, jugement du tribunal de la Seine, 24 mars 1848. — Cassation, 3 janvier 1853. — Pour la négative, jugement du tribunal de la Seine, fortement motivé, du 11 août 1853, sur renvoi après cassation d'un jugement du tribunal de Rouen. La question va être portée devant les chambres réunies de la Cour suprême.

Les imprimés que font distribuer les Compagnies de chemins de fer concédés par l'État, pour faire connaître les heures de départ et d'arrivée, le prix des places, celui des transports de marchandises, les différentes correspondances, etc., sont assujettis au timbre des avis et annonces. — Tribunal d'Etampes, 30 mai 1848.

— Le titre VI a pour but principal de définir les divers ordres d'agents par l'intermédiaire desquels l'administration publique doit

Par les commissaires spéciaux de police et les agents sous leurs ordres.

Art. 52. Les commissaires royaux seront chargés :

De surveiller le mode d'application des tarifs approuvés et l'exécution des mesures prescrites pour la réception et l'enregistrement des colis, leur transport et leur remise aux destinataires ;

De veiller à l'exécution des mesures approuvées ou prescrites pour que le service des transports ne soit pas interrompu aux points extrêmes des lignes en communication l'une avec l'autre ;

De vérifier les conditions des traités qui seraient passés par les Compagnies avec les entreprises de transports par terre ou par eau, en correspondance avec les chemins de fer, et de signaler toutes les infractions au principe de l'égalité des taxes ;

De constater le mouvement de la circulation des voyageurs et des marchandises sur les chemins de fer, les dépenses d'entretien et d'exploitation, et les recettes.

Art. 53. Pour l'exécution de l'article ci-dessus, les Compagnies seront tenues de représenter à toute réquisition aux commissaires royaux leurs registres de dépenses et de recettes, et les registres mentionnés à l'art. 50 ci-dessus.

Art. 54. A l'égard des chemins de fer pour lesquels les Compagnies auraient obtenu de l'État, soit un prêt avec intérêt privilégié, soit la garantie d'un minimum d'intérêt, ou pour lesquels l'État devrait entrer en partage des

exercer sa surveillance sur l'exploitation des chemins de fer. — La définition des attributions conférées aux ingénieurs des ponts et chaussées, aux ingénieurs des mines et aux commissaires spéciaux de police ne peut donner lieu à aucune objection, et je ne m'y arrêterai pas. Je n'aurai donc à entrer dans quelques développements qu'à l'égard des attributions conférées par le projet aux commissaires royaux. —

produits nets, les commissaires royaux exerceront toutes les autres attributions qui seront déterminées par les règlements spéciaux à intervenir dans chaque cas particulier.

Art. 55. Les ingénieurs, les conducteurs et autres agents du service des ponts et chaussées seront spécialement chargés de surveiller l'état de la voie de fer, des terrassements et des ouvrages d'art et des clôtures.

Art. 56. Les ingénieurs des mines, les gardes-mines et autres agents du service des mines seront spécialement chargés de surveiller l'état des machines fixes et locomotives employées à la traction des convois, et, en général, de tout le matériel roulant, servant à l'exploitation.

Ils pourront être suppléés par les ingénieurs, conducteurs et autres agents du service des ponts et chaussées, et réciproquement.

Art. 57. Les commissaires spéciaux de police et les agents sous leurs ordres sont chargés particulièrement de surveiller la composition, le départ, l'arrivée, la marche et les stationnements des trains, l'entrée, le stationnement et la circulation des voitures dans les cours et stations, l'admission du public dans les gares et sur les quais des chemins de fer.

Art. 58. Les Compagnies seront tenues de fournir des locaux convenables pour les commissaires spéciaux de police et les agents de surveillance.

Art. 59. Toutes les fois qu'il arrivera un accident sur le

Je ferai remarquer d'abord que l'institution de ces commissaires est aujourd'hui prescrite par tous les cahiers de charges des chemins de fer récemment concédés; il ne peut donc s'élever aucun débat sur le principe même de cette institution, et je n'ai à examiner ici que la question des attributions qui peuvent leur être données. — Il m'a paru que les commissaires royaux devaient avoir pour mission spé-

chemin de fer, il en sera fait immédiatement déclaration à l'autorité locale et au commissaire spécial de police, à la diligence du chef du convoi. Le préfet du département, l'ingénieur des ponts et chaussées et l'ingénieur des mines, chargés de la surveillance, et le commissaire royal en seront immédiatement informés par les soins de la Compagnie.

Art. 60. Les Compagnies devront soumettre à l'approbation du ministre des travaux publics leurs règlements relatifs au service et à l'exploitation des chemins de fer.

TITRE VII. — DES MESURES CONCERNANT LES VOYAGEURS ET LES PERSONNES ÉTRANGÈRES AU SERVICE DU CHEMIN DE FER.

Art. 61. Il est défendu à toute personne étrangère au service du chemin de fer :

1º De s'introduire dans l'enceinte du chemin de fer, d'y circuler ou stationner ;

2º D'y jeter ou déposer aucun matériaux ni objets quelconques ;

3º D'y introduire des chevaux, bestiaux ou animaux d'aucune espèce ;

4º D'y faire circuler ou stationner aucunes voitures, wagons ou machines étrangères au service.

Art. 62. Sont exceptés de la défense portée au premier paragraphe de l'article précédent, les maires et adjoints, les commissaires de police, les officiers de gendarmerie, les gendarmes et autres agents de la force publique, les préposés aux douanes, aux contributions indirectes et

ciale de contrôler l'exploitation commerciale et industrielle des chemins de fer, de surveiller le mode suivant lequel les Compagnies appliquent les tarifs qu'elles sont autorisées à percevoir et d'éclairer l'administration sur toutes les infractions au principe de l'égalité des taxes. — Placés constamment auprès des Compagnies, les commissaires royaux entendront les plaintes du public sur les procédés de

aux octrois, les gardes champêtres et forestiers dans l'exercice de leurs fonctions et revêtus de leurs uniformes ou de leurs insignes.

Dans tous les cas, les fonctionnaires et les agents désignés au paragraphe précédent seront tenus de se conformer aux mesures spéciales de précaution qui auront été déterminées par le ministre, la Compagnie entendue.

Art. 63. Il est défendu :

1° D'entrer dans les voitures sans avoir pris un billet, et de se placer dans une voiture d'une autre classe que celle qui est indiquée par le billet ;

2° D'entrer dans les voitures ou d'en sortir autrement que par la portière qui fait face au côté extérieur de la ligne du chemin de fer ;

3° De passer d'une voiture dans une autre, de se pencher au dehors.

Les voyageurs ne doivent sortir des voitures qu'aux stations et lorsque le train est complétement arrêté.

Il est défendu de fumer dans les voitures ou sur les voitures et dans les gares ; toutefois, à la demande de la Compagnie et moyennant des mesures spéciales de précaution, des dérogations à cette disposition pourront être autorisées.

Les voyageurs seront tenus d'obtempérer aux injonctions des agents de la Compagnie pour l'observation des dispositions mentionnées aux paragraphes ci-dessus.

Art. 64. Il est interdit d'admettre dans les voitures plus de voyageurs que ne le comporte le nombre de places indiqué conformément à l'art. 14 ci-dessus.

ces Compagnies et en instruiront l'administration supérieure; ils constateront le mouvement journalier de la circulation et recueilleront ainsi des éléments très-utiles d'appréciations sur l'organisation du service des Compagnies. — Enfin, dans tous les cas où l'Etat sera lié par quelque traité ayant pour objet d'accorder le concours financier de l'État, ils seront chargés de surveiller la gestion de la Compa-

Art. 65. L'entrée des voitures est interdite :

1" A toute personne en état d'ivresse ;

2° A tous individus porteurs d'armes à feu chargées ou de paquets qui, par leur nature, leur volume ou leur odeur, pourraient gêner ou incommoder les voyageurs.

Tout individu porteur d'une arme à feu devra, avant son admission sur les quais d'embarquement, faire constater que son arme n'est point chargée.

Art. 66. les personnes qui voudront expédier des marchandises de la nature de celles qui sont mentionnées à l'art. 21 devront les déclarer au moment où elles les apporteront dans les stations du chemin de fer.

Des mesures spéciales de précaution seront prescrites, s'il y a lieu, pour le transport desdites marchandises, la Compagnie entendue.

Art. 67. Aucun chien ne sera admis dans les voitures servant au transport des voyageurs ; toutefois, la Compagnie pourra placer dans des caisses de voitures spéciales les voyageurs qui ne voudraient pas se séparer de leurs chiens, pourvu que ces animaux soient muselés, en quelque saison que ce soit.

Art. 68. Les cantonniers, gardes-barrières et autres agents du chemin de fer devront faire sortir immédiatement toute personne qui se serait introduite dans l'enceinte du chemin, ou dans quelque portion que ce soit de ses dépendances où elle n'aurait pas le droit d'entrer.

En cas de résistance de la part des contrevenants, tout employé du chemin de fer pourra requérir l'assistance des agents de l'administration et de la force publique.

Les chevaux ou bestiaux abandonnés qui seront trou-

gnie, et alors, dans chaque cas particulier, un règlement spécial viendra définir leurs attributions. »

— « L'art. 60 a pour objet d'assurer l'exécution d'une clause des cahiers de charges d'après laquelle les règlements de service intérieur que font les Compagnies doivent être approuvés par le ministre des travaux publics. »

vés dans l'enceinte du chemin de fer seront saisis et mis en fourrière.

TITRE VIII. — DISPOSITIONS DIVERSES.

Art. 69. Dans tous les cas où, conformément aux dispositions du présent règlement, le ministre des travaux publics devra statuer, sur la proposition d'une Compagnie, la Compagnie sera tenue de lui soumettre cette proposition dans le délai qu'il aura déterminé, faute de quoi le ministre pourra statuer directement.

Si le ministre pense qu'il y a lieu de modifier la proposition de la Compagnie, il devra, sauf le cas d'urgence, entendre la Compagnie avant de prescrire les modifications.

Art. 70. Aucun crieur, vendeur ou distributeur d'objets quelconques ne pourra être admis par les Compagnies à exercer sa profession dans les cours ou bâtiments des stations et dans les salles d'attente destinées aux voyageurs, qu'en vertu d'une autorisation spéciale du préfet du département.

Art. 71. Lorsqu'un chemin de fer traverse plusieurs départements, les attributions conférées aux préfets par le présent règlement pourront être centralisées, en tout ou en partie, dans les mains de l'un des préfets des départements traversés.

— « L'art. 70 est la conséquence du principe énoncé déjà dans l'art. 1er du règlement, à savoir : que les cours et stations d'un chemin de fer font, comme le chemin lui même, partie du domaine public, et qu'à l'autorité administrative seule il appartient d'en régler l'usage. »

— « La centralisation sera nécessaire au moins pour une partie de la surveillance. Il est impossible, par exemple, que la réception, le contrôle des machines et voitures servant aux transports, soient confiés à plusieurs autorités ; il est également difficile que toutes les mesures d'ensemble relatives au mouvement, à la marche des convois, aux signaux de sûreté, soient morcelées et réparties entre tous les préfets des départements traversés. Enfin la vérification des

Art. 72. Les attributions données aux préfets des départements par la présente ordonnance seront, conformément à l'arrêté du 3 brumaire an IX, exercées par le préfet de police dans toute l'étendue du département de la Seine et dans les communes de Saint-Cloud, Meudon et Sèvres, du département de Seine-et-Oise (1).

Art. 73. Tout agent employé sur les chemins de fer sera revêtu d'un uniforme ou porteur d'un signe distinctif; les cantonniers, gardes-barrières et surveillants pourront être armés d'un sabre.

Art. 74. Nul ne pourra être employé en qualité de mécanicien-conducteur de train, s'il ne produit des certificats de capacité délivrés dans les formes qui seront déterminées par le ministre des travaux publics.

Art. 75. Aux stations désignées par le ministre, les Compagnies entretiendront les médicaments et moyens de secours nécessaires en cas d'accident.

taxes qu'une Compagnie se propose de mettre en perception sur toute l'étendue de la ligne qu'elle exploite, peut souvent, sans inconvénient, être ramenée à un centre unique. Il est entendu que la centralisation dont il est ici question ne peut s'appliquer qu'à la partie purement administrative de la surveillance, et que tout ce qui peut toucher à la juridiction des préfets ou des Conseils de préfecture et aux droits des tiers, n'est point atteint par cette disposition du règlement. »

(1) Cet arrêté porte que l'autorité du préfet de police de Paris s'étendra sur tout le département de la Seine, et sur les communes de Saint-Cloud, Meudon et Sèvres. Aux termes de l'art. 2, le préfet de police a sous ses ordres, pour les diverses attributions qui lui sont conférées par l'arrêté des consuls du 12 messidor an VIII, les maires et adjoints des communes, et les commissaires de police. Il peut requérir immédiatement, ou par ses agents, l'assistance de la garde nationale.

— Il était important de distinguer les divers agents ou employés des chemins de fer, par un uniforme particulier ou signe distinctif, afin que le public pût reconnaître facilement les personnes auxquelles il doit s'adresser ou aux injonctions desquelles il doit obtempérer. (Art. 73.)

— « Il n'est pas besoin, sans doute, d'insister longuement sur l'utilité de l'art. 74 : un mécanicien tient dans ses mains la vie

Art. 76. Il sera tenu, dans chaque station, un registre coté et parafé, à Paris, par le préfet de police, ailleurs, par le maire du lieu, lequel sera destiné à recevoir les réclamations des voyageurs qui auraient des plaintes à former, soit contre la Compagnie, soit contre ses agents. Ce registre sera présenté à toute réquisition des voyageurs.

Art. 77. Les registres mentionnés aux art. 9, 20 et 42 ci-dessus seront cotés et.parafés par le commissaire de police.

Art. 78. Des exemplaires du présent règlement seront constamment affichés, à la diligence des Compagnies, aux abords des bureaux des chemins de fer et dans les salles d'attente.

Le conducteur principal d'un train en marche devra également être muni d'un exemplaire du règlement.

Des extraits devront être délivrés, chacun pour ce qui le concerne, aux mécaniciens, chauffeurs, gardes-freins, cantonniers, gardes-barrières et autres agents employés sur le chemin de fer.

Des extraits en ce qui concerne les règles à observer par les voyageurs pendant le trajet devront être placés dans chaque caisse de voiture.

Art. 79. Seront constatées, poursuivies et réprimées,

de plusieurs centaines de personnes ; ne doit-on pas dès lors soumettre à des garanties préalables le choix d'hommes sur lesquels pèse une si grave responsabilité ? — Le règlement, au surplus, ne demande pour les conducteurs de locomotives autre chose que ce qui a été jugé nécessaire pour les mécaniciens placés à bord des bateaux à vapeur ; la position des uns et des autres a, sinon une entière similitude, au moins une très-grande analogie. »

— « La mesure de l'art. 75 est appliquée sur certains chemins de fer : elle a rendu de grands services. L'on conçoit, en effet, combien il est utile de pouvoir donner, en cas d'accident, de prompts secours aux blessés, et c'est ce qui serait impossible si l'on n'avait pas sous la main, et dans des lieux assez voisins du théâtre de l'accident, les moyens de porter les premiers secours. »

conformément au titre III de la loi du 15 juillet 1845, sur
la police des chemins de fer, les contraventions au présent règlement, aux décisions rendues par le ministre
des travaux publics et aux arrêtés pris sous son approbation par les préfets, pour l'exécution dudit règlement.

Décisions diverses.

— Le service organisé par une Compagnie pour une foire annuelle,
constitue un service extraordinaire dans le sens de l'art. 70 de l'ordonnance du 14 avril 1846, dont il suffit de donner immédiatement
avis au commissaire spécial de police. Ce n'est pas là un service ordinaire dans le sens de l'art. 43 de ladite ordonnance. Nîmes 23 novembre 1848.

—La contravention à l'art. 73 de l'ordonnance royale du 15 novembre
1846 qui dispose que chaque employé dans les chemins de fer doit
être revêtu d'un uniforme ou porteur d'un signe distinctif, est passible de l'amende de 16 à 3,000 francs prononcée par l'art. 21 de la
loi du 15 juillet 1845, pour toute infraction aux ordonnances portant
règlement d'administration publique sur la police et l'exploitation des
chemins de fer. — Cassation, 9 janvier 1852.

— Le particulier qui dégrade un cavalier et une haie dépendant d'un
chemin de fer, encourt l'amende de 300 francs. — Conseil d'État,
9 août 1851.

— Il appartient aux Conseils de préfecture de connaître des contraventions commises sur les chemins de fer et leurs dépendances.

Les poursuites qui pourraient être exercées par le même fait, en
vertu du Code pénal devant les tribunaux correctionnels, ne pourraient faire obstacle à la compétence de ces Conseils. — Conseil d'État
9 août 1851.

— C'est la saine application de l'art. 2 de la loi du 15 juillet 1845,
qui déclare applicables aux chemins de fer les lois et règlements de la
grande voirie qui ont pour objet d'assurer la conservation des fossés,
talus, levées et ouvrages d'art dépendant des routes ; et de l'art. 11
de la même loi qui détermine le mode de constatation et de poursuites
desdites contraventions.

— C'est au Conseil de préfecture qu'il appartient de statuer sur la
question de savoir si une partie concessionnaire de chemin de fer est
tenue, d'après son cahier de charges, d'exécuter certains travaux
qui ont été prescrits et mis à sa charge par un arrêté du préfet. —
Conseil d'État, 13 juillet 1850.

— L'administration exerçant des poursuites à fin de répression d'une
prétendue contravention de grande voirie, ne peut être condamnée
aux dépens. L'art. 130 du Code de procédure n'est pas ici applicable.
— Conseil d'État, 16 avril 1851.

Loi du 24 février 1850.

L'Assemblée nationale a adopté la loi dont la teneur suit :

Art. 1er. Les commissaires et sous-commissaires spécialement préposés à la surveillance des chemins de fer, sont nommés par le ministre des travaux publics.

Art. 2. Un règlement d'administration publique déterminera les conditions et le mode de leur nomination et de leur avancement.

Art. 3. Ils ont pour la constatation des crimes, délits et contraventions commis dans l'enceinte des chemins de fer et de leurs dépendances, les pouvoirs d'officiers de police judiciaire.

Art. 4. Ils sont, en cette qualité, sous la surveillance du procureur de la République, et lui adressent directement leurs procès-verbaux. — Néanmoins, ils adressent aux ingénieurs, sous les ordres desquels ils continuent à exercer leurs fonctions, les procès-verbaux qui constatent les contraventions à la grande voirie, et en double original, au procureur de la République et aux ingénieurs, ceux qui constatent des infractions aux règlements de de l'exploitation. — Dans la huitaine du jour où ils auront reçu les procès-verbaux constatant les contraventions aux règlements de l'exploitation, les ingénieurs transmettront au procureur de la République leurs observations sur ces procès-verbaux. — Dans le même délai, ils transmettront au préfet les procès-verbaux qui auront été dressés pour contravention à la grande voirie.

V

CODE CIVIL.

LIVRE III. — TITRE VIII.

— Des Voituriers par terre et par eau.

Art. 1782. Les voituriers par terre et par eau sont assujettis, pour la garde et la conservation des choses qui leur sont confiées, aux mêmes obligations que les aubergistes, dont il est parlé au titre *Du Dépôt et du Séquestre.* —Code, civil, 1952 ; *Privilége*, 2102, n⁰ 6.— Code de commerce, 101 et 103 et suiv. — Procédure, 386, n⁰ 4, 387, 475 et suiv.

Art. 1783. Ils répondent non-seulement de ce qu'ils ont déjà reçu dans leur bâtiment ou voiture, mais encore de ce qui leur a été remis sur le port ou dans l'entrepôt pour être placé dans leur bâtiment ou voiture. — Code civil, 1302, 1384 et suiv. Code de commerce, 97 et suiv.

Art. 1784. Ils sont responsables de la perte et des avaries des choses qui leur sont confiées, à moins qu'ils ne prouvent qu'elles ont été perdues ou avariées par cas fortuit ou force majeure. — Code civil 1148, 1302, 1384 et suiv. — Code de commerce 97 et suiv.

Art. 1785. Les entrepreneurs de voitures publiques par terre et par eau, et ceux des roulages publics, doivent tenir registre de l'argent, des effets et des paquets dont ils se chargent. — Code civil, 1237, 1784. — Code de commerce, 8, 96, 101, 107 et suiv.

Art. 1786. Les entrepreneurs et directeurs de voitures et roulages publics, les maîtres de barques et navires, sont en outre assujettis à des règlements particuliers, qui font la loi entre eux et les autres citoyens. — Code de commerce, 216 et suiv., 221 et suiv. — Procédure, 386, 387, 475 et suiv.

CODE DE COMMERCE.

LIVRE Ier. — TITRE VI.

DES COMMISSIONNAIRES.

SECTION Ire. — *Des Commissionnaires en général.*

Art. 91. Le commissionnaire est celui qui agit en son propre nom, ou sous un nom social, pour le compte d'un commettant. — Code de commerce, 107.

Art. 92. Les devoirs et les droits du commissionnaire qui agit au nom d'un commettant, sont déterminés par le Code civil, liv. III, tit. XIII. — Code civil, *Mandat,* 1984 et suiv., 1992.

Art. 93. Tout commissionnaire qui a fait des avances sur des marchandises à lui expédiées d'une autre place pour être vendues pour le compte d'un commettant, a privilége, pour le remboursement de ses avances, intérêts et frais, sur la valeur des marchandises, si elles sont à sa disposition, dans ses magasins, ou dans un dépôt public, ou si, avant qu'elles soient arrivées, il peut constater, par un connaissement ou par une lettre de voiture, l'expédition qui lui en a été faite. — Code de commerce, 95, 106, 285, 308, 577. — Code civil, 2102, n. 2, 3, 6.

Art. 94. Si les marchandises ont été vendues et livrées pour le compte du commettant, le commissionnaire se rembourse, sur le produit de la vente, du montant de ses avances, intérêts et frais, par préférence aux créanciers du commettant. — Code de commerce, 106, 285.

Art. 95. Tous prêts, avances ou paiements qui pour-

raient être faits sur des marchandises déposées ou consignées par un individu résidant dans le lieu du domicile
du commissionnaire, ne donnent privilége au commissionnaire ou dépositaire qu'autant qu'il s'est conformé
aux dispositions prescrites par le Code civil, liv. III,
titre XVII, pour les prêts sur gages ou nantissements.
— Code de commerce, 93. — Code civil, 2074 et suiv., 2084,
2102.

SECTION II. — *Des Commissionnaires pour les transports par
terre et par eau.*

Art. 96. Le commissionnaire qui se charge d'un transport par terre ou par eau, est tenu d'inscrire sur son
livre-journal la déclaration de la nature et de la quantité
des marchandises, et, s'il en est requis, de leur valeur.
— Code de commerce, 8 et suiv., 107. — Code civil, 1782
et suiv. — Procédure, 386, 387.

Art. 97. Il est garant de l'arrivée des marchandises et
effets dans le délai déterminé par la lettre de voiture,
hors les cas de force majeure légalement constatée.
— Code de commerce, 100 et suiv., 104 et suiv., 108. —
Code civil, 1783, 1785 et suiv. — Procédure 386 et suiv.

Art. 98. Il est garant des avaries ou pertes de marchandises et effets, s'il n'y a stipulation contraire dans la
lettre de voiture, ou force majeure. — Code de commerce,
100, 103, 108. — Code civil, 1784.

Art. 99. Il est garant des faits du commissionnaire intermédiaire auquel il adresse les marchandises. — Code
de commerce, 100, 108. — Code civil, 1784.

Art. 100. La marchandise sortie du magasin du vendeur ou de l'expéditeur, voyage, s'il n'y a convention
contraire, aux risques et périls de celui à qui elle appar-

tient, sauf son recours contre le commissionnaire et le voiturier chargés du transport. — Code de commerce, 97 et suiv.

Art. 101. La lettre de voiture forme un contrat entre l'expéditeur et le voiturier, ou entre l'expéditeur, le commissionnaire et le voiturier.

Art. 102. La lettre de voiture doit être datée.

Elle doit exprimer :

La nature et le poids ou la contenance des objets à transporter ;

Le délai dans lequel le transport doit être effectué.

Elle indique :

Le nom et le domicile du commissionnaire par l'entremise duquel le transport s'opère, s'il y en a un ;

Le nom de celui à qui la marchandise est adressée ;

Le nom et le domicile du voiturier.

Elle énonce :

Le prix de la voiture ;

L'indemnité due pour cause de retard.

Elle est signée par l'expéditeur ou le commissionnaire.

Elle présente en marge les marques et numéros des objets à transporter.

La lettre de voiture est copiée par le commissionnaire sur un registre coté et parafé, sans intervalle et de suite. — Code civil, 1782, 1950.

SECTION III. — *Du Voiturier.*

Art. 103. Le voiturier est garant de la perte des objets à transporter, hors les cas de force majeure.

Il est garant des avaries autres que celles qui proviennent du vice propre de la chose ou de la force majeure. — Code de commerce, 98, 105, 107 et suiv. — Code civil, 1137, 1782, 1784, 2012, n° 6. — Procédure, 387.

Art. 104. Si, par l'effet de la force majeure, le transport n'est pas effectué dans le délai convenu, il n'y a pas lieu à indemnité contre le voiturier pour cause de retard. — Code de commerce 97, 105.

Art. 105. La réception des objets transportés et le paiement du prix de la voiture éteignent toute action contre le voiturier. — Code de commerce, 103 et suiv.

Art. 106. En cas de refus ou contestation pour la réception des objets transportés, leur état est vérifié et constaté par des experts nommés par le président du tribunal de commerce, ou, à son défaut, par le juge de paix et par ordonnance au pied d'une requête.

Le dépôt ou séquestre, et ensuite le transport dans un dépôt public, peut en être ordonné.

La vente peut en être ordonnée en faveur du voiturier, jusqu'à concurrence du prix de la voiture. — Code de commerce, 93 et suiv.

Art. 107. Les dispositions contenues dans le présent titre sont communes aux maîtres de bateaux, entrepreneurs de diligences et voitures publiques. — Code de commerce 91 et suiv., 96 et suiv., 103 et suiv.

Art. 108. Toutes actions contre le commissionnaire et le voiturier, à raison de la perte ou de l'avarie des marchandises, sont prescrites, après six mois, pour les expéditions faites dans l'intérieur de la France, et après un an, pour celles faites à l'étranger ; le tout à compter, pour les cas de perte, du jour où le transport des marchandises aurait dû être effectué, et pour les cas d'avarie, du jour où la remise des marchandises aura été faite , sans préjudice des cas de fraude ou d'infidélité. — Code de commerce, 97 et suiv., 103 et suiv.

EXTRAIT

DU

RAPPORT DE M. TROPLONG SUR LA CONSTITUTION
du 22 janvier 1833.

———

Modification de l'art. 3 de la Loi du 3 mai 1841.

L'art. 4 est relatif aux travaux publics : il vous propose une modification grave à l'art. 10 de la loi du 21 avril 1832 et à l'art. 3 de la loi du 3 mai 1841. Votre commission en a fait une étude approfondie ; voici les idées auxquelles elle s'est arrêtée. — Deux cas peuvent être prévus en cette matière : l'un qui a lieu lorsque les travaux d'utilité publique et les entreprises d'intérêt général n'entraînent pas d'engagements du Trésor; l'autre qui a lieu lorsque ces grandes créations ont pour conditions des obligations ou des crédits à la charge du Trésor·

Le premier cas soulève une question de droit constitutionnel sur laquelle votre commission n'a pas longtemps hésité ; elle a considéré que la puissance législative n'avait été investie du droit de décréter les travaux et entreprises dont il s'agit, que parce qu'après la révolution de 1830 la forme du gouvernement avait fait définitivement pencher du côté des Chambres la prépondérance politique. Avant cette époque, c'était par décret impérial ou par ordonnance royale que les travaux publics étaient autorisés, et que l'utilité publique entraînant expropriation était déclarée. Telle était la disposition de la loi du 8 mars 1810, qu'on n'accusera pas assurément d'un empiètement jaloux ; car toutes les lois qui, dans des temps postérieurs, se sont occupées de l'expropriation pour cause d'utilité publique, ont eu pour but de modérer les garanties exagérées que la loi du 8 mars 1810 avait données à la propriété privée, et de dégager l'intérêt public des entraves qui le compromettaient. Sans doute le pouvoir d'exproprier est exorbitant du droit commun, et l'on ne saurait livrer la propriété privée aux caprices d'autorités subalternes; mais le pouvoir central est placé si haut et dans de telles conditions d'impartialité, qu'il est le juge le plus juste et le plus éclairé de l'utilité publique.—Avis du Conseil d'État du 1er avril 1807, approuvé le 15 du même mois. (M. Merlin, *Loi*, v° *Rép.*, §3.)—Sans doute encore les grands travaux demandent des vues d'ensemble et des combinaisons étendues; mais le pouvoir central n'est chargé d'administrer en grand que parce qu'il est excellemment posé pour les embrasser. Il reste donc dans son rôle d'administration suprême en dirigeant l'activité nationale vers les travaux qui développent la richesse du pays et mettent à côté des populations les véritables moyens de combattre la misère. (Montesquieu, t. III, p. 246). On convient cependant que toutes les fois que ces travaux imposent à l'État des dépenses non prévues, l'allocation des crédits appartient au pouvoir politique qui est appelé par la Constitution à voter l'impôt. Mais, notons-le bien, ce sont les frais du travail, et non le travail en lui-même, qui sont soumis à la sanction législative. Pour que l'équilibre soit conservé entre le pouvoir exécutif et le pouvoir législatif, il faut que le premier reste appréciateur libre, souverain, de l'utilité et de la direction du travail, comme l'autre reste juge en dernier ressort de la dépense : d'où il suit que si l'État n'est pas constitué en dépense par ces entreprises; si, par exemple, elles sont concédées à des Compagnies qui consentent à les conduire à fin sans engagement du Trésor, la puissance législative est désintéressée, et toute l'opération demeure dans le domaine exclusif du pouvoir exécutif. L'État, en effet, n'aliène aucune partie du domaine public; il ne contracte aucune obligation onéreuse; il s'enrichit, au contraire, par des créations qui augmentent la prospérité publique et doivent un jour lui faire retour : le prince est donc l'unique représentant de la nation pour ordonner, traiter et stipuler sur ces sortes de matière (par analogie, les concessions des mines sont une attribution du pouvoir exécutif (L. 21 avril 1810, art. 16)]. Qu'une Compagnie anonyme établisse à ses propres frais un chemin de fer, l'État, par la concession, acquiert une voie nouvelle (L. 15 juil. 1845, art. 1) ; mais il n'aliène aucune portion préexistante de la grande voirie. Il fait l'affaire du public, gère comme un bon père de famille, et augmente le patrimoine de la société au lieu de le grever par des charges. — La loi du 8 mars 1810 était donc dans le vrai lorsqu'elle disait (art. 3) qu'un décret impérial pouvait seul ordonner les travaux publics. Par contre, il faut reconnaître qu'un vote du Corps législatif peut seul autoriser la dépense. — Ces principes ont été suivis jusqu'en 1830.

Mais en 1832, un premier pas fut fait en dehors de cette voie par un amendement introduit par la Chambre des députés à la loi du budget. Par l'art. 10 de la loi du 21 avril 1832, il fut statué que nulle création aux frais de l'État, d'une route, d'un canal, etc., etc., ne pourrait avoir lieu à l'avenir qu'en vertu d'une loi spéciale. On commença dès lors à confondre le travail et la dépense ; on attribua au pouvoir chargé de voter la dépense, le droit de décider en même temps la question, plus gouvernementale que législative, de l'ordonnance du travail. L'année suivante, un second empiétement prit place dans la loi du 7 juillet 1833, qui refondit la législation sur l'expropriation. Le Gouvernement avait fait ses efforts pour maintenir les précédents de la loi de 1810 et pour faire reconnaître le droit du roi d'autoriser les travaux. Mais l'arme redoutable des amendements renversa ce système. Si on n'alla pas jusqu'à décider, comme le voulaient quelques députés, que tous les travaux quelconques ne pussent être ordonnés que par une loi, on ne voulut

pas consentir à les laisser tous au domaine de l'ordonnance, et l'art. 10, œuvre de la Chambre des députés,
décida « que tous les grands travaux publics, routes
royales, canaux, chemins de fer, canalisation de rivières,
bassins et docks entrepris par l'État ou par Compagnies
particulières, avec ou sans péage, avec ou sans subsides
du Trésor, avec ou sans aliénation du domaine public, ne
pourraient être exécutés à l'avenir qu'en vertu d'une loi
rendue après enquête administrative. » — On ne laissa
aux ordonnances que les travaux de moindre importance et les chemins de moins de 20,000 mètres de longueur.

Ces débats législatifs sont dignes de sérieuses méditations pour ceux qui étudient les phases diverses
de la prérogative de la couronne : on y voit combien
la persévérance de l'opposition et la condescendance
parlementaire multipliaient d'efforts pour enlever au
pouvoir exécutif le plus possible de ses anciennes attributions.

Tel était l'état des choses lorsqu'une nouvelle expérience nécessita, de 1840 à 1841, une autre refonte de
la législation des expropriations pour cause d'utilité publique. L'esprit de la Chambre n'était pas porté à faire
retraite pour revenir aux errements de 1810. On touchait
alors aux luttes orageuses de la coalition de 1839 et à sa
victoire sur la couronne. Chacun, même à son insu,
payait le tribut d'un entraînement naturel à l'influence
parlementaire, toujours plus puissante et moins contestée.
L'art. 10 de la loi du 7 juillet 1833 ne fut donc pas modifié dans un sens favorable à l'administration ; on le re-
produisit, au contraire, avec quelque extension dans
l'art. 3 de la loi du 3 mai 1841, et il forme aujourd'hui le
dernier état de la législation. — Mais comme les dérange-
ments apportés dans l'équilibre des pouvoirs ont toujours
pour cortége de sérieux désordres dans la marche des
affaires, il arriva que, lorsqu'on en vint à l'établissement

des chemins de fer (ces grandes entreprises de notre époque), on rencontra dans la Chambre élective, érigée en arbitre des tracés, toutes les luttes qui mettent l'intérêt des localités aux prises avec l'intérêt général et entravent les meilleurs desseins. Tantôt les grandes combinaisons furent ajournées et livrées aux systèmes les plus divers ; tantôt elles furent modifiées par condescendance pour d'étroites prétentions. Le Gouvernement tiraillé, inquiété, menacé, ne pouvait rallier sa majorité et conserver le fond de ses plus excellents projets qu'en livrant aux appétits de localités la pâture des embranchements et des déviations.

La situation politique que nous a faite le 2 décembre ne comporte plus, heureusement, ces faiblesses et ces entraves. Il faut que le Gouvernement rentre dans ses prérogatives et ne soit plus gouverné. Modérateur des intérêts rivaux, c'est à lui qu'il appartient de juger de haut et avec un coup d'œil d'ensemble ce qui est nécessaire pour les concilier par d'équitables compensations. Il doit donc reprendre le droit de décider des directions et des tracés, droit détaché de la couronne par suite d'un autre système politique d'origine récente dans notre pays, mais qui doit y faire retour quand la France revient à un système plus ancien, plus vrai et plus logique.

Votre commission, à l'unanimité, vous proprose donc, Messieurs, l'adoption des deux premiers paragraphes de l'art. 4; mais elle y met une condition, qui forme l'objet d'un amendement consenti par MM. les commissaires du Gouvernement: c'est que, si les travaux et entreprises ont pour conditions des engagements ou des subsides du Trésor, le crédit devra être accordé par une loi avant la mise à exécution. Il serait, en effet, dangereux que les travaux fussent commencés avant le vote législatif; les finances de l'État pourraient être compromises par des entreprises précipitées. Le vote législatif qui viendrait ensuite manquerait d'une suffisante indépendance en présence des faits accomplis. Il n'y a pas d'inconvénient, dans la plupart des cas, à attendre la réunion du corps politique qui décide les questions d'impôts. Il est bon et prudent de lui réserver entière sa prérogative à cet égard. — Toutefois, nous avons prévu que certaines circonstances extraordinaires pourraient peser sur le Gouvernement et exiger de lui une prompte action. En cas de guerre, de grands sinistres et autres faits de force majeure, un Gouvernement vigilant ne saurait perdre, dans une attente fatale, un temps précieux. Un paragraphe final vous propose donc d'autoriser alors le Gouvernement à ouvrir des crédits supplémentaires et à se mettre à l'œuvre, en attendant que le Corps législatif se réunisse. A la plus prochaine session, ce Corps serait appelé à se prononcer sur ces crédits.

Mais nous ferons remarquer au Sénat que ces exécutions d'urgence ne sauraient jamais avoir lieu pour les grands travaux et entreprises d'utilité publique concédés à des Compagnies moyennant des engagements du Trésor. Alors il sera nécessaire toujours et dans tous les cas, d'attendre le vote du Corps législatif. Cette exception s'explique par des raisons d'une haute gravité, au-devant desquelles le Gouvernement s'est empressé de venir spontanément. — Les créations de chemins de fer, quand elles ne sont pas échelonnées avec mesure, encombrent la place de valeurs aléatoires ; elles surexcitent la passion du jeu, et font dégénérer les combinaisons du crédit en aliment pour l'agiotage. Le Gouvernement, Messieurs, ne veut pas être souillé, même de loin, par ces choses mauvaises. S'il entend se manifester à la France par l'activité que lui donnent son origine et sa jeunesse, c'est pour accroître honnêtement, noblement, la somme des richesses nationales, et non pour en déshonorer les sources par la corruption.

TABLE ALPHABÉTIQUE,

ANALYTIQUE ET COMPLÉMENTAIRE.

————— ∘≡∘≡∘≡∘ —————

A

Abandon de poste. — Mécanicien ou conducteur-garde-frein. — Peine de l'emprisonnement. — Loi du 15 juillet 1845, art. 20, p. 315.

Accidents sur les chemins de fer ou dans les gares et stations. — Peines. — Loi du 15 juillet 1845, art. 19, p. 315. — Déclaration à faire immédiatement par le chef du convoi. — Ordonnance du 15 novembre 1846, art. 59, p. 353. — Fonctionnaires que les Compagnies doivent prévenir sans retard, *ibid.*

On divise en cinq catégories les accidents auxquels sont exposés les convois de chemins de fer. La première comprend les accidents pouvant seulement occasionner un ralentissement momentané dans la vitesse ; la deuxième, les accidents qui obligent à suspendre momentanément la marche ; la troisième, les accidents qui, sans rupture de de pièces, obligent le mécanicien à suspendre la marche du convoi jusqu'à ce qu'une autre machine vienne le pousser. Les accidents de la quatrième catégorie sont ceux qui obligent à suspendre complétement la marche du convoi, par suite de rupture de pièces, et notamment de l'essieu de l'une des voitures, et même d'un des essieux de la machine. Enfin, dans la cinquième et dernière catégorie, se trouvent rangés les accidents produits par un concours de circonstances rares et imprévues, tels que le dérayage aux aiguilles ou aux croisements que les conducteurs ne franchissent pas avec assez de ménagement ; le dérayage par suite du mauvais état de la voie (voyez *Déraillement*); la rencontre de deux convois dans les croisements ou sur la même voie ; la rencontre d'un train par des hommes surpris sur la voie, ou des animaux qui se seraient introduits dans l'enceinte du chemin de fer ; la chute d'un convoi dans un canal que le chemin traverse au

11..

moyen d'un pont-levis que le garde n'aurait pas baissé à temps; ou enfin, l'incendie des voitures par la projection de matières enflammées du foyer de la locomotive, dans le cas de choc ou de renversement du train.

ACCOTEMENT. — C'est la largeur comprise entre les faces extérieures des rails extrêmes, et l'arête extérieure des chemins de fer. — La longueur des accotements est fixée par les cahiers de charges.

ADJUDICATION DES CHEMINS DE FER. — Concours à l'adjudication; conditions d'admission. Art. 7 de la loi du 15 juillet 1845. — « Nul ne sera admis à concourir à l'adjudication d'un chemin de fer, si préalablement, il n'a été agréé par le ministre des travaux publics, et s'il n'a déposé à la Caisse des dépôts et consignations la somme indiquée au cahier de charges ; au secrétariat général du ministère du commerce, en double exemplaire, le projet des statuts de la Compagnie ; au secrétariat général du ministère des travaux publics, le registre à souche d'où auront été détachés les titres délivrés aux souscripteurs. A dater de la remise des registres ou états ci-dessus entre les mains du ministre des travaux publics, toute stipulation par laquelle les fondateurs se seraient réservé la faculté de réduire le nombre des actions souscrites, sera nulle et sans effet.

Art. 9. Les adjudications ne seront valables et définitives qu'après avoir été homologuées par ordonnance royale. »

ADMINISTRATEURS DES CHEMINS DE FER. — Responsabilité. — Loi du 15 juillet 1845, art. 22, p. 316. — Gratuité de leurs fonctions. Cependant il est dans l'usage de leur allouer des jetons de présence aux séances.

ADMINISTRATION. — Mot complexe. — Sa définition, ses acceptations diverses, p. 21, 80, 108 et 343.

AFFICHES. — Des heures de départ et d'arrivée des convois. — Ordonnance du 15 novembre 1846, art. 43, p. 338. — Des tableaux des taxes et frais accessoires. Id. art. 48, p. 344. — Des changements apportés aux tarifs, art. 49, p. 345.

AFFIRMATION des procès-verbaux constatant les crimes, délits ou contraventions. — Loi du 15 juillet 1845, art. 24, p. 308, 316.

AGENTS. — Obligation pour les Compagnies de transporter gratuitement les agents attachés à la surveillance de leurs chemins, ainsi que ceux des contributions indirectes et des douanes. Cette obligation est ordinairement insérée dans tous les cahiers de charges.

AGENTS DES COMPAGNIES. — Les agents et gardes établis par le

Compagnies, soit pour opérer la perception des droits, soit pour la surveillance et la police des chemins de fer et des ouvrages qui en dépendent, sont assimilés aux gardes champêtres, lorsqu'ils sont assermentés. Les statuts des Compagnies leur confèrent le droit de nomination et de révocation des agents.

AGENTS DE SURVEILLANCE. — Nombre réglé par le ministre des travaux publics; entretien et surveillance de la voie; circulation des trains et transmission des signaux; signalement de l'arrivée des convois. — Ordonnance du 15 novembre 1846, art. 31, p. 334. — Représentation, sur leur réquisition, des registres constatant les retards des convois; id., art. 42, p. 338.

Obligation des Compagnies de fournir aux agents de surveillance des locaux convenables. Id., art. 58, p. 353. — Contraventions de voirie constatées par ces agents. — Loi du 15 juillet 1845, art. 23, p. 316.

AGENTS DES TÉLÉGRAPHES ÉLECTRIQUES. — Ces agents, voyageant pour le service de la ligne électrique, ont le droit de circuler gratuitement dans les wagons des chemins de fer sur lesquels les télégraphes sont établis.

AIGUILLES des croisements et changements de voie; surveillance et manœuvre; nombre des gardiens. Ordonnance du 15 novembre 1846, art. 3, p. 321; art. 33, p. 335. — Les aiguilles sont des portions de rails mobiles sur le sol, autour d'un point fixe, servant à faire passer les voitures d'un chemin de fer d'une voie sur une autre.

AIGUILLEUR. — On donne ce nom à l'employé préposé à la garde d'une aiguille. Cet employé fait mouvoir et présente au train arrivant, lorsqu'il y a nécessité, un rail taillé en pointe sur lequel s'engagent, glissent et courent les roues de la locomotive et des voitures.

ALIGNEMENT. — Les règles de l'alignement, en matière de grande voirie, sont applicables aux chemins de fer, — Loi du 15 juillet 1845, art. 3, p. 293 et 180. — Nécessité de demander l'alignement pour construire près d'un chemin de fer, p. 296. — Est délivré par le préfet, p. 297. — Peines pour contravention, p. 297.

Mais s'il s'agissait de murs de clôture, nous pensons qu'ils pourraient être établis sans autorisation, lorsque, placés dans une zone de 2 mètres du chemin de fer, ils ne sont pas assis sur cette voie. Il n'en est pas des simples murs de clôture comme des autres constructions en général.

AMENDES. — Contraventions aux lois de police des chemins de fer. Loi du 15 juillet 1845, art. 2 et 3, p. 293. — Lois et règlements sur la grande voirie applicables aux chemins de fer, p. 293 et suivantes. —

Loi du 15 juillet 1845, art. 11, 12, p.311-12 ; art. 14, p. 314; art. 18, 19, 21, p. 315.

ANIMAUX.— Transport des animaux, p. 118. —Défense de les introduire dans l'enceinte des chemins de fer. — Ordonnance du 15 novembre 1846, art. 61, p. 354. — Doivent être saisis et mis en fourrière, *id.*, art. 68, p. 356.

AQUEDUCS. — Ils sont destinés à faciliter l'écoulement des eaux. Lorsqu'ils sont construits à cet effet sous les routes royales et départementales, ils doivent être en maçonnerie ou en fer. Cette obligation est imposée aux Compagnies par le cahier de charges.

ARBITRES. — Les contestations entre les actionnaires et les Compagnies, à raison des affaires sociales, doivent être jugées par les arbitres, conformément aux art. 51 et suivants du Code de commerce. Les statuts de plusieurs Compagnies confèrent à des arbitres, amiables compositeurs choisis par les parties, le pouvoir de prononcer en dernier ressort sur les contestations sociales, sans appels ni recours en cassation. Mais la Cour de cassation ayant, par arrêt du 21 février 1844, confirmé par plusieurs autres, déclaré les clauses compromissoires nulles, à défaut de désignation du nom des arbitres et de l'objet du compromis, il a été inséré dans les statuts des Sociétés formées depuis cette jurisprudence, une clause portant que les contestations seront jugées conformément aux art. 51 et suivants du Code de commerce, c'est-à-dire par des arbitres forcés, jugeant en premier ressort.

ARMES A FEU CHARGÉES.— Entrée des voitures interdite aux porteurs de ces armes. — Ordonnance du 16 novembre 1846, art. 65, p. — Les employés doivent faire cette vérification avant de laisser monter dans les wagons.

ARRÊTÉ DU PRÉFET. — Pour désigner les lieux où doivent être faites les fouilles, p. 72. — Le recours contre cet arrêté doit être porté devant le ministre des travaux public. Cet arrêté doit être notifié au propriétaire avec offre d'indemnité, p. 276. — Pour désigner les lieux qui doivent être occupés temporairement, p. 287. — Pour autoriser les études dans les propriétés privées, p. 287.

ASSEMBLÉE GÉNÉRALE DES ACTIONNAIRES. — Une assemblée générale se compose des actionnaires de la Société, propriétaires d'un certain nombre d'actions, et représentant une fraction déterminée du capital social, conformément aux prescriptions des statuts. L'assemblée générale, lorsqu'elle est régulièrement constituée, représente l'universalité des actionnaires. Ses décisions sont obligatoires pour tous, même pour les absents. Les objets sur lesquels l'assemblée générale doit spécialement délibérer, sont indiqués spécialement par les statuts. Les délibérations de l'assemblée générale, prises dans les limites des statuts, obligent la Compagnie. Mais il faut prendre garde au changement qui dénature la chose sociale, l'objet de la Société, alors même que ce changement serait avantageux, car il y a une différence essentielle entre ce qui n'excède pas les limites d'une simple administration et ce qui va jusqu'à altérer les éléments essentiels, les bases mêmes de la Société. Les statuts ne doivent et ne peuvent donner que des pouvoirs généraux et à la charge de se renfermer dans l'accomplissement de l'affaire sociale. La majorité des actionnaires elle-même n'a pas qualité et pouvoirs suffisants pour engager la minorité dissidente ou non représentée en dehors de la convention sociale, telle qu'elle avait été primitivement consentie. Pour cela, il faudrait l'unanimité, sauf encore les droits du Gouvernement, dans le cas où la Société serait constituée dans la forme anonyme. Ces principes résultent d'un arrêt de la Cour de cassation très-remarquable, rendu le 14 février 1853.

ATELIERS DE RÉPARATION. — Passage des trains ; signaux indicateurs de l'état de la voie. Ordonnance du 15 novembre 1846, art. 33, p. 335.

AVARIE. — Signification de ce mot, p. 137. — Responsabilité des Compagnies en cas d'avaries des marchandises et bagages, *id*. — Comment se constatent les avaries, p. 124 et 366. — Avaries intérieures et avaries extérieures, p. 145. — Peut-on laisser pour compte les marchandises avariées? p. 129. — Des cas fortuits et de la force majeure, p. 131. — Circonstances qui déchargent de la responsabilité, p. 131 et suivantes.

AVERTISSEMENT. — Doit être donné au propriétaire des terrains à fouiller, p. 275. — Comment, p. 276. — L'administration ne doit pas oublier cette formalité, *id*. — On doit également avertir les propriétaires dont on doit occuper les terrains, p. 288.

B

BAGAGES DES VOYAGEURS. — Les cahiers de charges fixent le poids du bagage que chaque voyageur peut porter avec lui sans être tenu, pour le port de ce bagage, à aucun supplément de prix. — Obligation d'inscrire les bagages, p. 137. — Responsabilité des Compagnies en cas de perte des bagages, son étendue, p. 137 et suivantes.

BALLAST. — Mélange de sable et de cailloux dont les Compagnies doivent fonder le sol des voies, et qui doit être de bonne qualité.

BARRIÈRES. — Lieux où elles doivent être établies ; loi du 15 juille

1844, art. 4, p. 306. — Ordonnance du 15 novembre 1846, art. 4, p. 322. — Mode, garde et conditions du service des barrières, *ibid.*

BIENS de mineurs, d'interdits, d'absents ou d'autres incapables, compris dans le plan parcellaire des terrains nécessaires à l'exécution des chemins de fer. — Loi du 3 mai 1841, p. 233. — Développements, garanties, p. 9. — Des communes, des départements et établissements publics, *ibid.* — De l'État et de la dotation de la couronne, *ibid.* — Aliénation de ces biens ; autorisation nécessaire, *ibid.* et 233.

BLESSURES occasionnées par suite de destruction ou dérangement de la voie de fer, ou d'entraves à la marche des convois; loi du 15 juillet 1845, art. 16, p. 314. — Blessures causées involontairement par un accident sur un chemin de fer ou dans les gares ou stations, *id.*, art. 19, p. 315.

BOIS ET FORÊTS. — Formalités à accomplir avant de faire des fouilles dans les bois soumis au régime forestier. — Dispositions du Code forestier et de l'ordonnance du 1er août 1827, p. 284 et suivantes. — Prétention du domaine de se soustraire à cette servitude, p. 277.

BORNAGE. — Les Compagnies doivent faire faire à leurs frais, après l'achèvement total des travaux, un bornage contradictoire et un plan cadastral de toutes les parties du chemin de fer et de ses dépendances. Une expédition dûment certifiée des procès-verbaux de bornage et du plan cadrastral est déposée, aux frais des Compagnies, dans les archives de l'administration des ponts et chaussées.

BULLETINS. — C'est une obligation pour les Compagnies d'en remettre un à chaque voyageur. Ils sont détachés du registre à souche et remis au déposant. Il indique le nombre des colis, leur poids et le numéro de l'enregistrement. Observation sur les avis insérés sur ces bulletins, p. 140. — L'estimation des bagages portée aux bulletins n'est pas valable, *id.*

C

CAHIER DES CHARGES. — Ils font partie intégrante de la loi de concession, et sont annexés à l'ordonnance ou au décret qui homologue la concession, p. 2. — Clauses particulières dont l'inexécution constitue une contravention. — Loi du 15 juillet 1845, art. 12, p. 312. — Procès-verbaux, *id.*, art. 12, 13, p. 313. — Amende, *id.*, art. 14, p. 314. — Ils contiennent les conditions ou obligations imposées aux actionnaires ou adjudicataires. Les dispositions générales les plus importantes sont celles relatives à la subrogation aux droits de l'État; au tracé du chemin de fer; à l'exécution des travaux dans le délai fixé; à la bonne construction des ouvrages d'art, conformément aux règles prescrites ; à la perception régulière des droits de péage et prix de transport; à l'entretien en bon état de la voie de fer et du matériel d'exploitation jusqu'à l'expiration de la concession ; et, enfin, aux mesures nécessaires pour assurer la police, la sûreté, l'usage et la conservation du chemin de fer et de ses dépendances. Interprétation, p. 100 et suiv.

CAMIONNAGE DES MARCHANDISES. — Les arrangements particuliers consentis par les Compagnies pour le factage et le camionnage des marchandises, à un ou plusieurs expéditeurs, ne peuvent être mis à exécution avant que l'administration en ait été informée. Ces arrangements sont acquis de droit à tous les autres expéditeurs. Loi du 15 juillet 1845, art. 14. — Jurisprudence à cet égard, p. 104. — Les expéditeurs peuvent adresser en gare les marchandises à leurs destinataires, p. 103.

CANTONNIERS. — Institués par l'ordonnance du 15 novembre 1846, art. 68, p. 356. — Peuvent être armés d'un sabre, id., art. 73, p. 358.

CARRIÈRES. — Mode d'exploitation. — Loi du 15 juillet 1845, art. 3. — Arrêt du Conseil du 14 mars 1741. — Ordonnance du 29 mars 1754. — Arrêt du Conseil du 5 avril 1772. — Loi du 21 avril 1810, p. 41, 42, 43 et 44. — On peut y faire des extractions, p. 64-281. — Ce que l'on entend par carrière en cours d'exploitation p. 285. — La valeur des matériaux extraits est due au propriétaire de la carrière, p. ibid. — Mais elle doit être fixée au prix courant, en dehors de la plus-value que les travaux publics pourraient occasionner, p. 286. — Lorsqu'un chemin de fer doit s'étendre sur des terrains qui renferment des carrières ou les traverser souterrainement, il ne peut être livré à la circulation avant que les excavations qui pourraient en compromettre la solidité, aient été remblayées ou consolidées. L'administration détermine la nature et l'étendue des travaux qu'il convient d'entreprendre à cet effet et qui sont d'ailleurs exécutés par les soins et aux frais de la Compagnie.

CHANGEMENTS DE VOIE. — Les divers procédés employés pour les changements de voie peuvent tous se rapporter à deux espèces : les simples croisements et les plates-formes mobiles. Les changements de voie ont lieu notamment lorsqu'on veut faire passer les machines ou les voitures d'une voie sur une autre ; les transports de la voie d'aller sur celle de retour, ou les renvoyer dans les remises ou ateliers pour les repos et les réparations.

CHARGEMENT. — Fixation des frais de chargement, art. 47 de l'ordonnance du 15 novembre 1846, p. 342-111.

CHAUFFEUR. — Doit être capable d'arrêter la machine en cas de nécessité. — Ordonnance du 15 novembre 1846, art. 18, p. 326.

CHEMIN DE FER. — Instrument de civilisation, de force, de prospérité, de grandeur pour un peuple. — Porte la fécondité dans les pays qu'il traverse. — Supprime les distances. — Comparaison de ces voies avec les voies de terre. — *Préface*, p. I et suivantes. — Nécessité d'une législation spéciale, p. 171. — La police des chemins de fer est régie par la loi du 15 juillet 1845, p. 177. — Fait partie de la grande voirie, *ibid*. — Conséquences importantes, p. 177 et suiv. — Ne peut être exproprié, p. 179.

CHEF DE CONVOI. — Déclaration immédiate, dans le cas d'accident, à l'autorité locale et au commissaire spécial de police. — Ordonnance du 15 novembre 1846, art. 59, p. 353.

CHEF DE GARE. — Doit veiller aux règlements, et il ne peut lui-même les enfreindre. L'ordonnance du 15 novembre 1846 défend à toute personne étrangère au service des chemins de fer de s'introduire dans leur enceinte, d'y circuler, d'y stationner. Il a été jugé par la Cour de Montpellier, le 24 juin 1850, qu'il n'était permis à personne, pas même au directeur d'un chemin de fer, à un chef de gare ou au commissaire de police, d'accorder à qui que ce fût une permission contraire à cette défense, p. 216.

CIRCONSTANCES ATTÉNUANTES. — Sont applicables à tous les crimes ou délits prévus par la loi sur la police des chemins de fer. Loi du 15 juillet 1845, art. 26, p. 317.

CLOS (lieux). — On ne peut y faire des fouilles et extractions de matériaux, p. 65. — Développements, p. 66. — Distinctions, p. 67.

CLOTURES DES CHEMINS DE FER. — Font partie du chemin, sont imprescriptibles, inaliénables. Mode de clôture déterminé par l'administration. — Loi du 15 juillet 1845, art. 4, p. 183, 306. — Surveillance de l'état des clôtures ; ordonnance du 15 novembre 1846, art. 55, p. 353. — Les cahiers de charges prescrivent la clôture des chemins de fer, et leur séparation des propriétés particulières par des murs, ou des haies, ou des poteaux avec des lisses, ou des fossés avec levées en terre. Les barrières qui ferment les communications particulières doivent s'ouvrir sur les terres et non sur le chemin de fer.

COKE. — Fragments enflammés tombant de la grille des locomotives. — Appareil, ordonnance du 15 novembre 1846, art. 11, p. 324.

COMMISSAIRE DE POLICE. — Droit d'entrée dans l'enceinte du che min de fer. — Ordonnance du 15 novembre 1846, art. 62, p. 354. — Ne peuvent autoriser une personne étrangère à circuler sur la voie d fer et sont transportés gratuitement dans les voitures des Compagnies

COMMISSAIRES ROYAUX.—La mission spéciale des commissaires du roi était de surveiller les opérations des Compagnies pour tout ce qui ne rentrait pas dans les attributions des ingénieurs de l'État. Leur traitement était à la charge des Compagnies, p. 175. Quant à leurs attributions spéciales, elles avaient été déterminées par l'ordonnance du 15 novembre 1846. Mais un arrêté du 29 juillet 1848 modifia leurs attributions et fut bientôt modifié lui-même par la loi du 27 février 1850, qui institua des commissaires et sous-commissaires spécialement préposés à la surveillance des chemins de fer, nommés par le ministre des travaux publics, chargés de constater, comme officier de police judiciaire, les crimes, délits et contraventions commis dans l'enceinte des chemins de fer (voir cette loi, p. 361). — Puis vient un décret du 27 mars 1851, qui fut lui-même bientôt abrogé par un décret postérieur au 22 mars 1852, lequel dispose que le personnel actif des Compagnies des chemins de fer, et celui qui serait ultérieurement employé par les Compagnies qui viendraient à se former, seraient soumis à la surveillance de l'administration publique, qui aurait le droit, les Compagnies entendues, de requérir la révocation d'un agent de ces Compagnies. Un nouveau décret créa, le 26 juillet 1852, des inspecteurs de l'exploitation commerciale des chemins de fer, chargés, sous la direction des ingénieurs en chef, de la surveillance, de l'exploitation commerciale et des opérations financières des Compagnies concessionnaires.

CONCESSION DES CHEMINS DE FER. — Sous l'empire de la constitution de 1830, elle ne pouvait être faite qu'en vertu d'une loi, p. 9. — Il n'en est plus ainsi sous la constitution qui nous régit, p. 9. — La concession est accordée directement à un soumissionnaire ou bien par adjudication, p. 1. — Elle est faite pour un temps déterminé ou à perpétuité, moyennant l'exécution des charges et l'autorisation en faveur du concessionnaire de percevoir des droits de péage et des prix de transport, conformément aux tarifs. Le Gouvernement a la faculté de racheter la concession des chemins de fer concédés pour un temps déterminé. S'il n'a pas usé de cette faculté, il est, à l'expiration de la concession, subrogé à tous les droits des Compagnies dans la propriété des terrains et des ouvrages d'art, dépendant des chemins de fer. Il entre immédiatement en jouissance des chemins de fer, de toutes leurs dépendances et de tous leurs produits. Les droits et les obligations des Compagnies sont réglés, dans ce cas, par les cahiers de charges.

CONCESSIONNAIRES DES CHEMINS DE FER. — Doivent clore la voie, à leurs frais, sans indemnité; loi du 15 juillet 1845, art. 4, p. 306. —

Doivent avoir communication des demandes adressées au préfet pour faire des excavations près du chemin de fer. Ordonnance du 15 novembre 1846, art. 6. p. 307. — Ne peuvent ordonner la suppression des constructions menaçant la sûreté des chemins de fer. L'administration seule a ce droit, et présente des garanties suffisantes pour que, d'un côté, l'intérêt public soit promptement satisfait et n'ait pas à souffrir, et pour que, de l'autre, des intérêts privés ne soient pas inutilement froissés par des pertes inutiles et des actes frustratoires. Ordonnance du 15 novembre 1846, art. 10, p. 308. — Ils ne peuvent, seuls, poursuivre la répression des contraventions, p. 205. — Ils ne peuvent autoriser les riverains à violer les prescriptions de police concernant les chemins de fer, p. 216. — Contraventions par eux commises seront constatées et réprimées. Loi du 15 juillet 1845, art. 12, p. 325.

CONDUCTEURS-GARDES-FREINS. — Nombre déterminé pour chaque chemin. Ordonnance du 15 novembre 1846, art. 18, p. 327. — Conducteur placé sur la dernière voiture de chaque convoi ou sur l'une des voitures placées à l'arrière ; *id.*, p. 327. — Signal d'alarme donné par les conducteurs-gardes-freins, en cas d'accident; *id.*, art. 23, p. 331. — Vérification à faire avant le départ du train, *id.*, art. 26, p. 332.

CONDUCTEURS DE TRAINS. — Conditions d'admission, certificat de capacité; ordonnance du 15 novembre 1846, art. 74, p. 358.

CONDUCTEUR PRINCIPAL DU TRAIN. — Autorité sur les autres conducteurs du convoi; ordonnance du 15 novembre 1846, art. 18, p. 327.

CONDUCTEURS DES PONTS ET CHAUSSÉES. — Attributions spéciales. — Loi du 15 juillet 1845, art. 12, p. 312. — *Id.*, art. 23, p. 316. — Ordonnance du 15 novembre 1846, art. 51, p. 351, art. 55, p. 353. — Constatent les contraventions sur les chemins de fer.

CONSEIL D'ADMINISTRATION. — Les Sociétés des chemins de fer, comme toutes les Sociétés anonymes, sont administrées par un conseil composé d'un nombre de membres déterminé par les statuts, et dont la nomination est faite par l'assemblée générale. Le Conseil d'administration est investi, en général, des pouvoirs les plus étendus pour la gestion des intérêts de la Société. Ces pouvoirs sont, d'ailleurs, énumérés dans les statuts. Les membres du Conseil d'administration ne contractent, à raison de leur gestion, aucune obligation personnelle ou solidaire relativement aux engagements de la Société. Ils ne sont responsables que de l'exécution de leur mandat.

CONSEIL D'ÉTAT. — Le Conseil d'État est juge d'appel des Conseils de préfecture et des arrêtés des préfets, viciés d'incompétence ou d'excès de pouvoirs.

CONSEIL DE PRÉFECTURE. — Règle l'indemnité pour occupation temporaire, pour fouilles, p. 76 et suiv. — Apprécie le caractère des réparations faites par les riverains, p.307 . — La nature des dépôts établis le long des voies de fer, *ib*. — Est le juge de répression des contraventions, p. 309. — Sauf pourvoi au Conseil d'État; connaît des contraventions commises par les concessionnaires.

CONSEIL GÉNÉRAL DES PONTS ET CHAUSSÉES. — A l'attribution de la connaissance de tout ce qui concerne les chemins de fer. — Sa composition est déterminée par l'ordonnance du 22 juin 1842.

CONSERVATION DES CHEMINS DE FER. — Est assurée par la loi du 15 juillet 1845, art. 1 à 11. p. 93 et suiv.

CONSTRUCTION DES CHEMINS DE FER. — Les matériaux dont l'emploi est autorisé par les cahiers de charges, sont ceux communément en usage dans les travaux publics de la localité. Les têtes de voûtes, les angles, socles, couronnements, extrémités de radiers, doivent toutefois être, autant que possible, en pierres de taille. Dans les localités où il n'existe pas de pierres de taille, l'emploi de la brique et du moellon dit *d'appareil* est toléré. Si une Compagnie faisait usage de matériaux défectueux, l'administration pourrait prescrire la mise au rebut de ces mêmes matériaux. De même, si ces travaux n'étaient pas exécutés selon les règles de l'art, l'administration aurait le droit d'ordonner la suspension des travaux, et, au besoin, la démolition des ouvrages. Faute par la Compagnie d'obtempérer aux réquisitions qui lui seraient adressées, dans ces deux cas, il serait dressé un procès-verbal, lequel serait transmis au Conseil de préfecture pour être statué et qu'il appartiendrait. Les Compagnies sont en effet soumises, pendant la durée des travaux qu'elles doivent faire exécuter, au contrôle et à la surveillance de l'administration.

CONSTRUCTIONS PRÈS DES CHEMINS DE FER. — Doivent se trouver au moins à 2 mètres de la voie; nature de cette obligation, loi du 15 juillet 1845, art. 5, p. 300. — N'entraînent pas la démolition des constructions antérieures à la voie, mais formalités à remplir à cet égard, *ibid*. Cette servitude n'atteint pas les murs de clôture ni les constructions dans les gares. Les constructions ne peuvent être faites qu'après avoir obtenu l'alignement et une permission. Loi du 15 juillet 1845, art. 1er p. 293.— Fixation de la zone frappée de la servitude *non œdificandi*. Loi du 15 juillet 1845, art. 5., p. 300. — Respect des constructions antérieures au chemin de fer, *ibid*. — Quant aux constructions commencées au moment de l'établissement de la voie, nous croyons qu'il faut distinguer, comme on est dans l'habitude de le faire en matière d'alignement, dans le cas où des modifications dans les plans d'alignement sont dénoncées à un propriétaire auquel un alignement avait été délivré en suivant les anciens plans : les constructions sont-elles assez avancées pour être de nature à attribuer un droit acquis, elles doivent être terminées et conservées ; si elles ne présentent aucune importance, que, par exemple, elles n'atteignent pas le rez-de-chaussée, elles doivent être arrêtées et abandonnées, sauf et réservé tout droit à une indemnité. — Conseil d'État, 3 mai 1839.

CONTESTATIONS entre l'administration et les concessionnaires des chemins de fer. Voyez *Conseil d'État, Conseils de préfecture.* — Entre les Compagnies et les actionnaires. Voyez *Arbitres, Domicile* (élection de).

CONTRAINTE. — Cas dans lesquels la voie de contrainte est autorisée. Loi du 15 juillet 1845, art. 11, p. 309 Le paiement des frais de visite, de surveillance et de réception des travaux et du traitement des commissaires royaux, qui doit, d'après les cahiers des charges, être supporté par les Compagnies, peut être poursuivi contre ces dernières, par voie de contrainte, au moyen d'un rôle rendu exécutoire par les préfets, et dont le montant est recouvré comme en matière de contributions publiques. Il en est de même du montant des avances faites par l'administration aux frais d'une Compagnie, lorsqu'il a été pourvu d'office à l'entretien et aux réparations du chemin de fer.

CONTRAVENTIONS. — Antérieures à la loi de 1845, ne tombent pas sous son application. Aussi, on ne pourrait attribuer ce caractère de délit ou de contravention à des faits passés avant sa promulgation. — Conseil d'État, 8 avril 1847. Toutes les contraventions sur les chemins de fer sont constatées, poursuivies et réprimées comme en matière de grande voirie. Loi du 15 juillet 1845, art 11, p. 309. — Amende contre les contrevenants, *id.*, p. 310.

CONTRE-RAILS. — Points où leur établissement est jugé nécessaire. Ordonnance du 15 novembre 1846, art. 5, p. 322.

CONTRIBUTION FONCIÈRE. — Elle est établie en raison de la surface des terrains occupés par les chemins de fer et par leurs dépendances ; la cote en est calculée conformément à la loi du 23 avril 1803. — Les bâtiments et magasins dépendant de l'exploitation des chemins de fer, sont assimilés aux propriétés bâties dans la localité.

CONTRIBUTIONS INDIRECTES. — Leurs agents sont transportés gratuitement. — *Clauses des cahiers des charges.*

CONVOIS. — Emploi des moyens pour entraver leur marche ou les faire sortir des rails. Loi du 15 juillet 1845, art. 16 et 17, p. 314. — Composition des convois; ordonnance du 15 novembre 1846, art. 17 à 24, p. 326. — Départ, circulation et arrivée des convois, *id.*, art. 25 à 43, p.326. — Voitures de toute classe, p. 216.

CONVOIS EXTRAORDINAIRES. — Mesures spéciales de précautions; déclaration du commissaire spécial de police; ordonnance du 15 novembre 1846, art. 30, p. 334.

CONVOIS SPÉCIAUX pour le service général de la poste aux lettres. — Les heures de départ, ainsi que la marche et les stationnements de ces convois, sont réglées par le ministre des finances et le ministre des travaux publics, la Compagnie entendue. Lorsque l'administration requiert l'expédition d'un convoi spécial en dehors des services réguliers, cette expédition doit être faite immédiatement, sauf l'observation des règlements de police.

COURBES. — On appelle *courbe* une ligne qui suit les accidents des terrains et en décrit les sinuosités. Des mesures de précaution doivent être prises par le mécanicien lorsqu'un train approche d'une courbe; ordonnance du 15 novembre 1846, art. 38, p. 336.

COURONNE, COURONNEMENT. — Dans les chemins de fer, on entend par couronne la ligne supérieure qui détermine leur profil transversal. Ainsi, lorsqu'il est dit, dans le cahier des charges, que la largeur en couronne du chemin de fer est fixée par deux voies, à 8 mètres 30 centimètres dans les parties en lever, et à 7 mètres 40 centimètres dans les tranchées et les rochers, les nombres ainsi déterminés expriment la longueur de l'arête qui termine le sol de la voie, soit au-dessus du remblai, soit au-dessus des fossés destinés à l'écoulement des eaux.

COURS D'EAU NAVIGABLES OU FLOTTABLES. — A la rencontre des rivières flottables ou navigables, les Compagnies sont tenues de prendre toutes les mesures et de payer tous les frais nécessaires pour que le service de la navigation et du flottage n'éprouve ni interruption ni entraves pendant l'exécution des travaux.

COUSSINETS. — On donne ce nom aux pièces de fonte sur lesquelles le rail porte directement, et qui servent d'intermédiaires entre lui et le support proprement dit.

COUVERTURES DE CHAUME. — Établissement de ces couvertures en interdit. Distance à observer. Loi du 15 juillet 1845, art. 7, 9 et 10, p. 307. — Sont permises au delà de 20 mètres. Le Gouvernement peut faire supprimer toutes celles qui menacent la sûreté du chemin de fer, *id.*, art. 10, p. 308.

CRIME. — Est puni à part si le fait présente les caractères d'un crime ou d'une contravention.

CROISEMENT. — Point de croisement des trains; ordonnance du 15 novembre 1846, art. 25, p. 331. Le passage des voitures d'un chemin de fer d'une voie sur une autre, lorsqu'il se fait par une voie diagonale, est un croisement.

CROISEMENT DE NIVEAU. — Lorsqu'un chemin de fer rencontre une route ou un chemin ordinaire, et que la différence de niveau entre ces deux voies de communication n'est pas assez considérable pour que l'on puisse établir le croisement au moyen d'un pont, soit en dessus, soit en dessous, ce croisement a lieu de niveau, c'est-à-dire que les rails du chemin de fer et le sol de la route sont à la même hauteur. — Les croisements de niveau sont tolérés pour les chemins vicinaux, ruraux ou particuliers.— Il peut arriver que deux chemins de fer indépendants l'un de l'autre se croisent de niveau; ils donnent lieu, dans ce cas, à ce qu'on appelle une croisière.

CRIEURS dans les cours et bâtiments des stations et dans les salles d'attente. Autorisation spéciale; ordonnance du 15 novembre 1846, art. 70, p. 94 et 337.

DÉCHÉANCE contre les Compagnies concessionnaires des chemins de fer.— La déchéance a lieu contre les Compagnies : 1° si elles n'ont pas commencé et terminé leurs travaux dans les délais fixés par le cahier des charges; 2° si elles ne remplissent pas les diverses obligations qui leur sont imposées, et, par exemple, si elles ne satisfont pas en tout ou en partie et aux époques indiquées, à l'un quelconque des termes du remboursement stipulé par le cahier des charges. — Il est pourvu, dans les cas ci-dessus, à la continuation et à l'achèvement des travaux comme à l'exécution des autres engagements par le moyen d'une seconde adjudication, à moins que le retard ou la cessation des travaux, le retard dans l'exécution des engagements financiers de la Compagnie, ou l'interruption de l'exploitation, proviennent d'une force majeure régulièrement constatée.

DÉCISIONS MINISTÉRIELLES. — Les infractions ou décisions prises en exécution du cahier des charges, constituent des contraventions. Loi du 15 juillet 1845, art. 12, p. 312.

DÉMOLITION. — Est prononcée pour contravention à l'alignement, et exécutée à la requête des préfets. Loi du 15 juillet 1845, art. 11, p. 295.

DÉPÊCHES DU GOUVERNEMENT. — Ces dépêches, accompagnées des agents nécessaires au service, sont transportées gratuitement par les convois ordinaires sur toute l'étendue du chemin de fer.

DÉPENDANCES DU CHEMIN DE FER. — Toute partie de la grande voirie. Loi du 15 juillet 1845, art. 1er, p. 293.

DÉPOTS. — Défendus aux abords du chemin de fer. Loi du 15 juillet 1845, art 2 et la *note*, p.293, ordonnance du 17 juin 1721, p. 293. de matières inflammables ; loi du 17 juillet 1845, art. 7, p. 307. — Suppression d'office, *ibid.*, art. 10, p. 308.

DÉRAILLEMENT. — On dit qu'une machine, une voiture ou un train tout entier déraillent, lorsque, par suite d'une secousse ou du mauvais état de la voie, ils quittent les rails sur lesquels ils circulaient. Le déraillement est un des accidents les plus graves qui puissent arriver sur les chemins de fer, surtout lorsqu'il a lieu au moment où les convois sont lancés à grande vitesse.

DIMANCHES ET FÊTES. — Les Compagnies peuvent être autorisées à établir des prix différents pour les dimanches et fêtes.

DIRECTEUR DES CHEMINS DE FER. — Loi du 15 juillet 1845, art. 22, p. 316, ordonnance du 15 novembre 1846, *passim*. — Le directeur d'une Compagnie de chemin de fer est, en général, le représentant de la Compagnie pour tout ce qui concerne le service actif. Ainsi il dirige l'exécution et l'exploitation du chemin de fer et le travail de tous les bureaux sous l'autorité du Conseil d'administration. Tous les agents et employés sont placés sous ses ordres. Les actions judiciaires sont exercées au nom de la Société, poursuites et diligences du directeur.

DOMICILE (Élection de) — C'est au lieu indiqué par les cahiers des charges que les Compagnies sont tenues de faire élection de domicile, pour y recevoir les notifications ou significations de l'autorité. Dans le cas de non-élection de domicile, ces notifications ou significations sont valablement faites au secrétariat général de la préfecture. — L'élection de domicile est aussi exigée par les statuts des Sociétés de chemins de fer, de tout actionnaire ayant une contestation avec une Compagnie. A défaut d'élection de domicile au siège principal de la Société, cette élection a lieu de plein droit au parquet du procureur du roi pour les significations judiciaires et extra-judiciaires.

EAUX (écoulement des). — Clauses du cahier des charges. — Contraventions. Loi du 15 juillet 1845, art. 3, à la *note*, p. 293. — Libre écoulement, *id.*, art. 12, p. 312. — Les Compagnies sont tenues de rétablir et d'assurer à leurs frais l'écoulement des eaux dont le cours est arrêté, suspendu ou modifié par les travaux dépendant de l'entreprise, p. 308.

ÉGALITÉ entre tous les entrepreneurs de transports industriels, en rapport avec les Compagnies, p. 104 et suivantes, 352.

ÉLAGAGE DES ARBRES PLANTÉS.—Loi du 15 juillet 1845, art. 2, p. ?93, 298 et la note.

EMPLOYÉS DES CHEMINS DE FER. — Cas où ils peuvent requérir l'assistance des agents de la force publique. Ordonnance du 15 novembre 1846, art. 68, p. 356. — Ils doivent porter un signe distinctif et un uniforme, p. 358 et 221.

ENCEINTE DES CHEMINS DE FER. — Défenses aux personnes étrangères de s'introduire dans l'enceinte des chemins de fer. Ordonnance du 15 novembre 1846, art. 61, p. 354. — Fonctionnaires et agents exceptés de cette défense, *ibid*, p. 355. — Expulsion de toute personne étrangère, *ib.*, art. 68, p. 356. — Dépôt de matériaux, *ibid*, art. 61, p. 354.

ENREGISTREMENT des jugements, contrats, quittances et autres actes faits par suite d'expropriation. Loi du 3 mai 1841, art. 58, p. 254.

ENTRETIEN DES CHEMINS DE FER. — Une des principales obligations imposées aux Compagnies par les cahiers des charges, est d'entretenir en bon état le chemin de fer et toutes ses dépendances, de manière que la circulation soit toujours facile et sûre. Les frais d'entretien et ceux de réparation, soit ordinaires, soit extraordinaires, restent entièrement à la charge des Compagnies.

ENTREPOT DANS LES GARES ET MAGASINS. — Frais, règlements. Ordonnance du 15 novembre 1846, art. 47, p. 342.

ENTREPRENEURS des travaux du chemin de fer. — Loi du 15 juillet 1845, art. 3, § dernier, p. 249. — Droits et priviléges qui leur sont attribués pour l'extraction, le transport et le dépôt des terres et matériaux. Loi du 3 mai 1841, loi du 15 juillet 1845.

ENTREPRISES de transport de voyageurs ou de marchandises. — Arrangements avec ces Compagnies. Loi du 15 juillet 1845, art. 12 et 14, p. 312 et 314.—Peines contre les Compagnies dans le cas où ces arrangements ne seraient pas également consentis en faveur de toutes les autres entreprises desservant les mêmes routes; *ibid*. — Vérification des conditions des traités passés avec les Compagnies; ordonnance du 15 novembre 1846, art. 52, p. 352.— Groupage de colis, p. 99, 340,

ENTRE-VOIE. — C'est l'espace laissé entre deux voies d'un chemin de fer pour que les voitures qui circulent sur les deux voies puissent passer les unes auprès des autres sans se rencontrer. Sa largeur est portée, d'après les cahiers des charges, à 1^m,80.

ESSIEUX des locomotives, des tenders, et des voitures de toute espèce. — Construction en fer martelé de premier choix. Ordonnance du 15 novembre 1836, art. 8, p. 323. — Numéro d'ordre poinçonné sur chaque essieu; *ibid.*, art. 9. Le fer est le métal exclusivement employé pour la fabrication des essieux des voitures de chemin de fer. La fonte est trop fragile et ne résisterait pas aux chocs résultant de la grande vitesse.

ÉTAT DESCRIPTIF DES LIEUX. — Les Compagnies font dresser à leur frais, et contradictoirement avec l'administration, une état descriptif des ponts, aqueducs et autres ouvrages d'art qui ont été établis en formant une condition des cahiers des charges. Une expédition dûment certifiée de cet état descriptif est déposée, aux frais des Compagnies, dans les archives de l'administration des ponts et chaussées.

EXCAVATIONS. — Près des chemins de fer de remblai ne peuvent être faites qu'à une certaine distance, p. 307. — Fixation de cette distance, *idem*. — Les règlements généraux sur la grande voirie sont applicables aux excavations près des chemins de fer, p. 307, *note*. — L'administration peut faire supprimer toutes celles qui menacent la sûreté du chemin, *idem*. — Alors même qu'elles auraient été établies avant le chemin, p. 308. — Mais on ne peut statuer qu'après communications de la demande au concessionnaire.

EXPLOITATION DES CHEMINS DE FER. — Lorsque l'exploitation d'un chemin de fer est interrompue en tout ou en partie, l'administration doit prendre immédiatement les mesures nécessaires pour assurer provisoirement le service. Dans ce cas, l'adjudicataire, s'il ne justifie pas des moyens de reprendre ou de continuer l'exploitation, et s'il ne l'a pas effectivement reprise dans le mois de l'organisation du service provisoire, peut être déclaré déchu de sa concession par le ministre des travaux publics. Cette déchéance ne devrait cependant pas être prononcée, si l'interruption dans le service provenait de force majeure régulièrement constatée. — *Cahiers des charges.*

EXPLOSION DE MACHINES ET DE CHAUDIÈRES A VAPEUR. — En cas d'accidents de ce genre, l'ordonnance du 22 mai 1843, art. 75, oblige l'autorité locale à se transporter sur les lieux; l'ingénieur des mines ou des ponts et chaussées de la circonscription, est tenu de faire un rapport au préfet du département.

Explosion de matières. — Les matières y donnant lieu doivent être l'objet d'une déclaration spéciale, ordonnance du 15 novembre 1846, art. 66.p. 356.

Expropriation pour cause d'utilité publique. — Loi du 3 mai 1841. — Texte, p.225 . — Modification importante de l'art. 3, p. 367. — Application de cette loi aux entreprises de chemins de fer, p. 9. — Terrains nécessaires, p. 10. — Formalités exigées par l'expropriation, p. 17. — Marche de la procédure, p. 36. — Conséquence de l'expropriation quant aux priviléges, hypothèques et autres droits réels, p. 47. — Fixation des indemnités, *id.* — Mode, p. 50. — Cessions amiables. p. 29. Paiement du prix, p. 60. — Quittances, p. 254. — Significations et notifications faites, p. *id.* — Cas où l'expropriation est poursuivie par les Compagnies et où elle est poursuivie par l'État, p. 51. — Prise de possession d'urgence, p. 34, 257.

Flammèches. — Appareils pour en empêcher la sortie. Ordonnance du 15 novembre 1846, art. 11, et la *note,* p. 324.

Flotteur d'alarme. — Chaque chaudière doit en être pourvue.

Force majeure. — Définition, p. 131. — Commissionnaire, transport de marchandises. p. 131 et suiv.

Force publique. — Réquisition par les employés des chemins de fer. Ordonnance du 15 novembre 1846, art. 68, p. 356.

Frais d'expropriation. — Loi du 3 mai 1841, art. 40-41, p. 248. — Taxe par le magistrat directeur du jury, p. *id.* — Tarif, ordonnance du 18 septembre 1833, *texte,* p. 262 et suiv.

Frein. — Ordonnance du 16 novembre 1846, art. 18, p. 326. — Frein du tender et des voitures, *id.*, art. 26, p. 332. — Manœuvre du frein du tender, ordonnance du 15 novembre 1846, art. 36, p. 336. — On se sert du mécanisme du frein pour enrayer les voitures des chemins de fer, lorsqu'on veut les empêcher de prendre une trop grande vitesse sur les pentes ou faciliter l'arrêt d'un convoi à l'approche des stations. On ne fait jamais agir le frein directement sur les roues de la locomotive, mais bien sur le tender qui la suit. Les mécanismes employés pour faire agir les freins sont extrêmement nombreux ; mais quel que soit le mode de construction de ce mécanisme, son effet se réduit toujours à l'application d'une pièce de bois circulaire, embrassant un axe plus ou moins long de la jante de la roue contre laquelle il vient s'appliquer, et produisant sur cette jante un frottement qui ralentit et même arrête tout à fait son mouvement de rotation.

GARDES-BARRIÈRES. — Ces employés sont préposés à la garde et au service des chemins de fer. Ils peuvent être armés d'un sabre. Ordonnance du 15 novembre 1846, art. 73, p. 358.

GARDES CHAMPÊTRES. — Droit d'entrée dans l'enceinte des chemins de fer; ordonnance du 15 novembre 1846, art. 62, p.

GARDES FORESTIERS. — Droit d'entrée dans l'enceinte des chemins de fer. Ordonnance du 15 novembre 1846, art. 62, p. 354.

GARDES-LIGNES. — Ces employés sont placés le long des chemins de fer. Leurs fonctions consistent à parcourir, avant le passage des trains, la section confiée à leur surveillance, afin de s'assurer que rien, sur les rails ni au dehors des voies, ne puisse entraver la marche des trains.

GARES. — Lieux de stationnement autorisé pour le service des voyageurs ou des marchandises. Ordonnance du 15 novembre 1846, art. 28, p. 333. — Admission du public. *Ibid.*, art. 57. 353.

GARES D'ÉVITEMENT. — Les cahiers des charges prescrivent l'établissement d'un certain nombre de gares d'évitement. Le nombre, l'étendue et l'emplacement de ces gares sont déterminés par l'administration, la Compagnie préalablement entendue. — Les gares d'évitement sont des portions de voie supplémentaires d'une certaine longueur, pratiquées de distance en distance et entées sur la voie principale. — Lorsque deux convois se rencontrent, l'un d'eux quitte la voie principale et se range momentanément dans la seconde voie pour laisser passer l'autre.

GARES OU PORTS SECS. — Les Compagnies sont tenues d'établir, pour le service des localités traversées par le chemin de fer ou situées dans le voisinage de ce chemin, des gares ou ports secs destinés tant aux stationnements qu'aux déchargements, et dont le nombre, l'emplacement et la surface sont déterminés par l'administration après enquête préalable.

HOMICIDE. — Dans le cas de destruction ou de dérangement de la voie de fer et d'entraves à la marche des convois. — Peines. Loi du 15 juille 1845, art. 16 et 17, p. 326.

IMPOT DU TRÉSOR sur le prix des places. Loi du 2 juillet 1838, p. 292. — Décisions diverses, *ib.*

INDEMNITÉS dues aux propriétaires des terrains expropriés ou aux autres intéressés. Loi du 3 mai 1841, p. 24. — Règlement des indemnités par un jury spécial, p. 47. — Fixation des indemnités, règles à suivre. p. 51, 58. — Paiement des indemnités, p. 60. — Indemnité dans le cas de suppression de constructions, plantations. Loi du 15 juillet 1845, art. 10, p. 308. — Règlement de cette indemnité. Loi du 3 mai 1841, titre V et suivants, p. 253.

INGÉNIEUR DES MINES. — Attributions spéciales. Loi du 15 juillet 1845, art. 12, p. 312. — *Id.*, art. 23, p. 316. — Ordonnance du 15 novembre 1846, art. 39, p. 337; — art. 42, p. 338; — art. 51, p. 351; — art. 55, 56, 57, p. 353.

INGÉNIEURS DES PONTS ET CHAUSSÉES. — Attributions spéciales. Ordonnance du 15 novembre 1846, art. 39, p. 337. — Art. 42, p. 38; — art. 51, p. 351; — art. 55, 59, p. 353.

INSPECTEUR de la ligne télégraphique. — Locomotive mise à sa disposition en cas de rupture du fil télégraphique. — Transport gratuit au lieu de l'accident. (*Cahier des charges.*)

IVRESSE. — Voyageurs en état d'ivresse; l'entrée des voitures leur est interdite. — Ordonnance du 15 novembre 1846, art. 65, p. 356.

JUGE DE PAIX. — Affirmation devant ce magistrat des procès-verbaux. Loi du 15 juillet 1845, art. 24, p. 316.

JUGEMENT D'EXPROPRIATION. — Publication et affiche. Loi du 3 mai 1841, art. 14 et 15, p. 235. *Ib.*, art. 16 et 17, p. 237. — Recours contre le jugement d'expropriation, *ib.*, p. 43. Pourvoi en cassation, p. 45.

JURY SPÉCIAL. — Règlement des indemnités dans le cas d'expropriation. Loi du 3 mai 1841, p. 243 et suiv. — Choix du jury, *idem.* — Décision, *idem.*

LACET (Mouvement de). — Les oscillations transversales auxquelles sont sujettes les voitures des chemins de fer, et qu'on appelle *mouvement de lacet*, proviennent en grande partie du jeu que l'on est obligé de donner aux roues à rebord entre les rails, pour que ces rebords ne frottent pas continuellement des deux côtés, ce qui donnerait un tirage énorme. Elles peuvent provenir aussi d'une imperfection dans la pose de la voie. Les mouvements de lacet deviennent plus sensibles sur les chemins dont le matériel est mal entretenu, par le jeu que les essieux peuvent prendre dans le sens de leur longueur dans leurs coussinets.

LETTRE DE VOITURE. — Ce que c'est, p. 361. — Délivrance à l'expéditeur. Ordonnance du 15 novembre 1846, art. 50, p. 347. Forme, Code de commerce, art. 101 et 102, p. 361. — Timbre, *ibid.* — Feuilles des bulletins remis aux conducteurs, p. 351.

LIBRE PARCOURS. — Les Compagnies concessionnaires de chemins de fer d'embranchement ou de prolongement, ont la faculté, moyennant des prix déterminés par les tarifs, et l'observation des règlements de police et de service, de faire circuler sur la ligne principale leurs voitures, wagons et machines. Le droit de libre parcours, qui est réciproque, est accordé par tous les cahiers des charges.

LIGNE D'EMBRANCHEMENT. — Croisement avec la ligne principale. Ordonnance du 15 novembre 1846, art. 37, p. 336. *Id.*, art. 52, p. 352.

LOCOMOTIVE REMORQUANT UN TRAIN. — Interdiction d'y monter. Ordonnance du 15 novembre 1846, art. 39, p. 337. — Permission spéciale et écrite, *ibid.* — Personnes exceptées, *ibid.*

MACHINE DE RENFORT. — Cas où l'emploi de cette machine est nécessaire; mention sur un registre. Ordonnance du 15 novembre 1846, art. 20, p. 328.

MACHINES LOCOMOTIVES. — Mise en service. Ordonnance du 15 novembre 1846, art. 7, p. 323. — Nom du chemin de fer et numéro d'ordre, p. *idem.* — Défense d'atteler plus de deux locomotives, art. 20, p. 328. — Cas exceptionnel, consignation des motifs sur un registre, art. 20, p. *idem.*

MACHINES DE SECOURS OU DE RÉSERVE. Ordonnance du 15 novembre 1846, art. 40, p. 337.

MACHINES ISOLÉES. — Circulation. Ordonnance du 15 novembre 1846, art. 25 et 28, p. 331 et suiv. Accident, signal, *id*, art. 32, p. 334.

MATÉRIAUX COMBUSTIBLES. — Suppression. Loi du 15 juillet 1845, art. 10, p. 308.

MATÉRIAUX nécessaires à la confection des chemins de fer. — Loi du 15 juillet 1845, art. 3. § dernier, p. 294.
Arrêt du Conseil du 22 juin 1806, *lisez* du 7 septembre 1755, p. 271.
Législation sur la matière, p. 271 et les notes. — Les droits et adjudications des ouvrages indiquent les lieux d'extraction, p. 272 et suiv. — Exception en faveur des propriétés closes, *idem.* Ce qu'on doit entendre par clôture, p. 66. A quelle propriété s'applique l'exception de clôture, *idem.* — Ancien arrêt, p. 276. — Il est applicable dans toute la France, p. 67. — Peut-on clore après désignation, p. 69. — La désignation appartient au préfet, p. 71. — Droit du préfet hors de son département, p. 72. — Les fournisseurs de matériaux ne peuvent revendiquer le droit d'extraction ? Contestation, compétence, p. 76. — Opposition à l'exécution des arrêtés, peines encourues,

p. 75. — **Extractions** dans les bois et forêts soumis au régime forestier, p. 70, 279 et suiv.

Matériel d'exploitation. — Surveillance; ordonnance du 15 novembre 1846, art. 56, p. 353. Les cahiers des charges obligent les Compagnies à entretenir en bon état les locomotives et wagons et à les renouveler au fur et à mesure des besoins.

Matières inflammables. — Elles ne peuvent être admises dans les convois portant des voyageurs, ordonnance du 15 novembre 1846, art. 21, p. 380. — Transport id., art. 66, p. 356. — Dépôt de matières inflammables, distance. — Loi, 15 juillet 1845, art. 7, 9 et 10, p. 307, 308.

Mécaniciens. — Conditions d'admission, certificats de capacité; ordonnance du 15 novembre 1846, art. 74, p. 358.

Mécanicien conducteur. — Ordonnance du 15 novembre 1846 art. 18, p. 315. Mesures de précaution et de surveillance; id. art. 26, 27, p. 332, 333. — Ralentissement de la marche, art. 31 et 36, p. 334. — Modération de la vitesse au point de croisement d'une ligne d'embranchement avec la ligne principale et à l'approche des stations d'arrivée, id. p. 336. Signal de l'approche du train, sifflet à vapeur, id. art. 38, *ibid.*

Médicaments en cas d'accident. — Stations désignées par le ministre; ordonnance du 15 novembre 1846, art. 75, p. 358.

Menaces par écrit ou verbales. — Loi du 15 juillet 1845, art. 15 p. 314.

Meules de paille ou de foin. — Établissement de ces meules près des chemins de fer desservis par les machines à feu. — Distances. Loi du 15 juillet 1845, art. 7, 9 et 10, p. 307 et suiv.

Mines. — Exploitation des mines ou carrières. — Loi, 15 juillet 1845, art. 3 et *note*, p. 303. — Lorsque la ligne d'un chemin de fer traverse un sol déjà concédé pour l'exploitation d'une mine, l'administration détermine les mesures à prendre pour que l'établissement du chemin de fer ne nuise pas à l'exploitation de la mine, et réciproquement. — (*Clauses des cahiers des charges.*)

Navigation. — Clause des cahiers des charges; loi du 16 juillet 1845, art. 12, p. 312.

Niveau de l'eau dans les chaudières à vapeur. — Ordonnance du 15 novembre 1846, art. 36, p. 336.

OCCUPATION TEMPORAIRE DE TERRAINS. — L'occupation temporaire de terrains n'exige pas une expropriation pour cause d'utilité publique, p. 287. — Désignation des lieux, *idem*. — Avertissement à donner au propriétaire, p. 288. L'indemnité ne doit pas être préalable, p. 290. — Compétence sur les difficultés, p. 77.

OCTROIS. — Préposés. — Ordonnance du 15 novembre 1846, art. 62, p. 354.

OFFRES de l'administration ou des Compagnies aux propriétaires intéressés. — Loi du 3 mai 1841, art. 23 à 28, p. 241 et suiv, art, 40, p. 248, art. 54, p. 253, art. 59, p. 255. — Notification et publication des offres, p. 241. — Délai de l'acceptation, *idem*. — Citation devant le jury en cas de refus, art. 28, p. 242.

ORDRES DE SERVICE. — Communication. — Ordonnance du 15 novembre 1846, art. 43, p. 250.

OUVRAGES D'ART. — Conservation des ouvrages d'art; loi, 15 juillet 1845, art. 2, p. 293. — Surveillance; ordonnance du 15 novembre 1846, art. 55, p. 253.

PACAGE DES BESTIAUX. — Loi du 15 juillet 1845, art. 2 et en note, arrêt du Conseil du 16 décembre 1759, p. 295.

PAQUETS (porteurs de). — Cas où l'entrée des voitures leur est interdite. Ordonnance du 15 novembre 1846; art. 65, p. 356.

PASSAGES A NIVEAU. — Éclairage de ces passages. Ordonnance du 15 novembre 1846, art. 6, p. 322. — Arrivée des trains à ces passages; *ibid.*, art. 38, p. 336.

PATENTE. — Concessionnaires, p. 116.

PENTE. — Le maximum des pentes et rampes du tracé du chemin de fer ne doit pas, en général, excéder 5 millimètres par mètre. On entend par pente d'une surface, son inclinaison par rapport à un plan horizontal, cette inclinaison étant prise dans le sens de la descente. Le mot de rampe sert à désigner cette inclinaison lorsqu'on la considère dans le sens de la montée.

PLANS INCLINÉS. — Circulation des trains, mesure de précaution. Ordonnance du 15 novembre 1846, art. 29, p. 333.

PLANTATION. — Distance à observer, loi du 15 juillet 1845, art. 3 en note. Décret du 11 décembre 1811, art. 90, p. 298.

PLATE-FORME TOURNANTE OU PLAQUE. — On se sert des plates-formes tournantes pour faire passer les voitures d'une voie sur une autre, sans le concours des aiguilles. Elles sont établies au niveau de la voie et portent des rails comme la voie ordinaire. La plaque tournante est portée à son centre sur un pivot ; à une certaine distance du centre, par des galets sur lesquels elle repose également, et qui roulent sur un cercle métallique établi au fond d'une cage en maçonnerie parallèlement à la plaque supérieure, pour faciliter son mouvement de rotation autour du pivot. Lorsqu'on veut s'en servir, on fait avancer la voiture qui doit changer de voie, de manière qu'elle porte tout entière sur la plaque tournante. Alors on imprime à la plaque tournante un mouvement de rotation autour de son pivot jusqu'à ce que les rails dont elle est munie, et sur lesquels repose la voiture, soient dans la direction de la voie sur laquelle doit passer cette voiture. A ce moment, on arrête la plaque tournante, on pousse la voiture sur la nouvelle voie, et si l'on a d'autres voitures à faire passer, le même mouvement recommence pour chacune d'elles.—Les plates-formes doivent, d'après les cahiers des charges, être de bonne et solide construction.

POLICE DES CHEMINS DE FER. — Règlement d'administration publique. Ordonnance du 15 novembre 1846, p. 317. — Voyez *Règlement général*.

PONTS. — Les ponts à construire à la rencontre des routes royales ou départementales et des rivières ou canaux de navigation et de flottage, ne peuvent être entrepris qu'en vertu de projets approuvés par l'administration supérieure. Quant à la construction des ponts à la rencontre des chemins vicinaux et des cours d'eau non navigables ni flottables, elle peut être autorisée par le préfet du département, sur l'avis de l'ingénieur des ponts et chaussées, et après les requêtes d'usage.

PONTS ET CHAUSSÉES. — Agents. Ordonnance du 15 novembre 1846, art. 51, p. 351. — Attributions spéciales, *id.*, art. 55, p. 353.

PORTIÈRES DES VOITURES. — Fermeture avant le signal du départ. Ordonnance du 15 novembre 1846, art. 26, p. 332.

POURVOI EN CASSATION. — Délai en matière d'expropriation, p. 239. —Formes, p. 43 et suiv.

PRÉFET DE POLICE. —Attributions conférées à ce fonctionnaire par le règlement général sur les chemins de fer. Ordonnance du 15 novembre 1846, art. 72, p. 358. — Centralisation, p. 357.

PRÉFETS. — Significations et notifications dans le cas d'expropriation. Loi du 3 mai 1841, art. 57, p. 254. — Notification des procès-verbaux de contravention. Loi du 15 juillet 1845, art. 13, p. 313. — Arrêtés pris sous l'approbation du ministre des travaux publics pour

l'exécution des ordonnances ou décrets portant règlement d'administration publique sur la police, la sûreté et l'exploitation des chemins
de fer; *ib*, art. 21, p. 315. Arrêtés relatifs à l'octroi, stationnement
et circulation des voitures dans les cours dépendantes des stations. Ordonnance du 15 novembre 1846, art. 1er, p. 319. — Autorisation de
mise en service des voitures de voyageurs ; *ib.*, art. 13, p. 325. —
Communication au préfet du département des ordres de service ; *ib.*,
art. 43, p. 339. — Transmission, par les Compagnies, des tableaux
des prix de transport ; *ib.*, art. 45, p. 340. — Avis, par les Compagnies, des changements faits aux prix autorisés ; *ib.*, art. 49, p. 344.

PRIVILÉGES ET HYPOTHÈQUES sur les immeubles expropriés. Affran-
chissements, formalités. Loi du 3 mai 1841, art. 14 et suivants, p. 235.

PROCÈS-VERBAUX contre les concessionnaires des chemins de fer. —
Loi du 15 juillet 1845, art. 12, 13, p. 312. — Fonctionnaires ou agents
pouvant constater les crimes, délits ou contraventions ; *ib.*, art. 23,
p. 316. — Foi due aux procès-verbaux des délits et contraventions,
art. 24, p. *id.* Délai d'affirmation ; *ibid.*, p. *id.*

PRODUITS NETS. — Partage de l'État avec les Compagnies; ordonnance du 15 novembre 1846, art. 54, p. 352.

PUITS D'AÉRAGE OU DE CONSTRUCTION DES SOUTERRAINS. — Ces puits
ne peuvent avoir leur ouverture sur aucune voie publique, et là où
ils sont ouverts, ils doivent être entourés d'une margelle en maçonnerie de deux mètres de hauteur. — (*Clause générale des cahiers
des charges.*)

QUAIS DES CHEMINS DE FER. — Admission du public. Ordonnance du
15 novembre 1846, art. 37, p. 336.

RAILWAY. — Ce mot est employé comme synonyme de chemin de
fer. Il signifie route à rails ou à barres.

RAILS. — Les rails sont des pièces de fer laminé de 4 mètres 50 centimètres. Ils reposent et sont fixés sur des traverses, assis ou enchâs-
sés sur des coussinets, et serrés par des coins. La pose des rails est
l'opération qui termine la construction d'un chemin de fer.

RÉBELLION contre les agents des chemins de fer dans l'exercice de
leurs fonctions. — Loi du 15 juillet 1845, art. 25, p. 317, et Code
pénal, art. 209 et suiv.

RÉCÉPISSÉ des colis de marchandises. Ordonnance du 15 novembre
1846, art. 50, p. 347.

RÉCLAMATIONS des voyageurs. Ordonnance du 15 novembre 1846, art. 76, p. 359. — Registre dans chaque station ; *ib.*, art. 77, p. *id.*

REGISTRE DES DÉPENSES ET RECETTES DES COMPAGNIES. Ordonnance du 15 novembre 1846, art. 50, p. 347.

RÈGLEMENT GÉNÉRAL sur la police des chemins de fer. C'est l'ordonnance du 15 novembre 1846, p. 317. — Exemplaires affichés aux abords des bureaux des chemins de fer et dans les salles d'attente. Ordonnance du 15 novembre 1846, art. 78, p. 359. — Extraits délivrés aux divers agents ; *ibid.*, p. *id.* — Contraventions, poursuites et répressions ; *ib.*, art 79, p. *id.*

RÈGLEMENT D'ADMINISTRATION PUBLIQUE. — Ce que c'est, p. 317. Les contraventions à ces règlements et aux arrêtés pris par les préfets pour leur exécution, sans l'approbation du ministre des travaux publics, sont punies conformément à l'art. 21 de la loi du 15 juillet 1845, p. 315.

RÈGLEMENT de service intérieur des Compagnies. — Approbation du ministre des travaux publics. Ordonnance du 15 novembre 1846, art. 60, p. 354.

REMBLAIS des chemins de fer. — Excavation pratiquée par les riverains, autorisation préalable. Loi du 15 juillet 1845, art. 6, p. 307. Suppression d'office ; *ibid.*, art. 11, p. 309. — La construction des chemins de fer donne lieu à de fréquents remblais. On appelle ainsi les masses de terre provenant d'une excavation ou d'une tranchée, et qui sont déposées sur le sol naturel pour l'exhausser ou pour être utilisées sur les côtés de la ligne des chemins de fer.

RESPONSABILITÉ des concessionnaires ou fermiers des chemins de fer ou de l'État. — Dommage causé. Loi du 15 juillet 1845, art. 22, p. 316. — Perte et avarié des bagages et des marchandises, p. 137. — La responsabilité s'étend aux faits de leurs agents, p. 126-146.

RETARD. — En cas de retard dans l'arrivée des marchandises, les Compagnies sont-elles tenues de les garder pour compte? p. 129. *Quid* en cas de force majeure? p. 131 et suiv.

RETARD DES TRAINS pour les parcours. — Registres spéciaux; mention des retards; communication des registres. Ordonnance du 15 novembre 1846, art. 42, p. 338.

RÉUNION SÉDITIEUSE. — Destruction de la voie de fer. Loi du 15 juillet 1845. art. 17, p. 314. — Peines ; *ibid.*, p. 315.

Roues en fonte. — Emploi de ces roues interdit. Ordonnance du 15 novembre 1846, art. 10, p. 324.

Routes impériales et départementales. — Le déplacement de ces routes pour l'exécution des chemins de fer ne peut être entrepris qu'en vertu de projets approuvés par l'administration supérieure.

Serment des agents des chemins de fer. — Loi du 15 juillet 1845, art. 24, p. 316.

Siége social. — Les statuts des Compagnies de chemins de fer fixent le siége de la Société. C'est là qu'est le domicile légal des Compagnies. C'est par conséquent devant les juges de ce domicile que les Compagnies de chemins de fer, qui constituent des Sociétés de commerce, doivent être assignées d'après les art. 59 n° 5, et 69 n° 6 du Code de procédure civile. — Mais, *quid* si les Compagnies ne donnaient ni récépissé ni lettre de voiture ? p. 119.

Sifflet a vapeur. — Emploi de ce signal par le mécanicien-conducteur. Ordonnance du 15 novembre 1846, art. 38, p. 336. — Le sifflet à vapeur est placé sur le dôme de la chaudière de la locomotive et à portée du conducteur. Le jeu de ce sifflet est produit par un échappement de la vapeur de la chaudière avec laquelle il est mis en communication au moyen d'un robinet que le mécanicien peut ouvrir et fermer à volonté. Pour augmenter l'éclat du son, on surmonte le tube d'une petite cloche en métal mince, contre laquelle la vapeur vient frapper en produisant un sifflement vif et aigu qui s'étend fort loin.

Signal d'alarme en cas d'accident. — Ordonnance du 15 novembre 1846, art. 23, p. 331.

Signal d'arrêt. — Ordonnance du 15 novembre 1846, art. 31, 32, p. 334.

Signal de départ des trains des voyageurs. — Ordonnance du 15 novembre 1846, art. 26, p. 332.

Signaux (Système de). — Adoption par les Compagnies. — Modifications. Ordonnance du 15 novembre 1846, art. 35, p. 335. — Établissement de signaux à l'entrée et dans l'intervalle des stations. Ordonnance du 15 novembre 1846, art. 31, p. 334.

Souterrains. — Passage des souterrains. — Éclairage. Ordonnance du 15 novembre 1846, art. 24, p. 331. — Circulation des trains ; mesures de précautions ; id, art. 29, p. 333. — Modération de la vitesse des trains, art. 58, p. 353.

Stations. — Éclairage des stations et de leurs abords. Ordonnance du 15 novembre 1846, art. 6, p. 322. — Temps d'arrêts des convois aux stations; heure déterminée; *ibid.*, art. 27, p. 332. — Signaux à l'entrée et à l'approche des stations; *ibid.*, art. 38, p. 336.— Modération de vitesse; *ib.*, art. 37, p. *id.*

Statuts. — Lorsqu'une Société est formée pour l'exécution et l'exploitation d'entreprises considérables, telles que celles des chemins de fer, le but et les conditions de l'association, les droits et les obligations des associés sont déterminés par un acte de Société rédigé à cet effet et qui se nomme *Statuts.* — Les objets principaux réglés par les statuts sont : 1° La durée de la Société, le chiffre du fonds social, et le mode de paiement des actions; 2° la composition du Conseil d'administration et ses pouvoirs, celle de l'assemblée générale des actionnaires et ses attributions; 3° la reddition des comptes annuels et le mode de répartition des produits de l'entreprise; 4° le mode de liquidation de la Société lors de sa dissolution. — Les statuts des Sociétés anonymes sont soumis à l'examen du Conseil d'État, et doivent être approuvés par un décret ou ordonnance.

Surveillance. — Voyez *Agents de surveillance.*

Talus. — Conservation des talus. — Loi du 15 juillet 1845, art. 2, p. 293. — On appelle *talus* l'inclinaison que l'on donne aux terres que l'on extrait des tranchées.

Tarifs. — Mode d'application des tarifs approuvés. — Ordonnance du 15 novembre 1846, art. 52, p. 352.

Taxes et frais accessoires perçus par les Compagnies. — Homologation du ministre des travaux publics. Ordonnance du 15 novembre 1846, art. 44, p. 339. Tableaux des taxes et frais accessoires; *ib.*, art. 45, 47, 48, p. 340 et suiv.—Affiches dans les gares et stations; *ib.*, art. 48, p. 344.— Prix de transport non déterminé par les cahiers des charges; *id*, art. 46, p. 341.— Règlement annuel des frais accessoires; *ib.*, art. 47, p. 342. — Modifications, formalités; *ib.*, art. 49, p. 344.

Tender. — Frein, mouvement, interdiction. Ordonnance du 15 novembre 1846, art. 26, 36, 39. — Le mot *tender* est employé comme synonyme d'*allége* pour les chemins de fer. L'allége ou tender est un chariot d'approvisionnement qui porte l'eau et le charbon nécessaires à l'alimentation de la locomotive. Il se compose de deux parties : la caisse à eau et l'emplacement du charbon. La caisse à eau est complétement fermée; elle entoure l'espace dans lequel on dépose le coke.

Terrassement.—Ordonnance du 15 novembre 1846, art. 55, p. 353.

Tour de faveur. — Les Compagnies doivent effectuer avec soin, exactitude et célérité et sans *tour de faveur*, les transports des marchandises, bestiaux et objets de toute nature qui leur sont confiés. Ordonnance du 15 novembre 1846, art. 50, p. 347.

Trains de voyageurs. — Conditions à observer dans la composition d'un train. Ordonnance du 15 novembre 1846, art. 18, p. 326. — Cas où il est attaché plus d'une locomotive à un train; *ib.*, art. 20, p. 328. — Machine placée en tête réglant la marche, *ibid.* — Eclairage des trains pendant la nuit; *ib.*, art. 24, p. 331. — Arrêt sur la voie en cas d'accident, art. 32, p. 334. — Surveillance des agents; *ib.*, art. 37, p. 336.

Trains mixtes de voyageurs et de marchandises. — Mesures et conditions de sûreté. Ordonnance du 15 novembre 1846, art. 18, p. 326.

Traité des Compagnies avec les entreprises de transport de voyageurs et de marchandises. Égalité. Monopole des industries, p. 104 et suiv.

Transcription. — Exception en faveur des Compagnies. Loi du 3 mai 1841, art. 58-63, p. 254-256.

Transport de marchandises. — But principal des chemins de fer, p. 117. — Appliqué aux bagages, aux marchandises, aux animaux, p. 118. — Formation du contrat, p. 118. — Lettre de voiture, p. 119. — Obligation de la délivrer, sanction; *ib.* — Remise des objets; *ib.* — Bulletins et feuilles d'expédition, p. 120. — Devoirs et droits des Compagnies, p. 121 et suiv. — Responsabilité des Compagnies, p. 126 et suiv. — Défaut de transport dans le délai fixé, retard, fausse direction, p. 127 et suiv. — Cas de force majeure et fortuit, p. 131 et suiv. — Exemple de cas fortuit ou force majeure, 133 et 134. — Avaries ou perte des objets, p. 137 et suiv. — Étendue de la responsabilité p. 140. — Défaut de déclaration des valeurs, p. 143 — Faits des agents intermédiaires, p. 146 et suiv. — Action en responsabilité, prescription, p. 150 et suiv. — Actions réciproques des commissionnaires entre eux, p. 160 et suiv. — Sécurité des personnes et responsabilité des accidents, p. 164 et suiv. — Privilége du commissionnaire sur les marchandises transportées, p. 167 et 168. — Groupage des colis, p. 99, 340.

Uniforme des agents employés dans les chemins de fer. Ordonnance du 15 novembre 1846, art. 73, p. 458. — Sanction, p. 221.

Urgence (prise de possession d'). — Terrains bâtis soumis à l'expropriation. Loi du 3 mai 1841, art 65 et suiv., p. 257. — Déclaration d'urgence par un décret ou ordonnance; *ib.*, art. 65, p. *id.* — Fixation définitive de l'indemnité; *ib.*, art. 73, 74, p. 259.

Vendeurs ou distributeurs. — Ordonnance du 15 novembre 1846, art. 70 p. 357.

Voie de fer. — Destruction ou dérangement de la voie. Loi du 15 juillet 1845, art. 16, p. 314.—Obstacle, *ibid* — Peines ; *ib.*, art. 16 et 17, p. *id.* — Entretien. Ordonnance du 15 novembre 1846, art. 2, p. 321. — État de la voie ; *ib.*, art. 55, p. 353.

Voirie (Grande-). — Lois et règlements applicables aux chemins de fer. Loi du 15 juillet 1845, p. 292 et suivantes et les notes.

Voitures. — Ordonnance du 15 novembre 1846, art. 8. 9, 10, p. 323. — *id.*, art. 15, 16, p. 325. — Mise en service, art. 13, 14, 15, 16, p. *id.* — Nombre des voyageurs, art. 64, p. 355. — Voiture de chaque classe dans un convoi ordinaire ; *ib.*, art. 17, p. 326.— Nombre des voitures dont un train doit se composer ; *ibid.*, art. 18, p. *id.* — Moyens d'attache ; *ib.* art. 22, p. 330. — Défense de circulation dans la gare des voitures étrangères au service ; *ib.*, art 61, p. 354. — Commodité des voitures. Garnitures en crin, p. 209 et suiv.

Voitures des entrepreneurs de messageries. — Admission dans la composition des trains de voyageurs. Ordonnance du 15 novembre 1846, art. 22, p. 330.

Voyageurs. — Prescriptions particulières, Ordonnance du 15 novembre 1846, art. 63, p. 355. — Défense de fumer, *ibid.* — Personnes auxquelles l'entrée des voitures est interdite ; *ib.*, art. 65, p. 356. — Réclamations et plaintes ; *ib.*, art. 76, p. 359.

Wagon chargé des agrès et outils nécessaires en cas d'accident. Ordonnance du 15 novembre 1846, art. 41, p. 337.

FIN.

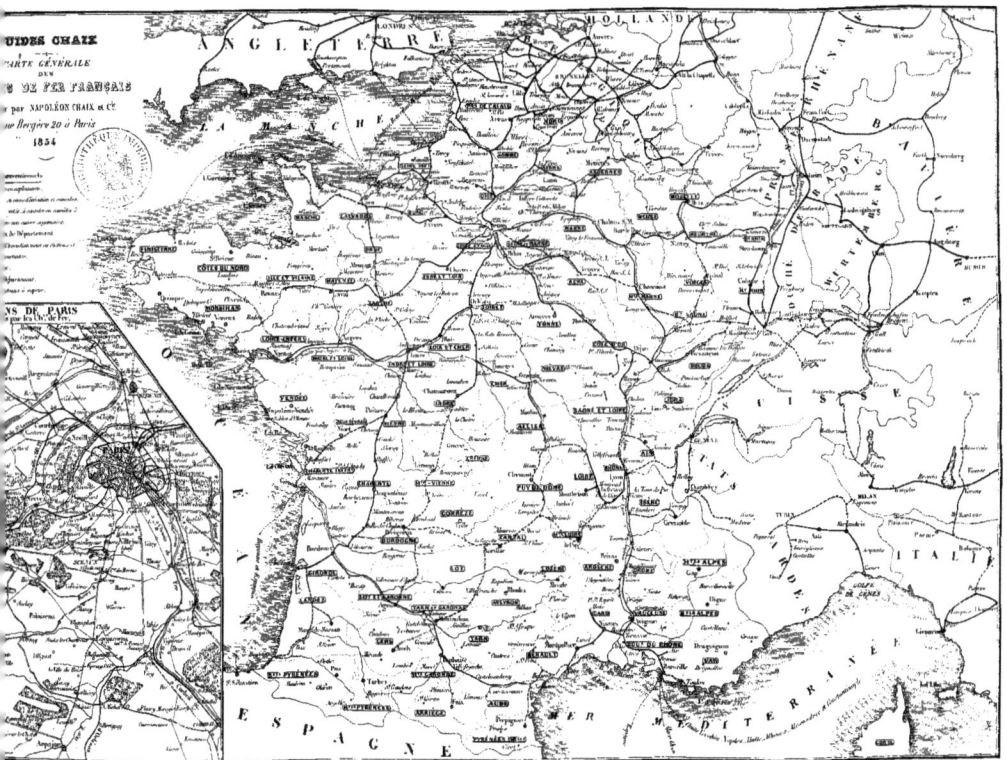

LIBRAIRIE CENTRALE DES CHEMINS DE FER

DE NAPOLÉON CHAIX & Cie

Rue Bergère, n° 20, près du boulevard Montmartre, Paris

BIBLIOTHÈQUE

DU VOYAGEUR

EN CHEMINS DE FER ET EN BATEAUX A VAPEUR

Jolie collection de Guides ornés de Cartes et de Gravures.

Prix de chaque volume : relié, 2 fr. — broché, 1 fr. 50 c.

La *Bibliothèque du Voyageur en Chemins de fer et en Bateaux à vapeur*, créée par nous, se compose d'une collection de *nouveaux Guides en France et à l'Étranger*, d'une série d'Atlas et de Cartes géographiques, et de plusieurs publications périodiques qui sont répandues dans toute l'Europe.

Cette *Bibliothèque* a ce mérite, que promettant des livres spéciaux aux Voyageurs, elle s'est renfermée strictement dans son cadre, et ne s'ouvre pas élastiquement pour donner place à des œuvres diverses sans rapports utiles avec les Voyages.

Les Chemins de fer ont conquis le temps et l'espace; ils ont supprimé les distances; ils ont rapproché les hommes et les sociétés. Ils ont permis de conduire les produits de toutes les zones vers les principaux marchés et vers les grands centres de consommation.

À des intérêts aussi grands, appelés réellement à changer la face du monde, il fallait une expression et des publications nouvelles.

Pour correspondre à ce désir et à ce besoin légitimes, depuis longtemps nous avons créé et fait paraître une série d'ouvrages ayant tous pour but de faire connaître et de développer les services des Compagnies de Chemins de fer ; nous avons dévoué en quelque sorte notre Établissement à cette spécialité, en rattachant sa fortune et son progrès au succès des nouvelles voies de communication et de transport.

La *Bibliothèque du Voyageur* est le manuel complet de quiconque se déplace pour ses plaisirs ou ses affaires ; les mille renseignements nécessaires y sont exposés avec ordre ; les détails les plus minutieux y ont trouvé place ; tous les besoins, tous les accidents sont prévus. Il suffit au Voyageur embarrassé de consulter avec intelligence nos ouvrages, pour apprendre tout ce qui lui est nécessaire de savoir. Il n'a plus à interroger ni à s'enquérir. Il n'est plus exposé aux erreurs des renseignements incomplets. Avec nos petits livres, son esprit peut être tranquille : ils contiennent toute la science pratique des Voyages.

Heures de départs, Correspondances, Points de Bifurcation des routes, Temps d'arrêt, Buffets, .Tarif des places, Composition des Trains de diverses classes ; Tarif du prix des Marchandises suivant les différentes vitesses, tout est prévu, tout est écrit.

Notre collection de *Guides* comprend toutes les lignes de Chemins de fer actuellement ouvertes, de telle sorte que chaque ligne, comme aussi chaque fleuve, chaque service de navigation à la vapeur sur mer ou sur nos grandes rivières, a son Guide spécial et particulier.

Le *Guide* suit pas à pas les routes de fer ou les fleuves ; il mentionne toutes les stations parcourues ; il donne l'histoire du pays que l'on traverse, la légende du monument ou du château que l'œil curieux interroge ; il fait ressortir les beautés du paysage ; il signale les montagnes, les collines, les forêts, les rivières ; il anime ce paysage en exprimant sa vie, sa couleur, ses harmonies.

Chaque *Guide* donne ainsi, à grands traits, l'histoire pittoresque et toujours vraie de tout ce qui intéresse le Voyageur. Ici, une chronique de deuil et de sang; là un souvenir de fête et de splendeur; dans ce château, une conquête de suzeraineté féodale; plus loin, un grand acte de la royauté, une mystérieuse légende d'abbaye, une ville avec les grandes luttes de sa charte et de sa commune jurée; plus loin une idylle, une douce expansion du cœur; enfin, toute la variété dont se compose l'unité de l'histoire de notre chère patrie, dont les moindres souvenirs ont droit à notre intérêt, à notre étude et à notre préférence.

De jolies gravures viennent s'ajouter au texte des *Guides*; elles représentent les vues des villes les plus importantes, des châteaux les plus curieux, des sites les plus remarquables.

Des Cartes géographiques complètent enfin ces *Guides*, en donnant en relief et en traduisant pour le regard le tableau du pays que parcourt le Voyageur.

Telle est notre *Bibliothèque du Voyageur* : véritable encyclopédie des Voyages, elle est écrite dans un style simple, mais vif, attrayant, coloré; aux renseignements utiles sur les lieux et les personnes, elle unit un véritable mérite littéraire. Elle s'adresse à tous les âges et à tous les sexes. En exposant toute la variété des faits, des coutumes, des traditions de nos provinces, elle est invariablement restée fidèle aux principes de la religion et de la morale.

En outre, chacun de nos *Guides*, d'un format portatif, se compose de 250 à 300 pages d'impression. Tous sont parfaitement reliés, et après être restés dans les mains du Voyageur pendant le temps qu'il a mis à parcourir les grandes lignes de fer ou les fleuves, nos jolis livres trouvent ensuite à occuper leur place dans une bibliothèque. Après un Voyage, on les consulte encore pour retrouver une émotion et un souvenir; et même leurs peintures sont si exactes et si fidèles, que ceux-là même qui n'ont pas le loisir des Voyages, parce que des devoirs ou des intérêts les retiennent à la même place, lisent avec plaisir ces petits ouvrages, qui les initient sans déplacement à toutes les curiosités de sites, de monuments, de villes qu'ils ne peuvent contempler.

Grâce à notre *Bibliothèque du Voyageur*, il ne faut qu'une

heure de loisir à l'homme affairé pour qu'il puisse promener son esprit à toutes les distances et dans toutes les parties de la France et de l'étranger.

Voici les volumes qui sont aujourd'hui en vente :

Nouveau Guide à Paris et dans ses environs.

— *Guide à Londres et dans ses environs.*

— *Guide de Paris à Nantes et dans ses environs*

— *Guide de Paris à Bordeaux et dans ses environs.*

— *Guide de Bordeaux aux Pyrénées.*

— *Guide de Paris à Limoges et à Clermont.*

— *Guide de Paris à Rouen, au Havre, à Dieppe, et dans leurs environs.*

— *Guide de Paris à Bruxelles et à Cologne.*

— *Guide sur les bords du Rhin et en Hollande.*

— *Guide de Paris à Rennes et à Brest.*

— *Guide sur les bords du Danube et à Constantinople.*

— *Guide sur les Paquebots du Levant dans la Méditerranée.*

— *Guide de Paris à Lyon et à la Méditerranée.*

— *Guide en Suisse.*

— *Guide de Paris à Strasbourg et à Bâle.*

Étude historique et descriptive de la ville de Strasbourg et de ses environs.

Almanach officiel des chemins de fer, des Bateaux à vapeur et de la Télégraphie électrique.

Conseils aux Voyageurs en Chemins de fer, en Bateaux à vapeur et en Diligence.

Livret-Chaix, Guide officiel des voyageurs.

Atlas chorographique des lignes de Rouen, au Havre et à Dieppe.

— *de la ligne de Strasbourg, Forbach et Bâle.*

Carte des Chemins de fer français, dans un étui.

— — *de l'Europe.* id.

Cartes spéciales de chaque ligne des Chemins de fer français, dans un étui.

Tous ces guides embrassent actuellement la France entière. Ils sont faits surtout au point de vue des Chemins de fer, et suivent les lignes de circulation. Ils mentionnent avec exactitude toutes les stations ; le parcours des voies ferrées est leur centre d'observation et d'étude. De ce centre ensuite de grands rayons s'étendent tout autour et pénètrent dans toutes les villes importantes où l'on trouve soit un souvenir historique, soit un monument intéressant.

Aujourd'hui cette jolie collection est une véritable histoire de France, qui sort toute vivante des ruines, des châteaux, des abbayes et des villes que l'on parcourt ou que l'on interroge.

Mais ces ouvrages, qui forment actuellement la *Bibliothèque du Voyageur,* ne doivent pas se borner seulement à notre pays.

Une nouvelle série de cette Bibliothèque est sous presse. De nouveaux Guides prendront les voyageurs à l'extrémité de nos Chemins de fer et à nos frontières, et de là, ils les conduiront dans tous les grands États de l'Europe. Ils passeront en revue toutes les grandes villes et toutes les capitales des royaumes, et ils compléteront ainsi la *Bibliothèque du Voyageur,* non plus seulement pour la France, mais pour toute l'Europe.

A côté de cette collection, d'autres ouvrages sont encore édités et mentionnés plus loin dans cet extrait de catalogue. Ces ouvrages traitent des questions de Chemins de fer, examinées et résolues au point de vue économique, statistique, financier, comme aussi au point de vue de la loi et de la jurisprudence.

A côté de cette vaste encyclopédie, et pour la compléter, des *Atlas chorographiques* des diverses lignes de chemins de fer, une grande *Carte des chemins de fer français,* une autre grande *Carte des chemins de fer d'Europe,* des *Cartes spéciales de chaque Ligne,* sont éditées pour suppléer à l'insuffisance des textes qui ne s'adressent qu'à l'esprit. D'un coup d'œil, avec ces Cartes, on peut embrasser le réseau complet des travaux gigantesques exécutés depuis quelques années, et qui sont destinés à changer dans un temps prochain les rapports économiques de tous les pays entre eux.

Chaque lecteur trouve ainsi dans son voyage une traduction matérielle des tableaux et des peintures renfermés dans la publication des *Guides.* L'exploitation tout entière des chemins de fer est résumée sous son regard : il voit l'étendue, la direction et les rapports entre eux de tous les moyens de circulation en France. Enfin, ces diverses Cartes expriment nettement aux yeux ce que les *Guides* disent à l'esprit.

Ce n'était pas assez que d'avoir rempli, avec la plus grande perfection possible, la collection qui forme la *Bibliothèque du Voyageur*, il fallait encore la rendre accessible à tout le monde, à toutes les fortunes par la modicité de son prix. Ce problème a été résolu, et les *Guides*, fixés au prix de 2 fr. reliés et de 1 fr. 50 c. brochés, offrent en librairie une réduction égale, quand on compare ce chiffre aux prix des anciens livres de voyage, à la réduction opérée par les chemins de fer dans le tarif de la circulation des personnes et des marchandises.

Grâce à cette modicité de prix, quiconque voyage peut acheter le *Guide* spécial à la ligne qu'il parcourt. Il trouve ainsi un moyen assuré d'ajouter un agrément nouveau à ses impressions de voyage.

Il n'a plus à consulter au hasard sur sa route ceux qui, trop souvent, ne peuvent répondre à aucune de ses demandes. Il n'a plus à subir le cicérone vantard et ignorant dont les improvisations maladroites sont le tourment du voyageur instruit qui a besoin de se recueillir pour bien voir.

Mais à l'aide de nos nouveaux *Guides*, chaque voyageur trouve tous les renseignements nécessaires sur les hommes, les choses, les monuments et les villes du pays qu'il visite, et à côté de cette statistique historique, descriptive et pittoresque sont encore des épisodes empreints de la couleur locale, et qui offrent dans une forme variée et attachante une lecture pleine de distraction et toujours instructive.

LIVRET-CHAIX

GUIDE OFFICIEL DES VOYAGEURS

sur les Chemins de Fer français

ET LES PRINCIPAUX CHEMINS DE FER ÉTRANGERS

ACCOMPAGNÉ DE

Cartes spéciales pour chaque Ligne

PUBLIÉ SOUS LE PATRONAGE DES COMPAGNIES.

Depuis 1846, l'Administration de l'Imprimerie centrale des Chemins de fer publie le **LIVRET-CHAIX**, qui forme un beau volume in-16 de plus de 250 pages, avec 10 jolies Cartes lithographiées ; il paraît une édition le premier de chaque mois.

Cet utile ouvrage est tenu exactement au courant de tous les changements de service qui surviennent *très-fréquemment* dans le mouvement des trains de voyageurs et de marchandises, dans les heures de correspondance de ces trains avec les Messageries et les Bateaux à vapeur, les Chemins de fer étrangers, etc.

Le **LIVRET-CHAIX** entre dans le détail des services divers de voyageurs ou de marchandises ; il donne les tarifs des différentes vitesses, la composition des trains, les cartes des lignes ; il ne se borne pas seulement aux chemins de fer français, il franchit la frontière et embrasse les chemins de fer étrangers et les bateaux à vapeur. Il s'adresse aux voyageurs comme aux marchandises ; il donne pour les uns les tarifs, pour les autres toutes les conditions de transport.

Le *Livret-Chaix* est le véritable Moniteur officiel et détaillé de la circulation générale des voyageurs et des marchandises dans toute l'Europe. C'est le livre des ministères, des ambassades, des consulats, de la direction des postes, de tous les services publics, et des grandes maisons industrielles et commerciales.

Cet ouvrage est divisé en trois parties :

La première contient le service des voyageurs, et les tarifs de transports des bagages, marchandises, chevaux, chiens et voitures, à *grande vitesse;*

La deuxième, le tableau comparatif de la classification des marchandises sur tous les chemins de fer; le tarif des prix de transport des marchandises par tonne et par kilomètre, ainsi que ceux des voitures, chevaux, bestiaux, houille, etc., à *petite vitesse;*

La troisième, les notices détaillées sur les industries, les hôtels et les restaurants que les voyageurs peuvent avoir intérêt de connaître dans les localités qu'ils parcourent.

Les personnes qui désirent recevoir à domicile les **12 VOLUMES PAR AN** de cette publication sont invitées à faire parvenir leur souscription à MM. NAPOLÉON CHAIX et Cⁱᵉ, rue Bergère, 20. Ces 12 volumes leur seront adressés au fur et à mesure de leur publication.

Prix de l'Abonnement : { PARIS. . . . . 8 fr.
DÉPARTEMENTS. 15

Prix de l'exemplaire : 60 centimes.

Le *Livret-Chaix* se trouve dans toutes les gares et stations de chemins de fer Français, Belges et Rhénans ; sur les chemins de fer Anglais ; les bateaux à vapeur du Rhin, de la Manche, de la Loire, du Rhône et de la Saône ; — sur les paquebots de la Méditerranée, etc., et chez les principaux Libraires.

L'INDICATEUR DES CHEMINS DE FER

SEUL JOURNAL OFFICIEL

PARAISSANT TOUS LES DIMANCHES

CONTENANT

Les Heures de Départ et d'arrivée des Trains, le prix des Places, les Tarifs de Bagages , etc., de tous les Chemins de fer,

Ainsi que leurs Correspondances par Diligences et Bateaux à vapeur

PUBLIÉ PAR

NAPÓLÉON CHAIX

AVEC LE CONCOURS ET SOUS LE CONTRÔLE DIRECT DES ADMINISTRATIONS
DE CHEMINS DE FER RÉUNIES.

Les Chemins de fer ont supprimé les distances ; ils sont aujourd'hui le moyen de transport accepté par tout le monde. En France, déjà plus de vingt millions de personnes circulent annuellement sur les lignes de fer ; en Angleterre, ce nombre est triple du chiffre de la population.

L'INDICATEUR est l'intermédiaire officiel entre le public et les Chemins de fer. Depuis quatre ans, l'INDICATEUR a donné tous les dimanches l'état fidèle et exact des services de toutes les Compagnies. On y trouve consignés les changements si fréquents dans les heures de départ et d'arrivée des trains et de leurs correspondances, ainsi que les tarifs de transport et des excédants de bagage.

Chaque Compagnie a une place marquée dans l'INDICATEUR ; son service complet se déroule dans des tableaux ingénieux et faciles à comprendre ; ils permettent au Voyageur de rapprocher d'un coup d'œil les différents services des diverses lignes, et de combiner entre elles les heures de départ et d'arrivée des trains pour toutes les directions.

A la demande des Compagnies, l'INDICATEUR a doublé son format, pour suffire aux nouveaux services des lignes récemment ouvertes. Il est ainsi devenu l'expression plus complète et plus développée des services de tous les Chemins et de toutes leurs correspondances par messagerie et par bateaux à vapeur. En s'étendant, l'INDICATEUR a réalisé un nouveau progrès ; il a publié une carte de France divisée par départements. Cette carte donne avec exactitude le réseau complet de toutes les lignes de Chemins de fer ; elle complète les documents contenus dans l'INDICATEUR ; elle exprime nettement aux yeux ce que les tableaux disent à l'esprit.

L'extension de l'INDICATEUR permet d'insérer quelques annonces à la première et à la dernière page. La spécialité de cette publication donne une valeur particulière à ces annonces. En effet, elles s'adressent au Voyageur qui les lit dans le recueil même qu'il est obligé d'interroger chaque jour pour connaître les heures de départ et les moyens de circulation. A côté des renseignements de tout genre sur les services de chemin de fer, il s'habitue à consulter aussi les annonces diverses destinées à l'aider à satisfaire ses besoins, ses goûts ou ses fantaisies.

L'INDICATEUR DES CHEMINS DE FER se vend 25 centimes dans toutes les gares et stations, dans les bureaux d'omnibus, chez les principaux libraires, et chez les Propriétaires-Editeurs, rue Bergère, 20.

Prix de l'Abonnement :

	PARIS.	DÉPARTEMENTS.	ÉTRANGER.
Six mois.	5 fr.	Six mois. 6 fr.	Un an..... 15 fr.
Un an ...	10	Un an ... 12	

On s'abonne à Paris, à l'Imprimerie centrale des Chemins de fer de Napoléon Chaix et Cᵉ, rue Bergère, 20 ; et dans les départements, à toutes les principales Stations, aux bureaux de Messageries, et chez tous les Libraires.

NOUVEAU

GUIDE A PARIS

ET DANS LES ENVIRONS

Joli volume orné d'un plan de Paris et de 12 gravures.

Prix : relié, 2 fr. — broché, 1 fr. 50 c.

Un *Guide* est nécessaire non-seulement pour celui qui visite Paris pour la première fois, mais même encore pour celui qui connait Paris et qui l'a habité.

Paris a des établissements pour tous les goûts, tous les besoins, toutes les curiosités, tous les plaisirs, toutes les imaginations. Ces établissements se déplacent et se modifient ; il faut un Indicateur pour les faire connaître, pour en donner l'origine, pour en tracer une histoire intéressante.

Les monuments, les palais, les églises, les musées, les bibliothèques, les théâtres, les grandes administrations, les ambassades, les promenades, les hôtels historiques, les maisons remarquables par leur architecture et leurs souvenirs, tout cela est décrit avec soin dans le *Guide à Paris*. On y trouve une note exacte sur tout ce que Paris renferme de curieux, sur tout ce que doit visiter le Voyageur.

Les mœurs et les habitudes parisiennes y sont également peintes dans des récits attachants et variés.

A côté de l'histoire du vieux et du nouveau Paris, le *Guide* renferme une rapide esquisse de ses environs et des souvenirs qui s'y rattachent ; Versailles et son musée, Saint-Germain, Saint-Cloud, Meudon, Vincennes, Rambouillet, Fontainebleau, etc., méritent une mention honorable. Ils y occupent une place digne de leur importance topographique, artistique, ou historique.

Le *Guide à Paris*, toujours préoccupé de ce qu'il importe surtout au Voyageur de connaître, indique les moyens de transport à toute heure, pour toutes les localités, soit aux gares des chemins de fer, soit aux diverses administrations de Messageries.

Enfin, réunissant l'utile à l'agréable, le *Guide à Paris* s'est appliqué à satisfaire la curiosité de tout le monde.

On se fera mieux une juste idée de cet ouvrage par le détail des matières contenues dans ce volume, dont voici le sommaire :

SOMMAIRE.

Histoire de l'ancien Paris et de ses vieux Monuments. — Paris moderne. — Les Tuileries et tous les Palais. — Les Ministères et leurs Bureaux.—Cours et Tribunaux. — La Bourse. — Les Monnaies. — Les Postes. — Institut.— Université. — Collèges. — Ecoles spéciales. — Musées. — Bibliothèques. — Théâtres, et tous les Monuments d'art. — Hôtel des Invalides. — Ecole Militaire. — Arsenal. — Fortifications — Hôtel-de-Ville. — Hôpitaux. — Prisons. — Halles et Marchés. — Aqueducs. — Canaux. — Fontaines. — Ponts. — Places. — Promenades. — Passages. — Barrières. — Églises. — Couvents. — Séminaires. — Cultes divers. — Cimetières. — Renseignements utiles — Voitures. — Tarifs. — Ordonnances de police. — Environs de Paris, etc., etc.

C'est Paris tout entier avec sa vie et son mouvement, son luxe et ses douleurs, qui apparaît dans ce nouveau Guide.

1.

NOUVEAU

GUIDE A LONDRES

ET DANS SES ENVIRONS

PRÉCÉDÉ

DE L'ITINÉRAIRE DE PARIS A LONDRES PAR BOULOGNE,
CALAIS, LE HAVRE ET DIEPPE.

Joli volume de 300 pages avec un plan de Londres.

Prix : relié, 2 fr. — broché, 1 fr. 50 c.

Le succès du *Guide à Londres* nous a obligé de donner une nouvelle édition ce livre. Tous les monuments, toutes les curiosités de Londres et de ses en rons sont mentionnés et décrits dans ce *Guide*. Chaque chose y a une place et son histoire.

Mais le *Guide à Londres* ne s'est pas seulement borné à donner la description de la capitale de l'Angleterre: il instruit encore le Voyageur des mœurs, des coutumes de cet intéressant pays; il fait pénétrer avec lui dans l'intérieur de la vie de famille; il nous fait assister aux repas, aux réceptions, aux bals, aux chasses, à la vie de château, à tout ce qui constitue l'esprit et les mœurs de la vieille Angleterre.

Variété de récit, exactitude dans ses peintures, voilà ce que l'on trouve dans le *Guide à Londres*. Au mérite de la fidélité de l'histoire, il joint tout l'intérêt du roman, dans les scènes complètes de la vie privée qu'il expose.

Sommaire des matières contenues dans le Guide à Londres.

1º Les renseignements les plus exacts et les plus récents sur le prix des places des Chemins de fer; des Bateaux à vapeur français et anglais;

2º Un nouvel Itinéraire des principales rues de Londres, au moyen duquel l'étranger peut se promener seul dans tous les quartiers de cette ville;

3º Un coup d'œil sur Londres, sa population, son climat, son aspect;

4º L'indication de tous les Monuments, Théâtres, Jardins publics, etc.;

5º Les prix des Hôtels, Restaurants, Cafés, Tables d'hôte, Voitures publiques, Bateaux à vapeur, Omnibus, etc.;

6º Les environs de Londres, Fêtes, Foires, Marchés, etc.;

7º Un Vocabulaire français-anglais, avec la prononciation anglaise;

8º Une nouvelle Carte de Londres.

Bien qu'il n'existe pas en Angleterre de centralisation comme en France, Londres néanmoins est jusqu'à un certain point et dans une certaine mesure, l'expression fidèle de la Grande-Bretagne. On y trouve partout le culte de l'application et de l'utile, qui constitue plus spécialement l'aptitude britannique.

NOUVEAU GUIDE

DE

PARIS A ROUEN, HAVRE ET DIEPPE

ET DANS LEURS ENVIRONS

Orné d'une carte et de dix jolies gravures.

Prix : relié, 2 fr. — broché, 1 fr. 50 c.

La Normandie est la province la plus riche et la plus fertile de la France. Au moyen-âge, les ducs de Normandie furent assez puissants pour conquérir un royaume.

Aujourd'hui on trouve en Normandie tout ce qui peut intéresser les diverses classes de voyageurs. Fleuve magnifique que l'on a appelé autrefois le Fleuve royal de la France, grands souvenirs, vieilles abbayes, châteaux-forts, puissants symboles de la suzeraineté féodale : voilà la Normandie.

Un voyage dans cette fertile province n'a pas seulement de l'attrait pour celui qui aime la belle nature et de beaux paysages, pour l'archéologue qui vient étudier nos plus belles églises gothiques, pour l'historien qui veut fouiller dans de riches archives, mais c'est encore le pays que doivent visiter l'industriel et le commerçant, et aussi le cultivateur.

Aujourd'hui la civilisation a renversé la féodalité, mais les villes normandes n'ont rien perdu, elles ont su conserver leur sceptre et leur richesse. Rouen est une des capitales industrielles de la France, comme le Havre est la reine du commerce sur l'Océan, le port de Paris sur cette mer.

Plus loin, et dans un paysage où l'on retrouve un des noms les plus brillants du XVIIᵉ siècle, celui de la belle duchesse de Longueville, la sœur du prince de Condé, nous rencontrons Dieppe, avec son port et ses bains de mer, qui semble destinée à être adoptée par tous les régimes, comme la ville du repos et de la mode, comme le brillant salon d'été de Paris.

Sous la Restauration, la duchesse de Berry avait fait la réputation des bains de Dieppe. Abandonnés pendant quelques années, ils viennent de reconquérir, sous les auspices de L. M. l'Empereur et l'Impératrice, une vogue pleinement justifiée par la beauté de la plage et la célébrité des lieux qui l'avoisinent, Arques, entre autres, avec ses souvenirs historiques de vaillance et de gloire.

Le *Guide de Paris à Rouen, au Havre et à Dieppe* est tout rempli des souvenirs de l'histoire des sites et des villes de la Normandie. On y sent à la fois le présent et le passé de cette noble et riche province.

NOUVEAU GUIDE

DE PARIS A NANTES

ET DANS SES ENVIRONS

Un joli volume orné d'une carte et de dix jolies gravures.

Prix : relié, 2 fr. — broché, 1 fr. 50 c.

Visiter la Touraine, l'Anjou et la Bretagne, dans un même *Guide de Voyageur*, c'est à coup sûr une bonne fortune. Tout a été dit sur la Touraine et l'Anjou, que l'on a justement nommés le beau jardin de la France. Notre *Guide* décrit les châteaux, les sites merveilleux de la Loire, du Cher, du Maine et les traditions laissées en si grand nombre par la royauté dans ces belles provinces.

Comme contraste et pour compléter ce tableau par une ombre grandiose, le *Guide* vous introduit ensuite dans la vieille et sévère Armorique, dans cette noble Bretagne, où les actions héroïques abondent. Les noms des ducs de Bretagne, le nom plus doux et non moins grand de la belle Anne de Bretagne qui apporta à la couronne de France, comme joyau d'épousée, sa grande province; tout cela est resté dans les pages de l'histoire de France. Le *Guide de Paris à Nantes*, dans une succession de récits attachants, rappelle tout ce passé, et il offre à tous ceux qui le consultent une lecture pleine de charmes.

NOUVEAU GUIDE

DE PARIS A BORDEAUX

ET DANS SES ENVIRONS

Orné d'une carte et de onze jolies gravures.

Prix : relié, 2 fr. — broché, 1 fr. 50 c.

Aller de Paris à Bordeaux, c'est faire un beau voyage. On salue sur sa route de grandes villes et de beaux paysages. Au château de Savigny, on trouve le souvenir de Diane de Poitiers, l'illustre dame de beauté, nommée la plus savante des belles et la plus belle des savantes : à Étampes, c'est le nom de la duchesse d'Étampes; à Orléans, les pages historiques de Jeanne d'Arc, cette fille inspirée qui laisse sa chaumière, prend une épée, et ne meurt qu'après avoir donné une couronne à Charles VII. A Chenonceaux, à Amboise, à Blois, tous les noms des grands seigneurs et des nobles dames du XVIᵉ siècle vous apparaissent, depuis la fière Catherine de Médicis jusqu'à la malheureuse Louise de Lorraine ou de Vaudemont. A Tours, c'est Louis XI, et le berceau de la royauté moderne que l'on rencontre. A Poitiers, voici l'image de Mᵐᵉ de Montespan, et de cette femme qui réussit si bien à devenir comme elle le voulait, une femme forte, Mᵐᵉ de Maintenon. A Angoulême, dans ces belles campagnes de la Charente, on salue le château qui vit naître le roi de la Renaissance, le roi chevalier, François Iᵉʳ. Puis, entre Angoulême et Bordeaux, voilà le fief des Vivonne, le fief des Talleyrand de Périgord, ces fiers barons avec leur orgueilleuse devise : *Rien que Dieu*. Enfin, nous voici à Bordeaux, dans cette métropole du commerce, fille des Colonies, et patrie adoptive des nababs de l'Amérique française.

Tous ces noms, toutes ces villes ne donnent-ils pas en réalité un tableau complet et vivant de l'histoire de France à tous les âges? L'heureux *Guide de Paris à Bordeaux* a recueilli précieusement toutes ces richesses, et il n'est pas besoin de voyager pour le lire avec le plus grand intérêt.

NOUVEAU GUIDE
DE
BORDEAUX AUX PYRÉNÉES.

Orné d'une carte et de onze jolies gravures.

Prix : relié, 2 fr. — broché, 1 fr. 50 c.

Les Pyrénées s'étendent de Bayonne à Perpignan; dans cet espace on trouve les sites les plus accidentés et les plus pittoresques de la France. Tout le monde a entendu parler des belles vallées des Pyrénées. Le *Nouveau Guide* conduit le Voyageur aux eaux si nombreuses et si renommées de ces montagnes, en le faisant traverser les grandes villes du Midi, comme Bordeaux, Bayonne, Agen, Toulouse, Castelnaudary, Narbonne, Carcassonne, Perpignan.

Il fait une station aux eaux de Bagnères de Bigorre, Eaux-Bonnes, Eaux-Chaudes, Saint-Sauveur, Cauterets, Barèges, Bagnères de Luchon, Amélie-les-Bains, Vernet, etc. Il détaille les sites divers de ces différentes contrées; il fait l'analyse chimique de ces eaux et expose leurs propriétés médicales. Il accompagne le Voyageur au pic du Midi, à Gavarnie, aux cascades de Cœur et de Pont-d'Espagne. Il signale tout ce qui est curieux et mérite d'être visité par le Voyageur.

Ce *Guide* contient surtout le récit animé du grand spectacle des hautes montagnes, et de leur impression sur l'imagination de l'homme ; il est attrayant comme un beau paysage.

NOUVEAU GUIDE
DE
PARIS A LIMOGES ET CLERMONT

ET DANS LEURS ENVIRONS

Orné d'une carte et de quatorze jolies gravures.

Prix : relié, 2 fr. — broché, 1 fr. 50 c.

Les provinces du centre de la France sont fertiles en souvenirs : elles sont le théâtre principal de tous les grands événements de notre histoire. Au moyen-âge, elles sont habitées par une féodalité puissante ; aux xie et xiie siècles, leur sol se couvre de communes; les unes sont concédées par des chartes, les autres arrachées par la violence. Aux xiiie et xive siècles, c'est dans ces provinces que la royauté fait ses premiers pas, c'est là qu'elle commence la conquête du royaume de France. L'histoire de ces provinces, c'est véritablement l'histoire de toute la France. On n'y rencontre pas des villes aussi populeuses ni aussi riches qu'au Nord et au Midi, mais en compensation, que de ruines, que de monuments, que de légendes De la pierre druidique aux villes modernes, que d'églises, que d'abbayes, que de châteaux qui ont laissé de grands souvenirs !

Il faut parcourir ces provinces, il faut lire le *Guide de Paris à Limoges et Clermont*; on y sent véritablement battre le cœur généreux de la France.

NOUVEAU GUIDE

DE

PARIS A STRASBOURG ET A BALE

Orné d'une carte et de dix jolies gravures.

Prix : relié, 2 fr. — broché, 1 fr. 50 c.

Le *Guide de Paris à Strasbourg* parcourt les provinces de Champagne, de Lorraine et d'Alsace ; il visite Reims, Nancy et Strasbourg. Si une partie des contrées qu'il décrit n'ont pas un long passé dans l'histoire de France, ce pays n'est pas moins digne de fixer l'attention du Voyageur. La couleur locale y abonde plus qu'ailleurs ; la naïveté des mœurs et des habitudes de la Lorraine et de l'Alsace est curieuse à observer. Les récits de la vie intime y ont l'intérêt du roman.

Sans sortir de la France, on trouve les mœurs et la langue allemandes. Toute la variété de costumes et d'habitudes de la Suisse et du pays de Bade passe sous les regards du voyageur. On y rencontre toute l'émotion d'un voyage à l'étranger.

ÉTUDES HISTORIQUES

SUR

LA VILLE DE STRASBOURG

ET SES ENVIRONS

Orné d'un plan et de dix jolies gravures.

Prix : relié, 2 fr. — broché, 1 fr. 50 c.

Strasbourg, cette capitale de l'Alsace, méritait bien l es honneurs d'une monographie. Rien de plus intéressant que la physionomie de ce bon et heureux peuple de l'Alsace, qui sait prendre toutes les vertus de notre civilisation sans accepter les vices qui lui appartiennent. Le Rhin et la cathédrale de Strasbourg ont tous deux occupé de tout temps la plume des écrivains, sans épuiser jamais un aussi riche sujet.

Le rôle considérable joué dans les siècles passés par la ville de Strasbourg signale cette ville à l'attention des voyageurs. Les ducs et les comtes de cette ancienne capitale de l'Alsace ont souvent porté la couronne impériale des États d'Allemagne. Elle se présente avec tout ce qui constitue les villes métropolitaines : des monuments remarquables, des musées scientifiques, des établissements militaires, de magnifiques places. Les études historiques de la ville de Strasbourg renferment tout ce qui donne de l'intérêt à un livre.

NOUVEAU GUIDE

DE

PARIS A BRUXELLES ET COLOGNE

ET DANS LEURS ENVIRONS

Orné d'une carte et de onze jolies gravures.

Prix : relié , 2 fr. — broché, 1 fr. 50 c.

Le *Guide du Voyageur* sur le chemin de fer du Nord parcourt l'Ile-de-France, la Picardie, l'Artois, la Flandre, puis il traverse la Belgique, où il visite les principales villes du royaume belge, pénètre dans les possessions rhénanes dépendantes de la Prusse, et s'arrête ensuite à Cologne.

C'est à coup sûr un riche itinéraire. Toutes les villes industrielles du Nord et de la Belgique passent sous vos regards. Vous suivez avec intérêt dans ce *Guide* leur naissance et leur progrès. Déjà au xve siècle, elles sont assez riches pour lutter avec les ducs de Bourgogne, et pour traiter avec des rois tels que Louis XI. Toute l'histoire municipale de la France est en résumé dans ces pages. On y voit naître la bourgeoisie, on la voit sortir laborieusement, peu à peu, avec toutes les douleurs de l'enfantement le plus pénible, d'un sillon et d'une boutique.

NOUVEAU GUIDE

SUR LES

BORDS DU RHIN ET EN HOLLANDE

Orné de 8 jolies cartes.

Prix : relié, 2 fr. — broché, 1 fr. 50 c.

Ce *Guide* parcourt les beaux sites et les riches paysages des bords du Rhin ; il raconte les légendes poétiques de ce fleuve si cher aux Allemands, dont il est la rivière sacrée, comme est le Gange pour les peuples hindous. Rien de plus naïf de plus intime que les chroniques variées de ces belles contrées ; elles saisissent le cœur et attendrissent jusqu'aux larmes.

Les grandes villes des bords du Rhin sont aussi remplies de traditions émouvantes. C'est Aix-la-Chapelle avec le tombeau de Charlemagne, Cologne avec sa tradition des onze mille vierges, et sa cathédrale, la plus belle du monde catholique après Saint-Pierre de Rome ; c'est Mayence avec les souvenirs de ses diètes impériales Francfort, le cœur de l'Allemagne confédérée, et tant d'autres villes impossibles à énumérer ici, et dont les histoires sont pleines d'intérêt.

Après cette poésie abondante des bords du Rhin, le *Guide* nous introduit en Hollande. Là, tout a un aspect plus sévère. On reconnaît l'effet des mœurs protestantes ; mais quelle richesse, quelle population ! Les beaux-arts et le commerce ont contribué à la prospérité et à la splendeur de ce pays laborieusement conquis sur les flots de l'Océan. Rien de plus intéressant que ce témoignage éclatant de la toute-puissance du travail persévérant de l'homme sur la terre.

NOUVEAU GUIDE

DE

PARIS A RENNES ET A BREST

ET DANS LEURS ENVIRONS

Orné d'une carte et de dix jolies gravures.

Prix : relié, 2 fr. — broché, 1 fr. 50 c.

C'est la partie la moins connue, la plus inexplorée de la France, que parcour le nouveau *Guide*. L'instruction y a fait bien peu de progrès. On s'y défie de la science et de l'ambition qu'elle apporte avec elle. Les habitants de l'Ouest sont heureux de vivre comme leurs pères; le luxe leur est inconnu, ils ne comprennent pas ses séductions.

Mais chez ce peuple, dont l'esprit est celui de l'enfance, la crédulité y conserve toutes les traditions du passé et toutes ses superstitions.

Leur âme se repaît de trompeuses chimères. Mais qu'importe l'erreur, si avec elle l'esprit n'a point d'inquiétude, si l'on vit dans ce tranquille bonheur que tous recherchent et que si peu savent rencontrer !

Un voyage dans l'Ouest rajeunit l'esprit et le cœur. On y retrouve partout la croyance à ces légendes naïves que nos grand'mères et nos nourrices nous ont contées dans notre première enfance. On s'émeut à ces souvenirs qui nous agitaient si profondément autrefois. On renoue la chaîne des temps qui sépare l'homme de son berceau. Les contes qui préparaient le sommeil de notre enfance reviennent à notre mémoire, toute cette poésie rétrospective du premier âge imprime au cœur une suave mélancolie et fait répandre de douces larmes.

Tel est le sentiment qu'inspirent les provinces de l'Ouest; c'est le même sentiment qui respire dans les pages du *Nouveau Guide*. Malheureusement peut-être, les chemins de fer ne tarderont pas à enlever leur ignorance et leur simplicité à ces heureuses contrées.

Mais aujourd'hui encore les croyances et les superstitions des Bretons sont si nombreuses, qu'il faudrait un ouvrage entier pour les faire connaître. Elles sont indiquées sommairement dans *le Guide*. Ni la religion ni le temps, qui détruit tout, n'ont pu changer les rêveries des habitants de cette contrée. Leur imagination vit sans cesse dans un monde de chimères et de fantômes. L'oiseau qui chante répond à leurs questions, marque les années de leur vie, l'époque de leur mariage; un bruit fortuit, répété trois fois, leur prédit un malheur; les hurlements d'un chien leur annoncent la mort. Les mugissements lointains de l'Océan, le sifflement des vents entendu dans la mer, sont la voix d'un noyé qui demande un tombeau; des trésors sont gardés par des géants et des fées. Chaque pays a sa fée; la Bretagne les a toutes.

NOUVEAU GUIDE

DE

PARIS A LYON ET A LA MÉDITERRANÉE

Orné d'une carte et de douze jolies gravures.

Prix : relié, 2 fr. — broché, 1 fr. 50 c.

Ce *Guide* parcourt la Bourgogne, le Beaujolais, la Bresse, le Lyonnais, le Dauphiné, le Comtat et la Provence, la plus grande partie de la Gaule romaine. On y admire les délicieuses vallées de la Saône et les rives non moins belles, mais plus sévères et plus majestueusement encadrées du Rhône, le grand fleuve romain.

Les cités les plus antiques de notre France, les gloires du monde passé et de la civilisation présente sont sur notre route, il suffit de les nommer. C'est d'abord Sens, métropole primatiale, puis Dijon, capitale des ducs de Bourgogne, qui, un moment, rivalisa de richesse et de splendeur avec des capitales de royaume.

Voici Lyon, la vieille cité gauloise et romaine, et aujourd'hui la reine de l'industrie française, la ville aux beaux fleuves et aux belles collines, admirable par ses sites, et non moins admirable par sa proverbiale charité qui trouve des trésors pour toutes les misères et toutes les douleurs; Lyon, la métropole catholique de France dont l'archevêque porte fièrement le titre de *primas primatum Galliæ.*

Puis, nous arrivons à Vienne, dont le passé est si riche. D'abord capitale des Allobroges, puis résidence des empereurs romains, elle est le berceau de la catholicité en France, elle est la résidence des princes du Dauphiné; ensuite ville impériale, elle a des ruines et des monuments, glorieux restes de toutes les grandes époques. Plus loin, nous saluons Valence; ensuite Avignon, la cité papale; puis Aix-la-Parlementaire; enfin Marseille, la reine de la Méditerranée.

Tous ces glorieux souvenirs du passé sont exprimés avec détail dans les pages du *Guide de Paris à Lyon et à la Méditerranée.*

NOUVEAU

GUIDE EN SUISSE

Orné d'une carte et de treize jolies gravures.

Prix : relié, 2 fr. — broché, 1 fr. 50 c.

La Suisse est le rendez-vous de tous les touristes de l'Europe. C'est le pays des montagnes et des vallées, des cascades et des beaux lacs. Deux des plus grands fleuves de l'Europe y prennent leur source, le Rhône et le Rhin. La Suisse est une contrée aimée pour ses beaux sites et pour le caractère de ses habitants : la vie y est simple et facile. Quiconque a traversé la Suisse, en emporte l'image dans le cœur. Au milieu des affaires, dans l'activité de la vie, son souvenir revient à la mémoire du Voyageur; il sent qu'il serait doux d'y vivre oubliant et oublié, et il se prend à désirer un *cottage* sur un des nombreux lacs de ce merveilleux pays.

Le *Guide* en Suisse parcourt toutes les grandes villes, tous les monuments historiques. Rien n'est oublié, ni les souvenirs de l'histoire, ni les beautés de la nature. Il traverse la Suisse en tous sens, et suivant les zones, il caractérise les mœurs et les croyances, et distingue nettement trois souches ou trois nationalités différentes comme trois langues diverses. Au midi, c'est la Suisse italienne, avec les mœurs et la langue d'Italie; à l'est, c'est le Tyrol, c'est la Suisse autrichienne; au nord, la bonne et naïve Suisse allemande, toutes deux avec la langue tudesque; enfin, à l'ouest et au nord-ouest, c'est la Suisse française, avec nos mœurs et notre langage c'est la Suisse de Genève et des rives du beau lac Léman.

Tous les paysages si variés et si pittoresques de ces merveilleuses contrées sont empreints dans les récits du *Guide* en Suisse, dont la lecture est une description pleine d'intérêt.

NOUVEAU GUIDE

SUR

PAQUEBOTS DU LEVANT

DANS LA MÉDITERRANÉE.

Orné d'une Carte et de vingt jolies Gravures.

Prix : relié, 2 fr.; — broché, 1 fr. 50 c.

La Méditerranée baigne l'ancien monde et les parties de l'Europe qui ont laiss é es plus grands souvenirs dans l'histoire. Rien de plus intéressant que l'accomplissement du voyage maritime des paquebots du Levant. L'Italie, la Grèce, Constantinople, la Sicile, la Syrie, Jérusalem, l'Egypte, Malte ; on touche à tous les ports célèbres de l'Europe, de l'Afrique et de l'Asie.

En Italie et en Grèce, on trouve les beaux monumen's de l'art ancien, et cette grande civilisation des temps classiques dont l'étude a occupé notre jeunesse, et qui a la puissance de captiver l'attention et l'intérêt de tous les âges.

C'est ensuite la Palestine, cette terre sacrée, où, tour à tour, naquirent et se développèrent le mosaïsme, le christianisme et l'islamisme, les trois grands cultes qui se partagent encore aujourd'hui le monde.

L'Égypte, avec ses mythes, ses symboles, ses castes, ses initiations, et toutes les institutions apportées de l'Inde, est là pour rappeler les mystères de ses institutions politiques et religieuses, et nous faire admirer ses pyramides et ses monuments géants d'un État social qui a complétement péri.

Le *Nouveau Guide sur les Paquebots du Levant* avait une vaste carrière à remplir ; il avait à toucher à toutes les sources d'émotion et à explorer tous les principes qui ont remué si profondément l'âme humaine. Il décrit tous les lieux et *tous* les souvenirs ; il rappelle le passé et étudie les ruines du présent. C'est un abrégé de tout ce qui nous reste des vieilles sociétés du monde asiatique, grec et romain. C'est une description fidèle des beaux sites de cette terre d'Orient, pays de soleil et de lumière, où l'on trouve le sol le plus fertile du monde, comme en Egypte et en Sicile, et les plus merveilleux horizons maritimes, comme dans les baies de Constantinople et de Naples.

Les services des messageries déclassées par les chemins de fer, ont changé d'empire. La conquête des voyages en terre ferme ne pouvait être disputée à la vapeur ; les messageries l'ont compris, et c'est sur mer qu'elles ont voulu transporter désormais leur domaine.

La grande Administration de la rue Notre-Dame-des-Victoires n'a rien perdu de sa vieille célébrité. Elle a organisé un service de Paquebots dans la Méditerranée, et la facilité des voyages permet une seconde fortune à cette grande et intelligente industrie.

NOUVEAU GUIDE

BORDS DU DANUBE

ET A CONSTANTINOPLE.

Orné d'une Carte et de dix jolies Gravures.

Prix : relié, 2 fr. — broché, 1 fr. 50 c.

Ce *Guide* parcourt toute l'Allemagne orientale. Il part de Strasbourg, descend le Danube et arrive à la mer Noire ; il traverse le Bosphore et s'arrête à Constantinople.

D'abord, il décrit les riches paysages du duché de Bade et de la Forêt-Noire ; il parcourt le Wurtemberg, s'arrête dans sa capitale, à Stuttgard ; puis il visite la Bavière et Munich, avec ses monuments et ses riches collections d'art ; il touche ensuite à l'Autriche, séjourne à Vienne, et suit enfin les bords du Danube, à travers la Hongrie, la Servie, la Moldavie, la Valachie, la Bulgarie, la Bessarabie, jusqu'à son embouchure.

Tout l'Orient européen est exploré ; tous les souvenirs poétiques de ces merveilleuses contrées sont évoqués et retracés ; toute la physionomie des peuples germains et slaves est fidèlement reproduite ; les légendes y sont nombreuses vivantes et dramatiques.

C'est toute une histoire sommaire, à vol d'oiseau, écrite pour le voyageur. Sa brièveté ne nuit pas à son intérêt. Le *Guide sur les bords du Danube* est un nouveau volume ajouté à notre collection de *Guides*, véritable Encyclopédie des voyages. Pour le fond et pour la forme, il est conçu et exécuté comme les précédents ouvrages de cette collection. Mais les circonstances qui se sont produites, en attirant tous les regards vers les pays qu'arrose le Danube, sont venues donner à ce livre un attrait nouveau.

Rien n'a été négligé pour satisfaire complétement cette curiosité de circonstance. On a cherché à peindre fidèlement la Moldavie et la Valachie, ces deux dépendances, il y a peu de temps encore, de la Turquie, organisées aujourd'hui en principautés sous la suzeraineté de la Porte. Les besoins de religion et de race y sont examinés avec soin ; et, en dehors des intérêts et des influences qui constituent la question politique de l'Orient, on trouve dans ce livre, et on sent à la lecture de chacune de ses pages, les raisons immuables, nécessaires, qui ont créé un antagonisme de peuple et de nation, et amoncelé des éléments hétérogènes d'où la moindre étincelle peut faire sortir bien des orages et des tempêtes.

La grande question de la libre navigation du Danube est examinée avec soin ; elle touche à la faculté de circulation, et elle devait trouver place dans un *Guide de Voyageurs*.

Le Danube y est considéré comme un grand fleuve européen. Touchant aux territoires de divers États, son cours est dès-lors accessible à toutes les nations de l'Europe. Il n'est pas enfermé dans les limites d'un seul empire, et les principes du congrès de Vienne qui ont réglé le régime de liberté du Rhin, du Pô, et de diverses grandes rivières de l'Allemagne, s'appliquent également au Danube. Ce fleuve, il est vrai, a son embouchure dans la mer Noire, et arrose des contrées qui appartiennent à la Turquie : mais c'est mal à propos que l'on a prétendu d'un côté, que la mer Noire était une mer fermée, et de l'autre, que la Turquie n'était pas une puissance européenne, et qu'à ce double titre, les principes du droit des gens européens ne pouvaient être appliqués au Danube.

Et, en effet, le nouveau Guide, avec sa forme légère, démontre très-bien que la mer Noire n'est fermée que dans un intérêt de défense et pour les navires de guerre seulement, mais qu'elle reste accessible à tous les bateaux de commerce. Ceci est confirmé surtout par le traité des Détroits, conclu entre les grandes puissances européennes, en 1840 ; la France y a figuré comme partie contractante, la Turquie y a aussi pris part ; toutes les prohibitions commandées par des raisons politiques ont été faites par les grandes puissances réunies, comme représentant les intérêts généraux de l'Europe. La Porte-Ottomane, en signant ce traité, est devenue pour toutes ses possessions situées hors de l'Asie, un Etat européen.

Le Danube est ainsi classé parmi les fleuves dont la navigation est ouverte à tous les peuples. En se reliant un jour au Rhin, et réalisant le rêve de tant de souverains et d'hommes d'Etat, il peut ainsi réunir, dans une ligne continue de navigation centrale de l'Europe, l'Océan à la mer Noire.

Les chemins de fer tendent à se substituer à la navigation des fleuves et à la déclasser. Les principes de libre circulation que le droit des gens européen a appliqués aux rivières, méritent d'être étudiés et approfondis par tous ceux qui s'occupent actuellement des chemins de fer. Car pourquoi, dans un temps donné, n'appliquerait-on pas à ceux-ci les principes de liberté proclamés en faveur de celle-là ? *Ubi eadem ratio, ibi idem jus.*

LE MONITEUR DES CONSEILS DE PRUD'HOMMES

JOURNAL

DES INDUSTRIELS, DES FABRICANTS ET DES OUVRIERS,

Rédigé par M. H. Dieu,

Avocat à la Cour impériale de Paris, préfet de la Haute-Saône.

Collection des sept années, avec Tables,

4 beaux volumes in-4°, reliés. — Prix : 30 francs.

LE CONTRAT DE LOUAGE D'OUVRAGE ET D'INDUSTRIE

Expliqué aux Ouvriers et à ceux qui les emploient, selon les lois, règlements et usages, et la jurisprudence des Conseils de Prud'hommes ;

(Un vol. in-12.) Par MOLLOT, avocat à la Cour d'appel. (Prix : 2 francs.)

DE LA JUSTICE INDUSTRIELLE DES PRUD'HOMMES

Expliquée aux Ouvriers et à ceux qui les emploient, selon les lois, règlements et usages, et la jurisprudence des Conseils de Prud'hommes ;

(Un vol. in-12.) Par MOLLOT, avocat à la Cour d'appel. (Prix : 2 fr.)

ALMANACH OFFICIEL

Des Chemins de fer, des Bateaux à vapeur et de la Télégraphie électrique.

Joli volume avec une Carte et dix Gravures.

Prix : relié, 2 fr. — broché, 1 fr. 50 c.

L'*Almanach officiel des Chemins de fer* a pour but de vulgariser la pratique des Chemins de fer, et de donner sur chaque Compagnie des Notices exactes, suffisamment détaillées pour faire apprécier leur importance et leurs services.

A cet effet, il montre l'organisation et les rouages de chaque Compagnie ; il fait connaître le Personnel administratif et les Employés appelés à être mis en contact avec le Public ; il rappelle les devoirs prescrits par les règlements aux Voyageurs, ainsi que leurs droits, et indique sommairement les soins et les précautions à prendre pour prévenir les abus, les incommodités, les retards ou les pertes.

Des recommandations générales complètent cette série de renseignements utiles.

Un vocabulaire inédit vient s'ajouter à l'ouvrage ; il met à la portée de tout le monde les appellations qui forment la langue technique des Chemins de fer, enfermées jusqu'ici dans les livres scientifiques, bien connus des hommes spéciaux, mais ignorés du public proprement dit.

Enfin, neuf chapitres composent l'*Almanach officiel*.

Les trois premiers traitent de la vapeur, de l'organisation et de l'administration des Chemins de fer ; le quatrième, de la manière de voyager ; le cinquième, des droits et devoirs des voyageurs ; le sixième, de la police des Chemins de fer, et des ordonnances des 15 juillet 1845 et 15 novembre 1846, qui sont la loi de la matière ; le septième, des délits et de la jurisprudence ; le huitième, du tarif des voitures de places, et enfin le neuvième contient le vocabulaire des Chemins de fer.

Cet Almanach est spécialement destiné aux personnes qui veulent s'initier au mécanisme et à l'organisation des Chemins de fer, et il donne des notions élémentaires sur tout ce qu'il importe de connaître, et notamment sur la situation économique et financière de chaque Compagnie. Sous ce rapport, cet Almanach a une véritable utilité pour les actionnaires nombreux des lignes de fer. Il leur donne en quelques pages un résumé des voies et des moyens de chaque Compagnie.

Sous ces rapports multiples, l'*Almanach officiel des Chemins de fer, des Bateaux à vapeur t de la Télégraphie électrique*, présente un véritable intérêt.

CONSEILS AUX VOYAGEURS

EN CHEMINS DE FER

EN BATEAUX A VAPEUR, EN POSTE ET EN DILIGENCE.

Orné d'une jolie carte de France et de 10 jolies gravures.

Prix : relié, 2 fr. — broché, 1 fr. 50 c.

Le comfort, c'est la science et l'art du bien-être de la vie ; c'est la disposition des choses de l'intérieur, de manière à satisfaire et prévenir nos goûts, nos besoins, nos désirs. Le comfort nous fait aimer notre foyer, cette patrie domestique où s'écoule toute la vie. Eh bien ! notre petit livre sera pour le Voyageur ce que le comfort ou cet art du bien-être est à la vie intérieure. En effet, nos *Conseils aux Voyageurs* enseignent l'art de rendre un voyage attrayant, d'éviter ces désagréments si nombreux et si fâcheux qui assaillent le Voyageur imprudent. C'est un petit livre tout de pratique ; on ne peut rien en citer, parce que tout s'y tient et s'y enchaîne. Mais personne ne regrettera cette facile lecture ; chacun y trouvera de sages préceptes ; et son but sera véritablement atteint si les *Conseils* ont épargné un chagrin au Voyageur, ou une déception, ou bien lui ont fait trouver sur sa route un plaisir et une heureuse surprise.

Aujourd'hui tout le monde voyage. Il y a maintenant plus de vingt millions de personnes qui circulent chaque année sur les chemins de fer de France. Or, il est important de savoir comment on peut facilement pourvoir à ces mille besoins mille fantaisies que les petits incidents de chaque heure amènent. Les Anglais, ce peuple éminemment voyageur, et tout pratique, ont réduit l'art de voyager en préceptes qui forment les principes d'une véritable science. Mais les Français sont loin de ressembler à leurs voisins de la Grande-Bretagne. Ils partent, sans avoir préparé un voyage, avec cette confiance, cet entrain, cette légèreté d'esprit qui les caractérise. De là, toutes les péripéties, tous les accidents de voyage, que l'on ne soupçonne même pas en Angleterre, et dont la caricature s'est emparée en France.

Le premier besoin en voyage, c'est l'absence de toute inquiétude et la tranquillité de l'esprit. Pour cela, il faut être prêt à tout, il faut connaître et prévoir tout ce qui peut arriver, et savoir ce qu'il faut aussitôt faire, suivant les événements et les localités. Tel est le but que s'est proposé le livre des *Conseils aux Voyageurs*.

Pour ne pas être ennuyeux comme un docteur, avec un volume entier de sentences, on a jeté au milieu de ces préceptes et de ces axiomes sur les voyages, de petites histoires qui font ressortir la vérité des *Conseils* et la dramatisent en quelque sorte.

PETITS ATLAS

COMPOSÉS DE

CARTES CHOROGRAPHIQUES DE CHAQUE LIGNE

PARFAITEMENT COLORIÉES.

Prix de chaque Atlas : relié, 2 fr. — broché, 1 fr. 50 c.

Les petits Atlas chorographiques complètent les *Guides du Voyageur*. Chaque Guide a son Atlas chorographique particulier ; celui-ci exprime aux yeux et met en relief les narrations mêmes des *Guides*.

A l'aide des Cartes chorographiques, coloriées avec soin et gravées avec la plus scrupuleuse exactitude, le Voyageur saisit d'un seul coup d'œil tout l'ensemble du pays qui se déroule successivement à son regard ; il voit par ce moyen jusque là même où ne peut pénétrer son œil ; il aperçoit les sinuosités des fleuves et des rivières, les bois et les forêts, le tracé officiel de chaque ligne avec les courbes qu'il décrit, les stations, les embranchements des Chemins de fer, les parcours desservant les correspondances.

Tout cela est indiqué par des teintes ou par des traits de la plus grande netteté Le Voyageur se rendra compte, en outre, des kilomètres qu'il fait en quelques minutes, et de ceux qui lui restent à franchir pour arriver à sa destination.

DE PARIS A ROUEN, HAVRE ET DIEPPE.
Un joli volume.

1re **Carte :** de Paris à Rouen.
2e — de Rouen au Havre.
3e **Carte :** de Rouen à Dieppe.

DE PARIS A STRASBOURG, A FORBACH ET A BALE.
Un joli volume.

1re **Carte :** de Paris à Châlons.
2e — de Châlons à Nancy.
3e — de Nancy à Saarbruck.
4e **Carte :** de Nancy à Strasbourg.
5e — de Strasbourg à Bâle.

SOUS PRESSE :

DE PARIS A ORLÉANS ET SES PROLONGEMENTS.

1re **Carte :** de Paris à Orléans.
2e — d'Orléans à Tours.
3e — de Tours à Angers.
4e — d'Angers à Nantes.
5e **Carte :** de Tours à Poitiers.
6e — de Poitiers à Angoulême.
7e — d'Angoulême à Bordeaux.

DE PARIS A LYON, AVIGNON ET MARSEILLE.

1re **Carte :** de Paris à Tonnerre.
2e — de Tonnerre à Dijon.
3e — de Dijon à Chalon.
4e — de Chalon à Lyon.
5e **Carte :** de Lyon à Valence.
6e — de Valence à Avignon.
7e — d'Avignon à Marseille.

DE PARIS A BRUXELLES ET A COLOGNE.

1re **Carte :** de Paris à Lille.
2e — d'Amiens à Douai.
3e — de Douai à Bruxelles.
4e **Carte :** d'Hazebrouck à Calais.
5e — de Creil à Saint-Quentin.
6e — d'Amiens à Boulogne.

COLLECTION

DES

CARTES DES CHEMINS DE FER FRANÇAIS

SPÉCIALES A CHAQUE LIGNE

Sur beau papier grand-aigle, parfaitement coloriées.

PRIX :
- En feuilles sur papier fort........ .... 3 fr. " c
- Pliées dans un cartonnage sur papier mince .. 3 "
- Collées sur toile, dans un étui......... ..... 5 "
- Encadrées dans un beau cadre en chêne...... 10 "

Chaque ligne de chemins de fer se déroule entière dans ces cartes; on y suit toutes les courbes qu'elles décrivent; on y voit l'ensemble du pays que traversent les nouvelles voies de communication. Toutes les correspondances du chemin de fer sont indiquées sur les cartes. On y voit les stations, les embranchements des Chemins de fer, le parcours des voitures qui relient leur service avec les lignes de fer.

Chaque Carte indique ainsi tout le parti pratique que l'industrie, le commerce, l'agriculture, peuvent tirer de ces nouvelles voies de communication, combinées avec les anciennes grandes routes, avec les canaux et avec les fleuves. C'est un tableau synoptique qui exprime à l'œil toutes les variétés du paysage, toutes les ressources de trafic que les grandes villes, les routes, les fleuves doivent donner aux lignes de fer. Ces cartes sont le résumé fait pour l'œil de nos guides de voyageurs.

EN VENTE :

Carte du Chemin de fer de Paris à Orléans (réseau complet).
Carte du Chemin de fer de Paris à Strasbourg, Forbach et Bâle.
Carte du Chemin de fer de Rouen, Havre et Dieppe.
Carte du Chemin de fer de Paris à Lyon.
Carte du Chemin de fer de Lyon à Marseille.
Carte du Chemin de fer du Nord.

SOUS PRESSE :

Carte du Chemin de fer de Paris à Rennes.
Carte des bords du Rhin.

CARTES ET PLANS

Sur beau papier grand-aigle, parfaitement coloriées.

PRIX :
- En feuilles sur papier fort........................ 3 fr. » c.
- Pliées dans un cartonnage sur papier mince.... 3 »
- Collées sur toile, dans un étui.................. 5 »
- Encadrées dans un beau cadre en chêne......... 10 »

CARTE GÉNÉRALE DES CHEMINS DE FER ET DES VOIES NAVIGABLES DE LA FRANCE.

Cette carte reproduit avec exactitude et d'une manière qui saisit l'œil exercé, l'état général de nos chemins de fer ; les lignes où la circulation est ouverte, celles seulement en voie d'exécution, et enfin celles en étude. On y trouve le dernier état des choses sur les chemins de fer.

C'est une statistique détaillée et complète de toute la circulation en France, par les chemins de fer d'abord, ensuite par les fleuves, rivières, canaux ; et enfin par les routes ordinaires.

CARTE DES CHEMINS DE FER DE L'EUROPE.

Les chemins de fer ont changé la face commerciale de l'Europe.

Rien de plus important que de suivre les grands travaux qui s'accomplissent chaque jour, et de connaître l'état actuel de toutes les voies de circulation en chemin de fer.

Cette connaissance en effet est l'élément et la base de l'économie commerciale et politique de notre temps.

PLAN DE PARIS COLORIÉ PAR ARRONDISSEMENTS.

Un plan de Paris est indispensable à l'étranger, non-seulement pour se conduire dans le dédale de rues, de places et de quais de cette capitale, mais encore et surtout pour se rendre compte, soit en parcourant une distance, soit après l'avoir franchie, des dispositions de la ville et des voies les plus courtes pour arriver d'un point à un autre.

PRIX :
- Sur beau papier. . . . . 1 fr. 50 c.
- Collé sur toile, avec étui . . . . . 3 »

PLAN DE LONDRES COLORIÉ.

L'étendue immense de la ville de Londres rend le plan de cette ville nécessaire à tout le monde. L'Anglais marche toujours avec ce plan, où il a constamment de nouveaux renseignements à chercher. A plus forte raison, l'étranger qui va visiter Londres doit-il commencer par se munir d'un plan exact, dont l'utilité pour lui sera de toutes les heures.

PRIX :
- Sur beau papier . . . . 1 fr. 50 c.
- Collé sur toile, avec étui . . . . . 3 »

2

ANNUAIRE OFFICIEL
DES CHEMINS DE FER

PUBLIÉ PAR

L'ADMINISTRATION DE L'IMPRIMERIE CENTRALE DES CHEMINS DE FER

SOUS LA DIRECTION DE

M. PETIT DE COUPRAY,

Quatre beaux volumes, avec Carte des Chemins de fer coloriée.

Prix de chaque volume, 5 fr.; relié, 6 fr.

Les principales administrations et toutes les grandes industries ont un Annuaire destiné à reproduire chaque année l'état de leur personnel et les faits administratifs et judiciaires qui les concernent. Les Chemins de fer, par l'immensité de leurs travaux et l'importance des capitaux qui s'y trouvent engagés, intéressent à un si haut degré les actionnaires et le pays, qu'ils ne pouvaient se passer d'un ouvrage de ce genre. Cette lacune a été comblée par l'Administration de l'Imprimerie centrale des Chemins de fer, qui s'occupe de cette publication depuis 1847, époque à laquelle a paru le premier volume de l'*Annuaire*. La spécialité de ce vaste Établissement, ses rapports continuels avec les Compagnies, tant pour leurs impressions que pour les autres publications, le mettaient à même, mieux qu'aucun autre, d'exécuter et de continuer un ouvrage si important.

L'*Annuaire des Chemins de fer* a été très-favorablement accueilli du public, parce que, d'après le tableau ci-dessous des matières qui y sont contenues, il n'est aucune personne à laquelle il n'offre un puissant intérêt:

1° Le Cadre administratif du Ministère des Travaux publics (Construction et Exploitation des Chemins de fer);

2° Les Commissions supérieures;

3° Les noms des Membres de la Direction des Ponts et Chaussées et des Mines chargés de la surveillance des Chemins de fer;

4° La composition des Conseils d'Administration des Compagnies, celle de leurs Comités de Direction, et les noms de leurs Employés supérieurs;

5° Les Décrets, Lois, Règlements d'Administration publique, Circulaires ministérielles et Arrêtés préfectoraux;

6° Les Cahiers des charges de toutes les Compagnies de Chemins de fer, ou les modifications qui s'opèrent dans les Statuts, d'après les dispositions législatives que nous rapportons exactement;

7° La suite de la Jurisprudence sur les Chemins de fer;

8° *Pour les lignes exploitées:* — Leur étendue, — leur capital, — leur coût par kilomètre, — la marche comparée de leurs produits d'une année sur l'autre, — l'importance de leurs transports, — leur situation financière, — et l'analyse de leurs rapports;

9° *Pour les lignes concédées non encore exploitées:* — L'état de leur avancement, — le chiffre des capitaux engagés, — l'époque probable de leur ouverture;

10° *Pour les lignes construites par l'État:* — La désignation des parties dont le tracé est adopté, — les sommes consacrées aux travaux;

11° Des documents statistiques, etc., etc.

12° Un aperçu général sur la situation des Chemins de fer étrangers;

13° Enfin, une Carte générale des Chemins de fer français.

Tous les ans, il paraît un volume qui fait suite aux précédents; et cette collection d'Annuaires successifs contient des documents statistiques toujours nouveaux que l'Imprimerie centrale des Chemins de fer recueille, jour par jour, de tous les points de la France et de l'Étranger. Ainsi, tous les volumes se lient, s'enchaînent et forment un corps d'ouvrage sans cesse varié par les différentes matières qu'il contient,

TRAITÉ JURIDIQUE
DE LA
CONSTRUCTION, DE L'EXPLOITATION
ET DE LA POLICE
DES CHEMINS DE FER

CONTENANT

Commentaire des Lois et Règles de l'Expropriation pour cause d'utilité publique,
des Extractions de Matériaux, des Tarifs,
des Transports de Marchandises, des Compétences, des Pénalités,

Par M. Eugène PAIGNON,

AVOCAT AU CONSEIL D'ÉTAT ET A LA COUR DE CASSATION.

Un beau volume de 500 pages. — Prix : 5 francs.

Les chemins de fer ont été créés de notre temps. Leurs rapports avec les divers intérêts qu'ils ont rencontrés pour s'établir ont fait naître dans notre droit un grand nombre de questions nouvelles. Déjà plusieurs de ces questions se sont produites au Conseil d'Etat et devant les cours souveraines ; elles y ont reçu des solutions dont on peut utilement se servir pour faire aujourd'hui une monographie des chemins de fer.

L'ouvrage de M. Eugène Paignon , avocat au Conseil d'État et à la Cour de cassation, a pour but d'exposer et de résoudre toutes les questions qu'ont fait naître les chemins de fer. Il envisage ces grands établissements sous trois aspects différents

1° A l'état de *construction*, dans les rapports qu'ils ont avec la propriété privée ; et à cette occasion, il est fait un commentaire sur les lois et les règles si délicates de l'*expropriation* pour cause d'utilité publique et de l'*extraction* des matériaux ;

2° A l'état d'*exploitation* ; ici, les chemins de fer sont considérés comme des entreprises de transport de voyageurs et de marchandises ; toutes les questions du Code voiturin, si nombreuses et si difficiles, sont examinées et résolues ; de plus, le droit nouveau pour l'établissement des tarifs de chemins de fer, qui intéresse le commerce et l'industrie, est exposé

3° Enfin, cet ouvrage traite aussi de la compétence des tribunaux administratifs et judiciaires et de la pénalité établie par les lois spéciales de police sur les chemins de fer.

Un livre qui embrasse tant de matières, sur un sujet tout nouveau , s'adresse à tout le monde. En effet, ingénieurs, experts, avoués, avocats, financiers, industriels commerçants, tous y trouveront des documents qu'il leur est utile de connaître.

Les titres de M. Eugène Paignon pour accomplir cette tâche résultent de sa position même , qui le place auprès des sources les plus élevées de la jurisprudence civile et administrative, et de son caractère de conseil judiciaire de sieurs grandes Compagnies, qui lui a donné l'habitude pratique du contentieux en matière de chemins de fer. En lisant son livre, chacun appréciera si cette tâche été bien remplie.

MANUEL
DU VOYAGEUR ET DE L'EXPÉDITEUR
EN FRANCE ET A L'ÉTRANGER

Joli volume format anglais, prix : relié 3 fr. — broché 2 fr.

Le Manuel du voyageur et de l'expéditeur se divise en deux parties : la première consacrée aux voyages, la seconde aux expéditions. Chacune d'elle est précédée d'un sommaire par chapitres, paragraphes et numéros.

Le voyageur en France peut, suivant l'état des localités et de sa fortune, choisir entre la poste, la malle-poste, la diligence, le chemin de fer ou le bateau à vapeur.

L'expéditeur, suivant la nature des objets à transporter, le délai et le prix du transport, a cinq agents à sa disposition : la poste, la diligence, le roulage, le chemin de fer et le bateau à vapeur.

Chacun de ces modes de transport est l'objet d'un chapitre séparé, dans lequel sont rassemblés tous les éléments propres à en faire un traité spécial.

Voici du reste le sommaire de ce que renferme ce petit livre :

Voyageur en poste . . .	Maîtres de poste. — Postillons. — Tarifs et Comptes faits. —Tarif des réparations de Voitures les plus fréquentes.
— en malle-poste	Itinéraires. — Règlements spéciaux.
— en diligence	Dispositions législatives. — Tarifs. — Repas. — Accidents.
— en chemins de fer . .	Devoirs imposés aux Compagnies et aux Voyageurs.
— en bateaux à vapeur.	Règlements spéciaux. — Police. — Machines à vapeur.
Douanes et octrois . . .	En ce qui touche spécialement aux Voyageurs.
Hôtels et Auberges . . .	Obligations et droits de l'Aubergiste.
Expéditeur par la poste.	Lettres. — Echantillons. — Valeurs. — Responsabilité de l'administration des Postes.
— par diligence . . : . .	Colis ordinaires. — Finances. — Recouvrements. — Factage. — Jurisprudence.
— par roulage.	Ordinaire. — Accéléré. — Fourgons en poste. — Lettres de Voiture. — Assurances. — Avaries.
— par chemins de fer. .	Responsabilité. — Droits et obligations des Compagnies. — Arrêts.
— par bateaux à vapeur	Règlements spéciaux. — Jurisprudence.
Objets dont le transport est défendu	Lettres. — Gibier. — Poudre à tirer.
Douanes	Rapports avec les Douanes dans tous les cas d'expédition.
Octrois	Dispositions générales. — Transactions.

Responsabilité et privilége des voituriers par terre et par eau, etc.

ESSAI ADMINISTRÁTIF

sur

L'EXPLOITATION PRATIQUE

DES CHEMINS DE FER FRANÇAIS

UN BEAU VOLUME D'ENVIRON 500 PAGES.

Prix : relié, 6 francs. — broché, 5 francs.

Le but de cet ouvrage est de rechercher et d'indiquer les moyens par lesquels on peut rendre les chemins de fer, en dehors des agitations de la bourse, le plus avantageux possible aux capitaux engagés, et le plus utiles au commerce et à l'industrie.

Les moyens indiqués sont d'une part l'établissement d'une hiérarchie rationnelle et la division du travail; d'autre part, la solution à donner à certaines questions importantes, et enfin, l'instruction spéciale que réclament les personnes qui se destinent à l'exploitation des chemins de fer. Tout le monde sait l'importance de la hiérarchie: sans elle il n'y a pas d'armée possible, sans elle non plus il n'y a pas de bonne et grande administration.

L'établissement d'une hiérarchie rationnelle bien réglée appelle la nécessité de bien diviser le travail, et de bien déterminer et circonscrire les attributions de chaque fonction.

Pour atteindre ce but, l'*Essai administratif* est divisé en 41 chapitres; en voici le sommaire:

SOMMAIRE.

Hiérarchie administrative.
Division rationnelle du travail.
Attributions naturelles de chaque fonction.
Application du cahier des charges.
Instructions générales et particulières pour chaque emploi.
Disposition des gares.
Matériel roulant.

Extraits commentés du Code de commerce sur les transports en général, et la lettre de change considérée au point de vue de son recouvrement.
Extrait des lois de douane, de contributions indirectes et d'octrois sur la circulation, de l'entrepôt des marchandises en général, etc., etc.

Cet ouvrage renferme la connaissance et l'appréciation des faits ; tous les détails et toutes les questions d'exploitation y sont exposés. Intéressant pour tout le monde, il a surtout une utilité spéciale pour tous ceux que des intérêts rattachent à l'étude de la science des chemins de fer.

2.

GUÏDE COMMERCIAL

A L'USAGE

DES CHEFS DE GARES ET STATIONS

POUR

LA RÉCEPTION, L'EXPÉDITION ET LA LIVRAISON

DES MARCHANDISES A GRANDE ET A PETITE VITESSE

PAR M. PETIT DE COUPRAY.

Un volume in-18 anglais. — Prix 2 francs.

La réception, l'expédition et la livraison des marchandises par les chemins de fer présentent des questions de droit commercial souvent difficiles.

Sans avoir la prétention de les résoudre toutes, le *Guide commercial* a cherché à formuler, par des instructions, la marche la plus convenable à suivre dans les circonstances qui se produisent le plus ordinairement.

Ces instructions sont fondées sur les principes généraux qui, d'après les ouvrages spéciaux, régissent aujourd'hui les anciens agents de transports auxquels succèdent les chemins de fer.

Les solutions présentées sur chaques cas particuliers forment un ensemble de doctrines.

A la suite de ces instructions se trouvent détaillés quelques usages commerciaux qui offrent des renseignements utiles à consulter.

Enfin, une troisième partie est consacrée à donner un aperçu des principes généraux qui régissent les transports, et à résumer les décisions judiciaires les plus importantes en ce qui concerne les chemins de fer.

Cet ouvrage est divisé en trois parties. La première partie se compose d'instructions sur les transports spéciaux; on y traite les conditions de transport des marchandises ordinaires, et de certains articles particuliers de transport, comme les finances, les effets de commerce, les animaux, les troupes, le matériel de guerre. La deuxième partie traite des usages commerciaux, et renferme des documents divers. Enfin la troisième partie contient les obligations et les droits des anciens transporteurs qui s'appliquent aux chemins de fer, la jurisprudence spéciale à ces chemins de fer, et le vocabulaire des transports.

LÉGISLATION

DE

POLICE DES CHEMINS DE FER

COMMISSAIRES DE SURVEILLANCE ET ADMINISTRATIVE

LEURS ATTRIBUTIONS LÉGALES : LEURS RAPPORTS AVEC LE PUBLIC, LE COMMERCE ET LE PERSONNEL DES COMPAGNIES

PAR VICTOR NANCY,

Commissaire de première classe, auteur de divers écrits spéciaux.

Un volume grand in-8°. — Prix : 5 fr.

———————

Cet ouvrage contient notamment une discussion approfondie sur toutes les parties de la Législation de police des chemins de fer français. Les nombreuses questions qu'elles soulèvent sont toutes examinées avec le plus grand soin, classées dans leur ordre, discutées avec méthode et résolues. Toute la théorie de la loi est exposée, mais à côté des principes et des doctrines sont toujours placées les applications. C'est surtout un ouvrage d'utilité pratique que l'on a voulu écrire. Il fallait mettre à la portée de tout le monde tout un ordre de faits nouveaux enfantés par la création des chemins de fer.

Or, rien n'est plus difficile que de faire un traité élémentaire. La clarté et la brièveté exigent un long travail. Ce mérite appartient surtout au livre de M. Victor NANCY.

L'auteur s'est attaché à préciser les obligations des Compagnies et de leurs agents envers l'Etat et envers le public, et en même temps à déterminer le concours que les Commissaires doivent à l'exploitation. Cette discussion, appuyée d'ailleurs presque toujours sur la jurisprudence administrative et sur la jurisprudence judiciaire, se distingue par une grande impartialité et un langage que peuvent facilement comprendre même ceux qui sont étrangers aux études de législation.

L'ouvrage se termine par la reproduction du texte complet de la Législation de police des chemins de fer.

VADE-MECUM

DU

MÉCANICIEN-CONDUCTEUR DE LA MACHINE LOCOMOTIVE

RENFERMANT

Des instructions générales sur la conduite et l'entretien d'une locomotive, soit
dans les stations, soit pendant la circulation, ou en cas d'accident,

Par **FLORENTIN COSTE**,

Un volume in-18 cartonné.—Prix : 2 fr.

Parmi les ouvrages publiés jusqu'à ce jour sur les machines locomotives, il ne
s'en trouve aucun autre qui soit réellement à la portée de la classe ouvrière, soit
parce que les auteurs sont entrés dans une théorie trop élevée, soit parce que le prix
de ces mêmes ouvrages est exorbitant. M. Florentin COSTE s'est donc proposé de
publier un guide pratique du mécanicien-conducteur spécialement fait pour les
ouvriers qui veulent devenir conducteurs de machines, et dont le prix soit en rapport avec cette destination. Ainsi les ouvriers et les élèves mécaniciens trouveront
dans le *Vade-Mecum du Mécanicien-Conducteur de Machines* des règles pratiques
sur ce qu'ils ont besoin de connaître, non-seulement pour ce qui concerne les soins
que réclament les locomotives, soit dans les stations ou pendant la circulation,
mais encore pour qu'ils puissent les diriger avec connaissance de cause et économie,
tant pour la sécurité des voyageurs que dans l'intérêt des Compagnies.

MANUEL

A L'USAGE DES

NÉGOCIANTS, FABRICANTS, COMMISSIONNAIRES, EXPÉDITEURS,

EN RELATIONS D'AFFAIRES AVEC LES ÉTATS DU ZOLLVEREIN.

Rédigé d'après des Documents officiels par

ZINNOW,

Conseiller royal des Impositions et Inspecteur en chef de la Douane, à Cologne.

BROCHURE IN-4°. — PRIX : 5 FRANCS.

Par suite des relations de commerce qui existent entre la France et les États
du Zollverein, il devient d'un intérêt majeur pour les commerçants d'acquérir
la connaissance des formalités prescrites en douane et des tarifs en vigueur.

Le *Manuel* de M. Zinnow contient tout ce qui peut mettre l'industriel qui
connaît imparfaitement la langue allemande, à portée de faire par lui-même, et
sans se servir d'agents intermédiaires, ses expéditions pour le Zollverein, et
sans s'exposer à aucune contestation avec la douane.

L'auteur, qui a acquis une longue expérience par de nombreuses années de
service, possède des notions complètes sur la législation des douanes.

LE GRAND DÉSERT

ou

ITINÉRAIRE D'UNE CARAVANE DU SAHARA

AU PAYS DES NÈGRES

(ROYAUME DE HAOUSSA);

Par le général Eugène DAUMAS, ex-directeur central des affaires, à Alger,
ET AUSONE DE CHANCEL, auteurs du Sahara Algérien.

Un beau volume in-8° grand raisin, avec une Carte des parties centrales du Sahara

par M. Mac Carty. — Prix : 9 fr.

Les auteurs de cet ouvrage ont publié avant le *Grand Désert*, le *Saraha Algérien*
Ils ont sondé sur tous les points ce fameux désert, dont se sont occupés tous les
géographes et tous les voyageurs. A mesure qu'ils se sont avancés dans ses
plaines, sa limite gagnait au large. En effet, partout ou presque partout, ils ont
trouvé des villes et des villages, partout des tentes, partout la vie; vie exceptionnelle, il est vrai, mais active, importante à étudier pour les relations communes du
commerce, curieuse pour tout ce qu'elle doit révéler à la science.

Ainsi, dans ce premier ouvrage, on voit que ce grand Sahara de toutes les géo-
graphies, cet océan de sable, comme l'ont appelé les voyageurs, n'a existé sous
cette forme que dans leur imagination. Les auteurs y ont trouvé des tribus no-
mades, des populations sédentaires, et partout le mouvement et le commerce.

Dans l'ouvrage que nous offrons maintenant au public, et qui est la suite du
premier, les auteurs, franchissant la lisière du Grand Désert, nous donnent l'histoire de la caravane qui va faire la traite au royaume de Haoussa. Ils en marquent
pas à pas l'itinéraire, les campements, les épisodes, les péripéties; ils relèvent,
chemin faisant, les villes, les tribus, les productions, les denrées des différents
pays. Leur ouvrage est un panorama perpétuel de toutes ces contrées. C'est une
initiation complète à la vie, à la religion, à la littérature, au commerce, aux pratiques de ces races rebelles, depuis des siècles, aux influences de la civilisation.
Détails de mœurs, tableaux saisissants, récits réels, légendes, chasses ou bivouacs,
défilent et se renouvellent sans cesse sur ce fond mobile d'une caravane.

« Par la multiplicité de ses recherches, la rapidité de son récit, cet Itinéraire
» échappe à toute analyse. C'est un ouvrage de science, d'érudition, de style et de
» poésie. C'est un recueil complet des mœurs, des cérémonies des Arabes, de l'or-
» ganisation et de la marche d'une caravane. Ce sera un jour le bréviaire des
» nouveaux Caillé qui voudront franchir le Sahara. C'est de ces livres qu'il faut
» mettre dans sa bibliothèque, si l'on veut y mettre en même temps une des contrées les plus inexplorées de la mappemonde. »   (*La Presse.*)

HISTOIRE
DE LA RIVALITÉ
DES FRANÇAIS ET DES ANGLAIS
DANS L'INDE,

Tirée des papiers de feu François-Antoine HERMAN,

Consul général de France à Londres,

DIRECTEUR DES TRAVAUX POLITIQUES AU MINISTÈRE DES AFFAIRES ÉTRANGÈRES

PAR LOUIS HERMAN,

Ancien Elève de l'École polytechnique.

Seconde Édition, avec Cartes et Portrait.

Un beau volume in-8°. Prix : 5 fr.

La première édition de cet ouvrage, publiée en 1847, a rencontré, tant à l'étranger qu'en France, un accueil bienveillant qui nous détermine à l'offrir de nouveau au public; on y trouvera un utile enseignement, au moment où les grands intérêts commerciaux, où les hautes questions coloniales semblent prendre une place chaque jour plus importante dans la vie active des nations.

Le travail historique qui est offert au public présente le tableau complet des origines de la puissance anglaise, et de la période de lutte pendant laquelle elle s'est fondée sur ses bases actuelles.

L'auteur distingue trois époques : la première où dominent dans l'Inde les Portugais et les Hollandais; la seconde, où les Français et les Anglais sont en présence dans ces riches contrées; cette époque finit avec le XVIIIᵉ siècle. Et, enfin, une dernière époque qui comprend la domination exclusive des Anglais dans l'Inde, et dont l'empire paraît devoir bientôt n'avoir pas d'autres limites que celles de la Chine à l'est, de la Perse à l'ouest et de la Tartarie indépendante au nord.

L'auteur a pensé qu'à ce titre il n'était pas inopportun d'appeler de nouveau vers l'Inde anglaise l'attention des hommes que préoccupe l'avenir commercial et politique de la France.

MÉCANISME

DES

GRANDS POUVOIRS DE L'ÉTAT

SUIVI DES

TEXTES RÉGLEMENTAIRES ET LÉGISLATIFS

POUVANT SERVIR

A ÉCLAIRER LE VOTE DES LOIS ET DES SÉNATUS-CONSULTES.

PAR PH. VALETTE

Secrétaire de la Présidence du Corps législatif.

2ᵉ ÉDITION AUGMENTÉE DES ACTES RELATIFS AU RÉTABLISSEMENT DE L'EMPIRE,
— 1 FORT VOL. IN-8° DE 750 PAGES. — PRIX : 7 FR. 50 c.

M. Valette a colligé avec méthode tous les décrets rendus depuis les événements du 2 décembre, et en a formé un corps complet, rendu pratique par des citations législatives et réglementaires qui relient entre elles toutes leurs dispositions.

L'auteur ne s'est pas borné à reproduire le texte de ces divers actes ; il a fort ingénieusement présenté en tableaux, et dans la forme la plus concise, toutes les obligations qu'impose la Constitution de 1852, et les droits qu'elle consacre en faveur du Chef de l'État, du Sénat, du Corps législatif et du Conseil d'État.

L'organisation des ministères, la décentralisation administrative qui touche si essentiellement aux préfectures et aux sous-préfectures, et beaucoup d'autres matières du plus grand intérêt, sont traitées avec un soin et une clarté remarquables.

Le *Mécanisme des grands Pouvoirs de l'État* se termine par deux tables qui facilitent les recherches et indiquent d'une manière exacte les corrélations des décrets organiques avec la loi fondamentale de l'Etat.

LE MÊME AUTEUR

A publié, en 1850, sous le même titre, un ouvrage analogue au précédent, et il est fort curieux de comparer le mécanisme des institutions qui avaient pour base la Constitution de 1848, avec l'organisation actuelle des pouvoirs de l'Etat.

Il reste seulement 20 exemplaires de cet ouvrage. — Prix : 5 fr.

VUE DES ATELIERS.

PARIS. — IMPRIMERIE CENTRALE DE NAPOLÉON CHAIX ET C°, RUE BERGÈRE, 20.

Ouvrages du même auteur.

Gorgias. Éloquence et Improvisation. Art de la parole
oratoire au Barreau, à la Tribune, à la Chaire. Un volume grand
in-8°. 3ᵉ édition.

**Commentaire sur les Expropriations de biens im-
meubles** Deux volumes in-8°. 2ᵉ édition.

~~~~~~~~~

IMPRIMERIE ET LIBRAIRIE CENTRALES DES CHEMINS DE FER

DE NAPOLÉON CHAIX ET Cⁱᵉ,

Rue Bergère, 20, près du boulevard Montmartre.

VUE DES ATELIERS.

TYPOGRAPHIE.

MODÈLES, FORMULES, PRIX-COURANTS, ACTIONS,
CATALOGUES, AFFICHES, BROCHURES,
MÉMOIRES, JOURNAUX, OUVRAGES DE SCIENCE
ET DE LITTÉRATURE, ETC.

RELIURE.

REGISTRES DE TOUTE ESPÈCE, A DOS ÉLASTIQUE,
COUVERTS EN TOILE, MAROQUIN, GARNITURES
EN CUIVRE, A FERMOIRS, ETC.

BROCHURE. GLAÇAGE. SATINAGE.

CES DIVERS TRAVAUX S'EXÉCUTENT AVEC LE PLUS
GRAND SOIN DANS LES ATELIERS.

LITHOGRAPHIE.

CARTES GÉOGRAPHIQUES, GRAVURE SUR PIERRE,
PLANS, DESSINS, FACTURES, REGISTRES,
MANDATS A DEUX TEINTES, ÉTIQUETTES,
ADRESSES, TÊTES DE LETTRES, ETC.

RÉGLURE.

RÉGLURE DE PAPIERS EN TOUTES COULEURS ET
DE TOUS FORMATS, POUR ÉTATS,
REGISTRES, DOSSIERS, ETC.

AUTOGRAPHIE.

MINUTES, CIRCULAIRES, MÉMOIRES, DEVIS,
TRACÉS, CROQUIS, FAC-SIMILE, ETC.

Ce vaste Établissement occupe près de 400 ouvriers. Il se compose principalement de Machines à vapeur; — 25 Presses mécaniques et à bras; — Machines spéciales pour Journaux, tirant les unes 4,500 exemplaires à l'heure, et d'autres 3,500 des plus grands formats, ou 7,000 avec double composition; Presses lithographiques, hydrauliques, à percussion et autres; — Machines pour glacer et rogner le papier; — Mécaniques pour fabriquer les Billets de Chemins de fer, tirant chacune 20,000 exemplaires à l'heure; — Matériel considérable de Caractères, qui permet de conserver les planches des Clients, et de leur épargner ainsi des frais de composition pour de nouveaux tirages. — On peut visiter cet Établissement tous les jeudis, de 2 heures à 4 heures, en adressant une demande à l'Administration.

LIBRAIRIE.

Ouvrages et Journaux concernant les Chemins de fer, les Messageries, le Roulage, la Navigation, et les autres moyens de Transport. — Livret-Chaix, Guides en Europe, etc.

www.ingramcontent.com/pod-product-compliance
Lightning Source LLC
Chambersburg PA
CBHW031623210326
41599CB00021B/3273

* 9 7 8 2 0 1 3 5 3 5 0 0 7 *